戰略思想叢書　6

# 西方戰略思想史

鈕 先 鍾／著

戰略思想叢書 6

# 西方戰略思想史

| 作　　　者 | 鈕先鍾 |
|---|---|
| 責 任 編 輯 | 吳莉君 |

| 發 行 人 | 陳雨航 |
|---|---|
| 出　　版 | 麥田出版股份有限公司 |
| | 台北市信義路二段 251 號 6 樓 |
| | 電話：(02)2351-7776　傳真：(02)2351-9179 |
| 發　　行 | 城邦文化事業股份有限公司 |
| | 台北市信義路二段 213 號 11 樓 |
| | 電話：(02)2396-5698　傳真：(02)2357-0954 |
| | E-Mail: service@cite.com.tw |
| | 郵撥帳號：18966004 |
| | 　　　　城邦文化事業股份有限公司 |
| 香 港 發 行 所 | 城邦(香港)出版集團 |
| | 香港北角英皇道 310 號雲華大廈 4/F，504 室 |
| | 電話：25086231　傳真：25789337 |
| 新 馬 發 行 所 | 城邦(新、馬)出版集團 |
| | Penthouse, 17, Jalan Balai Polis, |
| | 50000 Kuala Lumpur, Malaysia |
| | 電話：603-2060833　傳真：603-2060633 |
| 印　　刷 | 凌晨企業有限公司 |
| 登 記 證 | 行政院新聞局局版北市業字第 405 號 |
| 初 版 一 刷 | 1995 年 7 月 15 日 |
| 初 版 三 刷 | 1999 年 12 月 1 日 |

ISBN：957-708-294-7

售價：**450** 元

# 自　序

*鈕先鍾*

　　每逢寫完一本書之後，就會有惘然若失之感。此種心境雖很難描述，但又不難解釋。概括地說，那是一則以喜，一則以懼；一方面懷有很多的疑惑和歉意，另一方面又代表無限的回憶和謝意。經過不斷的工作，終於完成了這本《西方戰略思想史》，總算是實現了多年來的心願，自然不免有幾分喜悅之情，同時也更有如釋重負之感。但等到全書完成付梓之時，一種疑惑和歉咎的心理又會隨之而產生。

　　所謂疑惑者即懷疑這本書的內容是否正確無誤；進一步說，也就是對於其價值不敢作充分的肯定。不過，這又可以說是無可奈何，因為甚至於約米尼和克勞塞維茨兩位大師也都有此同感。約米尼雖相信他的《戰爭藝術》對於國王和政治家都是一本非常適當的教科書，但在作結論時又還是斷言「在太陽底下沒有任何東西盡善盡美」。克勞塞維茨的態度則更較謙虛，他說他的《戰爭論》「儘管在形式上有其一切缺點，但事實上仍含有許多年來對戰爭深入思考和勤奮研究的成果」。這兩位大師對於其傳世之作都還不敢表示絕對滿意，我何人斯，又怎樣敢於自我肯定？

　　對於這本書首先必須指出的是遺漏的確難於避免。西方戰略思想所包括的範圍實在太廣大，資料也實在太浩繁。由於受到篇幅和結構的限制，以至於某些部分無法容納而只好割愛，可以說是事非得已，並非出於作者的無知或疏忽。其次，錯誤也必然存在，這多少又與資料來源有關，因為作者不可能完全利用原始資料，而有時必須依賴第

二手資料。同時，又還牽涉到選擇的問題，選擇是無法避免主觀的判斷。不過，作者又必須強調說明：即令有錯誤，但絕非故意扭曲；即令有主觀，但絕非武斷偏見。

就正面的貢獻而言，這本書至少可以說是已經達到了下述三點主要目的：(1)對於各種思想都已概括說明其背景和來源；(2)對於不同的時代，都已分析其思想演進過程以及因果關係；(3)對於主要著作都已綜合論述其重點，並闡明其影響和得失。

僅憑上述三點，這本書似乎也就應有存在的價值。事實上，不僅作者已作最大的努力，而且甚至於在西方，到今天也還沒有一本像這樣的綜合戰略思想史。所以，本書之作至少可以說是有總比無好。希望讀者對其應保持雖不盡滿意但仍可接受的態度。此外，作者又還可以保證，雖然遺漏和錯誤也許在所難免，但整個觀點和方向還是正確的，至少不會對讀者產生任何誤導作用。

正像克勞塞維茨所曾說過的話，這一本書足以代表作者數十年來深入思考和勤奮研究的成果。雖然作者無所師承，但在治學和著作的過程中，又還是曾經獲得許多前輩和親友的愛護和支持。所以，在這本書完成之日，內心裏對於他們也就充滿了無法用文詞來表達的懷念和感激。尤其是先總統蔣公，和已逝世的周至柔、蕭毅肅、簡元衡(立)、皮宗敢、李樹正諸將軍，更是沒齒難忘。在寫作此書時，蔣緯國、岳天、劉達材三將軍，以及老友李子弋教授都曾給與以莫大的支持，此外，作者的學生，歐淑惠女士、賴進義先生也曾提供很多協助，都應在此對他們深致誠摯的謝意。

最後，作者又必須特別感謝陳雨航先生，因為若無他的鼎力支持，則這本書將不可能如此迅速而順利地出版。

中華民國 84 年 5 月母親節於台北

# 目　錄

# 西方戰略思想史

# 導　言

## 壹、基本觀念

這本書名爲《西方戰略思想史》（*A History of the Western Strategic Thought*），是一本具有特殊性質和特定範圍的史書。所以，必須首先對書名中所含有的基本觀念（名詞）作較明確的說明，而本書所擬討論的範圍和內容也正是根據這些觀念來界定。現在就依照邏輯順序分別說明如下：

### 一、西方

所謂「西方」就是大家所常說的西方世界（Western World），本是一種概括性的名詞，並無明確的定義。在這一本書中西方所包括的地理範圍是根據其時代背景來界定。概括言之，西方的文明或歷史可分爲三大階段：(1)地中海階段，(2)西歐階段，(3)北大西洋階段。在前兩階段，即從古代到近代，所謂西方世界大致就是指歐洲的西部而言。

僅在十五世紀之後歐洲人始越過大洋向外發展。所以，就大體而言，
本書實可稱爲「歐洲戰略思想史」，因爲歐洲以外的西方世界（主要的
即爲美國）是僅在最近才開始扮演一個值得討論的角色。

　　從地理觀點來看，西方世界也是一個海洋世界，歐洲西部本是一
個大半島，而大半島上又伸出若干個小半島，好像手掌上長出五個指
頭一樣。我們中國人有一句成語說「開門見山」，而西方人則可以說是
「開門見海」。這似乎是西方文明的一種特徵，同時也在東西思想之間
構成顯著的差異。在我國歷史中海洋的影響非常有限，但在西方歷史
中，從遠古到現代，海洋始終都是一個主要因素。

　　現在再明白地指出：本書所謂的「西方」是指歐洲以及美國而言。
至於其他地區則不在範圍之內。

## 二、戰略

　　本書的主題爲「戰略」，照理說，凡是本書的讀者，對於這個名詞
和觀念應該已有相當的認識，不過爲凝聚共識，避免誤解起見，對此
一主要觀念還是必須作若干澄清的解釋。首先要指出「戰略」這個名
詞有其悠久的歷史和複雜的內涵，而且可以說是具有先天的高度模糊
性。所以，在此只能作綜合和扼要的說明，至於更較詳盡的分析則將
分別出現於以下有關各章之中。

　　戰略觀念的起源固不可考，但名詞在西方的出現則有較確實的考
據。「戰略」一詞的原文在英語中爲"strategy"，在法語中爲
"stratégie"，在德語中爲"strategie"，在義大利語中爲"strategia"。
其語根出於希臘，希臘語文中有"stratos"這樣一個字，其意義爲軍隊。
從這個字就衍生出"strategos"，意爲將軍或領袖，以及"strategeia"，
其意義可以分別爲戰役或將道(generalship)。此外還有

"strategama"一字，譯成英文就是"strategems"，其意義爲戰爭中的詭計(ruses de guerre)，換言之，即孫子所謂「詭道」，也可譯爲「謀略」。❶ 在希臘文中又有"strategike episteme"和"strategon sophia"二詞，前者意爲將軍的知識(general's knowledge)，後者意爲將軍的智慧(general's wisdom)。這兩詞也就已經含有現代戰略的廣泛解釋在內。❷

羅馬人福隆提納(Frontinus, 40-103)曾以《*Strategemata*》爲其書名。東羅馬皇帝毛里斯(Maurice, 582-602)曾著一書以來教育其將領，名爲《*Strategikon*》，大致成書於公元 580 年，其意即爲「將軍之學」。自從羅馬衰亡，西方歷史進入中世紀之後，所有這些發源於希臘的名詞和觀念都已爲人所遺忘。直到千餘年後才又出現。❸

十八世紀時，法國人梅齊樂(Maizeroy, 1719-1780)在其所著《戰爭理論》(*Theorie de la guerre*)書中首次使用「戰略」(stratégie)這個名詞，並把它界定爲「作戰的指導」(the conduct of operations)。這本書出版於 1777 年，在戰略思想史上應該是一件値得紀念的大事。這個名詞開始慢慢地打入法國的軍語之中，到 1780 年代歐陸軍事著作已經普遍使用，但在英國，甚至於到十九世紀初期還很少有人知道它。❹

「戰略」這個名詞的正式使用到今天雖不過兩百餘年，但並不意味著戰略的觀念在過去不存在。事實上，可以說戰略的觀念是古已有之，只是不曾使用現有的名詞而已。希臘人另有一個比較常用的名詞，"taktike techne"，它也就是現有「戰術」(tactics)一詞的起源，不過古人並無戰略和戰術的分類，所以這個名詞的意義也就把所有一切有關戰爭的知識都包括在內。其拉丁文的譯名爲"ars bellica"，若再譯爲英語即爲"art of war"，也就是「戰爭藝術」。簡言之，「戰爭藝術」是已經把「戰略」的觀念包括在內。❺

　　戰略觀念的內涵隨著時代的進步而不斷地擴大和加深，形成一種源遠流長的演進過程。從此種過程中可以獲得三點初步認識：⑴戰略是智慧的運用，中國古人稱之為「謀」，孫子說：「上兵伐謀」，所以，戰略是鬥智之學，伐謀之學；⑵戰略所思考的範圍是僅限於戰爭，與戰爭無關的問題則不包括在內，這也是當年翻譯"strategy"這個名詞的人在「略」字前面再加一個「戰」字的理由；⑶戰爭中所使用的主要工具就是武力，也就是「兵」，所以我國古代把戰略稱為兵學，簡言之，戰略為用兵之學，作戰（operation）之學。

　　概括地說，直到第二次世界大戰時，西方人對於戰略一詞的意義大致還是採取有如上述的狹義界定，即仍以戰爭和軍事為範圍。但事實上，和平與戰爭幾乎是不可分，而戰略所要考慮的問題也非僅限於用兵。因此，上述三點除第一點永遠正確以外，其他兩點都必須擴大其內涵，或作彈性化的解釋。此種廣義的戰略觀念本來也早已存在，不過一般人稱之為「大戰略」（grand strategy）而不概括地稱之為「戰略」，甚至於還有人用上一個更古老和更模糊的名詞，即所謂"state-craft"。這個字不僅沒有公認的中譯而且也無明確的定義。❻

　　本書對於戰略的觀念採取廣義的解釋，即把軍事戰略和大戰略兩個層面都涵蓋在內。因此，可能有若干過去視為與戰略無關的思想或著作也會納入討論範圍之內。

## 三、思想史

　　戰略是一種觀念，當然也是一種思想。思想是以人腦為其源頭。某人若能創出特殊的思想，則也就成為所謂思想家（thinker）。思想家固能創造思想，但能創造思想者又非僅限於個別的思想家。有時，某人雖非公認的思想家，但也能創出某種思想。最後，思想更可能是民

族智慧的結晶，社會經驗的累積。因此，思想可有個別和集體，特殊和普通之分。

如果把思想視爲歷史現象的一部分，則也就可以從歷史的立場來探討思想現象，此種研究成果即爲思想史。思想史不僅要敍述某一個人或某一時代的思想內容和特色，而且還要探索其彼此之間的因果關係，以及進一步了解思想演變過程中的焦點和軌跡，甚至於還要由此而推斷其未來發展趨勢。思想史必須重視思想與環境之間的互動關係。能夠對思想的形成和演變產生影響作用的環境因素可概分爲五大類：(1)時代，(2)地理，(3)社會，(4)文化，(5)技術。凡研究與思想有關的問題時，必須首先分析環境因素，然後始能獲致較深入的了解。❼

思想具有多樣性，分別表現在各種不同的學域中，例如哲學，文學，藝術等等。因此也就可以有各種不同的特殊思想史。戰略思想史即爲其中之一種。

現在再把上述三種基本觀念連在一起，即構成這本書的書名：《西方戰略思想史》。顧名思義即可了解它是一部史書，其所敍述和分析的主題則爲從古到今，戰略思想在西方世界中的發展過程。

## 貳、選擇原則

主題雖已確定，但有關此一主題的史料又還是相當浩繁，所以必須加以選擇整理，然後始能含英咀華，寫成一部嚴謹而精簡的戰略思想史。前人思想留傳後世不外經由立言與立功兩種途徑。立言又可分兩類：其一爲本人的著作，其次爲他人的記錄，前者的價值又超過後者，因爲那代表較原始和較完整的資料。反而言之，他人的記錄則不僅可能有所遺漏，甚至於還可能含有誤解。有時思想的本身並無記錄，

而只能憑前人的事功(deed)來作間接的推斷。經由此種立功方式而留傳的思想當然更不完整，其可信程度也較低。但不得已而思其次，則又還是聊勝於無。因此，本書對資料來源的選擇原則爲立言優於立功，直接優於間接。

　　既以戰略思想爲主題，凡與戰略思想無關的言行自不應納入書中，但戰略本身又是一個具有高度彈性的觀念，究竟那些思想應算是戰略思想，在不同的時代，根據不同的認知，而又可能有不同的答案。因此，所謂選擇者有時也就會變成見仁見智的問題，雖然照理說是應有客觀的標準，但實際上又還是難免不作主觀的判斷。

　　本書所要敍述和分析的對象爲戰略思想在西方世界中的發展和演變過程。其目的爲回溯思想的主流，說明其中心理念，尤其重視思想與時代背景之間的互動關係。戰略觀念的本身，戰略家對於此種觀念的了解，前人對後世的影響，也都成爲分析重點。本書也可以視爲一種戰略著作的概述，但在此領域中的著作實在是太多，僅憑這樣一卷(one-volume)的篇幅，自難作詳盡的介紹。所以，對於某些著作只能採樣而已，不過所採取的樣本又還是以最具有代表性者爲原則。此外，在敍述內容時也是以主要理念爲焦點，比較煩瑣的部分則予以刪節，至於直接引述則更僅以必要者爲限。

　　本書所最重視者爲思想的本體或實質內容，至於思想家或著作者的身世則爲次要問題。誠然，每一種思想都會呈現出其創始者的商標，而偉大的人物對於思想的流向也會產生決定性作用。但思想史並非傳記，其主題爲思想而非人物。在另一方面，研究戰略思想固然必須了解其時代背景，以及思想與環境之間的互動關係，但本書對於這些背景因素又只能作簡要的說明，而不可能作深入的分析。凡讀本書者對於一般歷史事實應已有相當程度的基本知識。假使自認基本知識不夠，則應隨時閱讀通史以供參考。

　　凡從事戰略研究的學者必須首先探索戰略思想的根源。有一條不易的眞理常爲人所忽視，那就是「溫故而知新」，溫故爲知新的基礎，欲知未來則必先知過去。向過去探索得愈深，向未來也就可以看得愈遠。尤其是現代戰略思想，以及當前世界上的諸多問題，大致說來，幾乎都與西方的思想傳統和歷史經驗有密切微妙的關係。現在的根往往是埋藏在過去的深處，任何學術研究若只注意表面而不尋根探源，則其結論必然流於淺薄。尤其是戰略研究雖已擴大其範圍，但就基本理念和主要目的而言，戰略仍爲統合的整體。因此，治學者必須明識大體，掌握主流，然後始能避免見樹而不見林。

## 參、全書綱要

　　本書依照時代順序分爲 6 篇，每篇又分爲若干章，共 20 章。篇名列舉如下：

第一篇　古　　代：西方戰略思想的萌芽期
第二篇　中古時代：西方戰略思想的停滯期
第三篇　啓明時代：西方戰略思想的復興期
第四篇　近代（上）：西方戰略思想的全盛期㈠
第五篇　近代（中）：西方戰略思想的全盛期㈡
第六篇　近代（下）：西方戰略思想的全盛期㈢

　　全書所敍述的內容爲西方戰略思想在過去將近 2500 年間的演進過程以及其興衰趨勢。就邏輯而言，本應分爲 4 篇，但由於西方戰略思想在近代（從十九世紀到二十世紀）的發展實在是範圍廣泛，內容複雜，若全部都納入一篇之內，則將有 13 章之多，不僅會使全書的結

構顯得不平衡，而且也可能造成閱讀時的不便。所以，才決定作成分爲6篇的安排。

　　從演進過程上來看，幾乎立即可以發現西方戰略思想的興衰趨勢是恰好與中國相反。概括言之，在我國爲先盛後衰，而在西方則爲先衰後盛。其結果對於我國也就可以說是相當不幸。遜清末造即爲十九世紀後期，西方人不僅船堅砲利，而戰略思想也遠佔優勢。反而言之，東方人不僅物質上居於劣勢，而且思想上也近似無知。

　　在中國戰略思想史中，先秦時代不僅爲開創期，而更可說是黃金時代。其百花齊放，百家爭鳴的景象在我國歷史中此後遂不曾再見。反觀西方古代，戰略思想雖已萌芽，但其發展若與我國比較則眞乃瞠乎其後。秦漢時代，我國戰略思想雖已由絢爛趨於平淡，但仍能維持其正常發展，故可稱之爲成熟期。直到魏晉六朝時才開始進入衰頹期。在西方自從公元五世紀羅馬衰亡之時起，戰略思想即直接進入停滯期，亦即所謂黑暗期。

　　中國戰略思想進入衰頹階段後，雖也曾一再出現復興轉機，尤其元明清三代更可算是蛻變期，但就整個大趨勢而言，中國戰略思想又還是一直位置在衰頹陰影之下，始終不曾再度大放光明。反觀西方，則有完全不同的發展：從古代進入中世紀，雖有長達千年的停滯期，但從十六世紀開始，西方戰略思想即出現復興的轉機，此後更是進步日益迅速，範圍日益擴大，所呈現的眞是一片光明景象，似乎再也看不到黑暗的陰影。所以，用歷史的眼光來看，是可以立即認清此種強烈對比。

　　由於發展過程之不同，於是在寫作時對重點也就有不同的選擇。在寫中國戰略思想史時，重點是擺在古代，因爲春秋戰國實爲我國學術思想的黃金時代，自此之後則日益式微，眞令人有今不如古之感。反觀西方，其在古代的發展實遠不如我國，但自從十六世紀文藝復興

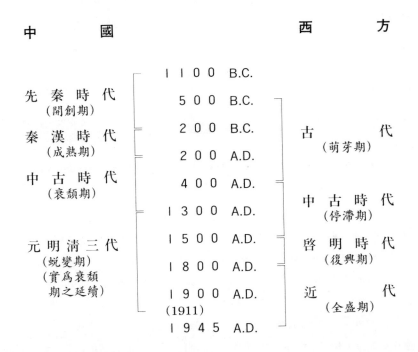

| 中　　　國 | | 西　　　方 |
|---|---|---|
| 先　秦　時　代<br>（開創期） | 1100 B.C.<br><br>500 B.C. | |
| 秦　漢　時　代<br>（成熟期） | 200 B.C.<br><br>200 A.D. | 古　　　代<br>（萌芽期） |
| 中　古　時　代<br>（衰頹期） | 400 A.D.<br><br>1300 A.D. | 中　古　時　代<br>（停滯期） |
| 元明清三代<br>（蛻變期）<br>（實爲衰頹<br>期之延續） | 1500 A.D.<br><br>1800 A.D.<br><br>1900 A.D.<br>（1911）<br>1945 A.D. | 啓　明　時　代<br>（復興期）<br><br>近　　　代<br>（全盛期） |

時開始，西方戰略思想的突飛猛進又遠非我國所能及。因此，在寫西方戰略思想史時遂必須略古詳今，而把注意的焦點放在近代的時段內。所以，本書的後3篇在篇幅上超過全書三分之二，其理由即在此。

　　本書在組織上是以時代爲經，以思想爲緯。其主旨爲對西方世界的戰略思想作前後一貫的綜合敍述和檢討。簡言之，戰略爲主題而歷史只是方法。因此，本書不是一本純正的史學著作。

　　最後，作者又還有一特殊動機，必須在此強調說明，那就是本書也可以說是專爲本國從事戰略研究的青年學子而寫的。因爲在今天研究戰略必須學貫中西，但我國學子受到環境因素的限制，要想博覽西方典籍，實在是不無困難，不僅有語文上的障礙，而且有若干資料也

甚至於無從獲致。因此，這本書不僅可以指引他們如何研究西方戰略
思想，而且更可以對進一步的深入研究提供寬廣而必要的基礎。

## 註　釋

❶ Martin von Creveld, *The Transformation of War* (New York, Free Press, 1991), pp.95-96.

❷ Edward N. Luttwak, *Strategy: The Logic of War and Peace* (Cambridge, Harvard University Press, 1987), p.239.

❸ 同前註，p.240。

❹ Azar Gat, *The Origins of Military Thought: From the Enlightenment to Clausewitz* (Oxford, Oxford University Press, 1989), pp.39-43.

❺ Edward N. Luttwak, *Strategy: The Logic of War and Peace,* p.240.

❻「大戰略」一詞在二十世紀前期即已開始使用，尤其在英國，像富勒和李德哈特在 1920 年代都已使用，但此一名詞的創始人是誰，則無從確定。

❼ 可參看鈕先鍾，《中國戰略思想史》（黎明），導言中有關思想背景的分析，pp. 12-17。

# 第 一 篇

# 古　代

## 西方戰略思想的萌芽期

【第一章】

# 希　臘

## 壹、西方文明的搖籃

寫一本歷史書必然有其敍述上的起點，這本《西方戰略思想史》的起點又應該放在何處？本世紀初期，德國戰史大師戴布流克(Hans Delbrück)在寫其傳世鉅著《戰爭藝術史》(*History of the Art of War*)時，對於所採取的起點曾作扼要的解釋，他的見解對於本書可以說是完全適用。戴布流克認為戰爭藝術史本為通史的分支，所以二者應有共同的起點，不過，後者的研究又必須有較充足而可信的資料來源，然後才能透過客觀的分析以來獲致較精確的論斷。西方文明發源於希臘固為人所共認的觀念，但直到波斯戰爭(Persian Wars)的時代（公元前五世紀）始有比較可信的資料足以作為研究的基礎。因此，波斯戰爭也就構成戰爭藝術史的天然起點。❶

李德哈特(B. H. Liddell-Hart)在其《戰略論》(*Strategy: The Indirect Approach*)中也指出：最自然的起點即為歐洲歷史中的第一次「大戰」——大波斯戰爭。此時戰略尚在幼年期，我們不可能期待

有太多收穫；但馬拉松（Marathon）的大名卻已在所有一切歷史學家的心靈中和想像中留下如此深刻的烙印，所以又還是不能忽視。❷富勒（J. F. C. Fuller）在其《西方世界軍事史》（*A Military History of the Western World*）中也形容著說：「馬拉松是歐洲誕生的啼聲」，並引述《劍橋古代史》（*The Cambridge Ancient History*）中的評語說：「那是一部偉大戲劇的卓越序幕」（a brilliant prologue to a grand drama）。❸

　　西方戰略思想以希臘為源頭，而思想的發展和演變又與整個歷史過程有密切關係，所以必須首先概述其歷史背景。當然，本書對於史實並不能作詳盡的敘述，而只能提出其最重要的關鍵，並扼要說明思想家和著作的歷史基礎。

　　希臘人（Greek）為印歐人（Indo-European）的一部分，何時遷入希臘半島已不可考，大致應為公元前 2000 年左右。到公元前 1000 年時，希臘人的移殖範圍已由愛琴海到地中海，並進入近東周邊地區。他們建立所謂「城邦國家」（city-state），總數在一千個以上，彼此之間常有戰爭發生，其勝負興亡的事蹟並無可靠的記錄。荷馬史詩中所描述的「木馬屠城記」大致是發生在公元前 1250 年，希臘人所毀滅的特洛耶城（Troy）位置在土耳其海岸上。此時雖已進入鐵器時代（Iron Age），但希臘人到公元前 900 年時始有文字。荷馬史詩之作可能是在 750~700B.C.之間。此時的希臘似乎尚無高級文明之可言，而除近似神話的傳說以外，也根本沒有可以信賴的歷史記錄。

　　由於人口的成長和資源的缺乏，早自公元前八世紀，希臘人即已在義大利和西西里以及黑海岸上建立殖民地。他們與外在世界的接觸日益頻繁，範圍也日益擴大，這固然帶來較多的財富，但同時也帶來較多的戰爭。此種發展對於戰爭藝術自然產生重大衝擊。在此應略作說明：此時尚無所謂戰略戰術之分，只能把一切有關戰爭的思考和方

法都統稱之爲戰爭藝術。

　　大致在 700-650B.C.之間（也許是在 675 年左右），希臘人發展了所謂「重步兵方陣」（hoplite phalanx），這是他們對古代戰爭的主要貢獻。方陣用近代術語來表示就是一種隊形（formation），那是由縱深爲八人所構成的矩形，陣中的步兵都身穿盔甲，手執矛盾。有了方陣始有眞正有組織的戰鬥，我國古人也說「陣而後戰」，其理相通。方陣是未來一切歐洲軍事組織的起源，直到羅馬兵團（legion）出現時爲止，方陣也可以算是最堅強的戰鬥隊形，支配著希臘時代的一切戰爭，所以這個時代也可以稱之爲方陣時代（the age of the phalanx）。

　　以方陣爲軍事組織的基本形式之後，對於戰爭遂又帶來兩種重要改變。第一，古代英雄單打獨鬥的戰鬥方式逐漸受到淘汰，戰爭變成一種集體行動，勇者不可獨進，怯者不可獨退。第二，戰爭既已集體化和組織化，則必須要求全體男性公民（citizen）共同投入，每個人都應竭盡所能，奮勇作戰。誠如希羅多德（Herodotus）所云，當軍人相信他是爲其本身的自由和生活方式的保持而戰時，則此種勇氣也會隨之而增強。換言之，方陣是一種「公民化」（civilized）的戰鬥體，與民主政體具有密切關係。❹

　　在 600-500B.C.之間的時代中，以雅典爲首，有一部分希臘國家採取所謂「民主」（democracy）制度，但此種制度與現代民主政治只是貌似而已，而且在國與國之間也有很多的差異。同時又還有其他的國家並未採取此種制度，最顯著者即爲位置在伯羅奔尼撒半島上的斯巴達（Sparta）。雅典與斯巴達在地理，文化，政治，軍事等方面都有相當巨大差異，並形成強烈的對比。就地緣戰略的觀點來看，雅典爲海權（sea power），斯巴達爲陸權（land power）。以經濟而言，前者重商而後者重農。以思想而言，前者傾向自由和平，後者傾向專制黷武。前者文治優於武功，而後者則武功優於文治。所以二者雖同屬於希臘

文明的範疇，但彼此之間又形成非常複雜的國際權力鬥爭。❺

在此同一時期，近東文明也早已有長期的發展，尤其在軍事方面實際上是要比西方遠較進步。所以在 500B.C.時，希臘所面對的最大威脅即爲波斯。大流士(Darius, 521-483 B.C.)已經建立地中海世界中的最偉大帝國，並開始向希臘半島進攻，於是所謂波斯戰爭遂正式揭開序幕。在此以前雖也有戰爭，但不僅缺乏可以信賴的歷史記載，而且就性質和規模而言，也算不得是一種眞正有組織的戰爭。❻

從戰爭研究或戰略研究的觀點來看，以 500B.C.爲起點，古希臘的戰爭史可以概分爲三大階段：(1)波斯戰爭(Persian Wars)，(2)伯羅奔尼撒戰爭(Peloponnesian War)，(3)亞歷山大的戰爭(Alexander's Wars)。現在分別簡述如下：

## 一、波斯戰爭

波斯派遣一支小型的遠征軍於公元前 490 年前往希臘，其目的爲警告以雅典爲首的希臘國家要他們少管閒事。8 月底或 9 月初，波軍在雅典東北馬拉松平原的海岸上登陸，希軍也立即趕往迎敵，於是遂展開西方歷史中首開記錄的東西會戰——馬拉松之戰(The Battle of Marathon)。這是一個相當小型的會戰，希軍兵力約 10,000 人，波軍可能還較少。戰鬥經過和死傷數字都無詳細記錄。結果爲波軍退走，結束了大流士的遠征行動。就軍事意義而言，馬拉松之戰並不具有任何決定性。不過，在歷史上，這是希臘人第一次在陸上擊敗其勁敵波斯人。因此也就使他們對於本身的前途感到深具信心。這種信心繼續維持達 300 年之久，而西方文明在此階段中遂能發揚光大，莫與之京。

戰後雅典人以爲威脅從此解除，但其執政者地米斯托克利(Themistocles)則頗有遠見而不以爲然。他認爲馬拉松只是戰爭的開

始而非結束，同時他又認爲除非雅典能建造一支能夠支配愛琴海的強大艦隊，否則終將敗亡。當時雅典恰好發現產量豐富的新銀礦，他就力勸雅典公民利用此種天賜財富加速建造 100 艘戰船，使雅典海軍實力大增。

10 年後，大流士已死，其子澤爾士(Xerxes, 485-465 B.C.)繼位，在公元前 480 年再度來犯，聲勢之大遠過於前次。但在雅典海軍奮戰之下，希臘聯合艦隊又能在沙拉米斯之戰(Battle of Salamis)中擊敗強敵。不僅贏得西方海軍的第一次偉大勝利，而且也象徵西方海權的興起。

兩次勝利後，雅典在希臘諸國中遂自然躍居領袖地位。爲嚇阻波斯再發動侵略起見，雅典遂倡組同盟。公元前 478 年以提洛島(Delos)爲總部的同盟組成，史稱提洛聯盟(Delian League)。它是世界上最早的海洋同盟，也可以說是現代北大西洋公約組織(NATO)的先驅。居於盟主地位的雅典不僅需要不斷增建其兵力，並築長城(Long Walls)以保護本國的安全。長城分北、中、南三道，將雅典城與皮勞斯(Piraeus)港區連成一體。長城完工(456 B.C.)後，雅典也就變成一個陸上島國。

## 二、伯羅奔尼撒戰爭

雅典國力日益強大，對同盟的政策常加干涉，由於提洛聯盟逐漸在實質上變成一個雅典帝國，這當然又會引起若干會員國的不滿和畏懼。於是有一部分國家遂擁護斯巴達以與雅典對抗，雙方箭拔弩張，終於在 457 B.C.爆發武裝衝突。但由於勢均力敵之故，到 445B.C.結束戰爭並簽訂和約。此後有一段時間相安無事，但實際上雙方都在乘機鞏固其勢力範圍。

　　公元前 435 年雙方關係再度惡化，到 431 年遂又爆發第二次戰爭，這才是修昔底德(Thucydides)所寫的「伯羅奔尼撒戰爭」。在此有三點必須說明：(1)實際上這是雅典與斯巴達之間的第二次戰爭，但因前一次規模較小，故不爲人所重視，所以也無特殊命名；(2)雖名爲伯羅奔尼撒戰爭，但並非表示戰場僅限於該半島，而是因爲斯巴達是本島上的主要國家；(3)並非所有希臘國家都參加戰爭，仍有中立國之存在。

　　伯羅奔尼撒戰爭始於 431B.C.，終於 404B.C.，總計達 27 年之久。戰爭又分爲兩段：前段長 10 年，後段長 11 年，中間夾著 6 年的和平階段。所以照理說，應該要算是兩次戰爭。但修昔底德卻認爲它是一個完整的戰爭，因爲前後兩段在因果關係上是彼此相連，無法分開。

　　戰爭初期雅典採取所謂「伯里克利戰略」(Periclean Strategy)，因爲那是由伯里克利(Pericles)所設計，故以此得名。其要旨爲城外居民必須退入城內避難，並坐視其家園飽受敵軍蹂躪，但雅典海軍在此同時卻能摧毀敵方的經濟和貿易。伯里克利希望使用此種戰略即能確保帝國安全，並迫使對方求和。

　　對此種戰略戴布流克稱之爲「消耗戰略」，即我國古人所謂「堅壁清野」。李德哈特則認爲那是採取間接路線的大戰略。❼不幸伯里克利在 429B.C.病逝，後繼無人，從 426B.C.起，雅典即改採克里昂(Cleon)所主張的直接攻勢戰略，富勒認爲此乃致命的錯誤。此後雙方互有勝負，到 421B.C.，終於簽訂和約，結束長達 10 年的第一階段戰爭。

　　到 415B.C.戰禍再起，雅典大艦隊向西西里島發動遠征，以敘拉古(Syracuse)爲攻擊目標。全部西西里戰役長達 3 年(415-413B.C.)，其結果爲世界戰史中所罕見的全軍覆沒。雅典因此元氣大傷，但其海軍仍能保持相當實力，始未立即崩潰。此後又經過 9 年的苦戰，雅典不僅轉危爲安，而且更能獲致有利的戰略形勢。不料到 405B.C.，斯巴達

海軍將領賴桑德(Lysander)在伊哥斯波塔米(Aegospotami)徹底擊
毀雅典艦隊，於是 9 年之功遂毀於一旦。

雅典旣已喪失手中最後王牌，遂不得不求和。談判到 404B.C.始達
成和議，正式結束先後長達 27 年的伯羅奔尼撒戰爭。賴桑德的斯巴達
艦隊於四月間駛入皮勞斯港，象徵雅典霸權的結束。希臘史進入一個
新階段，陸權代替海權而成爲支配因素。

## 三、亞歷山大的戰爭

伯羅奔尼撒戰爭結束後，斯巴達成爲希臘的新霸主，但好景不常，
到 371B.C.即爲文明水準較低的北方國家底比斯(Thebes)所擊敗。底
比斯的強盛爲期極短，到 362B.C.由於其國王艾巴米侖達斯
(Epaminondas)的戰死，國勢遂一蹶不振，取而代之者則文明水準更
低，位置更偏北的馬其頓(Macedonia)。這一段歷史與我國宋代頗類
似。首先爲宋(雅典)遼(斯巴達)之爭，其次爲金(底比斯)之崛起，最
後才是元(馬其頓)之統一。

馬其頓在希臘世界中本爲邊陲小國，菲利普(Philip, 382-336B.C.)
在 359B.C.即王位後，開始勵精圖治，整軍經武，不久就使馬其頓一躍
而爲北方巨強。菲利普東征西討，所向有功，但不幸遇刺而死，未完
成的大計畫遂由其子亞歷山大繼續執行，而其最後的成就又遠超過乃
父所能想像的限度。

亞歷山大(Alexander, 356-323B.C.)即位時爲 336B.C.。從伯羅奔
尼撒戰爭的結束(404B.C.)到此時已有 68 年，希臘世界中已有許多改
變，而在軍事領域中則更可以說是已經發生了一次革命，也許可以說
亞歷山大之所以能有如此偉大的成就，其主因就是他能掌握此種革命
的潮流。不僅其所建立的新軍制成爲後世的模範，而其思想則更是走

在時代的前面。

亞歷山大於 334B.C.發動東征，到 331B.C.即已結束其全部戰爭，並征服波斯，建立歷史上空前的歐亞帝國。在其戰爭過程中除著名的四大會戰之外，還有其他大小戰役不計其數。雖然並未留下任何著作，但他以立功的方式在戰略思想領域中所留下的教訓仍可為後世式法。他是西方歷史中第一位擁有「大帝」（The Great）尊稱的君主，也是西方軍事史中的第一位「名將」（Great Captain）。❽

自從亞歷山大英年早逝之後，其帝國隨之而瓦解，希臘時代也逐漸趨於沒落，於是西方文明遂開始在地中海內的另一個半島上找到了新的生命。

# 貳、著作與思想

在西方思想的根源中，可以發現兩條不同的流向，一為歷史，另一為哲學。歷史所研究者為人事的經常變遷，並企圖透過敍述的方法以來達到解釋的目的。哲學則直接尋求人生經驗中的不變因素。簡言之，史學家是想通古今之變，哲學家是想識事理之常。二者雖各有途徑，但彼此又還是有其微妙互動關係之存在，所謂思想者也就時常是徘徊於二者之間。戰略思想亦復如此。

在史學方面，希臘所流傳者有希羅多德、修昔底德、色諾芬（Xeno-phon）等人的著作；在哲學方面則有伯拉圖和亞里斯多德的著作。這些著作雖非以戰略為其主題，但其中卻含有很多與戰略有關的資料。若能加以綜合整理，則還是可以顯示西方戰略思想在此萌芽階段所具有的內涵和價值。現在就依照時間順序對希臘史家和哲人的著作分別扼要檢討如下：

## 一、希羅多德

希羅多德(Herodotus, 484-430B.C.)被後世尊爲「歷史之父」(father of history)，其著作名爲《*Historie*》，也就是"History"一字的起源。這個字在希臘文中的原意並不明確，可以解釋爲「尋求」(enquiry)或「研究」(research)。其所以具有「研究過去」(research into the past)的現有意義，就是因爲希羅多德用其作爲書名之故。這是西方世界中的第一部史書，內容分爲兩部分：前半部所記述者爲波斯的興起，後半部則以希波戰爭爲主題。他自稱其目的爲「保存過去的回憶，記錄驚人的成就，而尤其是顯示民族之間是如何發生衝突。」希羅多德雖爲西方第一位歷史學家，但治學態度並不太嚴謹，其書中常有誇張不實之語。他曾說：「我的責任只是報導人們所說過的事情，但我不一定要相信它。」不過到了他自己的那個時代，其記述也就比較可信。❾

希羅多德的書似乎是長於敍述而短於分析，不過從其敍述中又還是可以歸納出若干應該列入戰略思想範疇中的基本觀念。他一再指出國家的主要利益即爲維持其本身的安全和自主。若欲維護國家安全則又有兩種基本途徑：其一爲集中國內的資源，其次爲創建同盟關係。希羅多德認爲國家若不能憑藉權力平衡以來嚇阻侵略則也就必須動員足夠的資源以來鞏固國防。他強調國家必須同時具有財力和兵力，因爲那是基本權力因素，二者不可或缺。

但他又進一步指出僅憑強大的經濟和軍事能力還是不足以保證勝利，而社會政治制度也是一個非常重要的因素。概括言之，民主制度最能保障國家的安全，因爲公民爲確保其本身的自由將不惜拚死一戰。希羅多德認爲希臘之所以能擊敗波斯，其主因即在此。

　　至於說到同盟關係的建立和維持，希羅多德指出共同的威脅實為主要因素，當威脅減弱或解除時，從散約解也似乎為必然後果。同盟本為利害的結合，敵友關係也自不穩定，尤其在戰爭中同盟國部隊之間的合作更是困難，所以指揮的統一實為制勝的必要條件。希臘海軍在沙拉米斯的勝利即為一例。

　　希羅多德的思想也與當前國際關係理論中的現實學派類似，他認為在現實世界中，「欺詐」(deception)是一種正常的求生手段，他假大流士之口這樣的說：「如果謊言是有所必要，為什麼不說？我們所追求的是本身的利益，不管是否說謊都是一樣。」❿〔III,71-75〕

## 二、修昔底德

　　修昔底德，也有人譯為修昔的底斯，大約生於 460B.C.，死於 406B.C.，出身於雅典中上層階級。伯羅奔尼撒戰爭時任海軍軍官，在戰爭第七年(424B.C.)奉命率師救援安費城(Amphipolis)，因遲到使該城落入斯巴達軍之手，遂被革職並不准返回雅典。此後一直流亡國外，直到其死前四年始獲准返國定居。作為軍官其遭遇可謂不幸，但對歷史而言，又可謂大幸。假使他官運亨通，則也許就不會有這樣一部西方第一戰史了。⓫

　　修昔底德治學嚴謹，其書中很少閒話，他說：「我的歷史似乎比較不易研讀，因為其中缺乏浪漫因素。」他寫書時內心裏懷有一個非常嚴肅的目的，他指出這部歷史是「為想對過去尋求正確知識的人而寫的，同時也幫助人解釋未來，因為人性不變，經常會在未來重複出現。」他又說：「他寫這本書不是為想贏得時人的掌聲，而是希望能永垂不朽。」〔I, 14-15〕

　　就上述目的而言，修昔底德可謂完全成功。其書在 2400 年後的今

天仍被視爲經典。其敍述和分析是如此合理、明確、客觀、公正，所以十九世紀的西方史學界都一致推崇其爲世界上第一位「科學化的史學家」(scientific historian)。對於戰略研究而言，修昔底德至少在三方面有重大貢獻：㈠精密分析，㈡歷史敎訓，㈢現實主義。現在就分論如下：

## ㈠精密分析

修昔底德寫戰史時並非以敍述爲滿足，而更企圖對於因果關係作精密分析。其所想探討的第一基本問題即爲戰爭的起因。他把戰爭原因分爲遠近兩類(underlying cause and immediate cause)，此種分類方式直到今天也仍爲後世所採用。伯羅奔尼撒戰爭的遠因爲何？他的回答很簡單：「使戰爭無可避免者爲雅典權力的成長，以及其在斯巴達所引起的畏懼。」〔Ⅰ,23〕換言之，斯巴達所害怕的就是其權力地位已在相對衰頹(relative decline)。此種觀念也被稱爲修昔底德的「霸權戰爭論」(the theory of hegemonic war)。每當有霸權出現，權力平衡就會發生改變，並引起他國的憂忌，此即爲戰爭之遠因。⓬

其次則爲人性(human nature)。修昔底德像我國荀子一樣，相信人性本惡。他認爲人對權力有天然的愛好，個人的貪欲和野心往往是冒險的主因。但他並不認爲人性本惡爲一切戰爭的遠因，因爲戰爭究竟還是理性的行爲，不過在決策和行動時又仍可能受人性的影響。

遠因可能潛伏很久，若無近因則戰爭也許仍不致爆發。修昔底德認爲伯羅奔尼撒戰爭近因有二：一爲柯希拉(Corcyra)，另一爲波提達(Potidaea)。前者本爲斯巴達集團之一員，而倒向雅典方面，後者則爲雅典同盟國卻受到斯巴達的勾引。於是戰爭遂一觸即發。以上所云只是舉例而已，事實上他的寫法是夾敍夾議，隨處都可發現其精闢的分析，分析結果即所謂歷史敎訓。

## ㈡歷史教訓

修昔底德書中所含歷史教訓可謂不勝枚舉，但照其本人的觀察，最重要者莫過於西西里遠征的失敗。他指出雅典人對該島情況幾乎一無所知，而居然發動此一戰役，才終於鑄成大錯。修昔底德的思想是和孫子不謀而合，他強調「先知」也確認「主不可以怒而興師，將不可以慍而致戰」的原則。

修昔底德對於整個戰爭的發展有一最重要的結論，那就是誠如我國宋代蘇洵（老泉）〈管仲論〉所云：「國以一人興，以一人亡。」他感慨的指出當伯里克利當國時，雅典既富且強，但自他死後，國勢逐衰並終於戰敗。由此可見古今中外的歷史教訓似不約而同，足以發人深省。

修昔底德認為另有一問題值得深思，那就是勝利者應如何對待失敗者，強國應如何對待弱國。他指出國際情況變化難測，勝利之果很快就會變酸，今天的勝利者可能即為明天的失敗者。所以當政者必須有容忍大度，而不可受到仇恨和報復心理的影響，尤其必須為國家長程利益著想，而不可對短程利益作過度追求。修昔底德認為偉大領袖的首要條件就是應有遠見，所以他盛讚地米斯托克利，因為若非他有遠見，說服國人大建海軍，則不可能有沙拉米斯的大捷。〔Ⅰ,138;Ⅱ,65〕

## ㈢現實主義

在國際關係的學域中，所謂現實學派（realist）是在二十世紀五〇年代才正式形成，但修昔底德的著作中卻早已含有現實主義（realism）的基本假定在內。綜合言之，可分下述兩點：(1)人為理性動物，(2)安全為主要利益。

修昔底德也像其他希臘哲人一樣，相信人類就本質而言是一種理

性動物，所以政治家或戰略家所作的決定，所擬的計畫，都應以合理的思考爲基礎。不過，他又指出在實際情況中，雖有合理的計算，但又不一定即能產生理想的有利結果。他認爲無論是在政治或戰爭中，要想預測某些因素將如何互動以來產生某種結果，都是非常困難。但他又斷言，不管結果爲何，又都還是人類行動所造成，而非由於天命。

他在其書中又曾一再舉例來說明所謂理性（rationality）者是如何常受認知（perception）的限制。他雖不曾使用這些現代化的名詞，但他對於所謂實際環境與心理環境之間的差異則已有深入的了解。簡言之，從伯羅奔尼撒戰爭中可以發現決策者所常犯的錯誤有下述三點：(1)把敵方能力估計過高；(2)把自己的選擇範圍看得太窄；(3)易作一廂情願的想法（wishful thinking）。在這三種錯誤中又以最後一種的傷害最爲嚴重。

最後，修昔底德既以戰爭爲著作主題，其重視安全自不待言。他對安全作廣義的解釋，把對外和對內兩方面都包括在內。換言之，僅憑軍事權力並不足以確保安全，而必須對各種非軍事因素作整合的運用。在其書中對於同盟外交曾有很多的分析，所以在冷戰時代，備受西方研究國際關係和外交政策的學者所重視。這部書常被視爲西方的第一本戰略著作，嚴格說來，書中雖含有許多極有價值的戰略觀念，但究竟又非一本以戰略思想爲主題的理論著作。所以《伯羅奔尼撒戰爭史》在戰略思想史中的地位還是不能與我國的《孫子》相提並論，也許最恰當的比較是春秋時代的《左傳》，因爲二者同爲古代戰史名著。❸

修昔底德的戰史作爲經典名著的地位至今屹立不搖，不因時代久遠而喪失其學術價值。甚至於有人認爲過去 2,400 年來一切有關國際關係的著作對修昔底德而言都不過是一種註釋（footnote）而已，只有他的著作才能眞正拆穿世界政治的一切奧祕。不過，令人感到遺憾的

是他的戰爭史並未寫完，只寫到戰爭的第二十年(411B.C.)就停止了，而他本人也在 406B.C.逝世，未能親見戰爭的結束(404B.C.)。最後一段戰史雖由色諾芬繼續完成，但因其治學態度不像修昔底德那樣嚴謹，所以其所續成部分也就為後世所遺忘，只留下修昔底德的未完成鉅著名垂青史。❹

## 三、色諾芬

　　續成伯羅奔尼撒戰史的色諾芬(434-354B.C.)在戰略思想史中也應佔一席之地。色諾芬是一位傳奇人物，他是蘇格拉底(Socrates, 466-399B.C.)的弟子，與伯拉圖有同門之雅，曾以傭兵(mercenary)身分前往近東(波斯)參加戰爭，而且更是一位多產作家，其著作種類繁多，留下來的也不少。但以素質水準而言，則又還是不能與修昔底德相提並論。尚未討論色諾芬的著作思想之前，首先又應對其師蘇格拉底作少許介紹。

　　蘇格拉底之於希臘有如孔子之於中國，同為曠代宗師，但蘇格拉底的遭遇卻很不幸，受到雅典政府的指控，以倡導邪說，蠱惑青年的罪名，被迫仰藥自盡。他並未留下任何著作，其思想只能從其弟子的著作中獲得若干保存，這又應該算是不幸中之大幸。當然其弟子所述是否即能代表蘇格拉底的真傳，自不無疑問，不過，這卻是唯一的來源。至少應認為其弟子在思想上曾受其影響，色諾芬和伯拉圖都是如此。

　　色諾芬所留下的著作以《*Anabasis*》最為著名，其內容為敘述所謂「萬人撤退」(Retreat of the Ten Thousand)的經過，也是色諾芬本人的冒險故事。公元前 401 年，大約有萬餘名希臘傭兵越過 1,500 哩的距離深入波斯境內，參加波斯小亞細亞總督居魯士(Cyrus)的奪

權內戰。居魯士失敗後，他們被遣送回國，經過千辛萬苦始回到希臘。色諾芬返國之後就花了幾年的時間來記述對波斯人作戰的經驗和教訓。他的記述對於當時和後代的軍事人物，曾產生直接或間接的影響。在這次遠征和撤退的過程中，色諾芬發現最重要的教訓是在後勤（logistics）方面。他認為波斯人對後勤的組織和管理都井井有條，遠非希臘人所能及。希臘人似乎只看到戰爭的作戰（operation）方面，而幾乎完全忽視了後勤。這是他們所必須矯正的最大弱點，否則也就不可能採取大規模和長時間的軍事行動。

色諾芬的另一重要著作為《*Cyropaedia*》，那是一本以古波斯居魯士大王（Cyrus the Great）為主角的歷史小說，富勒認為，「大致說來，那是一本將道教科書。」❶戴布流克也認為那是一本採取歷史小說形式的政治和戰爭教科書，而且文情並茂，為一般讀者所欣賞，但若以研究戰爭藝術史為目的，則從此書中所能獲致的知識實頗有限。尤其是書中內容有些部分近似幻想，所以讀者必須慎重，萬不可誤認小說為歷史。❶這似乎又和我國的著名歷史小說《三國誌演義》頗為類似。當清兵尚未入關時，清太宗（皇太極）也曾把該書分發其將領當作教科書來研讀。

色諾芬另有一本學術氣質較重的書卻不太為人所注意，那就是《*Memorabilia*》，即《蘇格拉底追思錄》（*Recollections of Socrates*）❶。色諾芬在此書中記述蘇格拉底若干的遺言，使後世得以知道其師對戰略方面的思想梗概，實為一種頗有價值的貢獻，例如：蘇格拉底曾指出戰術僅為戰爭藝術中非常小的一部分。為將者必須精通有關裝備的一切知識，並知道如何使其部隊補給不感匱乏。他又認為將才是由天性和教育所共同養成。理想的將領必須具有下述天性：機智敏銳，精力充沛，謹慎小心但又敢於賭博，待人忠厚但又能善用計謀。從這些記載上看來，似乎與孫子論將頗為類似。〔III,1-4〕

另有一段故事頗有深意。雅典的將軍(Strategos)是由公民選舉，有某人競選失敗，而其獲勝的對手則為一位毫無軍事經驗的成功商人。此人遂向蘇格拉底投訴，痛斥選民的無知，並歷舉其自己的戰績，把許多傷痕顯示在蘇格拉底面前。但蘇格拉底在沉思之後回答著說：「一個在私人事業上非常成功的人也許具有最能贏得戰爭的領導素質。」此語足以證明蘇格拉底的戰略思想的確相當現代化，他知道在戰略階層，通才是比專家更有價值。〔Ⅲ,4〕

由於受到伯羅奔尼撒戰爭的影響，希臘的軍事著作也隨之而增多。根據戴布流克的考證，第一部綜合性軍事理論著作是出於伊尼阿斯(Stymphalian Aeneas)之筆。他是阿卡地亞人(Arcadian)，其書大約成於357B.C.，並以色諾芬為其資料來源。但其書已殘缺不全，留下來的僅為其中一篇(book)，內容為〈論守城〉，而甚至於這一篇也不能給與我們以太多的資訊。⓲

## 四、伯拉圖

希臘學人中除史學家之外，哲學家對於戰略思想也有他們的貢獻。蘇格拉底已見前述，現在就進而論及其弟子伯拉圖(Plato, 427-347B.C.)和再傳弟子亞里斯多德(Aristotle, 384-322B.C.)。

伯拉圖生於427B.C.，大約是在伯羅奔尼撒戰爭開始後四年，也是伯里克利死後一年。他出身望族，本應從政。404B.C.，伯拉圖23歲，雅典戰敗使政局不安，到399B.C.其師蘇格拉底被迫自殺，這對於他是一莫大刺激。從此絕意仕途，專心治學，並於386B.C.創立「學院」(Academy)，開門授徒，其弟子中最傑出者即為亞里斯多德。國人常有以孔子、孟子、荀子與蘇格拉底、伯拉圖、亞里斯多德三人相提並論之說，實際上，此種想法並不正確而與事實相距頗遠。伯拉圖為蘇

格拉底及門弟子，孟子則爲孔子四代徒孫。孟不及孔，而伯拉圖則超越其師。至於孟荀二子爲儒家兩大宗派，而亞里斯多德則直接受教於伯拉圖，更可謂擬之不倫。

　　伯拉圖博學多才，著作極豐。其對話錄共 36 篇，哲學、文學、倫理、教育、政治、軍事等知識無所不包，眞可謂集其大成。就戰略思想而言，最重要者爲《共和國》（*The Republic*），亦譯《理想國》。其書在體裁上採取對話形式，只有〈法律〉篇（The Laws）爲例外，而發言主角則均爲蘇格拉底。此一事實常引起後人的懷疑和爭論：這些言論是否眞正代表蘇格拉底的思想，而僅由伯拉圖加以追述？抑或所代表者實爲伯拉圖的思想，但他故意採取此種形式，其目的也許是表示其尊師重道，學有所本？很可能兩種猜想都正確，書中之語有一部分也許的確出於蘇格拉底之口，但大部分則代表伯拉圖本人的思想，不過其思想曾受其師的影響則又應無疑問。

　　伯拉圖是一位政治哲學家，對於國際關係和軍事戰略所言並不太多，不過從其著作中又還是可以發現若干足以傳世的重要觀念。

　　伯拉圖假蘇格拉底之口，來對於戰爭的起因提出下述非常生動的解釋（也可以說是蘇格拉底的思想是透過伯拉圖的記錄來表達）。❶⓽

　　蘇：「原來足以養活其居民的國家現在變得太小了，而感到不夠。」

　　格：「一點都不錯。」

　　蘇：「於是我們想要從鄰國的土地上割下一小塊，而他們也像我們一樣，想從我們的土地上割下更大的一塊，那是超過其需要的限度，好讓他們的財富可以無限地累積。」

　　格：「那是必然的趨勢。」

　　蘇：「於是我們就會發生戰爭，是不是？」

格：「的確如此……」

蘇：「現在不必去討論戰爭的善惡，但已可斷言戰爭是像天下
　　其他一切罪惡一樣，有其共同的起因。」〔II,2,3〕

（註：格勞肯〔Glaucon〕爲與蘇格拉底對談者的人名。）

　　蘇格拉底（伯拉圖）所指的共同起因即爲人類的貪欲無窮。所以
他認爲若欲保護國家和公民的財產，則必須有軍隊，他更十分強調地
說，「戰爭事務的處理必須有極高度的效率，這是非常重要。」所以，
「軍事必須不受任何其他事務的干擾而保有完全自由。」由此可知他
們師徒與我國孫子在思想上是非常接近。

　　伯拉圖在〈法律〉篇中又曾指出：「若欲保證國家的安全和戰爭
中的最後勝利，則最強大而有效的武器是莫過於軍事上的聯合一致行
動(combined and united action)。」〔The Law, II〕在〈共和國〉篇
中，伯拉圖討論正義(justice)的觀念時又曾指出，在一個完美的國家
(perfect state)中，治理人民的人對於哲學和戰爭應有最佳的了解。
此外，他又曾認淸戰爭是一種藝術，軍人所負責任愈高，則也就愈需
要多花時間去熟練此種藝術。〔II,2,3〕

　　已故的鄒文海教授對於伯拉圖思想曾作一總結，頗有引述的價
值：

　　好人是有德行的人，好的國家是合於公道（正義）的國家。當
然，有德行的人不一定富有，更不一定有權勢；而好的國家也不
一定富強。伯拉圖……不以權位利祿評衡人的價值，也不以武力
和財富來評定國家的優劣。他在〈共和國〉篇中曾一再反覆説明，
人不是爲權勢而行公道，國家也不是爲富強而行公道。以權勢富
強的觀點論公道，則絕無得到公道之可能。不過，他深信行公道
的人及國家也不至失敗，認爲行公道必然窮困的想法是不正確

的。反之，不行公道的人及國家雖或成功於一時，但最後必自取
敗亡。**⑳**

這一段話雖爲鄒先生所作的綜合論述，但非常簡明扼要，足以證明伯
拉圖的思想是含有深遠的大戰略觀念。

## 五、亞里斯多德

亞里斯多德(384-322B.C.)出生於卡爾息狄斯(Chalcidice)，該地
爲馬其頓的領土。17 歲時赴雅典求學，入伯拉圖的學院肄業。他是伯
拉圖的入室弟子，追隨 20 餘年，直到伯拉圖逝世後始離去。343B.C.返
回馬其頓任世子亞歷山大的教師約兩年，對於亞歷山大的學問和思想
應有相當重要的啓迪。但在 336B.C.又終於返回雅典。此時，亞歷山大
已繼承父業，率師東征。當亞歷山大每戰皆捷之時，亞里斯多德則創
辦其著名的學校(Lyceum)。不幸亞歷山大於 323B.C.崩殂，整個希臘
掀起一陣反馬其頓的風潮，亞里斯多德逐不敢留在雅典而遷居歐波亞
(Euboea)，以後也就死在該地，享年 62 歲。

亞里斯多德著作頗豐，惜大部分都已佚散，現在留存者以《政治
學》(*Politics*)最受重視。在希臘和羅馬的時代，亞里斯多德的地位是
遠遜於伯拉圖。羅馬淪亡後，其著作幾乎已無人重視，直到十二世紀
時才再度被發現，此後逐聲名大噪，而獲得「政治學之父」的尊號。
**㉑**

亞里斯多德也像伯拉圖一樣，其《政治學》是以國內政治爲討論
主題，對於國際政治是很少提到。不過，他又還是給與國家安全以相
當的重視，他認爲國家必須有足夠的兵力以來保護法律和抵抗外侮。
他又特別強調防衛準備之重要，因爲若已有良好準備的防禦，則敵人

甚至於也就不會企圖發動攻擊，此即所謂「有備無患」。〔III, xv.〕

　　亞里斯多德也可以算是現代地緣戰略家（Geostrategist）的先驅。他認為國家的權力受到許多因素的影響，而尤其以對海洋和大陸的地理位置最為重要。理想的位置是一方面能使敵軍難於入侵，另一方面又使我軍易於出動。此外，國家若欲扮演積極領導的角色，則必須同時保有足夠巨大的海陸軍。〔VIII, v, vi.〕

　　亞里斯多德又像孟子一樣，深信地利不如人和。他認為良好的政府才是國家安全的真正保障。如何才能建立良好的政府，一方面必須制定一部完全的憲法，另一方面又必須提高人民的道德標準，獎勵守法精神。在如此良好有效的法治體系之下，全國上下始能團結一致，共同維護國家安全和善良生活。〔VI, ix, xi.〕

　　若與其他古代西方學者作一比較，亞里斯多德對於經濟和政治之間的關係所具有的了解似乎是高人一等。在他的著作中對於今天所謂「政治經濟」（political economy）曾提出不少的觀念，而這也可作為後世學者進一步研究的基礎。概括地說，亞當斯密士（Adam Smith），大衛李嘉圖（David Ricardo），卡爾馬克斯（Karl Marx）等人都曾以亞里斯多德的觀念為基礎而來進一步發展他們的理論。

　　亞歷山大曾受教於亞里斯多德，時間不長，但在思想上曾受其師之影響則似可斷言。以後亞歷山大完成帝國雄圖時，亞里斯多德仍在雅典繼續講學，並未作任何實際參與，但弟子卻把老師的政治理想發揚光大，並將其向希臘以外的世界作廣泛的傳播。亞歷山大的統治政策含有「天下一家」的理念，遠超越希臘種族主義和城邦體制的狹隘範疇。亞歷山大的功業雖只是曇花一現，但其偉大理想則可永垂不朽。究其根源又還是出於亞里斯多德的教誨，有弟子如此，實為人師者的無上光榮。

# 參、大戰略與海權

　　從古代所遺留下來的文獻中，可以發現希臘先賢的著作實含有相當豐富的戰略思想。雖然未能形成有系統的完整理論，但即令是東鱗西爪也彌足珍惜。表達戰略思想的方式除立言之外，尚有立功。希臘時代用後述方式以來表達戰略思想者也不乏人，現在就簡述如下。

　　歷史記錄所顯示的第一位希臘大戰略家就是修昔底德所盛讚的地米斯托克利。他不僅極有遠見，在贏得馬拉松的勝利後即開始作迎接第二次戰爭的長程準備。這也誠如古訓所云：「欲求和平，準備戰爭」（if you seek peace, prepare for war. 希臘原文爲 si vis pacem, para bellum）。而且在波斯大軍第二次大舉來犯時，從一開始他就堅決主張放棄任何種類的陸上防禦，而集中艦隊對敵軍作遠距離的迎擊。到沙拉米斯會戰的前夕，他對於戰場更作了非常明智的選擇，使海峽的形勢對於希臘艦隊的行動變得大爲有利，反而言之，也迫使對方居於不利的地位，不能發揮其應有的戰略優勢。由此更足以顯示其戰略天才。

　　伯里克利是伯羅奔尼撒戰爭中的主角，他在戰爭初期所採取的戰略，被後世稱爲「伯里克利戰略」，戴布流克認爲那是典型的「消耗戰略」（strategy of attrition），而李德哈特則譽之爲採取間接路線的大戰略。他在戰爭中的遭遇與地米斯托克利比較雖有幸有不幸之分，但其作爲大戰略家的地位則在互相伯仲之間。戴布流克對於伯羅奔尼撒戰爭曾作總論如下：在這次戰爭中是希臘人打希臘人，雙方的武器和戰術都一樣，但其特點爲一方面享有海上優勢，而另一方面則享有同等的陸上優勢。這種情況在戰略層面上遂呈現一種全新的問題。

　　此時雅典出了一位偉大人物，他對於此種新任務有極深入的了解，而其所採取的戰略也眞可以說是功敗垂成。戴布流克認爲根據歷史記錄，他不僅是一位偉大政治家，而且也是一位偉大軍事指揮官。事實上，誠如李德哈特所云，在較高階層的戰略中，軍事與政治是相輔相成，而不可分，這也正是「大戰略」這個名詞的含意。在戰略領域中，擬定計畫並不難，而最難的卻是計畫的徹底執行。這需要堅定的決心和無比的耐力。當伯里克利健在時，其戰略計畫是能徹底執行，但由於癘疫流行之故，戰爭進行還只一年半時，他就不幸病死。此後其戰略雖仍繼續執行，但努力程度則已不如其生前那樣徹底有效。直到伯里克利死後五年，其戰爭計畫才開始顯示成功在望。

　　戴布流克特別提醒我們不要假定雅典是以征服整個希臘爲其戰爭目的，因爲伯里克利以及任何其他雅典政治家都知道其國力不足以達到此種目的。他們只想維持有利的權力平衡，並對勢力範圍作適當的擴張。由於缺乏領導人才，雅典遂坐失良機未能達成有利的和解。戰禍再起之後，雅典人居然好大喜功，發動西西里遠征，換言之，他們完全忘記了伯里克利的警告：「在戰爭中不要企圖作任何新的征服。」**㉒**

　　斯巴達稱霸後不久即爲底比斯所擊敗，底比斯之興主要是由於其國王艾巴米侖達斯頗有創新天才，能在勞克特拉之戰(Battle　of Leuctra, 371B.C.)中一舉而擊敗強敵。其所首創的新型戰鬥序列，也就是後人所謂的「斜行序列」(oblique order)，即把強大兵力集中在一翼上而造成壓倒優勢。此種模式在後世一再爲人所傚效。事實上，他不僅在戰術上能打破數百年經驗所建立的常規，而且在戰略和大戰略層面上也能替後輩開闢新的途徑。可惜他壽命不長，未能大展其抱負。**㉓**

　　馬其頓國王菲利普曾以人質身分居留底比斯達 3 年之久(367B.

C.)所以他對於艾巴米侖達斯的思想深有認識，並能加以發揚光大，而這也成爲他給與其子的思想遺產之一部分。菲利普創業未半而中道崩殂，亞歷山大繼承其王位，並在戰略思想史上達到其前無古人，後無來者的地位。

亞歷山大的偉大幾乎是無法用語文來形容。誠如陶奇(T. A. Dodge)所云：「作爲一位將領，亞歷山大的成就是在任何人之上。沒有任何人能對他提供行動的模範，而他卻以身作則教導世人應如何指導戰爭。他所首創的原則成爲後世一切名將的典型，包括漢尼拔、凱撒、古斯塔夫、屠雲尼、尤金親王、馬爾波羅、菲德烈、拿破侖都在內。」❷❹

富勒則認爲亞歷山大不僅獲有賢父良師的教導，而且又有無比的天才和過人的精力。他是一個不可思議的奇人：天生神勇但又非常謹慎，同時具有現實主義者和理想主義者的氣質，旣能深思熟慮又能獨斷專行。他有奇妙的幻想，但又絕不喪失理性，他重視細節但又能識大體。他有極大的親和力，但又表現出至高無上的領袖尊嚴。誠如亞利安書中所云，「若無神助則根本不可能」(Arrian's *Anabasis Alexandri,* Ⅶ,XXX.)。這也使我們聯想到張良對劉邦的評語：「沛公殆天授。」事實上，亞歷山大似乎是集劉邦項羽之長於一身而無其短，眞可謂古今第一人。❷❺

亞歷山大不曾留下任何著作，但其思想的精華還是可以從其偉大功業中表現出來。李德哈特認爲「他對於後世的教訓是在兩極上，即大戰略和戰術」。這無異於暗示他是比較短於戰略。李德哈特又指出亞歷山大東征時所採取的路線是非常曲折，於是他又說：「歷史的研究暗示此種間接性的理由是政治多於戰略，儘管政治又還是具有大戰略的意識。」❷❻

費利爾(Arther Ferrill)則指出雖有人認爲由於亞歷山大長於戰

術，遂使後世忽視其在戰略方面的弱點，甚至於還有人相信亞歷山大在戰略方面的表現似乎不如其父。這種判斷並不正確。因為亞歷山大所指揮的新型部隊固為菲利普的遺產，但其用兵如神則遠非菲利普所能及。至於亞歷山大在其著名的四大會戰中所使用的戰術，可以總稱之為「槌砧戰術」(hammer-and-anvil tactics)，自從他每戰必勝之後，此種戰術在後代戰爭中也就已成一種基本模式，直到現代仍然如此。漢尼拔在坎尼(Cannae)的「兩面包圍」(double envelopment)實為其變體。第二次世界大戰時，麥克阿瑟(MacAruthur)的菲律賓戰役常被譽為「整個戰爭中的最卓越戰略觀念和戰術執行」，但據麥帥本人在其回憶錄(Reminiscences)中所云：「雷伊泰(Leyte)被當作鐵砧(anvil)，而我希望在菲律賓中部槌(hammer)擊日軍使其粉碎。」❷⓻

　　戴布流克除也像他人一樣盛讚亞歷山大的偉大以外，又更提出一項不曾為他人所從未道及的特殊觀察：亞歷山大在每次會戰之後，決不放棄立即擴張勝利的機會，對於逃潰的敵軍發動猛烈追擊，使其不能死灰復燃，所以遂能全勝❷⓼。這一點從戰略上來看是非常重要，我國歷史上也有同樣的正反二例。韓信深知擴張戰果的重要，每次獲勝後必繼續作猛烈追擊，使敵人沒有喘息機會，所以能速戰速決，充分發揮殲滅戰的威力。反而言之，項羽雖七十二戰，戰無不勝，但幾乎總是留下一條尾巴，未竟全功，這也是他終於一敗塗地的主因。對比言之，項羽是長於戰術，韓信是長於戰略，劉邦是長於大戰略，但亞歷山大則似乎是三者兼而有之。❷⓽

　　在此對於名詞的應用又應略作評論。所謂戰術、戰略、大戰略都是現代名詞，其普遍使用可能尚不及兩百年，而且也只是一種人工化的分類，很難作嚴格的界定，否則即不免流於教條主義。古代的戰爭形式遠較簡單，若勉強使用這些名詞，實不無畫蛇添足之弊。實際上，戰爭是一種藝術，戰略思想更是一個整體，所謂「科學化」者自有其

限度，所以只要能了解觀念之內涵，對名詞可不必斤斤計較。

　　若對希臘的戰爭史作一整體觀察，遂又可以發現有一基本戰略觀念始終穿插於其中。那就是所謂「海權」(sea power)。據已故當代戰略大師羅辛斯基(Herbert Rosinski)的說法，此一名詞原為修昔底德所首創，其意義即為「海之權」(Power of the Sea)，凡是知道如何征服及利用海洋的人，海洋就會把此種權力賜給他 ❸。概括言之，在波斯戰爭和伯羅奔尼撒戰爭中，其最後勝負關鍵都是海權。尤其是伯羅奔尼撒戰爭更明白顯示陸權不可能擊敗海權，但陸權若能建立一支有效的海軍，則又還是可以達到這種目的，雅典終於還是敗在海上。

　　亞歷山大的東征似乎與海權無關，實際上並非如此。假使他不是已經握有制海權，並且又已控制歐亞兩洲之間的韃靼尼爾海峽，則他根本不可能統率大軍入侵波斯。其在愛琴海岸上的作戰有一重要目的，就是摧毀波斯海軍的基地，使其喪失爭奪制海權的能力。

　　西方文明本是海洋文明，西方戰略思想也始終包括海權因素在內，尤其是大戰略往往與海洋戰略(maritime strategy)有其密切關係。從希臘時代開始，即已明白地顯示出此種趨勢。


　　希臘時代雖距今久遠，其史料的保存也不完整，但即以已有的文獻作為研究基礎，仍可發現西方戰略思想在此階段已有相當蓬勃的發展。不僅已有傳世的著作，而且更有以身作則的偉人。無論從立言和立功的觀點來看，都可以說是成績斐然。不過，西方古代雖已有若干值得重視的戰略觀念，但仍無有體系的戰略思想著作，若與我國先秦時代比較，實應有自嘆弗如之感。

## 註 釋

❶ Hans Delbrück, *History of the Art of War* (Westport, Greenwood Press, 1975), Vol. I , pp.27-29.

❷ B. H. Liddell-Hart, *Strategy:The Indirect Approach* (London, Faber and Faber, 1967), p.27.

❸ J.F.C. Fuller, *A Military History of the Western World* (New York, Funk and Wagnalls, 1954), Vol. I, p.25.

❹ Mark V. Kauppi and Paul R. Viotti, *The Global Philosophers: World Politics in Western Thought* (New York, Lexington Books, 1992), p.24.

❺ 關於希臘的政治制度可參閱鄒文海遺著,《西洋世界政治思想史稿》(台北,鄒文海先生獎學基金會,民國 61 年),pp.27-39。

❻ 關於近東古代文明和軍事情況的知識可參閱 Arther Ferrill, *The Origins of War* (London, Thames and Hudson, 1955), pp.35-90.

❼ 分別見《戰爭藝術史》(Vol. I, p.135)及《戰略論》(p.31)。

❽ 有關亞歷山大的功業和將道,可參看 J.F.C. Fuller, *The Generalship of Alexander the Great* (London, Eyre and Spottiswood, 1958)。

❾ Herodotus, *The Histories*, trans. Aubrey de Selincourt and A. R. Burn (London, Penguin Books ,1954)。本書所有的引述都取自此英譯本。

❿ 以後凡引述均用 〔  〕列入書內,羅馬數字代表篇,阿拉伯數字代表頁。

⓫ Thucydides, *History of the Peloponnesian War,* trans. Rex Warner (London, Penguin Books, 1954)。本書所有引述都取自此英譯本。

⓬ Robert Gilpin, "The Theory of Hegemonic War", in *The Origin and Prevention of Major Wars,* edited by Robert I. Rotberg and Theodore K. Rabb (Cambridge University Press, 1989), pp.2-30.

⓭ 可參看鈕先鍾,《中國戰略思想史》(台北,黎明文化公司,民國 81 年),pp. 62-68。

⓮ Mark V. Kauppi and Paul R. Viotti, *The Global Philosophers: World Politics in Western Thought,* p.62.

⓯ J.F.C. Fuller, *The Generalship of Alexander the Great,* p.53.

⓰ Hans Delbrück, *History of the Art of War,* Vol. I, p.159.

⓱ Xenophon, *Recollections of Socrates,* trans. Anna S. Benjamin (In. dianapolis, 1965).

⓲ Hans Delbrück, *History of the Art of War,* Vol. I, p.163.

⓳ Plato, *The Republic,* trans. B. Jowett (London, Penguin Books, 1955).

⓴ 鄒文海,《西洋世界政治思想史稿》, p.57.

㉑ Aristotle, *The Politics,* trans. T. A. Sinclair (London, Penguin Books, 1962).

㉒ 有關伯里克利的評論大致以戴布流克的書爲依據,可參看《戰爭藝術史》,Vol. I, pp.135-139.

㉓ B.H. Liddell-Hart,*Strategy: The Indirect Approach,* p.34.

㉔ T. A. Dodge, *Alexander*(Boston, Houghton Mifflin, 1890), p. 602.

㉕ 富勒之言可參看《西方世界軍事史》(Vol. I, p. 69),張良之語可參看《中國戰略思想史》第七章, p. 255。

㉖ B.H. Liddell-Hart, *Strategy:The Indirect Approach,* p.39.

㉗ Arther Ferrill, *The Origins of War,* pp.187-216.

㉘ Hans Delbrück, *History of the Art of War,* Vol. I,p.232.

㉙ 鈕先鍾,《中國戰略思想史》,第七章〈秦楚之際〉,pp.253-284.

㉚ *The Development of Naval Thought: Essays by Herbert Rosinski,* edited by B. Mitchell Simpson III(Newport, U.S. Naval War College Press, 1977), p.26.

# 【第二章】

# 羅　　馬

## 壹、從共和到帝國

羅馬(Rome)像希臘一樣，其最早的來源已不可考，依照近似神話的傳統說法，羅馬的建國是在753B.C.，最初採取君主制，到公元前五世紀時始建立共和政制。當希臘已經擊敗波斯，進入其最偉大的時代時，羅馬還是一個位置於義大利半島中部的小型城邦國家，正在為其生存而奮鬥。但亞歷山大東征之後，希臘文明即已盛極而衰，羅馬文明則蒸蒸日上，有如旭日東昇。到265B.C.時，羅馬已是義大利的主人，並準備征服整個地中海世界。羅馬之興，古今學者有其各種不同的解釋，當代英國史學大師湯恩比(Arnold Toynbee)曾列舉五點理由：(1)有利的地理情況，(2)善待其同盟國或承認其霸權的國家，(3)從寬給與羅馬公民身分，(4)開放雙重國籍，(5)在新征服地區建立殖民地。法國學者魏爾(Simone Weil)則另有不同的意見，他認為羅馬的成功是得力於恩威並用。羅馬的統治好像有糖衣的苦藥，有時其殘酷的程度令人難以想像。此種對恐怖手段的有計畫使用使他國不敢反抗或叛

變。魏爾甚至於把羅馬與納粹德國相提並論。❶我國歷史中也不乏可供對比的事實，例如秦之統一，和元之征服，都曾有計畫地使用恐怖手段。❷

就軍事觀點而論，羅馬的成功可以歸之於兩大來源：(1)由自由公民所組成的軍隊有強烈的愛國心，高度的士氣，能夠適應嚴格的紀律，和艱苦的戰鬥，(2)羅馬所特有的軍事組織，即所謂「兵團」(legion)，是一種前所未有的最佳軍事組織。這兩個因素結合在一起，遂使羅馬無敵於天下。

羅馬兵團神勇善戰，史有定評，關於其詳細的編組和戰術，也已有很多的分析，但嚴格說來，那些知識對於戰略思想的研究只是一種背景而非主題，所以在此不擬細述，而只想說明若干要點。首先要說明的一點即為此種組織曾經過長時間的演進，而且在不同的時期有其不同的特點，儘管在大原則上仍一貫不變。依照傳統說法，兵團的首創是在第二次桑尼特戰爭(Second Samnite War, 326-304B.C.)時，若與希臘方陣比較，羅馬兵團的最大優點就是保有高度的彈性。其基本單位名為"maniple"由 120 人組成，相當於現在的「連」，其原意為一「把」(handful)，非常巧合，我國古代也用「把」表示最低單位(排)，排長稱為「把總」。

這些基本單位(把或連)分成三線，彼此保持間隔，形成一種棋盤式的戰鬥序列，其優點為所有的兵力可以作彈性的調度，並能進退自如，把重點放在任何方向上。不過，又必須有素質極佳的部隊始能運用此種戰術體系，所以訓練和紀律實為兵團制勝的基礎。羅馬並非人口眾多的國家，但對於人力卻能作充分有效利用。其動員程度極高，約達自由人口的 10%，男性成年人口的 30%。此外，由於同盟政策的適當運用，羅馬又能利用同盟國人力以來組成輔助部隊。所以，羅馬遂常能以數量較小的精兵擊敗人數眾多的強敵。

　　羅馬共和時代的大事即爲「布匿克戰爭」（Punic War），也就是羅馬與迦太基（Carthege）之間的戰爭。這個戰爭又可分爲三次，全部長度達 118 年之久（264-146B.C.）。羅馬人稱迦太基人爲"Punicus"意爲無恥小人，實際上，迦太基是一個歷史比羅馬遠較悠久的文明古國。約在 1100B.C.腓尼基人移殖到北非海岸上，並於公元前九世紀後期建立「迦太基」，其原意就是「新城」（Kart-hadasht or "New Town"）。迦太基是商業國家，也是海洋國家，當羅馬統一義大利之後開始進一步向地中海發展時，首當其衝者即爲迦太基，於是典型的陸海權爭霸戰遂隨之而展開。

　　當第一次布匿克戰爭（First Punic War, 264-241B.C.）爆發時，迦太基的陸軍雖不如羅馬，但海軍則居於優勢，所以迦太基只要能確保地中海的制海權則也就居於不敗之地。不過，居於劣勢的羅馬海軍卻能奮戰不懈，在此階段中曾經五次重建其艦隊，並終於反敗爲勝。結果到 241B.C.雙方媾和時，羅馬贏得了西西里島，並掌握了西地中海的制海權。誠如費利爾所指出：羅馬人和迦太基人在性格和氣質上有極大的差異。迦太基人毫無理想，一心只想賺錢和享受，而羅馬人則堅毅沉著，奮鬥到底。❸

　　第二次布匿克戰爭（Second Punic War, 218-202B.C.）爲三次中最重要的一次，也是最精彩的一次。不僅雙方的勝負興亡都決定在這次戰爭之中，而且雙方的名將，漢尼拔（Hannibal）和希皮奧（Scipio Africanus）也可說是一時瑜亮，各有千秋。尤其是這次戰爭的記述是出於波里比亞（Polybius）之筆，並因此而使他獲得偉大史學家的名譽和權威。❹

　　漢尼拔的生平大家知道的非常有限，他大約出生於 249B.C.，所以當他進軍義大利時應該是剛滿 30 歲，真可說是英姿奮發。他被列爲西方四大名將中的第二位，也常被尊稱爲「戰略之父」。事實上，他所面

臨的環境遠比亞歷山大困難，亞歷山大所指揮的是百戰精兵，而他所指揮的則爲烏合之衆，亞歷山大所面對的敵人是烏合之衆，而他所面對的則爲羅馬兵團。所以，其成就應更令人佩服，在西方戰史中，敗軍之將而仍能獲得後人景仰的就只有漢尼拔和拿破侖二人而已。

漢尼拔有其深遠的戰略觀念，其行動往往出人意表，當其進入義大利後，三次會戰使羅馬損失超過 10 萬人，並在威望上蒙受極大打擊，尤其是坎尼之戰(216B.C.)更是名垂千古。此時羅馬之所以能倖免崩潰，其原因似可歸之於下述五點：(1)羅馬的同盟政策發揮團結效力，使其大多數同盟國不受漢尼拔的威脅利誘而背叛羅馬；(2)在費賓(Quintus Fabius Maximus)領導之下，採取拖延戰法，勉強渡過難關；(3)羅馬人發揮無比的耐力，動員一切人力，包括未成年者和奴隸在內，以來迅速補充損失；(4)漢尼拔缺乏攻城裝備且實力有限，未能一舉攻陷羅馬城；(5)羅馬仍握有制海權使漢尼拔不能獲得足夠的增援和補給，以至於戰力日益消耗，終成強弩之末。

在此又必須強調說明另一關鍵因素。羅馬共和國的軍事組織雖有其一切的優點，但又還是有一重要弱點，而也正是坎尼慘敗的主因。羅馬軍在戰時並無固定的指揮官，由兩位執政輪流值日，而執政出於民選，是否有軍事才能更是大有疑問。誠如希里芬(von Schlieffen)所云，像漢尼拔這樣的天才在歷史上很罕見，但像法羅(Terentius Varro)那樣的庸才則無世無之。因此，若非面對漢尼拔，則僅憑羅馬兵團的卓越戰力，雖由任何庸將指揮也一樣能夠獲勝。不過，羅馬又終於還是找到了一位能與漢尼拔抗衡的將才，那就是希皮奧。憑藉著制海權，他把戰爭帶入北非，終於在具有決定性的查瑪會戰(Battle of Zama, 202B.C.)中擊敗漢尼拔。這場會戰結束了第二次布匿克戰爭，也決定了迦太基的最後命運。再過 53 年，羅馬又發動第三次布匿克戰爭(Third Punic War, 149-146B.C.)，並終於將迦太基夷爲平地。從此

羅馬的稱霸也就成爲定局。

　　誠如李維(Livy)所云：「大國不可能長久維持和平，若無外患則必有內憂。」❺到公元前最後一個世紀，羅馬遂一再發生內戰，從權力爭奪中終於脫穎而出者即爲凱撒(Caius Julius Caesar, 100-44B.C.)，但也只是僞定一時，執政不到 10 年即遇刺身死，於是又再度發生奪權鬥爭，到 27B.C.其姪孫屋大維(Octavian)終於奪得政權，上尊號爲「奧古斯都」(Augustus)，成爲羅馬帝國的第一位皇帝(27B.C.-14A.D.)。("Augustus"的意義爲「至高無上」，即我國所謂「至尊」。)

　　羅馬帝國建立之後，大致說來可謂國威遠振，四海昇平，這一段時間長達 300 年(70-378)，史稱「羅馬和平」(Pax Romana)。事實上，這又只是一種表面化的誇大形容，在此階段內仍然是內憂外患相繼而來，到公元 117A.D.，羅馬帝國即已盛極而衰。

　　君士坦丁(Constantine, 306-337)是一位擁有「大帝」(the Great)尊稱的羅馬皇帝，在歷史上有其特殊地位。他在 313 年頒發「米蘭敕令」(Edict of Milan)使基督教合法化，而其本人也受洗成爲敎徒。他在 330 年建立君士坦丁堡(Constantinople)來作爲帝國的陪都，這也就是東羅馬的起點。但他也是第一位大規模引進日爾曼部隊的羅馬皇帝，並播下羅馬淪亡的種子。若用我國歷史作一對比，則他與唐玄宗非常類似。唐玄宗大用胡兵胡將，即所謂「彍騎」，把府兵制破壞無餘，而君士坦丁也是一樣，到後來羅馬野戰軍有一半以上都是由「野蠻人」所組成，由重步兵所組成的羅馬兵團遂已變成歷史陳跡。❻

　　君士坦丁的功業對於羅馬帝國而言，很像病人垂危之前的迴光反照，此後，這位病人的情況也就日益惡化，只等待死神的降臨。羅馬帝國不僅已外強中乾，而更是千瘡百孔，於是異族從各方面流入這個眞空，到公元 476 年，遂終於宣告死亡。

# 貳、史學與兵學

羅馬帝國全盛時期的幅員跨越歐亞非三洲，其文治武功在西方可謂空前，但就學術思想而言則似不如希臘，並無重大貢獻，最多只是承先啓後而已。羅馬未有像伯拉圖和亞里斯多德那樣的哲學家，在史學方面雖有波里比亞和李維，但也只是承希臘的餘緒。至於兵學方面雖有福隆提納和維吉夏斯的著作，但並無有體系的完整戰略思想。所以比之希臘，至少可以說並無太多進步。

## 一、波里比亞

嚴格說來，波里比亞(Polybius, 200-120B.C.)並非羅馬人，不過他卻是生活在羅馬共和時代的後期，而且所寫的也是羅馬的歷史。他本是馬其頓的貴族，自從馬其頓在皮德納(Pydna)之戰爲羅馬所擊敗後(168B.C.)，有一千名希臘人被送往義大利接受調查，波里比亞也在名單之內。但很幸運，在羅馬不特不曾受到任何指控，反而成爲小希皮奧(Publius Scipio)的上賓，和受到羅馬達官貴人的禮遇。他曾陪同小希皮奧到各地視察，親自勘察漢尼拔越過阿爾卑斯山的地點，那是70年前的往事。當小希皮奧下令放火焚毀迦太基城時，波里比亞也曾親耳聽到他說：「呵，波里比亞，這是一件大事；但當我一想到有一天可能有某人也會對羅馬城下達這同樣的命令時，不禁要發抖！」❼

波里比亞博學多才，著作等身，活到82歲始因墮馬逝世。羅馬其他學者，包括李維在內都深受其影響，但以後其著作遂告佚散，直到十五世紀時始再度被發現。馬基維里(Machiavelli)和孟德斯鳩

(Montesquieu)等人對他都推崇備至。

　　波里比亞是以修昔底德爲模範。他指出其目的爲寫一本眞實的歷史，不是想要討好讀者，而是要對歷史研究有所貢獻。他認爲「最具有教育意義的事情莫過於回憶他人的災難，要想學會如何莊嚴地忍受命運的變化，這的確是唯一的方法。」他又強調著說，「從眞實歷史的研究中所獲得的知識，對實際生活而言是一切教育中的最佳者。」❽

　　波里比亞認爲歷史研究不僅爲事實的搜集，而應以解釋爲目的。他說：「僅只說明事實雖也許仍能激發我們的興趣，但對我們卻並無裨益。」必須了解因果關係，歷史研究始有價值。除解釋本身以外，較佳的預測也可能爲其結果。至少古今的對比可以比孤立的判斷更能使眞象大白。〔Ⅻ,25;Ⅻ,32〕

　　波里比亞又主張實地考察(field research)，和盡量利用原始資料(primary sources)。並認爲研究必須客觀而無偏見。他又指出常有兩種不同的錯誤，其一是由於無知，其二是由於故意。前者應予以善意的糾正，後者則應加以嚴厲的譴責。此外，他又警告讀者應保持嚴謹態度，不要爲作者大名所誤導，而必須注意事實。〔Ⅸ,2〕

　　以上所云都是波里比亞所自述的研究方法，自今日視之似不足爲奇，但兩千年前的古人有此高論，則眞令人不得不佩服。其治學之道不僅可供後世史學家作爲楷模，對於研究國際政治和大戰略的學者也同樣具有啓發作用。

　　用當前的術語來表達，波里比亞的觀念爲總體與個體並重，而尤其注意二者之間的互賴與互動。掌握全體(whole)能幫助了解細節(details)，反而言之，若先能熟悉若干細節，則又能有助於對全體的綜合認識。波里比亞指出義大利和非洲的事務與亞洲和希臘的事務是彼此相連而不可分，而同爲一個「有機整體」(an organic whole)的部分。如果忽視了這些相互關係則解釋也就不可能完全。〔Ⅰ,3〕

　　因此，波里比亞能夠認清外在環境中各種因素的重要性，不過在其解釋中的核心又還是國內因素。他認為：「在所有一切政治情況中，我們都必須了解決定成敗的主要因素仍爲國家憲法的形式。」在檢討史事之後，波里比亞指出：羅馬憲法對於羅馬之終能使其對迦太基的戰爭勝利結束，並進一步達到支配世界的理想是貢獻良多。他認爲：假使憲法對於政治權力能作正確的分配，則政治單位的內在團結也就會大爲增強。以羅馬而論，當外來威脅迫使元老院、執政、人民三方面團結一致時，其國力也就能夠獲得高度的發揮，足以應付任何緊急情況。〔Ⅲ,2〕

　　波里比亞又以往事爲例，很感慨地說，對於希臘人而言，最嚴重的問題就是缺乏團結。他綜合地指出：「任何國家若欲自保則必須具有兩項基本素質，對敵勇敢，對內和諧。」當風俗，法律，憲法三者都良好時，則無論對內對外也就都可以獲得安全。此外，他又提到兩點：其一是把國家安全交由傭兵負責是非常危險；其次是宗教可以當作一種保持政治團結的工具。這似乎都算是先見之明。〔Ⅵ,2〕

　　至於說到個人所扮演的角色，波里比亞在其對因果關係的解釋中常認爲人的因素能發揮決定作用。明智而有遠見的人所採取的行動常爲成敗的關鍵，他引用詩人歐利皮德(Euripides)的話說，「一個聰明的頭勝過二十隻手。」「正確時機的選擇可以控制一切人類的行動，而尤其是戰爭中的一切行動。」漢尼拔的最大優點就是他能制敵機先。這照我們看來，也正是孫子所云：「故善動敵者，形之敵必從之，予之敵必取之。」〔Ⅰ,47;Ⅲ,91〕

　　波里比亞嚴正地警告不可遇事都歸之於天命。他認爲應該對因果關係作精密的分析，如果能夠發現其因，則對於爲何有某種結果也就自能獲得合理解釋。他指出有某些學者不假思索即將世局的變化歸罪於命運或機會，實乃避重就輕。不過，波里比亞又承認有若干事變似

乎的確是受機會的影響，姑且不說那就是命運的安排。所以他說：「我們究竟都是人，隨時必須考慮有意外（unexpected）發生的可能，而尤其以在戰爭時爲然。」譬如說，在羅馬與迦太基爭奪西西里的第一次戰爭中，機會因素曾發揮重大影響作用。所以他的建議爲我們應控制所能控制者而承認所不能控制者：

> 人性是經常難免有誤，而遭遇某種意外挫折常非受害者的過錯，而是運氣不佳。但若睜開眼睛犯錯誤，或由缺乏判斷而吃大虧，則不能責備任何人而只能自責。所以，若由於運氣不好而失敗，則應對其同情、寬恕和援助；若是由於其愚行而失敗，則任何有理性的人都會予以譴責。〔II,7〕

毫無疑問，用現代術語來表示，波里比亞是屬於所謂現實學派。他用船來比喻國家，指出要使船不偏離航道並保持平衡，則船長必須能夠行使統一有效的領導。在國際關係中，所謂敵友者完全是根據利益來決定，這也正是十九世紀後期英國外相巴麥斯頓（Lord Palmerston）所說的話。他又指出尋求同盟雖爲增強安全的一種手段，但國家卻不應希望他國能保障其安全，而必須依賴本身的力量以求自保。這又與孫子所云：「不爭天下之交，不養天下之權，信己之私，威加於敵」如出一轍。最後，他也認爲在國際政治和戰爭中欺詐陰謀都是有所必要，這也正是孫子所云：「兵者詭道也」。〔II,47〕

總結言之，波里比亞的著作中的確蘊藏著太多的戰略觀念，可以算是一座戰略思想的寶山，仍然等待後世學者去發掘，尤其難能可貴者是他與孫子的思想有很多暗合之處，但令人感到惋惜的是波里比亞的著作究竟還是以歷史爲主，而未能將其精華蒸餾出來，變成一部西方的《孫子》。

## 二、李維

李維(Titus Livy)為最著名的羅馬史學家,大約出生於 59B.C.,死於 17A.D.,對於其生平我們所知道的很有限,其鉅著《羅馬史》(*History of Rome*)共為 142 卷(books),寫到 9B.C.時為止。但不幸現在所存留者僅有 35 卷。很顯然,李維在思想上深受波里比亞的影響,並深信歷史是人生的指導。羅馬的第一位皇帝奧古斯都曾讀其書並給與以高度的讚賞。❾

李維在其書的首章中即說明歷史的價值以及其本人決心研究歷史的理由:

> 歷史為無限複雜的人類經驗之記錄,那是公開陳列可供任何人欣賞。在此種記錄中,你可以替你自己和你的國家找到先例和警告:好事則可視為模範,壞事則應力求避免。〔I,1〕

李維指出國家的生存和安全一向被羅馬領袖人物視之為主要目標。執政的首要任務就是保護國家使其不受任何傷害。因此,公民也就有服兵役的義務,當同盟國眾叛親離之時,唯一可靠的即為公民軍隊(citizen army)。所以,李維特別強調這一點,而反對召募傭兵。〔VI,25〕

比吉朋的《羅馬帝國衰亡史》(Gibbon's *Decline and Fall of the Roman Empire*)還更早,李維早已預言道德的頹喪將暗中破壞羅馬的權力基礎。他指出愈有錢則愈貪得無厭,其結果則為驕奢淫逸,無所不為。這樣的國家又焉能持久?〔I,19〕

至於說到戰爭的起因,李維認為戰爭似乎還是理性選擇的產品。國家的高階會議會對和戰的得失利害作一審慎評估,然後才作成其決

定。換言之，戰爭大致都非出於偶然，而是事先經過精密計算，並用來達到某種目的。領土的擴張可能爲目的之一，李維對於羅馬帝國的強盛是深感與有榮焉，所以認爲戰爭是建立偉大帝國的合法手段。〔XXXV,23〕

比起大多數的古代作者，李維是最能認淸經濟是國家權力和軍事能力的重要基礎。在其書中對於迦太基如何動員其經濟能力，以及羅馬如何計算其所需要的資源，都曾作相當精密的分析。他又明確指出迦太基雖享有經濟優勢，但羅馬卻有較強大的人力。羅馬的靑年人口繼續成長，不僅能補充戰爭的損失，而且還能擴大兵力的來源。反而言之，迦太基方面無論爲城市或鄕村，其居民都缺乏尙武精神，所以被迫必須從非洲人口中去召募傭兵，其素質自不能與羅馬兵團相提並論。〔XXXXI,51〕

李維認爲基於公共的福利，人民必須服兵役，那是超越一切私人利益之上。軍事單位若欲發揮其效力，則人員必須具有高度的素質，包括勇敢、紀律、和耐力等因素都在內。簡言之，他是一位精兵主義者。他又指出軍隊若欲維持良好的紀律，則對於兵員管理必須嚴格，待遇必須公平，爲將者絕對不可朝令夕改，喜怒無常。〔XXXIX,19〕

李維在討論國家立國基礎時，認爲有利的地理條件是很重要，高山大河能構成天然防線，足以有助於國家安全的維護。不過，更重要的又還是人力，國家擁有較多的適齡壯丁，人民尙武愛國，則能有較堅忍的抵抗力。簡言之，地利與人和必須兼而有之，始能成爲強國。〔XV III,19〕

李維也曾分析締結同盟的問題。同盟可以用來增強國家的權力，減低外來的威脅，但同盟也是一種陷阱，可能使國家陷入不必要的戰爭。所以，國家在結盟時應注意兩點：其一爲戰略的協調，其二爲資源的匯集。換言之，國際政治與國家權力，外交政策與軍事戰略在同

盟關係中必須合爲一體。李維並不反對戰爭，甚至於認爲戰爭也不一定是壞事。他假漢尼拔之口說：「戰火的煎熬反而可以振奮人心，增強國力。」不過，李維又並不否認戰爭的恐怖，他反對漫無限制的屠殺，並暗示戰爭的破壞效力應予以限制。尤其是在戰後應放棄報復心態，寬恕被征服的人民。〔XXX III,12〕

李維認爲在所有一切的戰爭中，最足以產生強烈影響作用的重要因素有四種：(1)部隊的數量，(2)人員的勇氣，(3)指揮官的才能，(4)運氣(luck)。亞歷山大位列古今名將之首，事實上，他不僅才能出衆，而且運氣也極佳。在李維的全部著作中，「幸運」(fortune)始終被認定爲非常重要的因素。他以坎尼之戰爲例，並提出疑問說，羅馬人的慘敗是由於天意或命運，又或是由於人謀之不臧？他又說，命運也許可以改變，事實上，所謂名將者就是能掌握其好運，並善於利用意外出現的機會。他引述漢尼拔的話說：「許多天然的難題只要略加思考即可迎刃而解。」謹愼和忍耐爲必要的美德，但又必須隨時保持準備，把握機會，發動攻勢，以來達到殲滅敵軍的目的。簡言之，人類並非完全無能，而是可以憑藉努力以實現其理想。〔XXX VII,54〕

最後，李維也同意其前輩之意見，相信內憂重於外患，國內因素能對國家安全產生重大的影響。他指出國家權力的最後基礎是人民而不是任何統治者。人民握有最高的權力，若無人民的支持，則任何政權都會崩潰。「愛國心是建立在人民保護家庭，熱愛鄉土的心理基礎上，必須人同此心，然後國家始能維持其團結。」李維指出羅馬的建立最初固然是憑藉武力，但長治久安則必須有賴於法治。共和政體實爲羅馬強盛的主因，也是政治共同體的基礎。不過，他又指出國際環境的改變對於國內情況必然會產生衝擊，所以政府與人民都必須有隨機應變的能力和準備。正像一艘船一樣，風平浪靜時有一套操縱方法，波濤險惡時又應有另一套不同的操縱方法。〔XXXIX,6〕

## 三、蒲魯塔克

　　繼修昔底德和波里比亞之後，李維可以代表西方古代史學的正宗。而蒲魯塔克(Plutarch, 45-120)則可謂別樹一幟。蒲魯塔克是最後一位具有希臘傳統的古代史學家。他出生於卡羅尼亞(Chaeronea)，曾在雅典研究哲學，深受伯拉圖的影響。以後以學人和外交家的身分前往羅馬，備受尊重。他與波里比亞和李維有一巨大差異，那就是他所寫的不是正統的歷史，而是名人傳記。換言之，他的研究主題是人而不是事。其傳世之作爲《希臘羅馬名人傳》(*Lives of the Noble Greeks and Romans*)，也是西方的第一部傳記。❿

　　他的書中所描述和評論的對象爲一系列的名人，例如索倫、伯里克利、賴桑德、亞歷山大、凱撒等。他的想法與李維相似，深信以古爲鑑，可以使救世領袖得以改過遷善。他之所以將希臘與羅馬並列，其目的是想顯示兩種傳統之不同，並使後世可以從比較中獲致教訓。

　　蒲魯塔克有一特殊觀點，即從個人的角度來看世界大事，僅憑這一點理由即足以使其書值得深入探討。用現代術語來表示，他所採取的是一種個人分析水平(individual level of analysis)。他認爲政治家的政策，戰略家的戰略，都深受其個人性格(personality)的影響，而並非由於國家或國際體系的性質所使然。環境只能提供時空背景，決策和行動的還是個人。

　　蒲魯塔克的書對於世事和思想都不曾作太多的評述，但對於戰略思想的研究仍有相當重大的貢獻。因爲若無他的記述，則許多古代人物的言行將會無人知道，或至少，也會缺乏比較可信的資料來源。

　　蒲魯塔克的書令人感覺到他未免過分強調偉大歷史人物(great men of history)的能力，但事實上，他也還是承認人力只是自有其限

度。他曾指出兩點理由：其一是偉人常會遇到強勁的對手，此所謂兩雄相剋是歷史上常見的現象；其次則爲命運之不可測，並常能產生決定作用。所以他曾慨乎言之：「命運是如何微妙，人心是如何難測！」**⑪**

## 四、福隆提納

羅馬所遺留的軍事書籍不多，而與戰略思想有關者則更少。在此只擬對兩本書作一簡略述評。第一本是福隆提納的《謀略》，第二本是維吉夏斯的《論軍事》。

福隆提納(Sextus Iunius Frontinus)大致生於 35 或 40A.D.，死於 103A.D.。曾任將軍和不列顛總督。其書名爲《*Strategemata*》，這個字的希臘來源爲 *"Stratagama"*，譯成英文即爲 *"Strategems"*，其意義即爲詭計或陰謀，也就是孫子所謂的「詭道」。詭道僅爲戰略的手段，而非戰略的本體，故譯爲「謀略」以示與純正的戰略有別。

這本書從古人經驗中歸納出戰爭中所常用的謀略共分爲 43 項，並逐項加以解釋和討論：

(1)論隱蔽我方的計畫。

(2)論發現敵方的計畫。

(3)論決定戰爭的性質。

(4)論領軍通過敵軍騷擾的地區。

(5)論逃出困難情況。

(6)論行軍時的設伏和遇伏。

(7)論如何掩飾我方所缺乏之事物，並如何提供代用品。

(8)論如何迷惑敵人的注意。

(9)論制伏軍隊的叛變。

(10)論如何制止季節不適當的求戰。

(11)論如何激起部隊的求戰熱心。

(12)論如何消除凶兆對部隊所產生的恐懼。

(13)論選擇會戰的時間。

(14)論選擇會戰的地點。

(15)論會戰中的兵力部署。

(16)論在敵軍中製造恐怖。

(17)論伏擊。

(18)論縱敵逃走以免困獸之鬥。

(19)論掩飾挫敗。

(20)論用堅定以重整士氣。

(21)論在戰鬥成功之後如何結束戰爭。

(22)論在挫敗後如何補充損失。

(23)論如何保證不可信用者的效忠。

(24)論如果指揮官對其現有兵力缺乏信心，則應如何防衛其營地。

(25)論退卻。

(26)論奇襲。

(27)論欺騙被圍者。

(28)論誘發陰謀。

(29)論用何種手段使敵人感受匱乏。

(30)論如何引誘敵人維持其攻城戰。

(31)論分散敵方守軍的注意。

(32)論使河川改道和污染水源。

(33)論用恐怖手段打擊被圍者。

(34)論從意外的地區發動攻擊。

(35)論布置陷阱以誘被圍守軍出擊。

(36)論僞裝的撤退。

(37)論如何提高我軍的警覺。

(38)論通信的收發。

(39)論增援與補給。

(40)論如何掩飾匱乏和製造充實的印象。

(41)如何應付降敵和逃亡的威脅。

(42)論突擊。

(43)論被圍守軍的堅持。

福隆提納的書共分 3 卷（篇），上述 1-12 項列入第一卷(Book Ⅰ)，13-25 項列入第二卷(Book Ⅱ)，26-43 項列入第三卷(Book Ⅲ)。原書本尚有第四卷，因被發現爲後人所僞造，遂已被刪除。從上述各項的內容上看來可以看出其中至少有一部分是已經達到軍事戰略的層次，而且也不應完全視之爲詭道。⓬

## 五、維吉夏斯

維吉夏斯(Flavius Vegetius Renatus)的生平已不太可考。大致是生於公元前四世紀。他在羅馬似乎是一位高官，但也有人說他是拜占庭人（此時東西羅馬尚未分裂）。他雖非軍人，但對軍事卻有深入研究。其偉大的著作《論軍事》（*De Re Militari*，英譯爲 *On Military Matters*），據說曾經呈獻給羅馬皇帝費侖提尼安二世(Valentinian Ⅱ)。後者的朝代爲 371-392A.D.，當時羅馬已在風雨飄搖之中。維吉夏斯懷著文章報國之心，希望其書中建議能被採納，以使羅馬得以重振國威，恢復昔日的光榮。

全書共分 5 卷（篇）。第一卷論兵員的選擇和訓練，第二卷論組織，第三卷論戰術，第四卷論攻城與築城，第五卷海戰。從內容上看來，是以戰術和技術爲主，似未達到戰略層面，但事實並非如此，其中仍然隱藏著若干大戰略觀念而值得注意。尤其是書中有一卷專論海戰，這也正是古代唯一以海洋戰爭爲主題的著作。在中世紀以及近代初期，《論軍事》在古代文獻中可能是最暢銷的一本書。直到十九世紀初期約米尼和克勞塞維茨的書出版時爲止，維吉夏斯的書可能仍爲西方最具有影響力的軍事著作。

《論軍事》所留下來的手抄稿約有 150 本，甚至於在印刷術尚未引進之前，即已有英、法和保加利亞譯本。在印刷術實際使用的最早階段中，從 1473 年到 1489 年，該書就已經在五個不同的國家中出版。它被列入軍事指揮官的必讀參考書目的時間可能比任何其他的書都較長。但到今天對它感到興趣的人卻已經很少，尚可獲致的英譯本也不完全。❸

維吉夏斯的書雖然內容很瑣碎，所論述的似乎都是一些實用的方法和技巧，但若作一整合的觀察即可以發現維吉夏斯在寫此書時，內心裏始終抱著一個偉大的理想，而那也是其在大戰略階層所堅持的原則：

> 戰爭中的勝利並非完全依賴數量或勇氣，只有技巧和紀律才能保證勝利。羅馬之所以能征服世界，其主因非他，而是連續的訓練，嚴格的紀律，以及對其他各種戰爭藝術的不斷培養。若無這些因素，羅馬人又如何能以劣勢的數量，擊敗數量衆多的高盧人和日爾曼人？在財富上我們經常不如非洲人，而在欺詐和謀略上也往往不是他們的對手。毫無疑問，在所有一切的藝術和知識上，希臘人也遠比我們優越。面對著這些具有各種不同優點的敵人，

羅馬人的唯一對策即爲非常愼重地選擇其人員，並給與以極高度的訓練。他們徹底了解用不斷的練習以來磨練其部隊的重要。他們也不惜用嚴刑峻罰以懲頑劣。

於是維吉夏斯作結論說：「重建古代的紀律絕非不可能，儘管現在是已經完全廢棄。」❹

維吉夏斯所提出的選訓方法和戰術規律，對後世都構成學習的模式，尤其在攻城和築城的技術方面更可以算是最早的教科書。十六世紀的馬基維里受其影響是非常重大，對其著作甚至於有抄襲之嫌。這些事實也許都不太重要，而最重要的是維吉夏斯的確已經拆穿了羅馬由盛而衰的謎底。誠如十九世紀初葉的約米尼所云：

柔軟無力是羅馬兵團衰敗的主因。那些士兵過去在非洲烈日之下作戰，都一點不感到疲倦，現在在日爾曼和高盧的涼爽天氣之下，反而覺得甲胄太重，所以羅馬帝國的末日也就快到了！❺

這也許就是約米尼在讀維吉夏斯的書時所發出的感想，這也正是維吉夏斯對後世所發出的警告。

# 參、帝國大戰略

從立功的觀點來看，至少也有幾位重要人物應該列入戰略思想史的範疇。第一位當然是號稱「戰略之父」的漢尼拔。漢尼拔並無任何著作，不過其在戰爭中所作的決定又還是能夠顯示他有非常卓越的戰略頭腦。常有人認爲漢尼拔在坎尼會戰之後未能直趨羅馬是一重大錯誤，假使換了亞歷山大，則羅馬也許就早已淪陷。據說他的騎將馬哈

巴(Maharbal)曾力勸他進攻羅馬而他不聽，於是馬哈巴怒吼著說：
「的確是這樣，上帝不會把所有的天才都賜與同一個人，漢尼拔呀，
你知道如何獲致勝利，但卻不知道如何利用它。」李維也評論著說：
「大家都相信那一天的遲誤救了這座城和這個帝國。」⓰

　　戴布流克對此則有不同的看法：坎尼戰後直趨羅馬並不能達到漢
尼拔的目的，若攻城不克則反而足以抵銷勝利的心理效果。假使馬哈
巴真有那樣一段話，則適足以證明他只是一員勇將而非戰略家。漢尼
拔頗能知彼知己，從開始發動戰爭之日起，就早已知道不可能完全征
服羅馬，也不可能毀其巨強地位。他所能希望的僅為用消耗手段以來
迫使羅馬人同意和談。所以，戰略變成了政治，而政治也變成了戰略。
他一方面動搖羅馬的決心，另一方面破壞其同盟國的團結。事實上，
其大戰略並非不曾獲得相當的成功。其所以最後終於失敗者，的確是
誠如波里比亞所云，決定成敗的主要因素仍為國家的憲法。羅馬全國
一心，而迦太基則始終未能動員其全力。⓱

　　當漢尼拔縱橫無敵之時，羅馬方面唯一能夠應付危局的人即為費
賓，其所採取的戰略為使用游擊戰以來消耗漢尼拔的有限人力，並遲
滯其行動，因此也就使他獲得"Cunctator"(the Delayer，遲滯者)的
美名。李德哈特認為此種所謂「費賓戰略」(Fabian strategy)，與希
臘時代的「伯里克利戰略」(Periclean strategy)屬於同一典型。嚴格
說來，是一種以消耗敵方意志為目的的大戰略。事實上，坎尼戰後，
雙方所繼續使用的都是消耗戰略，不過消耗又是一種兩面開鋒(two-
edged)的武器，即令能作巧妙的運用，但對於使用者本身也還是會構
成傷害。因此，最後決定勝負的因素還是意志和實力。⓲

　　當雙方相持不下，形成僵局之後，直到希皮奧登場始有轉機出現。
依照李德哈特的分析，希皮奧的戰略所表現的是一種極深遠的間接
性，他不從正面向漢尼拔挑戰，而深入其後方以來徹底毀滅其權力基

礎。此種間接路線終於迫使漢尼拔不得不返回北非，並在反客爲主的
不利條件之下接受最後的決戰。若以中國歷史爲對比，則也正是孫臏
在「桂陵之戰」(354B.C.)中所用的「圍魏救趙」之計。❶

　　第二次布匿克戰爭把世界給與羅馬，而內戰又終於把羅馬給與凱
撒。凱撒固然與亞歷山大和漢尼拔齊名，被列爲西方四大名將中的第
三位，但從戰略思想史的觀點來看，他似乎是有愧於此種頭銜。李德
哈特認爲凱撒所常犯的錯誤是往往只把注意力集中在眼前的目標上，
而忽視了其較深遠的目的。所以就戰略而言，他是瑜瑕互見。李德哈
特又指出凱撒的間接路線似乎太狹窄，而且缺乏奇襲效果。❷

　　也許比之亞歷山大和漢尼拔，凱撒又還是有一特點，那就是他既
能立功又能立言。他曾經留有著作，書名爲《*War Commentaries: De
Bello Gallico and De Bello Civili*》，主要內容爲述評其本人在平定
高盧時和內戰期間的戰績。事實上，那似乎是一種故意設計的宣傳品，
其目的是想要增強其威望並爭取人民的支持。因此就戰略思想而言，
似乎並無太多的價值。

　　隨著凱撒的死亡，內戰的結束，羅馬進入新的帝國時代。作爲一
位戰略家，奧古斯都的評價應高於凱撒。他不僅贏得勝利而且也贏得
和平。在他建立帝國之後，地中海世界的確曾經享有一段長時間的和
平與安定。奧古斯都的大戰略是以持盈保泰爲目的，不過若說羅馬帝
國已採取守勢(went on the defensive)則又非盡然，因爲羅馬已無假
想敵。羅馬只是不再擴張而已，其原因可分三點：(1)奧古斯都需要和
平以便專心重建其帝國；(2)長期內戰之後，人民對戰爭都已厭倦；(3)
再繼續擴張並不能使羅馬獲得利益，而只是徒然增加負荷。自從公元
9 年在條頓布格森林(Teutoburger Wald)慘遭戰敗，3 個羅馬兵團被
日爾曼人所擊碎之後，奧古斯都即決心以萊茵河爲帝國的北面疆界，
而放棄一切征服日爾曼的計畫。此種持盈保泰的大戰略看起來似乎很

平凡，但要徹底執行則並不容易，因爲當國者必須有無比的耐力，拒絕一切的挑撥或誘惑，而不輕啓戰端。

魯瓦克(Edward Luttwak)在當前美國是一位頗負盛名的作者，其所著《羅馬帝國的大戰略》(*The Grand Strategy of the Roman Empire*)曾被人稱爲本世紀有關羅馬歷史的最佳著作。魯瓦克認爲羅馬帝國在歷史上的成功並非只是一種單純的軍事成就，其眞正的原因是大戰略的運用適當。簡言之，羅馬在大戰略領域中有其卓越的理念和傳統，有其優良的方法和人才。自從布匿克戰爭之後，羅馬人就逐漸學會了「全國爲上」，不戰而勝的眞理。❷❶

魯瓦克又認爲羅馬帝國的大戰略可以分成三個不同的階段：第一階段所採取的是一種彈性的邊防部署，因爲此時羅馬還是一個尙在擴張中的霸權，所以採進可攻而退可守的戰略。第二階段始建立固定的邊防系統，魯瓦克形容其爲「預防安全」(preclusive security)。他對於此種觀念發出強烈批評，並暗示那是代表一種「馬奇諾」防線(Maginot line)的心態。尤其是並無中央預備隊(central reserve)的設置。到第三階段才又改採「縱深防禦」(defense in depth)的新系統，魯瓦克在其書中對於此種體系曾作詳盡的分析，並予以高度的肯定。事實上，這也是其書的主要部分。

概括地說，魯瓦克的大戰略觀念以及所作的分段都大致合理，但很諷刺，在時代背景上卻犯了一個大錯。他的書名明白顯示其所論的時段爲第一世紀到第三世紀。但他所詳論和深讚的系統卻是第三世紀之後的產品，遂不免令人有文不對題之感。實際上到羅馬帝國的晚期，古文明世界的整個西半部都已落入野蠻人之手，所謂「縱深防禦」者，並未能發揮魯瓦克想像中的那樣強大效力。

事實上，當羅馬第一位皇帝崩殂時，沿著萊茵河和多瑙河的北疆防線即已相當固定，但又並非像魯瓦克所云，那是代表一種「馬奇諾」

心態。在公元第一和第二兩個世紀中，羅馬帝國的北疆戰略部署並非「預防安全」系統而正是一種「縱深防禦」系統。不過，它又不是帝國後期所採取的「內向縱深」(interior depth)，而是一種「外向縱深」(exterior depth)。簡言之，羅馬人並非把他們的防線當作其邊疆的前緣，和準備在其後方作戰；而是把它當作底線(base line)，和用它作爲躍出的跳板。羅馬兵團並不準備固守防線，而是隨時都準備出擊。當他們一發現有威脅可能出現時，就立即出塞發動猛烈攻擊以來毀滅敵軍的主力，而不讓它有犯邊的機會。所以，他們是以戰術攻勢來執行戰略守勢。此種大戰略之所以能有效，其關鍵即爲羅馬兵團經常享有戰術優勢，能以少勝多。

當帝國全盛時，周圍疆界長達 6000 哩（亦說萬哩），羅馬焉有那樣多的人力來防守？事實上，並非如此單純，所謂邊防者自有輕重緩急之分，最重要者即爲北疆，因爲若被突破即足以威脅帝國的生命。所以，羅馬兵團的總數中有一半以上都是部署在這一條從不列顛到黑海的主要防線上。

所謂「羅馬和平」能夠真正維持和平的時間實在非常有限，到公元第二世紀中期，異族入侵的次數也就日益頻繁，使帝國的人力和財力都開始吃緊。第三世紀在帝國歷史上可算是最黑暗的時代，50 年間(235-284)一共換了二十多位皇帝，其中只有兩位是善終。在此世紀中所見者爲中央政權的癱瘓，邊疆防線的破裂，帝國已接近崩潰的邊緣。帝國既已危在旦夕，自然也就沒有所謂大戰略之可言。羅馬帝國在政治上有一致命弱點，即根本沒有正常的繼承制度，又由於奧古斯都創立所謂「御林軍」(Praetorian Guard)，使本來是想用來保護皇室安全的軍隊，終於變成「黃袍加身」的工具。此種情況與我國唐代後期以及五代時的現象幾乎如出一轍，真是所謂「易君如置棋」。❷

到第三世紀接近尾聲時，幸有戴克里先(Diocletian, 284-305)和

君士坦丁兩帝先後在位，才使帝國暫時得以苟安。究竟是由誰首創新的大戰略，即魯瓦克所謂的第三階段和縱深防禦，曾有相當爭論。魯瓦克似乎相信爲前者，實際上，戴克里先並未改變傳統的戰略，對改變直接負責者爲君士坦丁。最大的改變即爲中央預備隊的設置。那是一支大型機動兵力，由邊防軍中所抽調的單位來組成，總數在 10 萬人以上。五世紀的羅馬史學家左希莫斯(Zosimus)以及寫《羅馬帝國衰亡史》的吉朋都認爲君士坦丁的政策敗壞了軍中紀律，並撒下了帝國敗亡的種子。但蒙森(Mommsen)和魯瓦克以及很多其他的人則認爲新的系統是比較符合現實，而就理論來說也比較合理。

　　不過，此種縱深防禦又確有許多弱點，其最嚴重的後果即爲中央預備隊變成了精銳部隊，而邊防軍的素質和數量則日益減弱，在國防政策中降居次等的地位。於是異族也就易於突破防線，使內地變成戰場，居民飽受蹂躪之苦，而預備隊則必須到處馳援，窮於應付。此種現象與我國宋代亦復類似。宋朝是把較優秀的人員都編入「禁軍」(即中央預備隊)，而把次等人力納入「廂軍」(即地方部隊)。事實上廂軍根本無作戰能力，結果只要邊區有警，即必須出動禁軍。❷❸不過宋代的禁軍至少還不會造反，因爲它不含有異族。所以，羅馬後期的情形是兼有我國唐宋兩代的軍事弊端，而這也正是魯瓦克等人所稱讚的大戰略。❷❹

　　不過，若把羅馬衰亡的一切責任都歸之於軍事組織，則又非持平之論。事實上，羅馬之亡並非由於外來的征服，而是由於內部的腐朽。誠如我國韓非子所云：「木之折也必通蠹，牆之壞也必通隙」，此之謂「亡徵」。已有亡徵的國家再遭遇到外來的強烈打擊，則也就正像朽木隙牆一樣，鮮有不崩潰者。❷❺

　　羅馬也像希臘一樣，在其歷史過程中，海權始終扮演著一個重要的角色。羅馬本是以陸權起家，直到其已經統一義大利半島，開始向

地中海求發展時，才開始與海洋接觸。當布匿克戰爭初起時，迦太基是享有強大的海權優勢，雙方形成典型的陸海對抗。但在第一次布匿克戰爭中，迦太基似乎完全忽視羅馬海軍所具有的潛力，其結果爲不僅輸掉西西里島，而且也永遠喪失把西地中海變成迦太基湖的機會。到第二次布匿克戰爭，羅馬已經是一個羽翼已豐的海權強國，其制海權不僅始終對戰局產生決定性的影響作用，而且也終於導致迦太基的最後失敗，儘管漢尼拔在義大利半島上曾經贏得多次作戰性和戰術性的成功。

若從時間的觀點來看，第二次布匿克戰爭眞可以算是一場空前的世界大戰，實際上它前後共包括 6 個不同的戰爭：(1)在義大利半島上對抗漢尼拔的戰爭長達 16 年；(2)在西班牙的戰爭長達 12 年，(3)對馬其頓的戰爭長達 9 年，(4)在西西里島上的戰爭長達 4 年，(5)在義大利北部對抗漢尼拔之弟馬哥(Mago)的戰爭長達 3 年，(6)希皮奧在非洲的戰爭長達 2 年。羅馬之所以能夠應付全局，並終於化險爲夷，轉危爲安，實應歸功於制海權。此一結論以後也就成爲馬漢(Alfred T. Mahan)的靈感源頭。㉖

奧古斯都之所以能取得帝位，實應歸功於他在艾克提門(Actium)海戰中所贏得的決定性勝利(31B.C.)。他即位之後即開始建立一支永久性的帝國艦隊，除地中海以外，還能在英吉利海峽和黑海，以及萊茵、多瑙兩大河上確保水域的安全。以後，雖然帝國北疆邊患頻繁，但海洋方面則大致都能平安無事，這又還是應該歸功於海權的適當運用。不過，羅馬始終是一個重農輕商的國家，所以似乎不曾了解海權與貿易的關係，而且也未能利用海權以來增進國家財富和社會繁榮。奧古斯都所創建的帝國海軍維持了兩個世紀，以後即由於節約的理由而受到裁減，到三世紀時已經銷聲匿跡，從此羅馬也就不再是一個世界權力。㉗

# 註　釋

❶ 湯恩比和魏爾的意見均引自 Raymond Aron, *Peace and War* (London, Weidenfield and Nicolson, 1966), pp.118-119.

❷ 可參看鈕先鍾，《中國戰略思想史》第六章及第十二章。

❸ Arther Ferril, "The Grand Strategy of the Roman Empire," in *Grand Strategy in War and Peace,* edited by Paul Kennedy (New Haven, Yale University Press, 1991), p. 76.

❹ Hans Delbrück, *History of the Art of War,* Vol. I , p.311.

❺ 引自 J.F.C. Fuller, *A Military History of the Western World,* Vol. I , p.122.

❻ 可參看鈕先鍾，《中國戰略思想史》，pp.378-379。

❼ J.F.C. Fuller, *A Military History of the Western World,* Vol. I , p.171.

❽ Polybius, *The Rise of the Rome Empire* (London, Penguin Books, 1979), IX, 20 ; I,I.

❾ 李維《羅馬史》的「企鵝版」(Penguin edition)把其遺著分為四部分：(1)羅馬早期史(The Early History of Rome)，包括 I-V 卷；(2)羅馬與義大利(Rome and Italy)，包括VI - X 卷；(3)漢尼拔戰爭(The War with Hannibal)，包括 XXI-XXX 卷；(4)羅馬與地中海(Rome and the Mediterranean)，包括 XXXI -XLV 卷。共為 35 卷。

❿ Plutarch, *Lives of the Noble Greeks and Romans,* trans. Bernadotte Perrin (London, Oxford, 1914).

⓫ Plutarch, *The Rise and Fall of Athens: Nine Greek Lives* (London, Pengiun Books, 1960), p.30.

⓬ Frontinus, *Strategemata,* trans. Charles E. Bennet (Canbridge, Mass., Harvard University Press, 1925).

⓭ Thomas R. Philips ed., *Roots of Strategy* (Harrisburg, Pa., Stackopole, 1944).書中第一章即為〈論軍事〉的英文節譯本。

⓮ 同前註，p.13。

⓯ 約米尼，《戰爭藝術》中譯本，(台北，軍事譯粹社)，p.37。

❶ J.F. C. Fuller, *A Military History of the Western World,* Vol. I, p.123.

❶ Hans Delbrück, *History of the Art of War* , Vol. I, p.337.

❶ B. H. Liddell-Hart, *Strategy,* p.31. p.46.

❶ 同前註，pp.49-53。

❷ 同前註，p.57。

❷ Edward N. Luttwak, *The Grand Strategy of the Roman Empire: From the First Century A.D. to the Third* (Baltimore, John Hopkins University Press , 1976).

❷ 錢穆，《國史大綱》，上冊，第五編，第三十章。

❷ 鈕先鍾，《中國戰略思想史》，p.402。

❷ 對於魯瓦克的批評可參看 Arther Ferril, "The Grand Strategy of the Roman Empire"（見註❸）。

❷ 鈕先鍾，《中國戰略思想史》，p.170。

❷ Colin S. Gray, *The Leverage of Sea Power* (New York, The Free Press, 1992), p.113.

❷ Richard A. Preston, *Men in Arms*(New York, Frederick A. Praeger, 1956), p.45.

# 第 二 篇

# 中古時代

## 西方戰略思想的停滯期

# 【第三章】

# 拜 占 庭

## 壹、東羅馬的興起

拜占庭（Byzantium）即所謂東羅馬（Eastern Roman）帝國，其起點為公元330年，君士坦丁大帝在名為拜占庭的舊希臘殖民地上建立君士坦丁堡（Constantinople）城作為羅馬帝國的陪都。以後到364年，羅馬世界分裂成為東西兩個帝國。到476年西羅馬淪亡，而東羅馬則一枝獨秀，仍能繼續維持其生存。直到1453年始亡於土耳其人之手。若從364年算起，則這個帝國一共經歷1089年。千年帝國之稱的確當之無愧。

拜占庭帝國不僅壽命特長，而且更有不少光榮成就，其強盛和繁榮有時令人難以相信，並曾一再度過難關，起死回生，似乎更可說是奇蹟。當代法國戰略大師薄富爾將軍（General Beaufre）有云：「拜占庭證明掃蕩羅馬帝國的洪流可以控制達千年之久，所以一切事情都是由人的意志和智慧來決定。」❶

拜占庭雖發源於羅馬，但代表一種獨立文明，並非舊帝國的偏安

殘局，而是新時代的開啓。政治上保有若干東方規範，與羅馬的體制風格有所不同。文化上所包括的不僅爲拉丁傳統，而尚有希臘傳統。此種混合文化是比較宏觀而有彈性。宗教上，在東方流行的希臘正教也與羅馬正教不同，其與政治關係遠較密切而構成一種新國教。政治、文化、宗教的三結合遂產生新的民族精神，可以作爲立國之本。❷

　　從地緣戰略觀點來看，國家的強弱貧富與地理背景有微妙關係。拜占庭的戰略重心爲其首都君士坦丁堡，該城位置在歐亞兩洲的交點上，控制著小亞細亞與巴爾幹之間的東西交通，以及來往於地中海與黑海之間的海運。其軍事和經濟價值都非常重要。這個都城的形勢不僅對其本身防衛極爲有利，而且對整個帝國也能提供適當的戰略掩護；不僅構成完整國防體系的核心，而且對各地區的防務更能發揮統籌協調的功效。

　　君士坦丁堡呈三角形狀，三面均有高牆環繞，除沿海部分外，護城河寬達 60 呎，防禦工事極爲強固，有天下第一要塞之稱。千餘年來曾抗拒多次猛烈攻擊。據統計，在 617-1453 年之間，曾受到 25 次圍攻，而被敵攻入的次數則僅爲 3 次。其中又有兩次是十字軍的「順手牽羊」，嚴格說來只有最後一次（1453 年）始眞正爲土耳其人所攻陷。❸戴布流克曾指出：

> 這個帝國之所以長壽的主因是由於其都城能抗拒一切攻擊，並一再構成帝國重建的基礎。而每當其敵人呈現弱點時，這個都城甚至於還能領導帝國再度走向勝利和征服的途徑。❹

　　拜占庭的地理位置在經濟上也帶來莫大的利益。東部在舊帝國時代即早已成爲最繁榮的地區，不僅壟斷地中海貿易，而且也與波斯建立商務關係。當西方衰敗之後，東方則相對日益昌盛。許多城市紛紛出現，拜占庭的人口幾乎有一半均爲城市居民。但農業方面也有相當

發展。埃及、小亞細亞、敍利亞等省區都有豐富農產足以供養都市人口而有餘。所以，拜占庭有其健全平衡的經濟發展，並能形成穩定的國力基礎。

富國固爲強兵之本，但若無適當的軍事力量，則巨大財富之累積，對於國家可能不特無益，反而有害。拜占庭的戰略環境是頗不安全，必須在軍事方面付出極大的努力，否則實很難倖存。因此，除君士坦丁堡有極堅強的設防以外，邊疆地區也都已建立巨大的防禦工事網，各重要城市也都已要塞化。舉例來說，在多瑙河上有 52 座堡壘構成第一道防線，在其南面又有 27 座堡壘構成第二線。此種規模宏偉的國防體系之建立自非朝夕之功，必須其執政者有遠大眼光，堅毅精神，不惜成本，持之以恆，然後始能逐步完成。❺

無論爲經濟發展或國防建設，又都必須有適當的政治氣候與之配合，否則仍難有所成。拜占庭承西羅馬的遺風，其宮廷政治時常受到政變陰謀和權力鬥爭的影響，尤其是未能建立正常合理的繼承制度，更是國內政治不易保持長期安定的主因。不過，拜占庭有其組織極佳的文官制度，行政效率頗高，官吏多能奉公守法，盡忠職守，不受政變的影響。貴族階級（精英份子）都曾受良好教育，對政治具有責任感。尤其是東羅馬皇帝之中有不少傑出人才。他們之中有些出身寒微，或用不正當手段奪得帝位，但就政績而言，又頗爲優良。總結言之，這個帝國在政治上固然不無弱點，但無論文治武功又還是常有令人讚賞的成就。

# 貳、大戰略與國防體系

拜占庭建國之初，處於四面皆敵的惡劣環境之中，其統治者以自

保為第一優先，在戰略上是完全採取守勢。直到裴斯提尼安（Justinian, 527-565）即帝位後，始企圖收復失地，重振帝國雄風。於是在貝里沙流斯（Belisarius）和納爾西斯（Narses）等名將率領之下，拜占庭部隊曾經收復義大利南部和中部，並遠征北非。此種勝利並非由於拜占庭享有數量優勢，而是武器、戰術，和將道都比敵人高明，尤其是現在已經不太為人知道的貝里沙流斯，其事蹟和思想都值得研究。

　　根據李德哈特的記述，貝里沙流斯的思想的確與孫子非常近似，儘管他不可能讀過《孫子》。他曾經說過：「良將應能從戰爭中獲致和平」，「真正的勝利是能迫使對方放棄其目的，並使我方損失減到最低」，「不讓敵人有退路，則必然激起其困獸猶鬥的勇氣。」這些話幾乎好像是出於孫子之口。李德哈特認為貝里沙流斯所發展出來的攻勢防禦戰略（defensive-offensive strategy）以後也就變成拜占庭的傳統思想。當西歐正陷於黑暗期時，此種思想在拜占庭仍能發揚光大，持久不衰。❻

　　不過從大戰略的觀點來看，裴斯提尼安的勝利和征服不僅只是曇花一現，而且甚至於得不償失。長期戰爭使國力受到巨大消耗，在其死後遂使其繼承人在軍事和經濟上都面臨難以收拾的殘局。接著毛里斯皇帝（Maurice, 582-602）遂決心改革，重新確立國家戰略的基本觀念，而此種觀念在此後五個世紀中大致都能維持不變。

　　毛里斯的基本觀念是簡單而易於了解。以當時的拜占庭而言，其國力是攻則不足而守則有餘。國內工商業發達，人民安享高水準生活，對侵略和征服早已喪失興趣。領土的擴張不僅要付出重大成本，而且在管理上和防守上也會增加無窮的煩惱。所以，拜占庭對於不能消化的領土實無尋求之必要。拜占庭的唯一目的即為確保其現有的領土和財富，並永遠過著富強康樂的生活。所以，其戰略構想為企圖使用各種手段以避免戰爭，最好是能使敵人知難而退，不敢進犯。此即所謂

守勢的嚇阻戰略，換言之，用防禦手段來達到嚇阻目的。大致說來，與現代的瑞士頗為類似。

毛里斯基於此種構想，逐著手建立一套完整的國防體系，其主要目的即所謂「長治久安」：一方面企圖用最小的成本來維護最大的安全；另一方面又可預防國內軍閥叛亂的危險。概括言之，可分下述四點：(1)健全人事制度，使軍事人員的升遷調動之權都直屬中央，部隊指揮官不得擅專；(2)減少傭兵人數，並對其任務加以嚴格限制，只用來組成中央戰略預備隊，和充任邊防部隊的骨幹；(3)建立民兵制，並依賴他們來防守邊疆，同時建築要塞網來增強防禦；(4)對於民兵採取免稅和授田的措施，在邊區逐步推行兵農合一的制度。此種制度又與我國唐代府兵制頗為類似。❼

當然，任何制度的建立都非一蹴可致，以後拜占庭的國防組織又還有更進一步的改進，那就是把重要邊疆地帶劃分為若干「軍區」(theme)。因為這個帝國幾乎可能從任何方向上受到奇襲，假使敵軍穿透了帝國的外圍，則不設防的內地省區就會受到無情的蹂躪，而中央預備隊也可能來不及救援，於是國家元氣必將受到嚴重傷害。設立軍區的目的即為保持一種區域性的高度戒備。

七世紀時，共設立 13 個軍區，到十世紀時，又增加到 30 個軍區，這也許可以暗示邊患有日益嚴重的趨勢。但在此 300 年間，軍隊總數並未成比例增加，所以增設軍區的真正原因也就似乎很難理解，不過有一種可能，即故意虛張聲勢以來炫耀兵力的強大，藉以對異族產生威懾作用。

軍區設有司令(strategos)一人，不僅指揮軍事，而且兼理民政。通常每個軍區的常備兵力都是一個軍(thema)，每個軍下轄兩到三個師(turma)。基本戰術單位為營(numerus)，員額為 300-400 人。一個師所轄的營數為 5-8 個，可見其編制相當具有彈性。在其正常狀況時，

拜占庭的常備陸軍兵總數約在 12 萬人到 15 萬人之間。以如此少量兵力防守那樣遼闊的邊區實非易事，其常能完成任務似應歸於下述兩點理由：(1)有設計極佳的戰略防禦體系；(2)常備兵力雖少但素質極佳，而且又還有民兵的支援。

每個軍區都有若干戰略據點（要塞），其間有良好的道路交通和相當有效的通信聯絡(例如烽火台)。另有高度機動化兵力(通常爲重騎兵，相當於現代裝甲部隊) 供緊急救援之用。通常入侵的異族都無法攻陷那些據點，因爲他們缺乏攻城的能力。同時，由於缺乏適當的後勤組織，他們又必須分散兵力去搶奪給養。於是拜占庭的機動兵力就會乘機反擊，並把他們逐出界外。因爲有要塞的掩護，再加上高速的行動，遂常能以寡敵衆，以少勝多。❽

拜占庭的陸軍在組織上完全像一支現代部隊，與當時其他民族比較眞是進步得太多了。概括地說，其組織分爲戰鬥和後勤兩方面。戰鬥兵力分爲騎、步、砲三兵種，而其精兵則爲重騎兵，相當於現代裝甲部隊，經常構成打擊的主力。其人馬都曾受嚴格訓練，能適應各種不同戰略情況。又有一特點必須說明：他們並非靠衝擊(shock)取勝，而是憑藉火力(弓箭)來擊敗敵人。其射技極佳，幾乎百發百中。雖名爲重騎兵，但裝甲很輕，不準備與敵人作白刃戰，遂更能提高其機動性。這一點與蒙古騎兵的戰術頗爲類似。❾

步兵分爲輕重兩類：重步兵在戰鬥時構成戰術基礎，其隊形兼有希臘方陣和羅馬兵團之優點。輕步兵則擔負某些次要任務，例如要塞的防守。砲兵使用各種投射武器 (彈射機)，所發射物體有石塊、矢箭、火球等。不過，拜占庭人似乎尚無使用火器的記錄。民兵均爲輕步兵，除支援常備軍以外，也可從事游擊戰。

後勤方面則更有超時代的高度組織和效率，包括補給、工程、運輸、通信、醫護等單位在內。尤其值得強調的，古代西方陸軍中有編

制以內的軍醫單位者，可能這是唯一的記錄。拜占庭陸軍的每一個營都配屬有軍醫一人，擔架手若干人。因為人是該國的最寶貴資源，所以對於傷患的救護特別重視。這又是與蒙古軍有其類似之處。❿

　　拜占庭雖有如此完善的軍事組織，但其本國籍兵員的召募又始終為一經常存在的難題。拜占庭未能恢復羅馬早期的徵兵制，實為國家安全領域中的根本弱點。最初，由於邊遠地區，例如安那托利亞（Anatolia）、伊蘇里亞（Isauria）、亞美尼亞（Armenia）等，民風強悍，常能發揮保鄉衞國的精神，所以也就成為最重要的軍事人力來源。至於大都市和內部富庶地區則很少有人願意當兵。到其歷史後期，由於亞洲省區逐漸喪失，兵源遂日益缺乏，而只好盡量僱用外籍傭兵，其結果即為國勢隨之而日益衰頹。⓫

　　拜占庭有相當良好的軍事教育，其軍官的培育也已制度化，足以使優秀人才出頭。各軍區司令定期輪調，其目的不僅為防制軍閥割據，而也可以養成朝氣。為提高軍官的學識水準和應變能力，拜占庭又有非常優良的軍事教科書。其中最著名者為毛里斯皇帝所著的《Strategicon》和李奧六世（Leo VI）所著的《Tactica》。前者大約成書於公元 580 年，後者則約為 900 年。毛里斯著書的目的為造就其國家的將才。將軍（即軍區司令）的頭銜為"strategos"，其書遂定名為"Strategicon"其意義就是「將軍之學」。

　　李奧六世又有「智者」（Leo the Wise）之稱，在思想方面不僅繼承毛里斯而更能發揚光大。他認為為將者智重於勇，不可輕敵冒險，這與中世紀西歐武士們只知重視匹夫之勇，真乃不可同年而語。他的書對於戰爭是已經作了相當科學化的研究。對各種不同的情況，各種不同的敵人，以及應採取何種戰法，都曾作精密的分析。此種規律或範式，遂定名為《Tactica》，此一名詞的來源出於希臘字"Taxis"，其意義為戰鬥單位，所以李奧之書也就是戰鬥單位的教範。

　　這兩部書成爲拜占庭的軍事經典。富勒將軍在其《西方世界軍事史》中曾指出：「直到十九世紀爲止，西歐都不曾產生過如此優良的軍事教範，這絕非誇大的評論。」❷事實上，直到 1770 年，這兩部書始由梅齊樂（Paul de Maizeroy）譯成法文，而他又根據其書名創造出 "strategy" 和 "tactics" 兩個新名詞，並於 1777 年在其自己所著的《戰爭理論》（ *Théorie de la guerre* ）一書中首次使用。此即爲「戰略」和「戰術」兩個現代軍語的起源。❸

　　拜占庭雖有非常優良的國防組織和軍事思想，但其國家安全的第一線又非軍事權力，而是在大戰略領域中對於各種權力因素的綜合運用，包括外交和情報等都在內。僅由於此種運用的成功，拜占庭始能維持其千年的壽命。拜占庭的基本目的爲避免戰爭，維持和平，所以遂盡可能使用非軍事手段。這些手段種類繁多，必須有高度的智慧，在運用時始能得心應手，並產生一種近似神奇的「協力」（synergistic）效果。

　　拜占庭人可以算是孫子的信徒，他們不僅完全了解「四知」的重要（知彼、知己、知天、知地），而且對於情報也確有高效率的組織和運作。其情報網遍布當時世界各國，其間諜也常在他國政府內活動，並幕後影響其政策。除祕密活動之外，拜占庭在外交領域中也非常活躍，由於擁有巨大財富，遂又能靈活運用「黃金外交」：不僅與他國締結同盟，並向其提供經濟援助，甚至於還可能使用賄賂手段以來驅使他國採取有利於拜占庭的行動。此種「以夷制夷」的戰略常能獲致成功，而讓拜占庭坐收其利。例如在五世紀中期，艾鐵拉（Attila）因接受拜占庭的賄賂，遂率領其匈奴大軍入侵西歐，而不侵犯拜占庭在巴爾幹的領土。在六、七兩世紀，拜占庭爲安撫波斯起見，也曾對其輸納「歲幣」黃金 3 萬塊。❹

　　拜占庭人不僅經常使用非軍事手段，而且更擅長孫子所謂的「詭

道」，從篤信基督教義的西方人眼中看來，似乎是不合乎道德的原則。但從現代國際關係理論的觀點來評估，則他們的思想與所謂現實學派的觀念若合符節。著名史學家波齊曼（Adda B. Bozeman）曾指出：

> 拜占庭統治者認爲國家至上，國家的行動不受任何法律和道德的限制。在拜占庭的政治傳統中並無善惡之分，而只有利害之別。⓯

從戰略的觀點來看，拜占庭人對於國家生死存亡的大事所採取的基本態度實無可非議，而其現實、認眞，和機警也許還值得稱讚。事實上，拜占庭政府在其國際行爲上又還是自有其規範，例如：對已簽訂的條約必認眞履行，絕不反悔；對使節或談判代表給與應有的尊重和周密的保護；對於戰俘和非戰鬥人員絕不虐待；在擊敗勇敢的敵人之後，盡量採取寬大的態度以期化敵爲友。凡此種種都表現出高度的智謀，而絕非見利忘義。

拜占庭在大戰略層面上的最大成就爲對海權和陸權的整合運用，使二者互相補益，相得益彰。羅馬在布匿克戰爭中雖曾憑藉海權來獲致勝利，但羅馬始終還不算是海洋國家。拜占庭則不一樣，海權對於這個帝國的興衰具有非常重大的影響。拜占庭之所以能繁榮強盛，歷久不衰，海權的靈活運用實爲主因之一。甚至於在裘斯提尼安的時代，拜占庭之所以能遠征義大利和北非，收復失地，也都是有賴於海權的支持；否則即令有貝里沙流斯那樣的名將，也還是不能立功異域。所以，後世史學家常認爲「制海權」實爲拜占庭的「國寶」（the most valuable asset）。⓰

拜占庭很像十八和十九兩個世紀中的英國，君士坦丁堡也像倫敦一樣成爲世界商業中心。所以，其海軍不僅要保障其國家的安全，而更重要的任務則爲確保其財富來源，即工業與貿易。早在七世紀，拜

占庭即已在地中海內的戰略要害上建立海軍基地。到八世紀時，海軍
也採軍區制，組織更趨完善。平時維持五支艦隊：主力為帝國艦隊
（Imperial Fleet），以君士坦丁堡為基地，負有拱衛首都和支援全局的
任務；其他四個省區艦隊（Provincial Fleet）則分別以小亞細亞南
岸、拉芬納（Ravenna）、西西里，以及愛琴海中若干島嶼為基地，其
維持費用和補給也都由各省區負責提供。此種頗具彈性的組織不僅使
兵力可相互支援，而也容許拜占庭在當時的地中海世界中長期保持相
當完整的制海權。**⓱**

　　海權不僅對國家經濟有重大貢獻，而且又能與陸權相輔相成，合
作無間，構成其國家戰略的第二根支柱。由於有海軍配合，陸軍的戰
略機動性也隨之而更形增強，於是整個帝國的防衛遂能發揮高度的韌
性。拜占庭的敵人，例如柔然人（Avars）、阿拉伯人、土耳其人，都逐
漸認清除非他們也有一支第一流的海軍，否則在戰略上即無法和拜占
庭競爭。因此，在千餘年的歷史中，曾一再出現激烈的海軍軍備競賽
和制海權爭奪戰。

　　早在六世紀，拜占庭即已建立海軍使其得以向北非、義大利、西
班牙投射權力。七、八兩世紀時，拜占庭又大建海軍以來應付柔然人、
波斯人、阿拉伯人的進攻。九、十兩世紀時，拜占庭又收復塞浦路斯、
克里特、羅德斯、西西里等曾經一度喪失的島嶼，並用它們來作為保
護海洋貿易的基地。甚至於到十一、十二兩世紀時，拜占庭國勢已日
益衰頹，但其海軍仍能同時應付東西兩面的威脅，使這個老大帝國尚
能苟延殘喘達相當長久時間，足以證明海權為拜占庭國寶之說信而有
徵。**⓲**

　　拜占庭不僅有完整的海軍基地網，強大的艦隊，優秀的海員，而
且還控制建立大海權所必需的工業和材料，而其他國家對這些資源則
常感缺乏，所以在競賽中自非其對手。此外，拜占庭又還有一種祕密

武器，即具有神祕意味的「希臘火」（Greek fire），通常也稱為「海火」（sea fire）或「濕火」（wet fire）。其成分在當時是一種高度機密，今天更無人知道。據現代專家推測，可能是一種易燃的流質物，用噴射方式灑在海面上，引起燃燒以來焚毀敵船。公元 673 年，當阿拉伯艦隊企圖通過韃靼尼爾海峽時，拜占庭人即曾使用此種防禦武器而使其受到重創。雖然「希臘火」的眞象還是一個謎，但至少可以暗示拜占庭在那個時代享有優術優勢。❶

　　拜占庭與阿拉伯之間的戰爭起自七世紀初期，終於八世紀中期，在此長期戰爭中，海權扮演非常重要的角色。戰後，拜占庭恢復和平與繁榮，仍繼續成為地中海的貿易中心。其政府對貿易採取管制政策，其設計當然是對其經濟有利，但後來卻產生反作用，甚至於加速帝國的衰頹。拜占庭以義大利城市為主要貿易夥伴，結果使那些城市的財力也日益成長，並自建商船來和拜占庭競爭。到十世紀，拜占庭的海運業遂已出現顯著的衰落現象，而這又對海軍產生嚴重的影響，因為海軍必須從討海為生的人口中抽調有經驗的人力。所以，海洋商業的不振常導致海軍實力的減弱，而這又會形成惡性循環：海軍的減弱會使海洋商業由於缺乏保護之故而難有蓬勃的發展。結果為軍事與經濟俱受其害，於是當新的回教（土耳其）海權興起時，拜占庭也就感到難以自保。❷

# 參、千年帝國的衰亡

　　拜占庭開國於四世紀（364），亡國於十五世紀（1453）。在此長達千餘年的過程中，起伏興衰，悲歡離合，實非本書所能盡述。現在僅將關鍵大事簡述如下，以來顯示其與戰略思想演進的關係。

　　東羅馬建國之後，經過百餘年的休息，裘斯提尼安（六世紀）始發動其收復失地的戰爭（527-565）。雖有善戰的良將，加上海權的支援，能夠獲勝於一時，但長期消耗使國家元氣大傷，實屬得不償失。在他死後，毛里斯（582-602）改採守勢戰略並建立完整的國防體系，始度過難關並奠定長治久安的基礎。此時，拜占庭處於腹背受敵的困境，巴爾幹方面受到柔然人和斯拉夫人的威脅；亞洲方面則面對著波斯人的壓迫。610 年希拉克流斯（Heraclius）繼位，先後經過 6 次戰役，始擊敗波斯。當雙方都已筋疲力竭之際，阿拉伯人復乘機而起，在此後兩百年間成為拜占庭的大患。到八世紀開始時，拜占庭的衰頹即已達其有史以來的最低點。幸有英主李奧三世（Leo III，717-740）在位，能夠憑藉海權擊敗阿拉伯人對君士坦丁堡的圍攻（718），使這個帝國起死回生，並再延長 700 年的壽命。

　　此後，拜占庭仍能大致維持繁盛，但由於始終未有一套帝位繼承的法則，以至於內亂和政變時常發生，不僅動搖國本，而也使國家一再陷於無政府狀況。到九世紀，巴西爾一世（Basil I，867-886）繼位才使拜占庭再度獲得安定，其所建立的「馬其頓王朝」（Macedonian dynasty）不僅使帝國獲得長達一百年的繁榮，而且還延續達二百年之長。（他出身寒微，本為馬其頓農家子，故因此得名。）

　　到巴西爾二世（Basil II，976-1025）時，拜占庭的武功可謂盛極一時，他征服了保加利亞，並使其獲得「保加利亞屠夫」（Slayer of Bulgerians）的惡名。但不幸，他的武功也像裘斯提尼安一樣，只是曇花一現而已，並給國家帶來盛極而衰的危機。此後，表面上似乎承平無事，但國家卻日益腐化。政權開始落入宦官嬖幸之手，文官制度逐漸破壞。奢華之風日盛，經濟和財政情況日益惡劣，交通和邊防缺乏維修。農村人口減少，以至兵源更形短缺，遂不得不大量僱用外籍傭兵。其結果為士氣日益低落，叛亂時常發生。在這樣的情況之下，羅

馬拉斯四世(Romanus Ⅳ, 1068-1071)才會在「曼齊克特之戰」(the Battle of Manzikert, 1071)為塞爾柱土耳其人(Seljuk Turks)所擊敗。有人說他之慘敗是由於忽視了李奧六世的基本戰術準則，但富勒將軍對此則有其較深入的分析：

> 　即令在 1071 年，拜占庭的軍事組織仍像巴西爾二世時代一樣的完整，但 40 年來的宮廷政治也還是會使士氣消沉。他們所缺乏的不是勇氣、組織和戰技，而是紀律、精神和信心。拜占庭陸軍已經變成一個有高度組織的真空，像內部已經腐化的臭蛋，只剩下表面完整的硬殼。❷

　曼齊克特之戰替千年帝國敲響第一聲喪鐘，拜占庭的危亡已指日可待。此後雖又拖了 382 年，但只是苟延殘喘。當東羅馬末代皇帝君士坦丁十一世(Constantine Ⅺ, Dragaes)在 1449 年即位時，拜占庭的領土只剩下君士坦丁堡孤城一座。富勒將軍對於孤城落日的景象曾有令人不勝感慨的描述：

> 　這個民族已毫無生氣，既無主動精神也無求生意志。上則暴虐壓榨，下則民怨沸騰。到處都充滿偽善虛文，政治和社會同樣腐化。❷

　當土耳其蘇丹穆罕默德二世(Mahomet Ⅱ)在 1453 年親領 20 萬大軍，海陸並進，殺到城邊時，拜占庭城外已無寸土，城內只有少量傭兵。雖然居民百萬，適合服役的男子有 25 萬人之多，但皇帝下詔召募自動投效的壯丁時，應召者只有 4,973 人，加上西歐所派來的少數援軍，一共只有守軍 8,000 人，所以城牆上有許多地段幾乎無人防守。當攻城戰達到高潮時，一片殺聲震天，城內居民除祈禱奇蹟出現以外，就只好束手待斃。如此國家若不滅亡，實無天理！最後，由於內在的

弱點，外援的缺乏，再加上火砲的轟擊（土耳其人所用火砲有許多都是西方所製造），遂終於在 1453 年 5 月 30 日宣告拜占庭的死亡。

　　拜占庭之興是由於有完美的戰略思想和優良的國防制度，及其衰也，則制度逐漸崩潰，思想日益僵化。於是內憂外患紛至沓來，千年帝國遂終於滅亡。揆其主因，則由於內憂者或十之八九，而出於外患者不過十之二三。簡言之，國猶人也，死亡的原因多由於體內的疾病，而外傷致命的機會則遠較渺小。

　　拜占庭在其最後階段，內部出現很多弱點，遂使國勢日衰，難以自保。概括言之，可分下述七項：

　　(1)缺乏健全的繼承制度，導致非常紊亂的宮廷政治，使中央常陷於無政府狀態。

　　(2)維持帝國團結的文官制度終於完全破壞，於是中央喪失控制，地方形成割據之局，使外敵有乘虛而入的機會。

　　(3)人力基礎日益薄弱，遂不得不增加傭兵的數量。傭兵又往往作亂，造成政治不安。以後由於領土縮小，經濟衰落，遂不僅無可用之兵，而也無可籌之餉。

　　(4)以商業貿易為經濟基礎固然可以富國，但商業發展過度而農業不能與之平衡，結果遂為不僅不能強兵，而更可能動搖國本。

　　(5)宗教信仰的分歧產生非常嚴重的後果。一方面影響拜占庭與西歐國家的外交關係；另一方面增強其內部的離心力。使信仰不同的人民不效忠政府，甚至於引導外敵入寇。

　　(6)海權與陸權密切合作，彈性運用，本為拜占庭大戰略的基礎。制海權的喪失對於軍事和經濟都造成莫大的傷害。

　　(7)拜占庭的戰略思想本以「持盈保泰」為其核心觀念，但其君主

之中又還是不乏好大喜功之徒，遂不免對國力作過度的耗損，因而加速國家的衰亡。

　　拜占庭千年古國，其興亡更是古老的歷史，但誠如李德哈特在《為何不向歷史學習？》書中所云：「歷史可以指示我們應該避免什麼，即令並不能指導我們應該做什麼。」❷❸ 從此種觀點來看，則戰略思想史的研究是應能使學者獲得溫故而知新的啓示。

## 註　釋

❶ André Beaufre, *The Suez Expedition, 1956* (New York, Praeger, 1967), p. 145.

❷ Richard A. Preston, *Men in Arms* (New York, Praeger, 1956), p.49.

❸ Colin S. Gray, *The Leverage of Sea Power* (New York, Free Press, 1992), pp.121-123.

❹ Hans Delbrück, *History of the Art of War* (Greenwood, 1982), Vol. III, p. 195.

❺ J.F.C. Fuller, *A Military History of the Western World* (Funk and Wagnalls, 1954), Vol. I, p.510.

❻ B.H. Liddell-Hart, *Strategy* (Faber and Faber, 1967), pp.56-69.

❼ 關於唐代府兵制的詳情可參看鈕先鍾，《中國戰略思想史》（黎明），pp.364-65。

❽ Charles Oman, *A History of the Art of War in the Middle Age* (London, Methuen, 1978), Vol. I, p.357.

❾ 鈕先鍾，《中國戰略思想史》（黎明），pp.448-49。

❿ 同前註，p.451。

⓫ 有關拜占庭軍事組織的資料來源分別出自 J.F.C. Fuller, *A Military History of the Western World* (Vol I, pp.395-97); Richard A. Preston, *Men in Arms* (chap, 4, pp.49-62).

⑫ J.F.C. Fuller, *A Military History of the Western World* , Vol. I, p.395.

⑬ Azar Gat, *The Origins of Military Thought* (Oxford, 1991), p.46.

⑭ Richard A. Preston, *Men in Arms,* p.54.

⑮ Adda B. Bozeman, *Politics and Culture in International History* (Princeton University Press, 1960), p.338.

⑯ Steven Runciman, *A History of the Crusades* (Cambridge University Press, 1951), Vol. I, p.20.

⑰ Richard A. Preston, *Men in Arms,* p.54.

⑱ Archibald R. Lewis and Timothy J. Runyan, *European Naval and Maritime History* (Indiana University Press, 1985).第二章對於拜占庭的海權史有詳細的論述。

⑲ Richard A. Preston, *Men in Arms,* p.55.

⑳有關拜占庭海權與貿易的關係,可參看 Archibald R. Lewis, *Naval Power and Trade in the Mediterranean* (Princeton University Press, 1951).

㉑ J.F.C. Fuller, *A Military History of the Western World,* Vol. I, p.397.

㉒同前註,Vol. I, p.504。

㉓ B.H. Liddell-Hart, *Why Don't We Learn from History* (Hawthorn Books Inc., 1971), p.1.

# 【第四章】

# 中　世　紀

## 壹、封建的興起

　　君士坦丁大帝死於公元 337 年 5 月 22 日，此時的羅馬帝國好像一支即將熄滅的蠟燭，發出閃爍不定的藍光。接著在 376 年，由於匈奴(Huns)從伏爾加河(Volga)流域向西移動，遂迫使哥德人(Goths)越過多瑙河，於是所謂「民族大遷徙」(Wandering of the Nations,日爾曼人稱之爲 Völkerwanderung)從此展開。公元 406 年，又有第二波的條頓(Teutonic)民族掃過了萊茵河。此時羅馬人口正在減少，許多土地都已廢耕，所以也就形成一個真空，等待日爾曼人去填充。這些入侵的異族又並非以敵人的身分出現，在名義上他們是帝國的保衛者。而當他們入住之後，也就取得帝國的合法居留權。更進一步，他們有了武器和裝備，也就獲得了推選其自己的傀儡皇帝的權力，最後終於建立其自己的王國。❶

　　從 376 年到 476 年，經過百年來的動亂，西羅馬帝國終於滅亡，並分裂成爲若干個獨立王國。從此時（公元五世紀）開始，以後一千

年在歷史書上被稱爲中世紀(Middle　Age)或中古時代(medieval period)。而其終點則爲十五世紀的文藝復興(Renaissance)和宗教改革(Reformation)。從公元 500 年到 800 年,羅馬所遺留的一切典章文物在此三百年間都已破壞無餘,雖有日爾曼民族先後建立其王朝,但都不能形成統一和安定的長久局面。所以,在此階段中唯一尙能保有統一觀念的組織即爲基督教會。❷

中世紀,尤其是從公元 400 年到 800 年之間的階段,常被稱爲黑暗時期(Dark Age),但事實上,中世紀也並非像一般人所想像的那樣黑暗,只不過是另一種形態的文明而已。中古歐洲的文明就本質而言,實爲日爾曼(Germanic)和羅馬基督教(Roman-Christian)兩種文化的結合,其發展的主要區域爲已有大量日爾曼人遷入並與原有居民混合的地區。換言之,西歐的中心已由地中海移到法蘭西和萊茵河地帶(Rhineland)。❸

儘管名義上尙有所謂神聖羅馬帝國(Holy Roman Empire)之存在,但誠如伏爾泰(Francois-Marie Voltaire)所譏笑,這個帝國旣不神聖,也非羅馬。不過它卻仍代表政治與宗教的結合,也象徵統一的最後希望。神聖羅馬帝國名存實亡後,歐洲仍有若干王國繼續存在,但就整個趨勢看來,所謂國王者,其統治權實在是非常有限。❹

中央權力日益減弱,地方權力日益增強,其結果即爲一種新的制度逐漸形成,此即所謂「封建」(Feudalism)。在此要略作解釋,因爲我國周代即已有封建制的存在,所以最初的翻譯者遂自然會用我國所固有的名詞來譯"feudalism"一字。事實上,從中文來看雖同爲「封建」,但中西制度卻有根本上的差異。我國西周時代所採取的制度是一種具有戰略意義的設計,由中央政府作有計畫的實施,其目的是企圖建立一種穩定的新秩序。而西方的制度則是逐漸發展成形,並非由於故意的設計。用一種未免過分簡化的說法來表示:我國是先封後建,

而西方則似乎是先建後封。❺

　　西方的封建並未經過任何設計，而是在需要之下自然成長。誰都
不知道它在何時開始，何人是首創者，也無人知道其完全的眞面目，
因爲它始終在修正與改變之中。綜合言之，對於羅馬帝國崩潰所造成
的混亂和不安，封建即爲一種自然的反應。其所產生的影響是至深且
大，中古時代的政治、軍事、經濟、社會，甚至於倫理，都無一不發
散出濃厚的封建氣息。封建的最大特點就是公權力的私有化。任何局
部性的貴族（local lords）在他所控制的領土（fief，即所謂采邑）中享
有一切統治權，雖然就名義而言，那是由遙遠而微弱的國王所授與，
但實際上，只不過是承認已經存在的現實而已。其結果爲地方對中央
享有極大的自主權，並使整個歐洲形成大小諸侯各自爲政的現象。

　　封建制的建立絕非一朝一夕之功，而是長時間演變的結果。自從
四世紀異族入侵時開始，所謂條條大路通羅馬的完整交通體系即日益
破壞，使個別地區彼此隔絕。道路的破壞也可能是由於當地人民主動
地拆毀，因爲這也是阻止胡騎長驅直入的一種方法。以後國家多事，
也就自然無人加以修復，但交通幹道破壞之後，大城市的繁華生活也
就無法維持，而都市和商業文明也隨之而衰落，取而代之者則爲分散
的，農業的，城堡（castle）文明。

　　城堡是封建貴族所建立，在政治、經濟、軍事三方面都是其必不
可少的基地。城堡大都位置在可以控制交通的險要地形上，易守難攻，
加上城牆和護城河等防禦工事的增強，也就可以確保安全達相當長久
時間。城堡附近爲居民集中之地，平時在田野中耕作，遇警則可迅速
退入堡內。因此，在一個經常擾亂不安的環境中，堡主保護其臣民
（vassals）的安全，而後者也對前者提供一切必要的服務。此種契約關
係，推而廣之，也就成爲封建時代的基本倫理規範。由於交通的阻塞，
商業行爲也隨之停頓，貴族及其臣民在經濟上都是力求自給，過著孤

立簡陋的生活。當時的人很少離開其家鄉，所以也都缺乏知識，甚至於是文盲，自然更無任何遠大的眼光。❻

中世紀的城堡足以代表一種有效的權力(effective power)，堡主(大小貴族)實際上就是一個土皇帝。小貴族對大貴族，貴族對國王雖有效忠的義務，但後者卻無權(也無能)干涉前者的內政。貴族之間有其連防條約關係，小貴族可仰賴大貴族的援助。不過，他又必須堅守其城堡以待援軍的達到。通常，小貴族必須堅守 7 日，大貴族的援軍始能趕到，若到 20 天則國王的援軍也可能到達。簡言之，封建制近似防禦同盟，國王的地位不過是一個兵力也許較大的盟主而已。

事實上，封建時代的政治權力分配要比上述的概況還遠較複雜，除國王、大小貴族(分別擁有公、侯、伯、子、男等爵位)以外，教皇(宗)和主教(bishop)也都享有相當的權力。此外，有時中等階級的商人和城市居民也能形成一種政治力量。他們對宗教或政治領袖提供經濟支持，以來換取准許他們組成自由社區(free communes)和商業聯盟(commercial leagues)的「特許狀」(charter)。商業團體不僅富可敵國，有時還能從事外交活動，建立其自己的駐外機構，突破閉關自守的限制。❼

總結言之，在中世紀時除交通不便，人口稀少等地理因素以外，還有三種原因足以妨礙強力中央政府的發展：(1)封建制度形成之後，權力早已分散，那些大小諸侯自然沒有人願意放棄其既得利益。(2)自從羅馬帝國崩潰，教宗即以天下共主自命，自然反對王權的擴張。(3)神聖羅馬帝國雖早已名存實亡，但對於獨立王國的權威也仍構成一種法理上的限制。所以在如此情況之下，也就幾乎沒有剩餘的政治空間可以容許近代國家的發展。❽

# 貳、騎士與城堡

當西歐進入黑暗時期之際，第一個受害者即爲羅馬的軍事傳統。甚至於羅馬帝國在其崩潰之前，即已自動放棄其步兵兵團，改用騎兵以來對抗異族的機動兵力。帝國瓦解之後，法朗克人(Franks)曾經一度企圖恢復步兵的地位，但其原始化的組織根本不能與紀律嚴明的羅馬兵團相比擬，所以也就無法對抗有良好訓練的騎兵。

等到封建制度在九世紀出現時，騎士(knight)也就在軍事方面扮演主角，並且與整個制度保持一種不可分的關係。封建制度的特性之一即爲依照階級作任務上的分工，把軍事任務保留給某一階級逐自爲事理之常。自從六世紀起，馬鐙(stirrup)即開始普遍使用，這也就使馬變得不僅只是一種機動工具，而且同時也是一種戰鬥工具。速度可以轉換成爲衝力，騎在馬上的裝甲戰士對徒步戰鬥的人員逐享有一種絕對優勢。到八、九兩世紀時，騎士逐成爲戰爭中唯一具有決定性的因素。在騎士之間的戰鬥，與後世的裝甲戰鬥或海軍戰鬥非常類似。勝負的決定是有賴於射程(range)、保護(protection)、速度(speed)三因素之結合。射程（即打擊距離）來自較長和較重的矛(lance)，保護則來自甲冑(armour)。因爲裝甲，所以馬的負重量自隨之而增加，逐又自然影響其速度，所以也就必須有特別培育的駿馬，不僅要能載重和耐勞，而且還能發揮高速以適應衝鋒陷陣的任務。但在戰役中，一位騎士又還是不能單槍匹馬來作戰，他還需要若干助手以來幫助他攜帶或操作日益複雜的裝備，包括長矛、戰劍、頭盔、盾牌等。至少，他需要一位持盾者(shield-bearer，即 esquire，意爲侍從)，一位馬夫(groom)，一位輕裝的騎兵，負責搜索和前哨的工作，兩名步兵負守

衞之責。所以，以一位騎士爲核心，遂組成一個包括 6 人在內的戰鬥小組(lance)，正像一輛重戰車有 6 位乘員一樣。這樣一整套裝備的成本也的確非常昂貴。

在裝甲戰鬥中管理這些重武器和馬匹，都非一般老百姓所能勝任，而且這樣成本昂貴的兵力也不是窮人養得起。所以到十世紀時，戰爭也就變成富人的專業，他們是從青年時起就接受專門訓練。然則他們的生活又怎樣維持？主要的費用是出自土地，而土地在中世紀也代表唯一的財富來源。他們獲得「采邑」的賜與，而其回報則爲向其主上(lord)宣誓效忠，並提供服役。於是軍事專業、土地享有、個人義務三者合而爲一，構成封建制度的基礎。

此種武士階級也就是貴族，同時也是地主。他們的子孫支配著歐洲的土地直到十六世紀爲止，支配著歐洲的政治直到十八世紀爲止，支配著歐洲的社會直到二十世紀爲止。騎士階級也逐漸形成一種共同的行爲規範，即所謂俠義之風(chivalry)。以後又影響及於整個歐洲的社會、文化和教育。今天西方所推崇的"gentleman"（君子或紳士），實際上即爲古代騎士的化身。❾

概括說來，從十一世紀到十四世紀，騎兵(士)在此三百年間是居於支配一切戰爭的地位。此一騎兵時代(Cavalry Age)可以說是與封建時代作平行的演進，而且也榮辱與共。騎士成爲封建制度的代表，也是陸軍的骨幹。對比言之，步兵的地位則降到了最低點。當然在戰爭中仍然還是需要步兵，但他們所擔負的都是輔助性的任務，甚至於連配角的資格都還不夠，而只能算是「跑龍套」。

騎兵(士)在戰術層面上雖是一種攻擊性的兵種，但就戰略層面而言，中世紀的戰爭是屬於純粹防禦性的。因爲缺乏重步兵（方陣或兵團）來作爲作戰基礎(operational base)，所以也就不能形成戰鬥序列。結果只好用城堡(castle)來代替步兵，於是戰爭也就喪失了其戰略

機動性。同時，騎士是以個人身分參加戰爭，中世紀的軍隊眞乃烏合之衆，完全缺乏有效率的組織和指揮體系。因此，也缺乏後勤能力，再加上交通的不便，部隊的行動不僅遲緩，而且更不能及遠。簡言之，只能有局部性的戰鬥，而不可能有大規模的戰爭。

另一方面，在有效的火器尚未出現時，城堡也就有其極堅強的防禦能力。中世紀的軍隊幾乎完全缺乏攻堅的能力，所以城堡的建立使小兵力可以對抗大兵力，諸侯可以對抗國王。當封建制度發展到其最高潮時，整個的西歐眞是城堡林立，遍地皆是。以英格蘭爲例，就大約有 1,200 座城堡。騎兵和城堡之間的共存和互賴，使得歐洲到十世紀結束時，要算是進入了一種相當太平的小康狀況。❿

通史學家大體都認爲歐洲文明的發展在此長達千年的中世紀中是呈現著停滯的狀況。軍事史學家的看法也大致相同，即認爲戰爭藝術在這個階段是不特沒有進步，反而退步。甚至於有人說，戰爭藝術已經降到了其最低點(its nadir)。此種論斷未免過分簡化，至少並不完全正確。在軍事領域中，即令是在騎兵時代，也還是有新的發展。主要的項目都是屬於技術性的，例如武器和甲冑，攻城戰和守城戰等方面的改進。

不過就戰略思想而言，這個時代的西歐眞可以說是交了白卷。但這也並非不可諒解。這個時代是信仰的時代，也是無知的時代，幾乎一切的學術都不受到尊重，又豈只是兵學而已也。事實上，那個時代的戰爭也根本不需要有所謂戰略的指導。那些騎士（貴族）所需要的是勇而不是智。他們甚至於都是文盲，而且古代所遺留的兵經都已經成爲稀有的古董，他們旣不知珍惜，也無從學習。他們當然也不可能有著作傳世，所以，即令他們有任何思想，後世也無法知道。

儘管如此，這個時代的戰爭還是有其值得研究的價值，它至少可以使我們獲得鑑往知來的啓示，所以在戰略思想史的全部架構中，對

於這個階段仍然不能留下空白，它具有承先啓後的地位，同時更對爾後的思想發展提供一種必要的時代背景。

就全局而言，中世紀的思想並不以「進步」（progress）爲追求的目標，其所關切者爲「安定與秩序」（stability and order），所以中世紀的一切制度都是以維持現狀爲目的，而拒抗任何改變，到處都反映出濃厚的保守氣息。在中世紀的歐洲，安定的最大保障者即爲教會。教會是唯一的統一組織，其勢力遍佈全歐，而在每一個國家中除國王以外，教會也是最大的地主。教會爲保持其既得利益，勢必要和騎士階級合作，甚至於有時僧侶與騎士已經不分家了。日爾曼武士與拉丁和尚的結合實爲一切中古文化的根源。❶

最足以表現教會對武士階級具有強大影響力的事實即爲十字軍（crusades）。第一次十字軍的東征是在十一世紀末期（1095-1099），而最後一次（第八次）則在 1270 年，即爲十三世紀的後期，所以也可以說其全程是與騎兵時代相終始。除表現宗教熱忱以外，十字軍還有另一種重要意義，即足以顯示自從羅馬衰亡以來，在封建制度之下的歐洲已經第一次有足夠的力量能向東方發動攻勢。有人認爲十字軍只能算是一場鬧劇，甚至於是幼稚的兒戲，並不具有任何值得研究的價值。其實不然，即令僅就軍事方面來看，十字軍對於戰爭的形態也還是帶來了不少的改變。

首先應說明的是十字軍與封建時代的一般陸軍在組織上有兩點顯著差異：⑴十字軍是完全由志願人員（volunteers）所組成；⑵十字軍是一支多國性（multi-national）部隊。其次，就戰績而言，十字軍的表現也並不像一般人所想像的那樣惡劣，除偶然由於無知或急躁而自投羅網以外，大致還是能與敵人（回教徒）旗鼓相當。尤其是第一次十字軍曾經收復聖城並建立若干十字軍王國。

十字軍東征不僅使歐洲武士們大開眼界，而且也讓他們學會若干

教訓，並迫使他們不得不採用新的戰術。他們發現歐洲的騎士對於機動性較高的敵人感到窮於應付，不久又已認清騎兵必須有步兵的支援。採取聯合兵種的戰術，十字軍在 1098 年終於贏得安提奧赫（Antioch）的勝利，並於次年收復耶路撒冷。不過，基於封建的偏見，此種新戰術並不受歡迎，而在以後累次十字軍戰爭中又曾一再從頭學習痛苦的教訓。至於在歐洲的戰爭中，武士們還是遵守他們的傳統規律，拒絕作任何改變。其結果爲使戰爭的防禦性更形增強，並使築城的藝術（art of fortification）獲得顯著的改進。**⓬**

　　儘管騎士的精神已經高度地發揚，儘管城堡的建築是多而又大，但到十三世紀，作爲一種政治和軍事體系的封建制實際上是已經盛極而衰。建立封建制的理由是因爲它能保存歐洲的宗教和文化傳統。此種理由現在已經逐漸喪失其說服力。新的力量正在出現，並聯合起來把封建貴族推下其權力的寶座。

# 參、王權的擴張

　　自從十二世紀時開始，政治權力就有再度向國王手中集中的趨勢，其首要的原因是封建制本身在性質上有了新的變化。有三種現象是特別重要，即貨幣化（monetarization）、系統化（systematization）、官僚化（bureaucratization），現在分別簡述如下：

　　(1)封建關係本是以勞務爲基礎，逐漸變成改用貨幣償付的方式。這種改變使國王或中央的收入遠多於局部貴族的收入。錢多好辦事，於是中央政府的權力地位遂因之而升高。

　　(2)封建制日益普遍化，同時也日益系統化。此種制度逐漸形成一

種金字塔(pyramid)式的組織，由上而下有了明顯的權限劃分。換言之，上級對於下級的事務可以作合理的干涉，而臣民也可以向上級政府要求軍事和法律的保護，於是他們與局部諸侯的關係也自然相對減弱。

(3)生活方式日益複雜，即令是地方政府也需要若干專業人員來處理各種事務，尤其是司法和財政。這些人員都非地主而必須靠政府的薪俸維持生活，自然是效忠於國王。官僚(文官)體制的建立實爲現代國家的基礎。⓭

此種權力集中的趨勢又獲得大環境的幫助。到十二世紀時，歐洲周邊上的外患已經逐漸平息，所有的異族不是已經同化即已被驅離。於是國王和貴族也就可以把較多的注意力和資源投入國內事務方面。同時，歐洲人口又已有相當巨大的成長，不僅刺激經濟發展，而也產生若干新的問題使封建舊制無法解決。

加速中世紀歐洲走向近代的另一主要因素即爲財富的增加，而財富的主要來源就是國際貿易，那是自從羅馬衰頹之後，實際上即已完全斷絕。到十世紀時，威尼斯商人開始與拜占庭發展貿易關係，十字軍東征不僅增加該國的財富和重要性，而且更導致新貿易中心的出現，例如熱內亞和比薩(Genoa and Pisa)。到十二世紀時，西歐各國都已分別發展其貿易，許多新的商業城市都紛紛興起。國際貿易不僅使各區域之間的原始產品可以互相交換，有無相通，而且更刺激新產品的製造，和新市場的開發。隨著工商業的繁榮，城市中等階級也隨之而出現，此種現象遂又產生重要的後果。擁有財富的新階級充滿新的活力，成爲反封建的急先鋒，對於舊有的權力分配投下新的變數。很明顯，在此種衝突中，國王是坐享漁人之利。經濟革命不僅動搖封建社會的根本，而且更擴大國家(國王)的財源，並使其軍事權力的擴

張可以突破舊有的限制。❹

　　中世紀的武士階級雖保有好勇尚武的習性，但實際上在這個時代中發生大規模戰鬥的頻率卻非常低。國王想要興師動衆是很不容易，不僅要設法說服那些割據一方的貴族們同意出兵，而且惡劣的交通也對部隊的調動和補給構成莫大的困難。軍隊好不容易集中之後，又不能維持太久的時間，因爲通常國王只能要求其騎士每年服役 40 天。此外戰爭又還受到季節的限制。在英格蘭，貴族們常拒絕到海外服役，而在歐陸上，貴族們也常拒絕在本國境外作戰。

　　封建時代的野戰軍根本只是一羣烏合之衆，毫無紀律之可言。許多人都只聽命於其頂頭上司，並不重視國王的權威，所以也就自不可能建立有效的指揮體系。因此，所謂戰鬥序列最多只是虛應故事，結果形成各自爲戰的現象。尤其是當時又有俘虜可換贖金的陋習，所以大家都盡量不殺死敵人以免斷絕財源，同時由於想發財，志不在鬥，使紀律和秩序也就更難維持。

　　封建武士是一方面有餘勇可賈，另一方面卻目不識丁，他們平時勤練武藝（包括騎術劈刺等在內），但從不好學深思，換言之，只知鬥力而不知鬥智。這個時代不僅沒有任何有關戰爭藝術的著作，甚至於情報、後勤、管理、地理等各種知識也都完全缺乏。也許只有築城的技術爲唯一例外，那是確有相當的進步，其後果則爲更增強戰爭的防禦性，並使小貴族更能對抗中央的統治。

　　各國君主對於封建制加在其王權上的限制自然深表不滿，他們很早就企圖打破封建階級的軍事專利權，以來改進軍事組織的缺失，並提高國家和國王的權力地位以及應付戰爭的能力。眼前最簡單可行的方法就是僱用傭兵。傭兵本是一種最古老的行業，甚至於可以說在古今中外的歷史中都是一種普遍存在的現象。雖然在十二世紀時，各國統治者的財力還相當有限，不能大規模改制，但卻已有足夠的錢僱用

少量的職業軍人。所謂傭兵時代(age of mercenaries)固然尚未來臨，但到十三世紀初期，各國的軍隊中都已有不少的傭兵了。這又與人口增長有其必然關係，到處都已感到耕地不足，尤其是沒有土地的武士就會變成傭兵部隊中的幹部。

到十三世紀後期，英法兩國的王室在他們的國內，實際上已經能夠禁止其貴族們進行私人性的封建戰爭。現在城堡已經不能對貴族的獨立地位提供無條件的保障。國王有了其新財源之後，也就能夠僱用傭兵來對任何城堡進行長期的圍攻(long sieges)，使最富有和最頑強的堡主也終於必須屈服。所以到中世紀後期，英法兩國也就已經成為歐洲最強大的王國。❺

歐洲在十四世紀時發生了兩件大事：黑死病(Black Death)和百年戰爭(the Hundred Years War)。它們對當時的歐洲產生非常重大的衝擊，加速中古時代的結束，和近代的開啓。黑死病 (1347-1452) 也許就是一種淋巴腺鼠疫(bubonic plague)，在 1347 年從東方傳入，以後就一再在歐洲流行，估計使歐洲的人口損失了四分之一，並造成廣泛而嚴重的後果。社會結構受到破壞，人民四散流亡，原有的農業由於勞力缺乏而無法維持，同時人民對於一切都喪失信心，引起嚴重的精神崩潰。❻

百年戰爭 (1337-1453) 則為一場人為的災難，那是發生於英法兩國之間。其起因是一種王朝繼承權的爭執，自今日視之，已經沒有太多的意義，但這場戰爭對於爾後的軍事發展以及英法兩國的歷史卻具有非常重大的影響作用。而尤其重要的後果則為封建時代的戰爭方法以及裝甲的騎士從此遭受徹底的淘汰。就某種意識而言，百年戰爭對於戰爭藝術和軍事組織都帶來革命性的改變。專業原則取代了封建原則；貴族喪失了其支配地位，軍隊的人力和武器都已民主化。騎兵不再是唯一的戰鬥主力，軍隊都已由不同的兵種聯合組成，戰術也開始

受到重視。財力和人力的增強也使國家能夠擴大戰爭的範圍，和延長戰爭的時間。最後，砲兵的出現更暗示又有新的革命即將來臨。

火藥在歐洲的最早出現時間已不太可考。雖然我國宋仁宗時，曾公亮（999-1078）所編《武經總要》對於火藥如何配方已有明確的說明，但火藥是否由中國傳入歐洲，以及可能在何時傳入，又都尚有疑問。不過，蒙古人西征大軍，在 1241 年渡過沙爵河（Sajo River）時，曾使用鞭炮（firecrackers）發出閃光和巨響以助聲威，在歷史中是有所記載。❼

依照希門上校（Colonel Hime）在 1915 年所著《砲兵原始》（*The Origin of Artillery*）的記載，火藥的配方是英國人樂哲培根（Roger Bacon, 1214-1292）在 1249 年首次發現。不過，從其著作中又還是不能暗示他曾想到利用火藥（gun-powder）來製造火器（firearms）。❽

大致說來，歐洲在十三世紀即已有火藥，但火器的發展則非常遲緩。用投擲工具發射火球、火箭等技術是古已有言，但利用火藥來作為推送動力則遠較困難。也許很諷刺，為和平目的而發展的鑄鐘技術（bell founding）只要略加改進，即可以用來鑄造最原始的火砲。十四世紀的初期，此種火器即已開始進行試驗，最早的巨型臼砲（great mortar）一天只能發射一次。到十五世紀時，火器的種類逐漸簡化，只保留在此後五百年間支配戰爭的兩種形式的武器，砲（cannon）和槍（hand gun）。❾

火器所產生的最重要效果最初是表現在攻城戰方面。1453 年土耳其砲兵在 40 天之內擊毀了千年不壞的君士坦丁堡城牆。火器也是有助於王權擴張的另一因素。國王也有火砲使得任何諸侯也再無負隅頑抗的可能。英國在百年戰爭中一直居於優勢，到十四世紀終了時仍然如此，但在十五世紀法國陸軍開始使用槍砲，於是不到五十年英國的優勢即已完全消滅。從 1450 年到 1453 年，法國的砲兵把英國人留在諾

曼第(Normandy)和基恩(Guienne)的要塞據點逐一擊破，而在累次戰鬥中也都使缺乏火器的英軍受到嚴重的挫敗。

除火力因素之外，法國在百年戰爭中的最後勝利又應歸功於下述兩個因素：其一是職業性常備陸軍的建立，其次是法蘭西民族精神的發揮。百年戰爭也常被稱爲第一次民族戰爭(national war)，所謂民族意識和民族主義從這次戰爭中衍生出來，而法蘭西則居於領先地位，所以它也就成爲粗具雛形的第一個歐洲民族國家(nation-state)。1445 年在查理七世(Charles Ⅶ)指導之下，法國組成羅馬時代之後的第一支正規常備陸軍(regular standing army)。再經過若干改進之後，等到查理八世(Charles Ⅷ)在 1494 年率領法軍入侵義大利時，其部隊也就可以算是歐洲所從未見過的最優秀陸軍，包括步、騎、砲三兵種在內。那與三百年後拿破侖入侵此同一地區時所率領的兵力，在組織上幾乎毫無差異。很明顯，封建制度和騎士戰爭都已從此成爲歷史陳跡。而黑暗已久的戰略天空也開始現出熹微的晨光。**⓴**

## 註　釋

**❶** J.F.C. Fuller, *A Military History of the Western World* (Funk and Wagnalls, 1954), Vol. I, p.277.

**❷** Mark V. Kauppi and Paul R. Viotti, *The Global Philosophers* (Lexington Books, 1992), p.126.

**❸** 鄒文海，《西洋政治思想史稿》，第七章〈中古的再評估〉對於並不黑暗的中代時代有很詳細的分析，可供參考。

**❹** Mark V. Kauppi and Paul R. Viotti, *The Global Philosophers*, p.126.

**❺** 有關我國封建制度的分析，可參看鈕先鍾，《中國戰略思想史》，pp.34-39。

**❻** 鄒文海，《西洋政治思想史稿》，第二章，第三節（封建的時代），pp.143-48。

❼ Mark V. Kauppi and Paul R. Viotti, *The Global Philosophers,* p. 127.

❽同前註，p.128。

❾ Michael Howard, *War in European History*(Oxford, 1976).書中第一章〈騎士的戰爭〉對於封建時代騎士制度的形成有詳細的論述，pp.1-19。

❿ Richard A. Preston, *Men in Arms.* (Praeger, 1956), p.72.

⓫同前註，p.73。

⓬ Steven Runciman, *A History of the Crusades.* (Cambridge University Press, 3 Vols, 1951-54)，爲有關十字軍的權威著作，可供進一步研究的參考。

⓭ Joseph R. Strayer, *Medieval Statecraft and the Perspective of History* (Princeton University Press, 1971), pp.80-89.

⓮ Richard A. Preston, *Men in Arms,* p.80.

⓯同前註，pp.81-83。

⓰ J.F.C. Fuller, *A Military History of the Western World,* Vol. I, p.469.

⓱鈕先鍾，《中國戰略思想史》（黎明），p.416，pp.449-450。

⓲ J.F.C. Fuller, *A Military History of the Western World,* Vol. I, p.469.

⓳ Michael Howard, *War in European History,* p.13.

⓴同前註，p.19。

# 第 三 篇

# 啓明時代

## 西方戰略思想的復興期

# 【第五章】

# 馬基維里

## 壹、時代與生平

　　任何人的思想必然受到其時代背景的影響而絕無例外。馬基維里（Niccolò Machiavelli）為義大利弗羅倫斯（Florence）人，生於 1469 年，死於 1527 年。他的時代是在十五世紀到十六世紀之間，這個時代在歐洲歷史上正是所謂「文藝復興」（Renaissance）的時代。馬基維里的思想就是以此為背景，因此，我們必須首先簡略說明文藝復興的意義。❶

　　何謂文藝復興？在歷史上所指的是那一階段，其意義是什麼？這些問題在學術思想史中又有不少的爭論，而且甚至於並無定論。有人認為這個階段長達三百年，即自十四世紀到十六世紀；但也有人認為應以十五世紀中期為起點而以十六世紀中期為終點，全長僅為一百年。前者也許不免失之過長，而後者又可能失之過短。但無論作何種界定，馬基維里為文藝復興時代的人，其思想深受此種時代精神的影響則又還是毫無疑問。❷

　　文藝復興在歷史過程中所呈現者為何種現象？這個問題的答案又必須向較遠的歷史中去尋找。西方古代文明到羅馬即已發展到其最高峰，羅馬淪亡之後，西方文明即進入冬眠階段，直到十四世紀始有大夢初醒的趨勢。此種趨勢在此後兩三百年內變得日益明顯，日益開朗，其影響所及的範圍也日益擴大，包括思想、學術、教育、文學、藝術、經濟、社會等方面都在內。此種百花齊放，百家爭鳴的現象為過去千年來所未有，此即所謂文藝復興。

　　文藝復興發祥之地為義大利半島，又是有其歷史和地理的原因，可以概分為下述三點：

(1)羅馬古文明本是以義大利為基地，雖已時隔千年，但羅馬之遺風猶存，尚未完全消滅。

(2)義大利為地中海半島，與海洋有其不可分的關係，有其天然的海洋文明基礎，其具體表現即為國際貿易、商業城市、中等階級、知識份子。

(3)義大利為東西兩個世界的交點，飽受東方文明的衝擊，尤其是自從拜占庭滅亡後，該國學人紛紛逃往義大利，給西方文明帶來新的血液和生氣，正和第二次大戰時，歐洲學人大量逃往美國，使該國學術水準因而提高的情形非常類似。

　　從思想的觀點來看，所謂「復興」者，其真實意義又是復古多於創新。至少在最初階段，倡導文藝復興運動的鉅子大致都是企圖以復古為手段來達到創新的目的。他們希望能從西方古代文明中找到對抗中世紀思想毒素的解藥。簡言之，即主張用人力來戰勝天命，用理性來對抗神意。此種「理性至上」的觀念實為文藝復興時代精神的最高表現。這個時代的思想家深信在一切社會生活和人類活動的後面都有其法則(law)的存在，而那是理性所能發現的。從馬基維里的著作中幾

乎到處都可以發現此種思想軌跡的存在。❸

　　馬基維里出生於十五世紀後期,當時西歐的國家,如英國、法國等都已建立統一的王國,但義大利則仍處於分裂的狀況。主要的國家有五個:(1)在羅馬的教廷國(Papal State),(2)南部的拿坡里(Naples),(3)亞德里亞海岸上的威尼斯(Venice),(4)北部的米蘭(Milan),(5)中部偏北的弗羅倫斯。此外還有若干小國,其名稱各有不同,例如自治區、城邦等。這些國家之間時常發生戰爭,但最終結果又還是維持現狀以及彼此間的權力平衡。在這些國家內部,政治情況也不太安定,常有政變或內戰發生。馬基維里之父業律師,他可以算是中等階級的子弟。自幼好學,尤其對歷史研究極感興趣,這也奠定其一生學術成就的基礎。

　　在其青年時期,弗羅倫斯的政權是掌握在屬於貴族黨派的梅地希(Medici)家族手中,到 1494 年,經過短期政變,梅地希政權被推翻,改由共和黨人執政。1498 年馬基維里年方 29 歲,可謂青年才俊,遂受新政府延攬,出任要職,這是其政治生涯的起點。他的官職為弗羅倫斯共和國自由和平十人委員會的祕書(Secretary of the Ten on Liberty and Peace)。他所主管的為有關軍事和外交的事務。在其從政期間,最大的貢獻為在 1506 年建立了一支小型的民兵部隊,並在 1509 年收復獨立已久的比薩城。

　　可惜好景不長,1512 年西班牙的陸軍大舉入侵,那不是馬基維里臨時召訓的民兵所能抵抗,結果慘遭擊敗,而梅地希政權也隨之而復辟。當然,馬基維里的政治生涯也隨之而結束,一共只有短短的 14 年而已。次年,他又受到參加政變陰謀的無稽指控而被捕下獄,但一個月後被釋放並准許在國內自由生活。於是他就開始在距離弗羅倫斯城 7 哩遠的聖安德里亞(Sant′ Andrea)過著退隱的生活。

　　在其隱居期間,馬基維里開始從事於著作,一共完成了四部名著,

並因此而在學術思想史上建立不朽的地位。從千秋萬世名的觀點來看，他的罷官也許應該可以算是「塞翁失馬」。其四部著作的名稱、完成時間、出版時間可以列舉如下：

(1)《君王論》：原名 *Il Principe*，英文譯名爲 *The Prince*，中文舊譯名亦作「君道」、「人君」、「霸術」等。著作完成於 1513 年，但正式出版則在 1532 年，其時已爲馬基維里死後五年。

(2)《李維羅馬史論》：原名 *Discorsi sopra la prima Deca di T. Livio*，英譯名爲 *The Discourses on the First Ten Books of Titus Livy*，常簡稱 *The Discourses*。中文譯名亦可簡稱《史論》。其著作期爲 1512-17 年，共歷時 6 年之久。出版則在 1531 年。

(3)《戰爭藝術》：原名 *Arte della Guerra*，英文譯名爲 *The Art of War*。這也是第一本以「戰爭藝術」爲名的書。著作期爲 1519-20 年。出版於 1521 年，爲馬基維里在世時所出版的唯一的一本書。

(4)《弗羅倫斯史》：原名 *Istoire Fiorentine*，英文譯名爲 *Florentine History*。著作期爲 1521-25 年，出版於 1532 年。

馬基維里雖已歸隱，但仍不忘情於政治，晚年又逐漸改善其與梅地希政權之間的關係，並一再以顧問身分參預國政，尤其是有關國防的事務。但正當此時，弗羅倫斯又發生政變，梅地希政權再度被推翻，而共和黨人則捲土重來，於是馬基維里的處境遂非常狼狽，並從此斷送了東山再起的機會，幾個月後就抑鬱而死，時爲 1527 年 6 月 21 日，享年 58 歲。❹

# 貳、著作與思想

在當前的世界上，馬基維里之受到推崇，主要原因是其在政治思想方面所曾產生的影響。但實際上，他在戰略思想史中的地位應該是更值得尊重。他把他本人的主觀經驗轉變成為客觀分析，深入探索政治權力與軍事權力之間的互賴關係，並企圖發現普遍原則以來解釋個別現象。簡言之，他是西方最早把戰爭與和平的問題當作學術來研究的人。雖然他並未使用「戰略」這個名詞，但他的著作可以算是現代戰略思想的起點，所以他也可以算是近代歐洲的第一位戰略思想家。

馬基維里的四種著作中只有《戰爭藝術》是在書名上明白顯示其與軍事有關，因此也就時常引起一種誤解，以為其他的書都與軍事無關，而是屬於所謂「政治」的範疇，此種認知是完全錯誤，應對其作下述兩點指正：(1)馬基維里的思想是一整體，其觀念散佈在所著各書中。除戰爭藝術之外，其他三書中同樣有很多有關軍事和戰爭的議論。(2)照現代名詞來解釋，所謂戰略的範圍早已不僅限於軍事和戰爭，而所謂政治者本來也就是戰略思想之一部分。在馬基維里的時代，此種戰略定義尚未出現，但他卻早已認清軍事與政治兩種藝術之間有密切關係之存在，實可謂得風氣之先。

概括言之，在其政治性和歷史性的著作中，戰爭和軍事都時常扮演重要角色。僅由於著書目的不盡相同，所以在表達方式上也就會有所差異。戰爭藝術對於其軍事思想是一種有系統的正面陳述，而其他三書則只作暗示性的解釋。前者正式提出軍事改革方案，後者則引據史例來批評當時的軍事制度。所以，可以說它們是正反相合，相得益彰。要想了解馬基維里戰略思想的全貌，則必須審慎研讀其所著各書。

現在就對其四種著作再分別介紹如下：

## 一、《戰爭藝術》

在馬基維里的各種著作中，都或多或少可以發現有其戰略思想的存在，但有系統的軍事著作則只有《戰爭藝術》一書。這是他有生之日所出版的唯一著作，而且也有證據顯示是其本人所可能認爲的最重要著作。❺戰爭藝術不僅已成西方的「武經」（military classic）而且在行銷上也是一本非常成功的書。在十六世紀之內即已發行 21 版，並陸續譯成法、英、德，以及拉丁文。其對後世影響之大實不言而喻。❻

這本書的體裁採取對話形式，這也是文藝復興時代的常用形式。很巧合，與我國武經七書中的《李衛公問對》頗爲類似。這本書的內容爲有系統地綜述和提倡古代的軍事組織和戰爭觀念，尤其是以共和國時代的羅馬爲主要範例。馬基維里是文藝復興時代的學者，此種以古例今的推理方式實乃必然趨勢。不過，值得稱許的是他不僅只是推銷陳貨而已，更能把古人的智慧加以嚴密的綜合，並予以適當的修改，使其能適應時代改變的要求。

馬基維里的學問相當淵博，在著書時曾參考不少古人著作，其中最主要者即爲維吉夏斯的《論軍事》，甚至於有人譏笑他在《戰爭藝術》中有若干部分簡直就是照抄維吉夏斯的原文。儘管如此，馬基維里又還是有其合理的思考和獨到的見解，並非只是拾人牙慧，人云亦云。不過，其全書架構的確與《論軍事》大致符合，則又爲不爭之事實。《論軍事》共分 5 卷（篇），《戰爭藝術》則擴大爲 7 卷（Book），但未把海軍的問題包括在內。其各卷內容可以扼要分述如下：

　　(1)第一卷痛陳傭兵制的缺失和隱憂，力主應以羅馬兵團爲模範，恢復民兵制（即短期徵兵制），並討論兵源問題。其中有很多意見都是以《論軍事》第一卷爲來源，此外也以波里比亞的歷史爲依據。

　　(2)第二卷所論者爲部隊的訓練、操作、演習、組織等。內容有大部分取自《論軍事》的第一、第二兩卷。

　　(3)第三卷的主題爲戰鬥序列（order of battle），其重點爲對一個模範會戰（model battle）所作的描述和討論。這一卷是全書中最特殊的部分，所引用的古人資料，似乎也最少。有人認爲本卷可以代表馬基維里的創見，但也有人認爲其靈感可能是以色諾芬所留下的殘餘古書爲來源。

　　(4)第四卷的主題爲戰術和將道，馬基維里除利用維吉夏斯的第三卷以外，也利用福隆提納所著的《謀略》。

　　(5)第五卷論行軍（march）問題，其內容有一部分是取自《論軍事》的第三卷。

　　(6)第六卷論宿營（encampment），馬基維里對於理想的營地選擇有其獨特的構想。

　　(7)第七卷爲最後一卷，主題爲攻城和設防。這是最爲人所詬病的一卷，因爲其內容有許多都是完全照抄維吉夏斯的原文。

　　馬基維里的《戰爭藝術》是一本將近五百年前的古書，而其所推崇的模式則更是千餘年前的故事。所以書中有許多內容在今天已經只有考古的價值，但又仍有若干論點還是值得重視，而且對後世也能提供永恆的教訓。這又可歸納爲下述四點：

　　(1)馬基維里對於傭兵制的指責雖不免過火，但概括言之，民（徵）兵制對國家安全爲較佳的保障，徵之古今中外的歷史，則又確爲不易之眞理。

(2)馬基維里在其書中極端強調戰鬥(會戰)的重要,這是一個值得完全肯定的觀念。在思想上也可以算是克勞塞維茨的先驅。他認為「建軍的目的即為戰鬥」,「將軍若能贏得會戰,則可以抵銷其一切過錯」,這都是至理名言。❼

(3)馬基維里非常重視紀律(discipline),認為紀律實為戰鬥中的決定因素,在其所著各書中(不僅限於《戰爭藝術》)只要一有機會,就一定會強調紀律之重要。他不僅認為紀律是軍事組織的基礎,而且更強調紀律也是政治組織的基礎。

(4)馬基維里非常重視步兵,認為任何有適當組織的部隊必須以步兵為骨幹,而相對地,騎兵則應退居次要的地位。此種觀念固然是出自維吉夏斯,但就廣義而言,到今天也還是正確的。軍以戰鬥為主,而步兵則為戰鬥的主力。現代軍隊中非戰鬥人員太多而步兵則相對減少,實非合理的發展(例如美國陸軍)。

馬基維里之所以要著作《戰爭藝術》這樣一本書,其真正目的似乎還是要想替其軍事改革主張建立理論基礎,尋求辯護理由。至於他為什麼大力提倡軍事改革,這又與時代背景有密切關係。義大利半島自十四世紀以來,經濟日趨繁榮,於是人民遂日益缺乏當兵的意願,傭兵制因此而流行,但傭兵並無愛國心,打仗完全是為了賺錢。其結果為對內導致各國分裂,戰禍頻繁,而對外則又不能對抗強敵的入侵,使人民飽受蹂躪之苦。馬基維里目睹這樣的情況遂認為必須厲行軍事改革,以民兵代替傭兵,然後義大利始有統一強盛的希望。所以,他是抱著強烈的民族意識,希望能經由軍事改革的途徑,以來實現民族統一的理想。❽

## 二、《君王論》

　　《君王論》是一本小書，但也已成馬基維里的代表作，只要一提到馬基維里，就會令人立即聯想到《君王論》，二者似乎已經不可分而合爲一體。這本書的如此受到重視，遂使其他的書顯得黯然失色。然則這一本小書眞的那樣重要嗎？嚴格說來，《君王論》並非一本有完整組織的書，而近似片斷性的語錄。全書雖共分爲 26 章，但每章都很短，有的甚至於僅有一節。每章都有一主題，但章與章之間幾乎沒有太多的關係。全書所討論的都是現實問題，理論性的分析可以說是相當有限。誠如高斯(Christian Gauss)在英譯本引言中所云：「《君王論》並不能使我們了解馬基維里政治思想的全部。」他又說：「對於馬基維里可謂不幸，因爲這本書是如此迅速地壓倒了其他所有著作，而使他的大名完全依賴在這一本書的上面。」❾

　　《君王論》所顯示出來的馬基維里思想是與我國先秦法家思想頗爲類似，而尤以韓非子爲然。他們都是以「人性惡」的假定爲基礎，主張只有利害而無是非，統治者必須不擇手段以來達到其目的。所以，《君王論》的重點是「術」，而不是「學」，過去馬君武先生將其譯名定爲「霸術」實不無理由。❿

　　這本書被後世從事政治鬥爭的人，包括列寧、希特勒等在內，視之爲不傳之祕。但從思想史的觀點來評估，則其價值似乎並非如一般人所想像的那樣高。

　　在這本書中馬基維里又還是強調軍事對國事的重要，他說：

　　　所有一切的國家，無論新舊，其主要的基礎都是良好的法律(good laws)和良好的軍備(good arms)。由於若無良好軍備則不

> 可能有良好法律；而有良好軍備則又必然有良好法律。所以我現
> 在將不討論法律而只談軍備。**⓫**

由此也就可以顯示馬基維里在其各種著作中是有其一貫的思想。

## 三、《李維史論》

用現代語來表示，這本書即為馬基維里在研究李維所著《羅馬史》時所作的讀書報告。這是一本相當大的書，花了 6 年時間才完成，在其著作中是居於非常特殊的地位。這又可分兩方面來說明：

(1)馬基維里的其他著作似乎都是有所為而作，換言之，也就是都有其名利上的動機。譬如說，《戰爭藝術》是為了鼓吹其軍事改革方案；《君王論》是準備獻給梅地希家族要人羅侖左(Lorenzo)以作進身之階，至於《弗羅倫斯史》則更是由梅地希大主教(Cardinal di Medici)聘請他寫的。只有《史論》一書為唯一例外，那似乎只是發表其研究的心得，換言之，這本書的寫作真是為己而非為人。

(2)馬基維里自幼即對歷史研究極有興趣，而他對於歷史的教訓也深具信心。所以在退隱之後，即開始進行認真的歷史研究，並希望從此種研究中找到治亂興衰的關鍵。這又似乎與我國宋代司馬溫公（光）以《資治通鑑》為書名的動機不謀而合。

馬基維里是以李維所著《羅馬史》的前 10 卷為其深入研究的對象。馬基維里之所以如此精研李維《羅馬史》，其主因可能是兩人的時代雖遠隔千年，但在思想上卻有心靈相通的趨勢。李維曾經這樣說：「歷史是人生無限經驗的記錄，在此記錄中人們和國家可以找到其模範和警告。」**⓬** 馬基維里在其《史論》中也說：「欲知未來應先知過

去，古今雖有不同，世界永遠不變。」⓭所以，他們是同樣相信歷史可以提供在任何時代都同樣有效的教訓。

《史論》全書分為 3 卷，第一卷分析羅馬的內政，第二卷分析外交和軍事，第三卷則分析若干羅馬傑出公民對其國家所作的偉大貢獻。馬基維里的全部著作中也許只有《史論》一書最足以代表其治學精神。但因此書篇幅浩繁而所論者又是羅馬古史，遂往往不受世人重視，這似乎適足以表示人類思想的淺薄。

## 四、《弗羅倫斯史》

這是馬基維里的最後一部著作，也是官方出資聘請他寫的。誠如書名所指明，其內容為論述弗羅倫斯的歷史，其範圍比較狹窄，敍述也比較瑣碎，所以在其所著各書中，《弗羅倫斯史》是一部最不出名的書，也是最不受重視的書。儘管如此，馬基維里著此書時又非僅只由於受聘之故，遂不得不敷衍塞責。他還是充分表現出其認真的寫作態度，而且也還有其自己的目的。這又可分為下述兩點：

(1)馬基維里在其書中詳細描述義大利在他那個時代中的分裂衰弱現象，並分析其理由。這又與《史論》中對古羅馬強盛理由所作分析恰好形成強烈對比。所以，這兩部書是有正反配合的意義，使讀者在古今強弱比照之下，得以明瞭盛衰之理，存亡之道。

(2)馬基維里在此書中對於十五世紀的傭兵戰爭作了相當刻薄的描述，甚至於故意醜化。這當然是為其軍事改革建議增加重量，儘管其所言並不完全公正。他甚至於還慷慨激昂地說：「不殺人，不攻城，不略地，那又算是什麼戰爭！」⓮

綜合言之，馬基維里的著作是有其一貫的思考與邏輯。其唯一的

信念即為必須實施全面軍事改革，然後義大利始能重振古羅馬的雄風，而達到統一強盛的境界。當然，其所能利用的權力基礎(power base)又非常有限，只是弗羅倫斯一個小國而已。他的處境的確與我國先秦諸子非常相似，著書立說的主要目的就是希望說服當時的人君(The Prince)接受其意見，好讓他能有機會一展抱負，實現理想。

若從戰略思想史的觀點來看，馬基維里的最大貢獻為他能認清政治與軍事實乃一體兩面，彼此有不可分的關係。此種觀念也正是現代戰略思想的主流和焦點。所以，他對於「現代戰略思想之父」(the father of modern strategic thought)的尊稱實可當之無愧。

根據其著作，可以將其基本觀念綜合為下述五點：

(1)軍事權力為國家(社會)的基礎。

(2)良好軍事組織為鞏固國家(民族)團結的必要因素。

(3)攻勢軍事政策有助於國家的長治久安。

(4)軍事藝術與政治藝術具有共同的體裁(格局)。

(5)軍事組織為社會組織之一部分，前者可以反映後者的品質。

只要與古今中外的歷史相印證，即可明白顯示上述基本觀念是正確合理。其要點又可簡化為下述兩句話：建軍乃建國之本，強兵為治世之基。

馬基維里認為國家安全為任何政府的首要考慮。除非軍事力量能禦外侮，否則任何手段也都不能維持國家的內在安定。所以，政治生活是一種生存鬥爭，政治制度必須符合軍事需要。很容易看出馬基維里的觀念幾乎和我國兵聖孫子之言如合符節：「兵者國之大事，死生之地，存亡之道，不可不察也。」

由於馬基維里強調兵學謀略之重要，於是也就引起若干誤解，在此應加以糾正：

　　(1)有人認爲他有黷武好戰的傾向，實乃似是而非。他只是認爲戰爭有時是一種需要，而且不戰的後果可能即爲滅亡。他引述李維之語：「需要的戰爭即爲正義的戰爭。」他雖在《君王論》中指出：「除戰爭及其組織和紀律以外，人君不應有任何其他的目標或思考，也不應把任何其他事物作爲其研究的對象。」❺ 但其眞正目的不過是強調兵者國之大事而已。

　　(2)有人認爲他主張獨裁專制，事實恰好相反。他在《史論》中曾推崇羅馬共和國是人類所曾設計的最完美政體。他又指出人民有自治權則將更願爲其本身的權利而戰，徵兵制與民主政治有其密不可分的關係。他還有一種特殊的見解，認爲共和政體之所以有利於安定的維持，是因爲它有一種能適應環境的彈性。在史論中有一章的標題爲「適應環境的需要」，那簡直像當代研究比較外交政策的學者所寫的文章。馬基維里這樣辯論著說：

　　　共和國要比君主國有較豐富的生命，並享有較長久的好運，因爲它比較善於適應複雜多變的環境。民主會比君主有較多的創見，因爲一個人若慣於照某種特殊方式行動，則也就會永不改變……所以，一旦時代改變，不再符合他的方式，他也就必然會失敗。❻

　　(3)有人認爲他提倡陰謀，有違道義，這更是幼稚的批評。孫子說，「兵者詭道也」，在戰爭領域中必須包括陰謀詭計在內，實乃自然之理。馬基維里認爲戰爭是生存鬥爭，任何手段都可容許，一切善惡榮辱都不在考慮之列。他也認爲將道不僅限於軍事行動，還應使用各種手段以來欺騙敵人和打擊其精神。若說馬基維里爲現代心理戰略的先知者也許是誇大其詞，但他的思想代表一種新的途徑則確爲事實。❼

　　從另一個角度來看，馬基維里的思想中又確有若干特點，值得在此加以綜述：

　　(1)在他的著作中有兩個字非常重要，而且經常同時出現。一個字是"virtù"（英譯 virtue，中譯美德），另一個字是"fortuna"（英譯 fortune，中譯幸運）。對於這兩個字，他都有其特殊解釋。前者為構成有效軍事和政治領導的一切必要素質，換言之，即為克勞塞維茨在《戰爭論》中所謂的天才。其內容包括機智、敏銳、勇敢、果斷、決心、創造力等因素都在內。後者為不可知和不確定的因素，包括機會、偶然、意外、運氣等在內。簡言之，前者為人力而後者為天意。所謂人生即為"virtù"與"fortuna"之間的鬥爭。馬基維里認為：「天命也許能主宰人事的一半，但另一半卻是我們自己可以控制。」❸ 此種說法實與我國宋代歐陽修在其《五代史》〈伶官傳序〉中所云：「盛衰之理雖曰天命，豈非人事哉」如出一轍。

　　(2)馬基維里之所以相信人力可以抗衡天命，也就是對人類的理性和智慧寄與以高度的希望。他認為憑藉此種武器，人終於能夠克服和消除機會和運氣(chance and luck)的領域。這又並非一種淺薄的樂觀主義，而是經過深思熟慮的結論。他認為在政治和軍事的領域中都必須有遠見(foresight)，對未來必須有計畫和準備，對於目的和手段都必須作合理的評估，對於各種不同的因素都必須作精密的計算。此外，領袖必須重視專家的意見，和情報的搜集。在平時就應廣結善緣，然後在緊急時始能獲得同盟國或友邦的支持。計畫和行為又必須隨著環境的改變而作必要的調整。換言之，必須保持充分的彈性。馬基維里曾一再警告領袖不可採取不徹底的措施(half-way measure)，中間路線(middle course)往往兩面不討好。當一切準備就緒之後，就應立即行動而不可猶豫遲疑。政治家和將軍都必須掌握主動，而不可只是

反應他人的行動和壓力。攻擊必須猛烈而具有決定性，不過在發動攻擊之前又必須確保我方的安全。而一切成敗的關鍵又還在於先知。簡言之，馬基維里是把戰爭和政治視爲一種心智問題（intellectual problem）來求解。儘管當時尚無戰略名詞之存在，實際上，此即戰略思考的起點。❶⓿

(3)馬基維里非常重視軍事權力，但比較輕視經濟權力，非常重視心理因素，但比較不重視物質因素。其《史論》中有云：「金錢並非戰爭的筋肉（sinews of war），雖然通常都被人認爲是如此。……在戰爭中保證成功者不是黃金，而是精兵。」❷⓿當時有人批評他是書呆子，不識時務。事實上，他並非認爲財經問題不重要，而是因爲當他眼看著像弗羅倫斯和米蘭等義大利城邦，雖擁有大量財富，但既不能安內，又不能攘外，遂使他不禁深有所感。他認爲經濟過分繁榮，人民過分講求福利，足以使社會風氣敗壞，民族喪失戰鬥精神，於是國家的衰頹遂可計日而待。在當前經濟掛帥，向錢看齊的時代中，馬基維里的警告實足以發人深省。

(4)當馬基維里著書立說之時，戰爭的舊有形式是正在改變，主要原因是火器已經逐漸被引進戰爭。但馬基維里對此一重要新趨勢，不特不重視，反而還故意藐視。在《戰爭藝術》（第三卷）的「模範會戰」中，他只讓砲兵在兩軍接觸之前發射一次；在《史論》中更指出：「指揮官若能依賴步兵，並遵從古法，則火砲將變得完全無用。」❷❶而正當此際，火器又早已在戰場上展示其威力，所以，思想敏銳，強調遠見的馬基維里對於此種新技術的發展，居然會如此漠視，實令人感到不可思議。阿曼（Sir Charles Oman）曾作尖銳的評論如下：

對於其在軍事領域中作爲先知者（prophet）的聲譽可謂非常不幸，因爲其所作的一切建議都與戰術和組織在（十六）世紀後期

的實際發展絲毫不發生關係。……他認爲砲兵仍將繼續不值得重
視，……其所作的預言幾乎無一不大錯而特錯。❷❷

不過，從思想史的觀念來觀察，則馬基維里的態度又非不可解釋。至
少到十八世紀爲止，西方軍事思想家幾乎都不重視技術因素，甚至於
連克勞塞維茨也不例外，❷❸他們都有一種共同的認知，相信戰爭的性
質和形態不會改變，因此，歷史的教訓才會具有永恆的價值。所以，
馬基維里自不可能承認火器的發展將會動搖其全部理論體系的基礎。

# 參、馬基維里與後世

　　馬基維里的著作完成於十六世紀前期，到今天已將近五百年，在
如此長久的時間之內，其對後世的影響，以及後人對其評價，都是非
常有趣味而值得研究的問題。現在就選擇若干在戰略思想史具有重要
地位的人物，來分析其所受影響以及其所曾作的評論。

　　概括言之，馬基維里著作中影響力最大的是《戰爭藝術》和《君
王論》二書，至於其他二書則只受到少數人的重視。從十六世紀到十
八世紀，《戰爭藝術》在歐洲被視爲武經，受到廣泛的研讀和高度的評
價。其再版次數的頻繁可爲明證。《君王論》雖受到統治階層的重視，
但並未像《戰爭藝術》那樣暢銷。到十九世紀，情況開始反轉，《君王
論》日益受到推崇，變成馬基維里的代表作，而《戰爭藝術》則逐漸
在人們記憶中消失，現在幾乎很少有人知道這本書的內容了。

　　對於西方世界在十七世紀時的「軍事革命」（military revolu-
tion），馬基維里的最大貢獻即爲他所提倡的以羅馬兵團爲範式的軍事
組織觀念。當納索的毛里斯（Maurice of Nassau）在荷蘭創辦軍事學

校時，即曾以《戰爭藝術》爲主要教材。這也是近代西方軍事教育的
起點。當時歐洲各國貴族子弟都紛紛前往荷蘭留學。有一位未來的大
人物是毛里斯的再傳弟子，即三十年戰爭（1618-1648）中大顯身手的瑞
典古斯塔夫大王（Gustavus Adolphus the Great）。他建立新軍制
時，特別重視鐵的紀律，可以暗示他深受馬基維里的影響。❷❹

　　三十年戰爭之後，首負盛名的理論家爲傅納德（Chevalier Folard,
1669-1752），雖曾引述馬基維里的著作，但卻認爲《戰爭藝術》近似
抄襲，不能算是不朽之作。❷❺不過，他的高足，鼎鼎大名的沙克斯元
帥（Marshal Maurice de Saxe, 1695-1750）則似乎不同意其見解。沙
克斯在其名著《我的夢想》（*Mes rêveries*）中所發表的觀念可以說是和
馬基維里頗多類似之處。例如：主張採取徵兵制，重視紀律和精神因
素，並認爲羅馬兵團是一種理想軍事組織模式，只需略加修改，即能
適應時代的變遷。❷❻

　　十八世紀後期，歐洲名將首推普魯士的菲德烈大帝（Frederick
the Great, 1712-1786）。他非常敬佩馬基維里，並把《戰爭藝術》視
爲一本「心愛的書」（favourite book）。❷❼在菲德烈本人的著作中幾
乎到處都可以發現其深受馬基維里影響的證據。我們甚至於可以說他
就是馬基維里心目中的理想君王（the Prince）。

　　菲德烈之後自然就要說到拿破崙。他不僅對馬基維里推崇備至，
而且更曾飽讀其著作。他尊重《戰爭藝術》，曾對《君王論》發表評論。
當他進行戰役時常攜帶著《史論》，而且還曾對《弗羅倫斯史》作一大
綱（outline）。無論在其宮中或隨營圖書館中，都備有各種不同版本的
馬基維里著作，以便可以隨時參閱。拿破崙所重視者爲一般原則而非
技術細節，他對戰爭爲政治工具的看法與馬基維里不謀而合。他也同
樣重視會戰、攻勢、主動、欺敵、紀律等觀念。最後，他們也同樣認
爲領袖成功的要件爲遠見、慧眼、勇氣、精力等。❷❽

除拿破崙以外，同一時代的其他軍事思想家大致也都推崇馬基維里或深受其影響。比拿破崙略早一點的吉貝特（Comte de Guibert, 1743-1790）在所著《戰術通論》（*Essai général de tactique*）中有許多意見都與馬基維里相互平行，而這本書也是拿破崙所非常欣賞者。聖西爾元帥（Marshal Gouvion-Saint-Cyr, 1764-1880）是拿破崙手下的大將，並曾獲「軍事天才」的讚譽。他把馬基維里的著作定為必讀書。與拿破崙在軍校中同班的卡林尼沙（Colonel Carrion-Nisas）是著名軍事史學家，他將馬基維里與波里比亞相提並論：波里比亞為希臘與羅馬之間的橋樑；馬基維里則為古代軍事世界與近代軍事世界之間的橋樑。而主編《軍事大辭典》（*Dictionnaire de l'armée de terre*）的巴丁將軍（General Bardin）更相信不讀《戰爭藝術》即無異於不曾受過軍事教育。❷

十九世紀前期兩大師，約米尼和克勞塞維茨，對於馬基維里又曾作何種評估？令人詫異的是約米尼雖對沙克斯推崇備至，但在其著作中幾乎從未提及馬基維里。不過，事實上，他的思想有許多部分與馬基維里也很接近。至於克勞塞維茨則不僅曾讀過馬基維里的書，而且還稱讚他「對於軍事問題具有非常合理的判斷」。❸不過，克勞塞維茨又還是批評馬基維里有食古不化之嫌：「其受古代戰爭藝術的影響太大，不僅在精神方面，甚至於包括所有一切形式都在內。」❹

在此還應順便說明馬基維里在美國的影響。美國開國元勛之一，第三任總統傑佛遜（Thomas Jefferson）在其圖書館中曾藏有馬基維里的著作。當 1812 年戰爭爆發時，曾激起美國人研究戰爭的興趣，於是在 1815 年遂有美國版的《戰爭藝術》出現，這也是馬基維里的著作首次在美國的印行。❺

從十九世紀中葉開始，馬基維里作為政治思想家的地位遂日益受到尊重，這又與時代背景有關。十九世紀是民族主義的世紀，所有的

思想都受到民族主義的影響，所有的歷史都是根據民族主義的觀點來寫作。於是馬基維里以其作爲民族主義先知者的身分，其受推重也自爲必然之勢。尤其是在其故鄉義大利，當《君王論》出版時，對實際政治可謂毫無影響，但到十九世紀義大利完成統一後，在其誕生四百周年紀念時(1869)，其國人在其墓前紀念碑上這樣刻著：「對於這樣的偉人沒有任何稱讚是適當的。」(Tanto Nomini Nullum par Elogium，英譯爲 For so great a name no praise is adequate) ❸❸

　　從此時開始，不僅從事實際政治活動的政客都以馬基維里的門徒自居，而政治理論家和歷史學家也莫不深受其影響，甚至於馬基維里主義(Machiavellism)也已成流行名詞。第二次大戰之後，受到冷戰的刺激，「國際關係」在學術界成爲一種公認的學域，現實學派則是其中五〇年代最早形成的學派，馬基維里也就成爲他們心目中的祖師爺。此種發展又豈是馬基維里本人所能料及？

　　作爲本章的結束，我們對於馬基維里又應該如何作一總評？前輩浦薛鳳教授在其所著《西洋近代政治思潮》中有一段話似乎非常恰當，現在就引述如下：

　　　心細如髮，膽大如天，發人之所未發，言人之所不言，隻手推倒中古思想之內容、方法，與精神，而創造一個新時代，棄帝國夢想而抱族國希望，雖其言論之眞意迄今尚多誤會，雖其學說之價值今日尚有人懷疑，而其創造與重要則莫敢否認。❸❹

## 註　釋

❶ "Renaissance"的字義爲「再生」或「復興」，「文藝復興」爲我國早已慣用的譯名。雖原文中並無「文藝」字樣，但「文藝」二字又還是大致能說明此種復興

現象的內容，所以繼續使用也似無不妥。

❷ Felix Gilbert, "Machiavelli: The Renaissance of the Art of War", in *Makers of Modern Strategy*. ed. by Edward Mead Earle (Princeton University Press, 1952), p.16.

❸ 鄒文海，《西洋政治思想史稿》對於文藝復興時代有很詳細的分析，可供參考，pp.206-28。

❹ Roderto Ridolfi, *The Life of Niccoló Machiavelli* (Cambridge, 1965)為最新出版的馬基維里傳，本書對其生平的簡述多取材於此書。

❺ L. Arthur Burd, "Florence(II): Machiavelli", in *Cambridge Modern History* (Cambridge University Press, 1931), Vol. I, pp.211-212.

❻ Felix Gilbert, "Machiavelli:The Renaissance of the Art of War" ,in *Makers of Modern Strategy*. ed. by Peter Paret (Princeton University Press, 1986),p.27.

❼ 所引述之語均見《戰爭藝術》，第三卷。

❽ 有關傭兵制的檢討可參閱 Michael Howard,*War in European History* 的第二章，〈傭兵的戰爭〉(The War of the Mercenaries)。

❾ Christian Gauss, "Introduction to the Mentor Edition," in *The Prince* (New American Library, 1980), p.12.

❿ 鄒文海，《西洋政治思想史稿》，p.257，註六。

⓫ Niccoló Machiavelli, *The Prince* (New American Library, 1980), p.72.

⓬ 見本書第二章。

⓭ Niccoló Machiavelli, *The Discoures,* II,preface, in Allan Gilbert (ed), *The Chief Works and Others* (Durham, 1965), I, p.322.

⓮ Niccoló Machiavelli, *Florentine History,* Book V, Chap. 1.

⓯ Niccoló Machiavelli, *The Prince* (New American Library, 1980), p.81.

⓰ Niccoló Machiavelli, *The Discoures,* III, p.9.

⓱ Felix Gilbert, "Machiavelli: The Renaissance of the Art of War", in *Makers of Modern Strategy* (1952), p.14.

⓲ Niccoló Machiavelli, *The Prince* (New American Library, 1980), p.120.

⓳ 在馬基維里所著各書中，對於這些觀念曾一再加以闡述，所以毋需列舉。

⓴ 《史論》，第二卷，第十章。

㉑ 《史論》，第二卷，第十七章。

㉒ Charles Oman, *A History of War in the Sixteenth Century* (London, Methuen and Co., 1937), p.93.

㉓ Michael Howard, "The Forgotten Dimensions of Strategy," in *Foreign Affairs* (Summer, 1979), pp.975-86.

㉔ Gunther E. Rothenberg, "Maurice of Nassau, Gustavus Adolphus, Raimondo Montecuccoli and the 'Military Revolution' of the Seventeenth Century", in *Makers of Modern Strategy* (1986), pp.32-65.

㉕ Jean-Charles Folard, *Histoire de Polybe* (Amsterdam, 1774), Vol. I, p.222.

㉖ Maurice de Saxe, *Mes rêveries* in *Roots of Strategy* (Military Service Publishing Co., 1940), pp.189-300.

㉗ Maurice J. D. Cockle, *A Bibliography of Military Books up to 1642*, (The Holland Press, 1957), no.12.

㉘ Neal Wood 對《戰爭藝術》(Da Capo Press, 1965)所作的導言(Introduction)中對於拿破崙與馬基維里的思想關係有詳細的說明，可供參考。

㉙ 同前註。

㉚ Karl von Clausewitz, *Principles of War* (Military Service Publishing Co., 1942), p.12.

㉛ Peter Paret, *Clausewitz and the State* (Oxford, 1976), p.176.

㉜ Felix Gilbert, "Machiavelli" in *Makers of Modern Strategy* (1952), p.19.

㉝ 見 Christian Gauss, "Introduction" of *the Prince,* p.19.

㉞ 浦薛鳳，《西洋近代政治思潮》(商務印書館，民國 68 年台一版)，上冊，p.125。

# 【第六章】

# 十七世紀

## 壹、軍事革命

　　自十六到十八三個世紀在西方戰略思想史中可以綜合地視爲一個轉型期。歐洲的軍事思想制度以及戰爭形態，在此階段中，終於完全擺脫中世紀的黑暗陰影而大放光明。在此三世紀中，十七世紀又是處於承先啓後的地位，因此也就有其特殊重要性。有人認爲歐洲在此階段曾經發生一次「軍事革命」（military revolution）。假使此說屬實，則革命發生的時間應該是在 1560 年到 1660 年之間。所謂「軍事革命」，其意義又非僅限於新武器或新戰術的採用，而是整個戰爭形式都曾發生新的改變。概括言之，又可分爲下述三方面：

　　(1)武器方面：火器完全代替了舊有的弓矢或戈矛。

　　(2)組織方面：職業常備軍的出現使傭兵制受到淘汰。

　　(3)思想方面：羅馬古典範式與十六世紀戰爭經驗的融合，因而形成新觀念。

　　從十五世紀後期開始，由於火器的廣泛使用，要塞工程技術的進步，加上惡劣的交通和後勤的困難，遂使戰爭形態日益僵化，幾乎完全喪失其機動性。但更重要的是幾乎所有的軍隊都由傭兵組成，他們不僅缺乏戰鬥精神，而且也不可信賴。所以，戰術防禦的優勢，新型要塞的堅固，傭兵組成的部隊，三者結合的結果即為戰爭會變得曠日持久而無決定性。在這樣的軍事環境之中，所謂戰爭藝術當然也會停滯不前，至於抽象的戰略觀念更是完全缺乏。

　　但在此同時，由於受到文藝復興的影響，對於軍事思想和制度也開始有人發出改革的呼聲，而羅馬軍制的研究則更成為這些改革家的靈感來源。馬基維里即為他們之中的傑出領袖，而他的著作也成為新思潮的代表作。這些新古典主義者（neoclassicists）固然常有食古不化，紙上談兵的毛病，但其所提倡的基本觀念又還是完全正確。這又可以分兩點：其一為軍隊必須有紀律，而紀律的來源則為嚴格的訓練和完善的組織；其二為人民應有服兵役的義務。本國部隊要比傭兵較可靠也較勇敢善戰。第一點是很容易獲得大家的認同，但對第二點則有很多人不表贊同。

　　當時歐洲諸國的統治者都不大願意武裝其人民，一方面固然是害怕人民造反，另一方面也是相信只有有經驗的傭兵才能使用相當複雜的武器和戰術。事實上，當時已有的民兵在戰爭中的表現都很不合理想，幾乎只能算是烏合之眾。他們最多只能用來保衛家鄉，而不能適應複雜和長期的作戰要求。

　　最早接受馬基維里思想的國家不是歐洲大國，而是微小不足道的荷蘭，當時稱為尼德蘭（Netherlands，意為低地）。尼德蘭本是西班牙的屬地，從 1568 年發動獨立戰爭，直到 1648 年始正式獲得獨立，歷時共達 80 年之久。由於以小敵大，荷蘭人遂必須尋求增強戰力的途徑，所以，也就成為歐洲軍事制度改革的發源地。負責推行改革的人

爲毛里斯(Maurice of Nassau, 1561-1625)。

毛里斯是阿南基納索王室(House of Orange Nassau)的王子，1588 年被指派出任荷蘭各省聯軍總司令，當時他還只有 21 歲。毛里斯是一位傑出的軍事領袖，擅長行政管理，精通戰術，不過有人認爲他不能算是眞正的偉大戰略家。他是非常謹愼，絕對避免將其兵力置於險地，在 20 年之中，他只打過一次大規模的會戰。儘管如此，他又還是終於能夠達到其大戰略目標，使荷蘭獲得獨立。尤其是他能夠完成軍事改革，把一羣由傭兵和民兵所混合構成的烏合之衆，變成有高度紀律和訓練的精兵。僅憑此一成就，即足以使他在現代戰爭的演進過程中居於不朽的地位。❶

毛里斯有一點與亞歷山大相類似，兩人都有一位大哲學家充任他們的老師。亞歷山大是亞里斯多德的門徒，而毛里斯曾經一度是李普蘇斯(Justus Lipsius, 1547-1606)的學生。李普蘇斯曾任教於萊登大學(University of Leiden)，爲當時的名教授(1571-1591)。其傳世之作爲《政治六書》(*Politicorum libri six*)，出版於 1589 年。他曾經把一部書送給他的高足。據奧斯特萊赫(Gerhard Oestreich)的判斷，這部書實爲毛里斯軍事改革的理論基礎。❷假使此種判斷正確，則馬基維里也應與有榮焉。因爲李普蘇斯非常欽佩馬基維里，甚至於認爲他可以與伯拉圖和亞里斯多德居於平等的地位。他對於戰爭和軍事的見解也幾乎與馬基維里所見略同。❸

李普蘇斯認爲戰爭並非一種不受控制的暴力行動，而是對武力所作的有秩序應用，並基於國家利益，而由稱職合法的權威來加以指導。其理想的軍官應不具有追求個人名利的動機，而以爲社會服務的專業人員自居，尤其不僅應學會如何指揮，而更應學會如何服從。軍官尤其應有耐性，透過經常不斷的訓練，以來把他的部下鍛鍊成爲有紀律和有效率的精兵。李普蘇斯最後又特別指出，羅馬的公民軍隊之所以

能夠擊敗數量優勢的敵人，其主因即在此。❹

　　李普蘇斯也像馬基維里一樣，對於傭兵制感到深惡痛絕，他又同時認爲軍人必須有嚴格的選擇和訓練，並維持嚴格的紀律。紀律實爲治軍之本，誠如韋伯（Max Weber）所云：「造成轉變的不是火藥而是紀律，僅當有紀律存在時，然後火藥以及一切與其有關的戰爭技術才會表現出其重要性。」❺

　　毛里斯的改革計畫一方面固然是以羅馬兵團爲範式，但另一方面也是基於十六世紀的實際經驗。雖然其最近的情況曾經證明傭兵之不可信賴，雖然李普蘇斯力主採用忠貞的公民軍人，但改革者還是被迫必須僱用專業人員。荷蘭人本身在海上雖有優異的表現，但陸上的戰鬥又還是大致委之於從國外召募而來的部隊。這又並非由於荷蘭人不喜歡戰鬥，事實上在較早的階段，荷蘭的民兵曾有足夠優異的戰績。但海軍和海洋貿易對於本國人力構成第一優先的要求，所以荷蘭當局遂不得不召募一支有紀律的職業野戰軍。這支兵力是人數並不多，但人員卻經過良好的挑選，而且有良好的給養和優厚的薪俸。在此要特別說明一點：此種職業軍人與一般所謂傭兵者，其間有一重大差異的存在。傭兵是由傭兵長（condottiere）僱用，職業軍人則由政府直接僱用。前者不打仗就不給錢，而後者則必須經常吃糧和發餉。

　　荷蘭新軍的特點爲有明智的領導，絕對的服從，對單位的忠誠，和經過改進的戰術部署。改革的第一步是從減少人數開始。到 1600 年爲止，荷蘭野戰軍很少超過 12,000 人，其中騎兵 2,000，步兵 10,000，外加相當強大的砲兵支援，士兵的大部分都是外籍傭兵。因爲全年僱用，準時發餉，這些人也就願意遵守紀律。部隊在平時每天都要接受操練，其目的不僅爲熟習戰技，而且也是一種增強內部團結，培養服從指揮習慣的必要手段。把廢弛已久的羅馬兵團操練模式再度引進軍事組織是對近代軍事制度的一大貢獻。

在荷蘭的軍隊中，不僅訓練工作很重，而且低級單位也被准許有較大的獨立權限，所以，也就需要數量較多，教育程度較佳的低級軍官。因此，毛里斯不僅創辦軍事學校，而且也成為歐洲軍官團(officer corps)的創始人。

毛里斯的軍事改革也並非完全無缺點。有人批評他的新軍制是太硬化，似乎只能適應防禦作戰，而缺乏贏得會戰的戰術攻擊能力。揆之事實，也非盡然。毛里斯在1600年的新港會戰中(Battle of Nieupoort)又還是能以少數精兵擊敗數量優勢的西班牙部隊。不過，就整個戰略而言，毛里斯所追求者又的確只是有限的目標，即收復七省(Seven Provinces)的領土。同時，他也企圖盡量利用陣地戰(positional warfare)以來達到其目標，而不希望能夠擊敗敵軍的主力。他善於利用內線交通以來調動其兵力，使其小型陸軍能發揮遠超過與其數量成比例的打擊力。在1589年到1609年之間，他攻佔了29座要塞，解救了三次圍攻，但只打了一次會戰。❻

新港會戰之後，荷蘭軍事改革的成就引起歐洲諸國的廣泛注意。各國有志研究軍事學術的青年都紛紛前往荷蘭去接受毛里斯的新教育。在這些學生之中有一位瑞典貴族，姓名為狄拉加地(Jacob Delagardie)，學成歸國之後就做了瑞典王子的老師。這位王子就是以後在三十年戰爭(Thirty Years' War, 1618-1648)中大顯身手的古斯塔夫(Gustavus Adolphus)。他在1611年即位為瑞典國王，年僅17歲。❼

古斯塔夫(1594-1632)即位之後就決心學習毛里斯在荷蘭所已經建立的制度，但又略加修改，以來使其部隊能有較大的攻擊能力。西方軍人中能夠充分了解結合衝力與火力的價值者，他可能是第一人。他知道如何改進已有的武器，使戰術與技術可以獲得較佳的配合。有人稱他為「近代戰爭之父」(father of modern war)，似乎也非過譽。

**❽**

　　雖然他比較傾向於求戰，但古斯塔夫又還像毛里斯一樣，其在歷史中所獲得的地位，主要是由於在戰術和行政兩方面所具有的創新精神。但在戰略思想上，他又還是不能超越其時代的限制。因為他是一國之主，其權威在毛里斯之上，古斯塔夫遂能採取規模遠較宏偉的計畫，不過他又仍然是一位謹慎的將軍，一位腳踏實地的戰略家，經常是步步為營，從不甘冒不必要的危險。當然，其作戰地區的地理條件也限制其尋求速決的機會。所以，也像毛里斯一樣，古斯塔夫遂被世人認為是一位對陣地戰和運動戰（maneuver warfare）的提倡者，換言之，也是十八世紀戰略家的先驅。因為反對此種趨勢，克勞塞維茨遂對古斯塔夫加以嚴苛的批判：他認為古斯塔夫不是一位果敢的征服者，而是一位飽學的指揮官，所以不免過分謹慎，並且太重視「人工化、運動化、系統化的戰爭形式」。**❾**

　　當古斯塔夫在 1611 年繼承王位時，他發現其國家的兵力不僅缺乏良好的組織，而且更是毫無訓練和紀律。雖然他自己還只是一個大孩子，所曾接受的軍事教育也非常有限，但卻能立即認清其軍隊的缺點，並以軍事改革為其首要任務。他立即與波蘭休戰，並在 1613 年結束與丹麥之間的戰爭，以便專心從事內部的改革。到 1617 年，他才進兵芬蘭，並與俄國簽訂一項有利的和約。3 年之後，其軍事力量已大有改進，遂再度入侵波蘭，並與土耳其和俄羅斯交戰。雖然並未能如其所願而速戰速決，但在長期消耗戰中，這位國王對於後勤、機動、騎兵戰術、要塞攻守等方面卻學會了不少的教訓。戰爭到 1622 年中斷了兩年，然後又繼續到 1629 年始結束。到此時，古斯塔夫不僅已經對於其軍事組織作了巨大的改變，而且也已認清正在日爾曼進行的較大型戰爭對於瑞典是一種威脅也是一種機會。

　　古斯塔夫從 1625 年即開始建立其兵役制度。首先登記全國 18 歲

到 40 歲的適齡人口，然後規定十人抽一人服兵役 20 年，而其餘九人則應納稅以來提供補給裝備。此種制度能產生一支長期服役的國家陸軍（national army），總數達 4 萬人，在歐洲可謂首創。不過，此種制度的設計又是以本國防禦為主要目的。國外的戰爭不是一個僅約為 150 萬人的人口基礎所能支持，而傭兵仍然是居於重要地位。雖然古斯塔夫認為「國家最好是由其國民來保衛」，同時也形容傭兵是「無信、危險，和浪費」，但他的部隊大體還是由外籍傭兵所組成。而這也是一種有意安排的政策，因為即令這支兵力受到嚴重的損失，瑞典單位仍可安然無恙，所以其本土的防衛也就不會受到重大的威脅。通常，他們是保留為戰略預備隊和防守交通線。到 1632 年古斯塔夫戰死在沙場時，其所指揮的兵力約 12 萬人，其中只有 1/10 為瑞典人。

當古斯塔夫在 1630 年加入三十年戰爭時，這個戰爭不僅已經打了 12 年，而且也早已國際化。他在這次戰爭中固然有非常傑出的表現，但其戰略仍然只是代表那個時代的典型，而並未能超越時代。即令如此，他又還是三十年戰爭中的傑出指揮官。其陣地戰與運動戰交相為用的戰略，加上在適當條件之下敢於冒險尋求會戰的決心，在法國革命和拿破崙戰爭之前，幾乎是無人能及。其在行政、戰術、作戰等方面的表現都極為卓越，而且他在戰場上也從未戰敗。對於後世的名將，他可以算是一個模範，所以無怪乎拿破崙將他列入其所認為「偉大將領」（great generals）的名單之內。❿

# 貳、蒙丘可利

毛里斯和古斯塔夫對於戰略思想的貢獻都是透過立功的方式，而

不是透過立言的方式，換言之，他們都是實行家而不是理論家。他們沒有留下任何著作，後世對於他們的思想只能從歷史的記錄中獲致間接的體認，不過，十七世紀又還是有一位立功立言兼而有之的戰略思想家，他就是在下文中要介紹的蒙丘可利(Raimondo Montecuccoli, 1609-1680)。

蒙丘可利像古斯塔夫一樣，同為荷蘭改革家的門徒，他們都深信常備軍為近代戰爭的基本要求。不過，在歐洲常備軍的演進過程中又有兩條不同的獨立發展路線。毫無疑問，最受到廣泛摹做的是荷蘭模式(Dutch model)，不過同時又還有一個「帝國」模式("imperial" model )的存在。此種模式是導源於對土耳其的長期戰爭中。在神聖羅馬帝國（即為當時的奧國）中，有許多人都很羨慕鄂托曼帝國的軍事制度並力主採取與其類似的制度。蒙丘可利對於瑞典人（荷蘭人的門徒）和土耳其人都有長期戰鬥經驗，所以他逐終能在其著作中將兩條路線合而為一。在近代的早期，這是第一次有人企圖從戰略、戰術、後勤、政治、社會等方面，來對戰爭現象作綜合的研究。於是荷蘭、瑞典、土耳其的思想遺產遂經由這一條管道傳入十八世紀。

今天除極少數學者以外，幾乎已經無人知道蒙丘可利的大名。但在十八世紀時，蒙丘可利的大名甚至於要比克勞塞維茨在以後兩個世紀中的還更響亮。克勞塞維茨的老師沙恩霍斯特非常欽佩蒙丘可利，並認為對於戰爭性質的研究，他是一位必不可少的導師。❶

蒙丘可利出生於 1609 年，是一個義大利小貴族家庭的子弟，其故鄉是在奧國統治之下。他的軍事生涯始於 16 歲，行伍出身，到 1632 年已升到騎兵中校，到三十年戰爭結束時(1648)，他已經是將官。戰爭期中曾參加多次戰鬥，負過傷也曾被俘，概括地說，其表現是相當優異。他曾受良好的基本教育，在戎馬生活中仍不忘治學。他在戰時不僅博覽羣書，而且還完成了其早期的兩種著作。由於西伐利亞和約

（Peace of Westphalia）的簽訂，長達 30 年的慘烈大戰告一結束，但對整個歐洲而言，不過是喘一口氣而已。戰後，他曾轉任其他政府要職，但不久又還是一再重返戰場。1663 年土耳其軍向匈牙利發動大規模攻勢，他指揮歐洲聯軍迎敵。1664 年 8 月在聖哥巴德會戰（Battle of St. Goltbard）中擊敗數量優勢的強敵，贏得一次輝煌的勝利。奧皇升他爲中將（leutenant general），在當時那是陸軍中的最高官階，換言之，其軍事生活已經達到最高峰。❷

　　1668 年他又奉命負責推動軍事改革的工作，但卻無法獲得官僚體系的合作，結果令他深感失望。他曾感慨地說：「一個鐘點可以做完的事，這些人可能要做一年。」他相信國家的唯一保障即爲常備軍，對於奧國而言，是尤其如此，因爲任何其他的歐洲國家都不像奧國那樣四面受敵。他反對把常備軍視爲一種基幹部隊（cadre formation），因爲長期服役的精兵受過最嚴格訓練之後，就永遠不應解散，這樣才是保護國家安全的可靠工具。新成立的單位既無經驗又無紀律，只虛有軍隊之名，實際上只是烏合之衆。但奧國政府不聽其忠告，在 1679 年結束法奧戰爭之後，即開始解散其軍隊。於是到 1683 年（此時蒙丘可利已逝世），土耳其人大舉入侵，並圍攻維也納城。此一事實足以證明蒙丘可利確有先見之明。

　　在法奧戰爭中（1672-1678），蒙丘可利曾以典型的運動戰擊敗法國的屠雲尼（Henri de Turenne）。屠雲尼爲法國一代名將，並深受拿破崙的敬佩。不過，自從 1675 年之後，蒙丘可利在戰場上的表現就開始不像過去那樣成功。當然，其原因很複雜，並不一定就是他的過錯，但他卻因此而備受批評。最後，終於解除兵柄。接著健康也日趨惡化，到 1680 年病逝，享年 72 歲。❸

　　蒙丘可利長於用兵，居於劣勢時仍常能取勝，或至少不敗，似乎與拜占庭名將貝里沙流斯頗爲相似。他又不僅善於用兵，而且也長於

治軍。在其主管奧國軍政期間，曾銳意創新，力求改革，但不幸，無法克服奧國政府的官僚惰性。蒙丘可利在戰爭中的作風又隨著其地位而改變。直到 1648 年，他都是一位衝鋒陷陣的騎兵猛將；但當他握有獨立指揮權時，其行動也就變得比過去遠較慎重。其原因為他深知奧國的常備精兵數量有限（一共只有 9 團步兵和 10 團騎兵），而有訓練的補充人員又非常難於獲致，所以，無論在何時何地，他都會盡量珍惜其兵力。他常因此而受到惡意批評，甚至於被譏笑為懦夫。關於這一點在下文中還有進一步的分析。

基於以上的概述，可知蒙丘可利雖能立功，但受客觀因素限制，成就並不太大，而對後世的影響也相當有限。如果不是他同時又能立言，則他的大名也許就更少有機會為後人所知。

蒙丘可利的著作生涯長達 30 年之久，可以分為三個階段。第一階段為 1640-1642，第二階段為 1649-1654，第三階段為 1655-1670。在第一階段中，他寫了兩本書：一本是《論戰鬥》（義大利文原名 *Sulle battaglie*，英譯為 *On Battle*）；另一本是《戰爭論》（*Trattato della guerra*,英譯為 *Treatise on War*）。他在第二階段中完成了一本名為《論軍事藝術》（*Dellárte militare*，英譯為 *On the Art of War*）的論文集（compendium），其內容包括數學、後勤、組織、築城等學問，並對《論戰鬥》作了一次修正。其最著名的著作完成於 1670 年，書名為《論在匈牙利對土耳其人的戰爭》（*Della guerra col Turco in Ungheria*，英譯為 *On War against the Turks in Hungary*），而比較更為人知道的是這本書的副名「戰爭藝術格言」（*Aforismi dell' arte bellica*，英譯為 *Aphorism on the Art of War*），書中包括其對未來戰爭的理想在內。

雖然其著作稿本似乎曾在維也納高階層軍政人員之間傳閱，但在其有生之年並無任何一本書曾公開印刷發行。不過，到十八世紀初期，

其最後一種著作，即《戰爭藝術格言》已經有七種義大利版、兩種拉丁版、兩種西班牙版、六種法蘭西版、一種俄羅斯版、兩種日爾曼版，先後問世，其中往往又把他的其他著作也摘要增補在內。僅憑這樣多的版本即足以使蒙丘可利作為軍事理論家的地位受到高度的肯定。❹

蒙丘可利所採取的治學途徑（approach）是歸納法。他在其早期著作《戰爭論》的序文中曾明白指出：

> 我非常高興地採取李普蘇斯的方法，並且曾經小心地閱讀古代史學家的名著以及現代作家的最佳產品。此外，又加上 15 年來從未間斷的軍事經驗中所導出的許多例證。❺

蒙丘可利又說：

> 從古到今有許多有關戰爭的著作，但他們都很少越過理論的界線。有些人雖曾企圖把理論與實踐結合成一體，但他們往往不是精而不博，即為博而不精。……若不了解組成整體的各部分，則也不可能充分了解整體的本身。❻

在其一生之中，蒙丘可利都能保持此種治學途徑，所以其思想是一個整體，幾乎沒有任何內在的矛盾。他認為戰爭的科學（the science of war），也像所有一切的科學一樣，其目的為把經驗歸納成為普遍而根本的法則。憑藉精密的判斷，即能將這些法則應用於特殊的時間和環境，而想把個別的例證納入一種概括的觀點，也必須有這樣的判斷力。

在其著作中到處都可以發現其對於法則（law）和系統（system）兩種觀念的重視。蒙丘可利的最高理想是尋求一種普遍範式（universal paradigm），那是各種知識的整合，包括科學、軍事、政治都在內。這

些知識都是導源於經驗，但又都是位置在天主教義架構之內。蒙丘可利受到其家世的影響，是一位虔誠的天主教徒，所以，其一切思想都受到宗教教義的限制和指導。

他相信此種範式若能適當地應用，即能使作戰的行為變得可以預測，同時更能減低戰爭的死傷和成本。當然，這是一種陳義過高的理想，曾經有許多人作過這樣的嘗試，但都不免徒勞無益，蒙丘可利似乎也不例外。結果遂使其思想常有教條主義(dogmatism)的趨勢，不免流於陳腐而缺乏創新。儘管如此，在其身後所出版的遺著雖僅包括其全部著作中之一部分，但在從馬基維里到拿破崙之間的時代中，仍然成為最流行和最暢銷的軍事書籍。菲德烈、沙恩霍斯特，甚至於拿破崙對於他的書都曾讚譽備至。

蒙丘可利的著作之所以能受到如此廣泛的接納，其主因為他是最早把所謂「運動」的觀念付諸實施而又能獲得顯著成功的人。到十八世紀時，此種運動戰開始變成一種非常流行的模式。許多歐洲名將都盡量避免會戰而希望以持久取勝。因為蒙丘可利得風氣之先，遂自然成為大家所崇拜的偶像。尤其是他對屠雲尼的戰役更是受到極大的讚揚，被視為一種理想的模式。雖然克勞塞維茨並非運動戰的提倡者，但也不得不承認蒙丘可利在 1673 年和 1675 年的行動對於此種形式的作戰實為最卓越的例證。❶

但在他自己的時代，蒙丘可利卻受到強烈的批評，甚至於有人說他是費賓(Fabius Cunctator)再世，但他並不以為忤。他說，「任何人都想做指揮官和軍事評論家，但良將不應受到這些羣眾意見的影響。」他更進一步忠告著說，「人們的確應該把費賓的事蹟好好地研究一下，這樣他們才會懂得在一連串失敗之後，必須改變戰鬥方法並採取消耗戰略。」❶

但他又非認為消耗即為唯一的戰略模式。他本人在有利條件之

下，經常還是願意挺身而鬥。他曾經鄭重地指出：「那些相信在戰爭中可以不需要戰鬥的人完全是自欺，必須經由戰鬥和會戰的途徑始能獲致決定性的戰果。凡不相信這種觀念的人則完全是幻想。」尤其是他所強調者是堂堂正正的會戰，而並非僅為突襲、伏擊等小型戰鬥。當他在匈牙利指揮對土耳其人的戰役時，曾因此而與匈牙利將領發生爭執。後者主張用游擊戰來困擾入侵的土軍，蒙丘可利則力持反對意見，認為那不可能獲得決定性的勝利。

　　他警告著說：「假使有人企圖依照那種方式來進行戰爭，則他只是捉風捕影，而沒有抓著實體。」但反而言之，正因為會戰是如此重要而具有決定性，能夠「解決國家與君王之間的爭執，結束戰爭，並使指揮官獲得不朽的地位」，所以將軍必須臨事而懼，好謀而成，絕不可掉以輕心。❶

　　根據這些引述，可以發現蒙丘可利的思想不僅與克勞塞維茨非常接近，而且甚至於比後者更較完善。克勞塞維茨只是強調會戰之重要，痛斥想不流血而贏得戰爭為不現實幻想；但蒙丘可利則能認清戰爭有兩個對立的極（poles）：一為消耗，另一為殲滅。兩者並不衝突，反而相輔相成。智將必須根據客觀環境來在兩極之間作一適當選擇或配合。他可能是有史以來第一位提出此種觀念的人。但在他之後就很少有人注意此種觀念或對其作進一步的發展。直到二十世紀初葉，戴布流克才再度注意到這兩種戰略模式，並發展成為完整的理論體系。戴布流克的靈感是否來自蒙丘可利雖不可考，但蒙丘可利具有此種超時代的觀念則應無疑問。

　　蒙丘可利學識淵博，其研究範圍並非僅限於所謂戰爭藝術，而且把精神、心理、社會、經濟等方面都包括在內。他對於世界、政治、戰爭的概括觀念與當前國際關係學域中的所謂現實學派是非常接近。他相信戰爭固然是一種罪惡，但也是自然秩序的一部分。他說：「哲

學家固然可以辯論在自然中是否有一種永恆戰爭狀態之存在，但政治家不應懷疑兩個相互競爭的強國之間不可能有眞正和平的存在。不是征服就是被征服，不是殺人就是被殺。」❷

　　蒙丘可利又能認淸戰爭有種類和等級之分：有外戰或內戰，有侵略戰或防衞戰，甚至於還有用間接手段來進行的戰爭。他又指出國家可以顚覆，而且若能獲致政治解決，則又何必使用軍事手段。這些思想與當代已故法國戰略大師薄富爾將軍的「間接戰略」(indirect strategy)觀念非常類似，儘管兩人在時間上相隔三百餘年。

　　蒙丘可利對於戰爭所下的定義又似乎是克勞塞維茨的先驅。克勞塞維茨認爲戰爭乃三位一體，其基本變數爲人民、軍隊，和政府。蒙丘可利則把戰爭界定爲「使用武力或武器以來對抗帝王或人民」。很明顯，此一定義已經把克勞塞維茨的三要素都已包括在內。他又把戰爭藝術界定爲「打得好而又能贏的能力」(ability to fight well and to win)。要想獲致此種能力則事先又必須有良好準備。於是他重述狄弗齊奧(Gian-Jacopo Trivulzio)曾向法王路易十二世(Louis XII)所說過的話：「錢，錢，錢，即爲戰爭的神經」(money, money, and again money is the very nerve of war)。❷

　　蒙丘可利的許多觀念都是以格言的形式出現於其最後一本著作之中，但事實上，往往又是其早期觀念的重述。他認爲「戰爭是一種活動，雙方在此種活動中都嘗試使用一切可能的手段以來損害對方，其目的即爲求勝。」不管是何種性質或何種層面的戰爭，勝利都是有賴於「準備」(preparation)、「計畫」(plan)，和「作戰」(operation)。準備包括人力、物力，和財力。計畫作爲應以雙方實力的對比、戰場情況，和一般目標爲基礎。而在任何環境中，作戰都必須符合祕密、迅速、堅定的原則。❷

　　蒙丘可利稱其所列舉的作戰格言爲「事物的秩序」(order　of

things），即事理之常。他忠告說：「在採取行動之前必須愼重考慮，但執行時則必須力求迅速。」儘管他希望算無遺策，但又承認不可能事前對所有一切因素都有周密的計算，所以有某些事必須委之於命運（fortune）。他說：「憂慮過多的人將一無所成，憂慮太少的人是欺騙自己。」❷❸

他理想中的指揮官為體魄健壯，智勇兼備，尤其要有一種「力量」（force）。那包括勇敢、堅忍、精力充沛、決心堅定等在內。似乎也就是馬基維里所要求的「美德」（virtù），李普蘇斯所稱讚的「常態」（constantia）。他認為指揮的藝術必須從「在戰場上，披堅執銳，流汗受凍」的經驗中去學習。選擇將領不能僅憑虛名，而必須究其實際。他必須有領導才能，並能當機立斷。他又說：「戰爭是國家的生死大事」，所以「帝王和共和國都應給與其指揮官以必要的行動自由，以便他能迅速行動和掌握機會」。從這些言語上看來，即可認淸蒙丘可利的思想與孫子眞是不謀而合。❷❹

蒙丘可利在其著作中對於戰略、作戰、戰術三層面不曾作明白的區分，他似乎是認為三者本為不可分的整體。其基本原則即為必須保持「預備隊」（reserve），他說：「到最後誰還能握有一支比較完整的兵力則誰就能贏得會戰。」在兵力部署上，他採取古斯塔夫所發展的聯合兵種（步、騎、砲）系統。他主張先用積極防禦以來減弱敵軍，然後再用主力來發動決定性的打擊。擊敗敵軍之後必須立即追擊，他說：「敵軍殘部必須徹底予以殲滅。」實際上，這也都是至理名言，克勞塞維茨和李德哈特也都有同樣的見解。❷❺

蒙丘可利知道一個人所能指揮的兵力大小是有其先天的限制。他深知指揮和後勤兩種體系的重要，所以，他很謹愼地建議一支野戰軍的總人數應以 5 萬人為限，如果人數過多，則在指揮和後勤兩方面都會形成難以解決的困難，結果將是不特無益，反而有害。當然，其所

建議的數字是反映當時的情況，在今天已無意義，但是重視指揮與後勤在戰略領域所扮演的角色卻可以說是開風氣之先，並符合現代的新趨勢。❷⑥

作為野戰指揮官和軍事行政家，蒙丘可利雖都有優異表現，但他也許是天性比較謹愼，正如「諸葛一生唯謹愼」，當然也是受到客觀條件的限制，遂使他未能列入「眞正偉大」（truely great）的名單。儘管如此，其將道仍受到沙克斯、菲德烈的推崇，而拿破侖也認爲其 1673 年戰役實爲運動戰的傑作。❷⑦

不過總結言之，其最大貢獻還是在思想方面。蒙丘可利雖是虔誠的天主教徒，但以思想而論則具有理性主義者（rationalist）的風範。他在《論軍事藝術》的導言中這樣說：

> 我企圖在此精密架構內，研究對皇室具有最大重要性的科學，並竭盡全力去發現其基本原理……我又曾研究全部世界史，並敢說我曾發現沒有一次著名的軍事勝利是不合於這些規律。❷⑧

假使不加說明，我們眞可能會以爲這是約米尼所說的話。

的確如此，蒙丘可利的治學途徑是科學與人文並重，所以，其觀念是介乎約米尼與克勞塞維茨之間，甚至於還可以說他們二人各有其偏，但他卻比較合乎中庸之道。有人說他是「十七世紀後半期的第一位偉大軍事思想家」。也有人指出：「蒙丘可利在戰爭科學領域中的地位是正與波丁（Bodin）在政治科學方面，培根（Bacon）在哲學方面的地位相當。」❷⑨

這些評價也許不免過高，但蒙丘可利能把十七世紀軍事革命所帶來的多種新變化綜合成爲一套完整的體系，再加上前人遺產的精華，而合併傳授給下一個世紀。所以，他在西方戰略思想的演進過程中的確代表一個極重要的環節。

# 參、范邦

從馬基維里(1469-1527)的時代到西班牙王位繼承戰爭(1701-1713)，前後約計兩百年間，大大小小的戰爭在歐洲幾乎未曾間斷。當然，其中最大的爲三十年戰爭(1618-1648)，但在這次大戰結束之後不久，法王路易十四世(1638 年生)在其首相馬查南(Jules Mazarin)逝世後即親理朝政(1661-1715)，並開始企圖實現其稱霸歐洲的雄心。到 1713 年簽訂烏特勒支特和約(Peace of Utrecht)時，法國雖未能達到其稱霸目的，但法國陸軍則還是能維持其歐洲第一的地位。

法國陸軍對於兩百年的軍事進步構成一種實質代表。此種進步又可分爲兩大方面。第一，軍隊的數量迅速增加。1635 年法國陸軍人數約 10 萬人，但到 1668 年，增到 40 萬人。其原因爲在軍事組織中，步兵的需要變得日益巨大。當查理八世入侵義大利時(1494)，其部隊中步兵人數僅爲騎兵的一倍，到十七世紀結束時，增到了五倍。這又與攻城戰(siege warfare)變得日益重要的趨勢具有密切關係，因爲永久要塞(permanent fortifications)的攻防都需要大量步兵。簡言之，步兵能執行騎兵所不能擔負的任務。

其次，軍隊不僅人數增多，而業務上的分工也日益細密。軍隊也非完全由戰士所組成，而且還包括技術和行政(管理)人員在內。前者有砲兵和工兵，他們負責把科技應用到戰爭之中，後者則爲負責軍事行政的文職人員，有許多的進步都應歸功於他們。對於此種技術上和組織上的發展，大致說來，法國陸軍都是居於領先地位。

直到十七世紀爲止，軍事都是由軍人包辦，政府幾乎完全不加干涉，所以，軍事缺乏整合的組織，尤其是文人不能管兵。替法國陸軍

建立文官行政(civil administration)制度基礎的人是李希留(Cardinal Richelieu, 1585-1642)。他也是「軍政部」(ministry of war)的創始人。文人管兵的原則也就從此而確立。

在李希留和路易十四世的時代所推行的軍事改革又還是受到時代精神的影響。當時的法國是科學理性主義(scientific rationalism)的主要發源地，其重要的表現為笛卡兒(Descartes)的數學新理性主義(mathematical neorationalism)和巴斯加(Pascal)的幾何精神(esprit géométrique)。理性和秩序的崇拜已成一時風氣，在這種風氣之下，科學對於軍事的影響遂又不僅限於制度的改革，而更延伸到其他方面。

科學與戰爭經常保持密切的關係，這已是古已有之的事實。在整個十六世紀以及十七世紀的大部分時間中，雖然陸軍本身尚未有技術兵種的存在，但已有許多民間科學家(包括義大利、法國、英國人都在內)開始注意到有關戰爭的科技問題。到 1600 年時，大家又開始認清僅憑民間專家的協助還不夠，軍中最好是應有若干受過科技教育的軍官。雖然真正有組織的軍事教育是到十八世紀才出現，但在十七世紀中期，幾乎所有的優秀軍官都已有相當水準的科技知識。

工兵與砲兵之間的競爭最足以表現科技對軍事所產生的衝擊。在馬基維里時代的義大利戰爭中，法國砲兵首次使用真正有效的攻城砲(siege cannon)，輕鬆地擊毀在義大利境內的城塞，那都是中古時代的建築，雖有高厚的城牆，但仍不能對抗新式的火砲。於是義大利的工程師立即尋求對策，其結果為設計一種新型的要塞，使其不僅不易為敵火所摧毀，而且還能以交叉火力擊退來攻的敵軍。此種新型要塞的設計變成一種高深的學問，包括大量的數學和建築學的知識在內。若干第一流的科學家也都成為這一門應用科學新學域中的專家。甚至於鼎鼎大名的伽利略(Galileo)也都曾在巴道(Padua)大學教授要塞

工程學。

　　法國國王法蘭西斯一世（Francis Ⅰ）深知義大利工程師技術水準的高超，遂不惜重金禮聘，邀請他們來法國工作。到十七世紀時，法國在要塞工程學域中遂人才備出，其中有軍人也有文人。此種發展又可以從十六世紀和十七世紀的軍事著作中充分顯示出來。許多以軍事技術為主題的書籍都紛紛出版，而其中享有最高威望和最大影響力者即莫過於范邦（Sébastien Le Prestre de Vauban）元帥的著作。他是路易十四世朝代的偉大軍事工程師。他不僅在十八世紀享有巨大的權威，甚至於在拿破崙之後的歐洲，此種聲譽也仍未顯著地降低。❸

　　范邦（1633-1707）的出身介乎中等階級與低級貴族之間。17 歲時（1651）即投身軍旅，直到 73 歲逝世之前的幾個月內，仍活躍在戰場上。在其長達半個世紀的軍事生涯中，他曾指導將近五十次的攻城戰，和計畫一百多座要塞和要港的建築工程。他的一生事業實在是太長久，而且也多采多姿，自非本書所能盡述。

　　當然如眾所周知，范邦對於戰爭藝術的最大貢獻還是在其本行方面，即攻城術（siegecraft）和要塞科學（science of fortification）。其傳世之作為《要塞的攻擊和防禦》（Del'attaque et de la defense des places），曾經再版多次，直到十九世紀後期為止，對於研究要塞戰的學者而言，仍然還是一本標準教科書。范邦完成了一種要塞幾何體系（geometrical system of fortification），並發展出一套高度有效的要塞攻擊方法。此種有系統的方法幾乎必然能夠突破任何防線而毋需大量流血。❸

　　范邦雖享有大名，但其思想遺產就數量而言卻非常有限，除上述者以外，就只有兩本比較早期的小型著作而已。尤其是對於戰略或一般的戰爭藝術都無任何有系統的言論。但在這些方面的影響力又還是無可否認。不過，此種影響作用都是透過間接方式來發揮，包括其自

己的以身作則，後人對其功業的追思，以及其門人弟子的闡述。

范邦的思想和著作之所以如此受到尊重，又還是與時代背景有密不可分的關係。范邦所討論的主題在十八世紀時已經變成戰爭中的最重要形態。從十七世紀後期開始，一直經過整個十八世紀，戰爭所表現出來的主要形態，似乎即爲一系列的要塞攻防戰。在每一個戰役中，它也就構成作戰的焦點。雖然敵方要塞的陷落並非主要目標，但常爲入侵敵國領土的必要準備步驟。在此時代中，發生要塞攻防戰的次數是比野戰的次數遠較衆多。雙方對於會戰都力求避免，僅當在解救圍城或攔阻援軍時，才會勉強一戰。在這樣的環境之下，除無條件承認要塞戰的戰略重要性以外，也就更無其他戰略思想之可言。

但又誠如克勞塞維茨在論戰爭理論的發展時所云：「攻城戰對於作戰的指導，鬥智的努力，給予一種最初的一瞥。」❸十八世紀啓明時代的軍事思想家認爲攻城戰是一種可以擴大的理念。要塞攻防的方法對於行動能提供一種明確而幾乎完全幾何化的指導。對於此種指導一經完成構想之後，則所需要的就僅爲機械化的應用而已。假使攻城戰能如此接受理性的指導，其他的戰爭形式又爲何不能？十八世紀的思想家所想要尋求的即爲此一問題的答案。

## 註　釋

❶ Gunther E. Rothenberg, "Maurice of Nassau, Gustavus Adolphus, Raimondo Montecuccoli and the 'Military Revolution' of the Seventeenth Century" in *Makers of Modern Strategy* (1986), p.37.

❷ Gerhard Oestreich, "Justus Lipsius als Theoretiker des neuzeitlichen Machtstaates",*Historische Zeitschrift,* 181(1956), p.46.

❸ 同前註，p.41。

❹同前註，pp.66-67。

❺ Max Weber, *Essays in Sociology* (Oxford, 1946),p.256.

❻ Charles Oman, *A History of the Art of War in the Sixteen Century* (London, Methuen,1937), pp.578-83.

❼ Michael Howard, *War in European History* (Oxfrod, 1976),p.57.

❽ R. Ernest Dupuy and Trevor N. Dupuy, *Military Heritage of America* (McGraw-Hill, 1956),p.61.

❾ Gunther E. Rothenberg, "Maurice of Nassau, Gustavus Adolphus, Raimondo Montecuccoli", in *Makers of Modern Strategy* (1986), p.46.

❿同前註，p.55。

⓫ Azar Gat, *The Origns of Military Thought* (Oxford, 1989), p.13.

⓬當時的軍制在理論上是假定全軍應由國王指揮，所以他才是主將(commanding general)，但事實上，他不一定能親自指揮，所以必須有一副將 "leutenant"，這個字的原意本來就是「副」，譯成「中」是依照現行軍語。

⓭ H. K. Kaufmann, "Raimondo Montecuccoli, 1609-1680" (Diss. Free University, Berlin, 1974),pp.8-28.

⓮ Gunther E. Rothenberg, "Maurice of Nassau, Gustavus Adolphus, Raimondo Montecuccoli", in *Makers of Modern Strategy* (1986), p.60.

⓯同前註，p.60.

⓰ Azar Gat, *the Origins of Military Thought*,p.20.

⓱ Carl von Clausewitz, *On War,* trans. Michael Howard and Peter Paret (Princeton, 1984),p.542.

⓲ Raimondo Montecuccoli, "Della guerra col Turco in Ungheria" in *Ausgewählte Schriften*, ed. A. Veltze(Vienna, 1899), Vol. II, pp.257-59.

⓳同前註，pp.522-23。

⓴同前註，pp.459-60。

㉑ Raimondo Montecuccoli, "Trattato della guerra" in *Ausgewählte Schriften*, Vol. I , p.21,47.

㉒同前註，p.76,89。

㉓ Raimondo Montecuccoli, "Della guerra col Turco", p.253.

㉔同前註，p.206。

㉕同前註，p.497。

㉖同前註，p.482。

㉗ H. K. Kaufmann, "Raimondo Montecuccoli",p.75.

㉘ Raimondo Montecuccoli, "Dell'arte militare", in *Ausgewählte Schriften*,Vol. I , p.XLVII.

㉙ Gunther E. Rothenberg, "Maurice, of Nassau Gustavus Adolphus, Raimondo Montecuccoli"in *Makers of Modern Strategy*(1986), p.63.

㉚ Henry Guerlac, "Vauban:The Impact of Science on War,"in *Makers of Modern Strategy*(1952), pp.64-90.

㉛ Azar Gat, *The Origins of Military Thought*, p.35.

㉜ Carl von Clausewitz, *On War*, Book II, Chap. 2, p.133.

【第七章】

# 十八世紀

## 壹、啓明時代

　　十八世紀的歐洲在思想史的範疇中常被稱爲「啓明時代」（The Enlightenment）。在此時代中，所有一切的思想家，儘管各有其不同的興趣和專精，但幾乎都有一個共同的特點，那就是或多或少都受到某種基本假定的影響。簡言之，他們雖可能各有其不同的分析方法，和不同的研究成果，但卻有一個共同的起點。

　　也許最足以顯示此種基本假定者即爲十八世紀法國理性主義者的著作。這些人都受到十七世紀的科學方法之影響，主張用數學推理來作爲尋求眞理的手段，並認爲此種方法不受所謂神意的支配。這些學者的最大貢獻即爲發展一種系統哲學（Systematic Philosophy），而其基礎又即爲古典的希臘觀念，相信人是理性動物，知道如何推理。誠如笛卡兒（Rene Descartes,1596-1650）所云：「自然的控制和掌握是可能的。」而笛卡兒又是受到法蘭西斯培根（Francis Bacon,1561-1626）的影響，後者是馬基維里的信徒，認爲透過政治的運作，人可

以增大其控制命運或自然的可能性。❶

　　十八世紀的學者雖然也像十七世紀的學者同樣地重視理性，但他們對於理性的觀念又還是有不同的認知。在十七世紀時，理性是被視為一種不變的法則，也可以說是人類知識中的最高級和最完全的部分。所以理性本身是永恆的，也是人類探求的對象。在十八世紀時，理性則常被認為是人類的一種天賦能力。由於人類能賴此以來發掘萬事萬物的奧祕，知識始能日益進步，生活始能日益改善，因此，十七世紀的理性主義者所重視的是邏輯法則，完整的觀念，並企圖建立抽象的體系。十八世紀的學者則企圖透過分析、比較、排列、綜合，以來發現事實的真象，所以，他們的態度是遠較客觀，而其心靈也具有較高度的彈性。

　　在此一世紀中，不僅自然科學的研究蔚為風氣，而歷史哲學的探討也開受到重視。伏爾泰(Francois Voltaire,1694-1778)認為應研究全人類成功和失敗的歷史，以尋求前進的途徑。狄德羅(Denis Diderot, 1713-1784)認為在研究某一思想家的學說時，必先明瞭其時代背景。孟德斯鳩(Charles de Montesquieu,1689-1755)也非常重視歷史，並相信政治與法律的根基實深植於歷史之中。

　　概括言之，啟明時代的特殊時代精神即所謂系統精神(Esprit Systémantique，英譯 Systematic Spirit)。卡賽爾(Ernst Cassirer)在所著《啟明哲學》(*The Philosophy of the Enlightenment*)書中，曾明白指出：「啟明時代要求哲學應有自由活動的能力，而在此無所不在的活動之中，哲學即能發現現實的基本形式，包括所有一切自然和人文都在內。」他又說：「對於啟明時代而言，哲學並非一種特殊的知識領域，而是一種包羅萬象的媒體，一切的原理(principles)都是在其中形成、發展，和建立。」❷

　　啟明時代的學者不僅心胸開闊，不持門戶之見，而且也秉性樂觀，

充滿自信。他們認爲透過理智的運用,即能克服迷信、偏見,和傳統,以來了解管治自然的法則,而尤其重要者還有管治人事的法則。這種法則被認爲是普遍性的,尤其是合理性的,所以也就能適用於所有的人類。

由狄德羅和達侖貝(Diderot and D'Alembert)所主編的《百科全書》(*Encyclopedie*)是在 1751 年首次出現,可以作爲時代精神的象徵。換言之,它象徵所有人類文化和自然現象都是在理智支配之下。所以,戰爭也自不例外。

這部《百科全書》中載有「戰爭」(Guerre)一條,撰稿人爲李布龍(Le Blond)。他大致這樣敍述著說:戰爭理論是以發源於不同時代經驗中的規律和原則爲基礎。軍事理論是由古代作家所建立,再由近代軍事思想家來作進一步的發展。除最著名的蒙丘可利以外,還有一系列較晚近的作家,其中大多數都是法國人。❸

概括地說,當啓明運動在法國達到其最高潮時,軍事思想家也就開始把此種時代精神引入軍事領域。他們首先指出,戰爭一向都是受到武斷的、傳統和盲目的偏見所控制,現在應該使用精密的分析,系統的綜合以來建立一套完整的法則。而大致說來,此種法則應不受環境差異,歷史變遷的影響。簡言之,軍事組織和戰爭指導都應變成一種正規的學問,有其明確的理論架構。

啓明時代的軍事思想家認爲戰爭藝術也是同樣地應具有此種系統化的格式,而其基礎即爲古今名將在多次戰役中所累積的經驗。從此種經驗中即能歸納出若干具有普遍效力的規律和原則。不過,他們又並不認爲戰爭藝術可以全面公式化。規律和原則的應用經常必須適應環境的要求,而如何始能作最佳的適應,則指揮作戰的將領必須要能發揮其創造天才。

# 貳、法國軍事思想家

　　自從十七世紀後期開始，法國政府即銳意推行軍政改革，使其陸軍在歐洲始終保持著首席的地位。其軍事思想家在范邦領導之下，開始把系統科學的精神和原則，應用到要塞戰的領域中。所以，到十八世紀時，在啓明時代精神的衝擊之下，法國軍事思想也就自然會隨之而產生強烈的反應。其顯著的證明即爲到十八世紀中葉時，法國出版的軍事著作數量迅速增加。而且此種現象也更從法國向其他歐洲國家蔓延。本書篇幅有限，自不可能作詳細的介紹，在此只能對少數幾位最重要的思想家及其著作加以簡要的述評。

## 一、卜希古

　　卜希古(Jacques-François de Chastenet, Marquis de Puysegur, 1655-1743)爲路易十四世朝代中名將之一，曾參加多次戰爭，並官至法蘭西元帥(Marshal of France)。他所著的書名爲《有原則和規律的戰爭藝術》(*Art de la guerre par principes et par régles,*英譯 *Art of War by Principles and Rules*)，出版於 1748 年，此時他已逝世。這也是第一本對戰爭理論提出新觀念的書，曾經受到廣泛的閱讀，並且譯成他國語文。

　　他似乎是響應蒙丘可利的呼聲，指出戰爭雖是一種最重要的科學和藝術，但一直都缺乏有系統的理論研究，大家所依賴的都只是傳統和個人經驗。當他在尋求戰爭理論時，曾遍讀古今軍事著作，但發現並無能令他感到滿意的綜合理論。於是他才決心由他自己來創建一套

完整的理論。

他也像蒙丘可利一樣，相信從歷史的研究中可以歸納出一套普遍性的戰爭理論，他在書中指出，由於火器的發明，遂使某些人相信古代的軍事理論已經不再有用，這是莫大的錯誤。不管武器如何改變，戰爭的科學和藝術仍然不變。歷史中所有名將的成功都是堅持戰爭通用規律的結果。所以，他認爲歷史經驗即爲軍事理論之根源。

卜希古的主要目的是想對於軍隊的運動和部署發展出一套有系統的理論。對於此種目的，古人的理想和實踐是的確有其相當價值。他不僅曾經引述很多古人的著作，而且還對於古今的重要戰役進行比較的分析。最後他才提出他自己所設計的系統，並以一個假想戰役來作爲示範和說明。

卜希古的治學固然是以歷史途徑爲本位，但同時又還暗藏著一個更偉大的理想。由於有范邦的先例在，卜希古也就迫切希望能步其後塵。范邦既然能把科學方法，也就是所謂幾何精神，應用在要塞戰的領域中，而獲得偉大的成功，和萬人的景仰，則對於戰爭的其他方面，又爲何不可以作此同樣的嘗試？而這也正是卜希古所作的企圖，至少也是他所提倡的理想。

卜希古是想在野戰(field warfare)領域中獲得與范邦相當的成就，但事實上，那卻是遠較困難。基於此種理念，他遂認爲必須重視地理學和幾何學的研究，以及這兩種科學對戰爭藝術的應用。因爲軍隊是在空間中行動，地理學對於空間提供具體知識；而幾何學則提供一種精密工具以來分析和管制軍隊在空間中的運動。啓明時代的軍事思想家幾乎無人不具有這樣的理念，而卜希古則是他們的前導。❹

## 二、傅納德

傅納德(Jean-Charles, Chevalier de Folard, 1669-1752)在他那個時代中也許是最具有影響力的軍事作家。他 15 歲時就從家裏逃入軍中，不久即以勇敢著名。他曾先後服務於法國和瑞典的陸軍，頗有戰功。但因爲性情暴躁，不善處理人際關係，所以只能以校官終其身。不過，他卻能以立言來代替立功，寫了兩部書：第一部是《有關戰爭的新發現》(*Nouvelles Decouverts sur la Guerre*，英譯 *New Discoveries Concerning War*)；第二部是《波里比亞史論》(*Histoire de Polybe avec un Commentaire*，英譯 *History of Polybius with a Commentary*)。這兩部書都曾風行一時，而尤其是後者可以算是其傳世之作。全書共分 7 卷，從 1724 年到 1730 年才分卷完成出版，而作者在其有生之年又曾加以數次修正和增補。

傅納德認爲若欲眞正精通戰爭藝術，則經驗與學識都同樣需要，他主張應透過史例來學習，他的書中充滿對史事的精密分析，但那只是一種用來說明其戰術觀念的手段。他主張以馬其頓方陣爲模範，採用一種重縱隊(heavy column)來作爲戰鬥隊形。此種新觀念在當時雖曾引起廣泛的興趣，但未能獲得測試的機會。不過，以後在拿破崙戰爭時卻終於在法國的戰術中出現。❺

傅納德可謂才高見忌，一生中都不得意。他的文筆非常犀利，以至於經常引起筆戰而爭論不休。儘管如此，他的書在許多年後還是繼續有人研讀，並爲他博得不朽之名。此外，還有一件值得一提的事實：在所有知名的軍事思想家之中，只有傅納德一人對於馬基維里的戰爭藝術曾予以毫不保留的否定(已見第五章)。

## 三、沙克斯

沙克斯(Maurice de Saxe,1696-1750)曾經一度受敎於傅納德，至少可以說傅納德對他的關係是介乎師友之間，但沙克斯不僅功名遠過於其師，而且在思想方面也令人有靑出於藍之感。沙克斯是撒克遜(Saxony)國君奧古斯都(Frederick Augustus，後爲波蘭國王)的私生子。沙克斯的一生可以說是多采多姿。他12歲即開始戎馬生涯，曾經是馬爾波羅(Marlborough)和尤金親王(Prince of Eugene)的部下。1720年轉入法國陸軍，那時已經是少將(marechal de camp)，到1743年就升到法蘭西元帥的官階。最後在奧地利繼承權戰爭(War of the Austrain Succession,1740-48)中更曾獲得法國全軍統帥(Marshal General of All the Armies of France)的榮銜，而整個歐洲也都公認他是那個時代中的最偉大將才。❻

從沙克斯自己所說的話來推斷，他似乎並不太重視立言，但他所寫的書仍然流傳後世，並使他得以在戰略思想史中佔一席之地。他的書命名爲《我的夢想》(*Mes rêveries*,英譯名爲 *My Reveries on the Art of War*)，是在1732年寫成，但到其死後始在1756年出版。❼

沙克斯在其書中告訴他的讀者說：「我在13個晚上寫完這本書，當時我正在病中，所以非常可能，它適足以顯示我的發燒狀況。這也使我對於書中體裁的缺乏規律，文字的缺乏修飾，有了辯解的理由。我是以軍人身分來寫此書，並用它來排遣我的煩惱。」❽沙克斯很遺憾地指出：

> 戰爭是一種在陰影掩蓋之下的科學，在其隱蔽中不可能用踏實的步伐行動。慣例和偏見，無知的自然結果，即爲其基礎和支撐。

所有一切的科學都有原則和規律，戰爭則無。❾

他雖然對此種情況表示遺憾，但他又似乎無意改變它，至少他是自認力有未逮。他在書中明白宣稱：「我寫這本書並非由於想要對戰爭藝術建立一種新體系（new system）。我之著書只是聊以自娛並教育自己。」❿

　　沙克斯又感慨地指出，偉大的將軍並未留下有啟發性的原則，史學家僅根據其想像來寫戰爭。古斯塔夫在軍事組織方面曾創建一套為許多人所遵行的方法，而蒙丘可利則是唯一曾經詳細檢討軍事問題的人。不過，自從古斯塔夫之後，就有每下愈況之感。他說：

　　我們只是學習他的形式，而忽視原則……除習慣即更無他物，我們不知什麼是原則。傅納德可能是唯一敢於超越此種偏見的人。不過，最後他也還是錯了。⓫

有人批評沙克斯的書是只知注意細節而忽視大體。事實上，他也並非沒有理由，他指出對於基本原則的知識正是天才行動的先決條件。因此，他首先詳論戰爭中的若干基本問題，並認為這也正是對戰爭研究作成綜合結論的基礎。

　　他對組織、訓練、戰鬥、裝備、補給等方面都曾提出新的觀念，有些在當時看來，的確有一點近似夢想，不過大致說來，他的建議仍然是近情合理。他反對募兵制，主張採取普遍的徵兵制，認為每個公民在 20 歲到 30 歲之間都應服役 5 年。他認為軍隊應有合理的服裝，適當的給養，優厚的俸餉，一切升遷都應有公平標準而不考慮人員的出身。他又主張軍隊在平時必須勤加訓練，而尤其要鍛鍊體力，並指出「所有一切的運動和戰鬥都是要靠兩條腿」。事實上，他是和馬基維里一樣，這些觀念都是以羅馬歷史為來源。他甚至於還建議學習羅馬

人的榜樣，把醋加在飲水中以來產生淨化作用，以及在行軍時應吹奏軍樂，因爲那可以使動作迅速整齊。⓬

沙克斯主張法國應將其步兵改組成爲「兵團」（legions），那是應由輕重步兵、騎兵，和輕砲兵所混合組成，換言之，與現代的步兵師很類似。至於說到戰略方面，就理論而言，他是主張採取避戰的戰略（strategy of evasion）。他說：

> 我不贊成雙方展開一場旗鼓相當的會戰（pitched battles），尤其是在戰爭開始的時候，而我也深信一位智將在其一生的戰爭中都不至於被迫進入這樣的會戰。⓭

但實際上，只要他發現一有能夠擊敗敵軍的機會，則從不放過，而且更主張對於已經被擊敗的敵軍必須窮追不捨，到將其完全殲滅時爲止。

在沙克斯的思想中，最值得稱讚的是他對於心理因素的重視和了解。他主張對於一般士兵應備加愛護，給與以公平合理的待遇，但對於軍官則必須保持嚴格的要求，否則他們也就不能任勞任怨，克盡職守。他對於軍隊的士氣（精神）問題曾經提出若干疑問：爲什麼得勝之師會突然變得不堪一擊？爲什麼某些部隊在攻擊時經常能獲成功，而在防禦卻會變得不可信賴？總之，將軍如何能使其人員保持良好的精神？沙克斯對此一問題所提出的總答案是有如下述：

> 關鍵在於人心（human hearts），而這正也是我們所應深入研究者。對於戰爭的行業，這是一個最重要、最深奧，和最需要學識的問題，但從來沒有人曾有所論著。若缺乏對人心的知識，則只好依賴運氣，而那又是多變無常。⓮

在古今中外的許多兵學著作中，似乎都很少有人像他這樣強調心理因

素的重要。僅憑這一點，沙克斯的思想即可以永垂不朽。

## 四、梅齊樂

梅齊樂(Paul Gideon Joly de Maizeroy,1719-1780)在戰爭史中並無藉藉之名，但在戰略思想史中卻有不朽的地位，因爲我們現在通用的「戰略」這個名詞是他所首創。1766 年他還是法國陸軍的一位中校，可以說官運很不亨通，但在那一年卻出版了其名爲《戰術教程，理論，實務與歷史》(*Cours de tactique, théoretique, practique, et historique*)的大著的第一和第二兩卷。以後在 1767 年和 1773 年又陸續出版了第三和第四兩卷。最後到 1777 年又出版《戰爭理論》(*Théorie de la guerre*)一書。他的書很暢銷，曾一再重印，並譯成德文和英文。

梅齊樂並不宣稱他自己是軍事科學的創建者，他認爲那是早已存在的學問。不過，他說戰爭藝術在法國的發展一向都是採取一種懶惰而盲目的路線，所幸「在一個啓明和好學的時代中，已經有許多人的眼睛都用來發現在各種科學和藝術領域中的錯誤，而戰爭也像其他領域一樣有其觀察者。」❺

梅齊樂深信歷史研究爲軍事理論的基礎。在當時他也是研究古代戰爭的權威專家。他不僅對希臘和羅馬的戰爭進行深入的分析，而且更將古今戰史作對比的研究。同時他在 1770 年又把拜占庭李奧六世的《*Tactica*》譯爲法文出版，而那本書又是以毛里斯的《*Stategicon*》爲基礎。❻梅齊樂相信只要認眞研究歷史，則一定能夠獲得明確的教訓。同時他也相信戰爭藝術的根本不會受到任何改變的影響。

*雖然火藥以及其他新武器的發明曾經在戰爭的機械部分*

(mechanism of war)中產生若干改變,但我們不相信對於那種科學的根本部分,或大動作(great manoeuvres)會有任何重大影響。指導大行動(operations)的藝術仍然如故。**❶**

在梅齊樂的思想架構中,戰爭是分爲兩個部分:

> 其一是機械的(mechanical)部分,所包括者爲部隊的組成和秩序,以及宿營、行軍、運動、戰鬥等等,……這是可以從原則中演繹出來,並用規律來教育。另一部分則相當高深(sublime),而只能位置在將軍的頭腦中,隨著時間、地點,和其他環境,而經常變化,所以在所有各方面都永遠不可能完全一樣。**❶**

軍隊的結構和他們的戰鬥準則也就構成「戰術」(tactics)的領域。這個觀念出自希臘,在十八世紀以前很少有人使用。在傳納德提倡之下,啓明時代的軍事思想家開始普遍使用這個名詞。最初是照希臘原意解釋,即爲一種陸軍組織和戰鬥隊形的體系。不過,到1760年代,而尤其是在1770年代,它更被認爲是軍事理論的核心,同時「戰術」也被用作一種概括名詞,把全部戰爭藝術都包括在內。所以,梅齊樂著作中的最初目的即爲尋求完善的戰術體系。

戰爭藝術還有第二個領域,那就是作戰的指導(the conduct of operations)。梅齊樂對這個領域提供了一個新名詞,即爲「戰略」(Strategy)。1777年梅齊樂在其所著《戰爭理論》書中首次使用此一名詞,其靈感的來源是出自拜占庭毛里斯皇帝的書名(*Stategicon*)。這個名詞慢慢地才變成法國的軍語,而到十九世紀開始時,英國人幾乎還完全不知道有這個名詞的存在。**❶**反而言之,梅齊樂的書在日爾曼(德國)卻有很多的讀者,所以這個名詞也就很快地被接受。到十九世紀時,「戰略」在歐洲遂已成通用名詞。

梅齊樂在其書中曾對戰略與戰術的差異作比較分析如下：

> 戰略是屬於心靈的最崇高部分，也就是屬於理性的領域。戰術是很容易簡化成爲固定的規律，因爲它像要塞一樣是完全幾何性的。戰略則似乎很難如此，因爲它是有賴於各種不同的環境，包括物質、政治、精神等在內，那是從來就不會完全一樣，而完全是屬於天才的領域。儘管如此，又還是有若干概括規律的存在，那是可以安全地加以確定，並視爲不變。❷

梅齊樂對於此種戰略規律又稱之爲「軍事辯證法」（military dialectic），並曾列舉如下：

> 不要做敵方似乎希望的事情（投其所好）；發現敵方的主要目的，以免爲其欺騙行動所誤導；經常準備破壞敵方的主動，並不受其支配；對於未來的計畫和可能發生的情況，維持概括的行動自由；當敵人採取冒險行動和處於緊急關頭時，應乘機打擊敵人；必須選擇適當時間和地點以來控制戰鬥；不可偏離自己的主要目標，並確保交通線的安全。……❷

梅齊樂所列舉的戰略原則似乎只是一種孤立的教條，並不能構成完整的體系。不過，在十八世紀後期，軍事思想家的努力大致都是集中在戰術方面，梅齊樂的首創戰略名詞，並在這一方面從事初步的研究，仍然要算是開風氣之先，並應予以高度的肯定。

## 五、吉貝特

吉貝特（Jacques Antoine Hippolyte Comte de Guibert, 1743-90）出身於貴族名門，他的父親在七年戰爭時爲布羅吉利元帥（Marshal Broglie)的得力助手，戰後又助其進行軍事改革。吉貝特受其父的影響，幼年時加入陸軍，26 歲即已獲上校官階。1772 年他出版《戰術通論》(*Essai général de tactique*，英譯 *A General Essay on Tactics*)，立即在軍事領域中造成極大的震撼。事實上，他這本書也的確成爲十八世紀中最具有影響力的軍事名著之一。

　　吉貝特在著書時即已立下宏願，要寫一部不朽的傑作。他眞正是一個啓明時代出生的孩子，在他的思想中到處都可以感覺到此種時代精神之存在。他對古今軍事思想家的著作都多所譏評，並認爲在戰爭的科學中，有若干根本觀念是完全錯誤。在吉貝特的書中，「戰術」這個名詞是採取一種非常廣義的解釋，即包括所有一切的軍事科學在內。他認爲軍事科學的研究必須採用科學方法。牛頓、萊布尼茲(Leibnitz)的著作可以作爲模範。軍事理論之所以失敗，不應歸咎於主題本身，而應歸咎於錯誤的方法。換言之，他的目的是想建立一套由不變原則所構成的戰術體系。他說：

　　戰術是一種對任何時代，任何地方，任何武器都能適用的科學。即令未來發生任何不可預知的革命，它仍然毋需改變。❷

　　概括言之，吉貝特在其書中曾提出兩點實際性的建議：其一爲建立民兵制，即所謂公民軍(citzen army)；其二爲採取運動戰(a war of movement)。

　　啓明時代的法國學者大致都贊成採取民兵制，包括孟德斯鳩、盧騷等人在內，所以吉貝特隨聲附和實乃理所當然。他認爲當時歐洲諸國都是採取君主專制的政體，不能獲得人民的支持，人民也自不願爲政府而戰。反而言之，政府對於軍事科學也並無眞正的興趣。即令是普魯士，雖以尙武著稱，但其紀律也只是徒有其表，人民大多數都與軍事無關，而青年也未曾接受斯巴達式的教育。至於法國，因爲國王

不是軍人，所以情況就更鬆懈。簡言之，所有的歐洲國家，人民都很軟(soft)，政府都很弱(weak)。於是吉貝特接著說：

> 假使在歐洲有這樣一個民族興起，在精神、政府，和所使用的手段上都是強烈旺盛。若再組成全民皆兵的軍隊，採取既定的侵略計畫，則我們將會看到那個民族征服其鄰國，壓倒我們的脆弱社會，正像狂風之掃落葉一樣。㉓

這一段話以後曾常爲人所引述，來作爲對法國革命和拿破侖戰爭的預言。實際上，吉貝特只是提倡改革而並不主張革命，所以對於他而言，應該說是不幸而言中。

吉貝特所提倡的第二種基本觀念即爲運動戰。他認爲軍事組織應簡化以使戰爭可以具有較大的機動性和決定性。他感覺到當時的陸軍是太笨重，太重視砲兵、要塞、和補給倉庫。他說，歐洲人已經缺少精神力，只知重視物質和數字；缺乏勇氣而依賴金錢。他建議應學羅馬兵團的模式，部隊應該裝備輕便，因糧於敵，以戰養戰。這樣的兵力才能獲致較大的機動性，較大的行動距離，和較大的奇襲效果。

吉貝特認爲自從范邦之時起，要塞的價值是已經受到過高的評估。要塞的目的本是用來保護軍隊的笨重後勤系統，軍事組織能簡化，則此種保護的需要也就會隨之而減低。建築要塞防線實乃勞民傷財，而把部隊分散用來駐守要塞，則更使兵力的數量作不必要的增大。同時，使軍事行動變成一系列的要塞攻防戰，更會使戰爭的時間無限制延長。所以，他認爲要塞的數量必須盡量減少，並以完全配合戰略行動爲原則。

總結言之，吉貝特所主張是要建立一種新型陸軍，能夠發揮高度機動性並可作彈性化的運用。有了這樣的部隊之後，舊式的陣地戰(war of position)就會爲新式的運動戰(war of movement)所取

代，他用一種充滿幻想的語氣描述如下：

> 一位能夠擺脫一切傳統偏見的將軍將使其敵人感到驚惶失措，將使其沒有喘息的機會，將迫使他一路敗退到完全崩潰爲止。不過，這樣的將軍又必須有其自己所建立的軍隊，那是與我們今天的軍隊大有差異，始能執行這種新式的作戰。❷

的確如其所料，法國革命終於產生了這樣的新軍隊，而其想像中的那位將軍就是拿破侖。但十分令人感到感嘆的，吉貝特本人也死在大革命的動亂之中。

# 參、法國之外

十八世紀歐洲軍事思想的發展固然是以法國爲重心，但此種發展也自然會向其他歐洲國家延伸，而在法國之外，我們要進一步檢討的即爲普魯士，它也可以算是整個日爾曼地區的代表。儘管此時日爾曼尚未統一，不過爲了方便起見，我們仍將其簡稱爲德國。德國的啓明運動(Aufklärung)比之法國是較爲後進，所以其軍事思想亦復如此，僅到 1770 年代之後始有較蓬勃的發展。雖然就文化環境而言，法德兩國頗爲類似，而德國的軍事思想家也的確曾受其法國前輩的影響。不過，德國人的思想又還是有其獨立的根源，而且經過一段成長期之後，德國思想也就開始與法國思想分道揚鑣，並在十八世紀結束時走向新的方向。而此種趨勢對於原有的啓明理念也構成普遍的反動。不過，有一基本觀念又仍然繼續維持不變，那也就是對普遍戰爭理論的尋求。

對於十八世紀的重要德國軍事思想家，本節所要討論者只限於下

述三人：(1)菲德烈二世，(2)勞易德，(3)畢羅。而其中勞易德雖非德國人，但因其研究的對象與德國關係密切，所以也被列入。

## 一、菲德烈二世

擁有「大帝」(the Great)尊稱的菲德烈二世(Frederick II)是西方歷史中頭號大人物之一，我們對於他的生平和背景必須要先作簡要的說明。菲德烈生於 1712 年，死於 1786 年，即位於 1740 年，所以，其一生都是在十八世紀之內，換言之，其功業和思想都是以此時代為背景，並與時代精神有其密切不可分的關係。普魯士的正式建國是在十七世紀，他是第三代的國王，在他即位時，普魯士在歐陸四強中還是居於最後的位置（其他三強為法、奧、俄）。若照個性來判斷，菲德烈二世應該是一位與我國歷史中的李後主或宋徽宗頗為類似的皇帝，但事實卻完全相反。在其青年時期，菲德烈雖然放浪不羈，崇尚法蘭西的文明和生活方式，但即位之後，就立即顯示他在軍事上和政治上都有過人的天才。英國文豪卡萊(Thomas Carlyle)稱為他「國王中的最後一位」(the last of the kings)。事實上，他是另一種新型的國王，也似乎正是馬基維里理想中的君主(the Prince)。❷

當其及位之初，普魯士的戰略地位是相當脆弱，既無天然疆界，又為強鄰所包圍，因此，他遂認為普魯士若欲保持強固的地位則必須擴張，於是他立即抓著奧地利繼承權戰爭的機會，在 1740 年 12 月進軍西里西亞(Silesia)，這也就是他踏上征途的第一步。翌年聖誕節時，普奧兩國簽訂和約，菲德烈贏得了一些領土和人口，就迅速退出戰爭，儘管那場戰爭還繼續拖了 3 年才全面結束。由此可以看出菲德烈的機智。他像贏了錢就退出賭場的賭徒一樣。暫時養精蓄銳，等候有利機會再下場撈一票。

到 1756 年，菲德烈遂又發動七年戰爭(Seven Years War, 1756
-1763)，這也是他一生中最大的一次戰爭。他在羅斯巴赫會戰(Battle
of Rossbach, 1757 年 11 月) 中以 22,000 人擊敗法軍 5 萬，而普軍死
傷僅爲 300 人，誠可謂傑作。接著在同年 12 月 5 日，又在魯騰會戰
(Battle of Leuthen)大敗奧軍，而這一戰也被戰史家視之爲菲德烈的
代表作。拿破侖曾評論如下：「魯騰會戰是機動和決斷的傑作。僅憑
此一戰即可使菲德烈留名青史而成爲最偉大將才之一。」他以殘破之
軍擊強大之敵，不僅大獲全勝而損失也遠較敵軍輕微。對於攻勢、機
動、奇襲、節約、集中等原則的應用，魯騰都足以構成典型。❷

魯騰也使其最負盛名的「斜行序列」(oblique order)作了一次最
完美的表演。對於此一名詞，菲德烈本人所作的解釋可以簡述如下：

> 你把對著敵人的一翼縮回，並同時增強準備用來進攻的另一
> 翼。你盡量利用後者從側面攻擊敵人的某一翼。10 萬人的兵力若
> 遇到 3 萬人的側擊，都很可能在短時間內被擊敗……此種安排的
> 優點爲：(1)小型兵力可與遠較強大的敵軍交戰，(2)能在決定點上
> 攻擊敵軍，(3)假使攻擊失敗，那也只是一部分兵力受挫，而你還
> 有 3/4 的兵力可用來掩護撤退。❷

事實上，此種觀念並非菲德烈所發明，而是古已有之。公元前 371
年底比斯國王艾巴米侖達斯在勞克特拉之戰中就是用這種部署來擊敗
斯巴達的強大兵力。❷ 此後，其他的將領也常作類似的部署，但並不
一定能保證成功。要想獲勝則攻者必須有優越的機動性而守者又恰好
相反。所以，拿破侖曾指出：「菲德烈的斜行序列僅在面對一支不能
運動的部隊時，始能保證成功。」❷

菲德烈之所以能戰勝，其主因可能又還是由於其部隊素質較佳。
從其早期的戰役中，他認清了當時的戰術是如何的刻板，行動是如何

的遲緩；於是他立即決定要用苦練的方法來改進普魯士陸軍的戰鬥力
（fighting power），使其步伐較快，能迅速變換隊形，尤其能發射較
快和較準的火力。所以在以後的會戰中，部隊的行動能那樣整齊精確，
實乃當年苦練的結果。他尤其重視軍官的素質。他說：「勇敢的校官
構成勇敢的營，在危機時，一位校官的決定足以影響國家的命運。」
❸⓿

偉人的範例常受後世的盲目摹倣，魯騰一戰成名之後，斜行序列
也就是如此，甚至於菲德烈本人也都不免一再想重演一回。今天事後
回顧，卻可以發現菲德烈的將道精華是遠較奧妙，而非僅限於此種形
式化的外表。菲德烈的最大特點就是他能突破十八世紀的環境限制，
以來發揮攻勢精神。這可以從拿破崙對他的評論中獲得印證：

> 他在最緊急時也最偉大，這是對他所能作的最高稱讚。……其
> 最傑出的表現不是其調動部隊的技巧而是其大膽，他曾做許多我
> 絕不敢做的事情。❸❶

「魯騰」之後，戰爭還再拖了 5 年才終告結束。在這個階段中，
菲德烈憑其超人的毅力、機智，和勇氣，始能度過重重難關。七年戰
爭不僅確定了普魯士作爲歐洲強國的地位，同時也使菲德烈有資格列
入古今名將傳中而無愧色。但更令人佩服者是他深明「持盈保泰」的
哲理。在七年戰爭之後，菲德烈即開始偃武修文，一心從事復興重建
的工作，而不再作任何擴張的企圖。這一點應該是拿破崙所望塵莫及。

七年戰爭結束時，菲德烈恰好 50 歲，他還繼續統治普魯士達 24 年
之久，到 1786 年才以 74 高齡辭世。他是一位博學多才的人，在治國
治軍之餘，還有許多著作傳世，足以證明其精力過人，智慧卓越，及
其晚年，思想更趨成熟，而其所言也就更富哲學的意味。

菲德烈的第一部重要軍事著作是完成於 1746 年，書名爲《一般戰

爭原則》（*Principes généraux de la guerre*，英譯本名 *Military Instruction for his Generals*），其中所含有的是其在兩次西里西亞戰爭的經驗。這本是只供其將領閱讀的機密文件。到 1760 年，由於有一位普魯士將領被法軍（或奧軍）所俘，於是內容才公開，並立即有各國文字的譯本。1752 年，菲德烈寫成其《政治訓詞》（*Testament politique*），那本是供其繼承人專用的。七年戰爭結束後。他在 1768 年又寫成一部《軍事訓詞》（*Testament militaire*）。1771 年，他又對其將領頒發《宿營與戰術要旨》（*Eléments de castramétrie et de tactique*）。其全部著作生涯長達四十餘年之久。他還有很多其他的著作，到二十世紀初期才被收入其全集。❸

菲德烈的著作以及其所建立的軍官教育制度都反映出啓明時代的理念。他的思想與法國軍事思想幾乎可以說是同出一源。在其《宿營與戰術要旨》的開端處，他說：

> 有人認爲將官只要有勇就夠了，那實在是自己欺騙自己。毫無疑問，勇是一個必要的素質，但又必須與許多其他的知識相配合……爲將者對任何情況都必須要作判斷，若無知識則他又如何能判斷？❸

菲德烈又明白指出學習之重要：

> 任何藝術都有其規律和格言，那是必須學習。理論使實務獲得便利。人之一生並無足夠的時間來使其能獲得完善的知識和經驗；理論可以有所助益，它可以向青年人提供前人的經驗，並使其透過他人的錯誤而變得更乖巧。在戰爭的行業中，不遵守規律就會受到敵人的懲罰。❸

菲德烈只是強調理論和學習的重要，但他本人並未提出任何特殊

創見。對於後世，菲德烈的貢獻是在於身敎而不在於言敎。他的著作到今天也許已經變成古董，很少有人研讀，但他的功業則永垂青史，並對如何突破困境，如何持盈保泰，提供最佳的模式。

## 二、勞易德

勞易德(Henry Humphrey Evans Lloyd, c. 1718-83)是一位具有高度傳奇性的人物。他的一生是非常戲劇化，甚至於有許多詳情也無人知道。他是英國人，出生於威爾斯(Wales)，曾受敎於牛津大學。因爲家境貧寒，所以浪跡天涯。他曾經替許多國家服務，參加過戰爭也從事間諜活動。這些故事都不是我們所要注意的，我們所重視的是他在軍事思想領域中的貢獻。他深受啓明時代的思想影響，他利用法國思想家的理論來研究菲德烈的戰史，而他也是在富勒和李德哈特之前，唯一能對歐洲軍事思想的發展產生影響作用的英國軍事思想家。

勞易德的主要著作《日爾曼最近戰爭史》(*The History of the Late War in Germany between the King of Prussia and the Empress of Germany and her Allies*)，其第一卷是 1766 年出版於倫敦。當該書在 1781 年再版時，又加上了他所寫的一篇〈對戰爭藝術原則的反省〉(Reflections on the Principles of the Art of War)，通常也被稱爲〈政治軍事回憶錄〉(Political and Military Memoirs)。其《戰史》的第二卷到 1784 年始付梓，那是已在其身後。他的著作曾經譯成德文和法文，並有多種版本，風行一時。

在其《戰史》第一卷的序文(Preface)中，勞易德曾這樣的指出：

> 大家都公認沒有任何藝術或科學會比戰爭藝術更難，但由於人類心靈中有一種不可解釋的矛盾，從事這一行的人卻並未認眞去

研究它。他們似乎以爲少量不重要和無用的瑣碎知識即能構成偉大的軍官。此種意見是如此流行，所以任何陸軍幾乎都毫無教育之可言——此種藝術也像其他的藝術一樣，其基礎爲確定不移的原則，只有其應用可以有變化，而其本身則始終不變。**㉟**

勞易德此時還只是剛剛開始其研究工作，15 年之後當其〈回憶錄〉出版時他的思想遂已遠較成熟。他指出戰爭藝術可以分爲兩部分：其一爲機械的部分（mechanical part），那是可以學而致的；另一部分則爲其應用（application），那是不可以學而致的。正像作詩和修詞一樣，僅只知道規律還不夠，而還必須有天才。戰爭又非單純的機械問題，它牽涉到人力，而那又受精神壓力和天賦、弱點的影響。所以，他現在不僅只是注意後勤、戰術和作戰的指導，而對於領導和士氣等問題也同樣地重視。最後，他又討論政府政策與軍事行動之間的關係，換言之，他完全了解戰爭是政策的工具，政治考慮是如何影響戰爭的指導，而他作這樣的思考時是在克勞塞維茨《戰爭論》出版之前的 50 年。

何華德對於勞易德可謂推崇備至。他認爲幾乎可以說勞易德已在軍事思想中開啓了一個新時代。此外戰略分析所用詞彙也是由勞易德奠定其基礎，尤其是他所首創的「作戰線」（line of operations）這個名詞更是具有歷史重要性。所謂「作戰線」者，其意義即爲一支軍隊從出發點到最後目的地之間所採取的路線。根據此一觀念，勞易德遂列舉若干基本原則：(1)作戰線應盡量縮短和直接化，(2)在一切計畫中保護作戰線均爲主要考慮，(3)另一主要考慮即爲設法切斷敵方作戰線，(4)作戰線的終點必須是某一眞正必要的目標，(5)正確作戰線的選擇可能即足以決定戰役的結果。

事實上，名詞固然是勞易德所首創，但他所列舉的原則在過去名

將的戰爭中又並非沒有前例。不過,他的著作又還是有其重大貢獻,它使此後軍事思想家的注意焦點由軍事組織方面轉移到作戰指導方面。何華德認爲有明顯的兩派軍事思想家都是以勞易德爲其祖師。第一派是追隨其傳統觀念,嘗試以地理和後勤數據爲基礎來建立戰略原則;第二派則重視戰爭的精神和政治方面,並認爲戰爭指導絕非精確科學。前者的代表爲畢羅(Heinrich von Bülow),後者的代表爲貝侖霍斯特(George von Berenhorst)。再過一代,這兩派的代表又分別由約米尼和克勞塞維茨接任,這也正是此後百年間戰略思想演進的主要過程。**㊱**

勞易德在其《戰史》中對於菲德烈在七年戰爭中的將道曾作非常嚴厲的批評,於是在普魯士引起了極大的反感。一方面固然是民族意識所使然,但另一方面也並非沒有理由。很明顯,勞易德是有親奧反普的心態,他對菲德烈的批評不特不公正而且有時也缺乏根據。普魯士的鄧培霍夫將軍(George Fridrich von Tempelhoff)在其所著《七年戰爭史》(*Geschichte des siebenjährigen Krieges*,英譯 *History of the Seven Years War*)中曾經提出若干正確的反駁。儘管如此,鄧培霍夫本人也是德國啓明學派成員之一,基本觀念是與勞易德大致相同,而且也接受其有關作戰線的理論。**㊲**

## 三、畢羅

畢羅(Adam Heinrich Dietrich von Bülow, 1757-1807)在戰略思想史上是居於新舊交替的關鍵地位。他一方面是啓明時代的最後鉅子,另一方面也親眼看到革命時代的來臨。他出生於十八世紀中期,15 歲時加入普魯士陸軍,1790 年以尉官退役,開始改行從事其他的活動,包括旅遊、商業、新聞、寫作等在內。他曾經生活在法國、荷蘭、

英國和美國，並在 1797 年寫了其以美洲新共和國爲主題的第一本書。在此後不到十年的階段中，他一共寫了十多本書，大部分都是以軍事爲主題。可以作爲其代表作的是他的第二本書，書名爲《現代戰爭體系的精神》（*Geist des neuern Kriegessystems*，英譯爲 *The Spirit of the Modern System of War*），出版於 1799 年，在此書中他把他的作戰觀念發展成形，並引起正反兩面的強烈反應。

畢羅的作戰觀念又是直接導源於勞易德和鄧培霍夫的理論及歷史著作。畢羅認爲現代戰爭是以作戰線爲基礎，而作戰線又是把火器引進戰爭後所帶來的產品。火器的引進在戰爭史中造成最大的革命。一方面使軍隊數量日益增加，另一方面使補給系統變得日益重要。結果使作戰線的安危代替決戰而成爲戰爭中的主要考慮。於是他就進一步企圖利用幾何學的途徑以來建構其所謂的「現代體系」。事實上，幾何式的研究又並非其所首創，法國的卜希古，甚至於還有更早的范邦，早就都已作過這樣的嘗試。

畢羅假定有一支攻擊軍進入敵境直趨其目標（object），這個目標遂假定位置在一個三角形的頂點上（參看附圖）。攻擊軍的補給是來自其後方的補給系統，那可用三角形的底線來表示。防禦方面的野戰軍或要塞部隊將會穿越三角形的邊線趨向攻擊軍的後方，以來威脅其補線來源並迫使其撤退。雙方的勝負可以從三角形的形狀上來判斷。簡言之，頂角愈窄（底線愈短），垂線（即攻方作戰線）愈長，則守方愈易於切斷攻方的補給。畢羅認爲關鍵在於目標（頂）角的大小：若小於 90°則對攻方不利；若大於 90°則對攻方有利，所以 90°也就是一個臨界值（critical value）。❸

假使眞是這樣，則畢羅也就自可宣稱他已經發現戰略的奧祕，並把它建構成爲一種科學。他說：

# 畢羅作戰觀念圖解

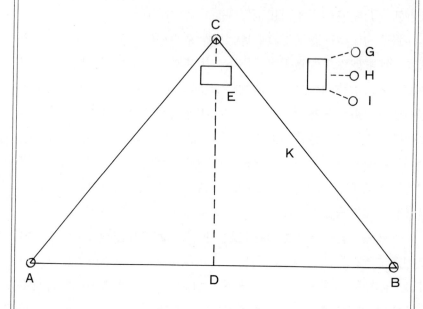

A — B　基地

C　　　目標

D — C　攻擊軍作戰線

E　　　攻擊軍

G,H,I,K　防禦軍要塞及野戰兵力

> 戰爭將不再被稱爲一種藝術，而是一種科學。……於是任何人
> 都能了解和應用；不是此種藝術本身將變成科學，就是它會喪失
> 在科學之內。**㊴**

　　啓明時代的其他軍事思想家雖熱烈追求戰爭的科學部分，但同時也承認戰爭不能完全簡化爲規律和原則，而仍然需要創造性的天才。現在畢羅卻大言不慚地說：「軍事天才的領域是終於會變得如此狹窄，將使聰明才智之士不再願意從事於此種沒有前途的行業。」**㊵**

　　畢羅不僅斷言戰爭的藝術將會消滅，甚至於連戰爭本身也會如此。在其《現代體系》書中的第二篇，畢羅曾分析新軍事科學對歐洲國際體系的影響，並獲得結論如下：歐洲將會分成若干個大國，彼此間能夠保持永久和平（perpetual peace）。其理由可以分爲兩方面。一方面，大國有較大的基地，所以經常能吞併小國，其結果將使歐洲只剩下若干個勢均力敵的大國。另一方面，任何國家的攻擊力均與其攻擊距離的平方成反比，所以自然有其一定的軍事活動範圍，不可能越雷池一步。**㊶**因此，畢羅是不僅已提出一種幾何化的戰略科學，而且又已提出一種數學化的政治科學。二十世紀的地略學家甚至於還認爲畢羅在思想上可以算是他們的前輩。**㊷**

　　正當畢羅在 1799 年興高采烈地提出其作戰科學之際，法國革命和拿破侖也已經帶來了新型的戰爭。此種新型戰爭與傳統的戰爭理論經常不相配合，於是在德國也就開始引起激烈的辯論。辯論的焦點有二：⑴法國革命軍的彈性戰術與菲德烈的硬性橫線戰術之間的比較；⑵法國徵兵制所產生的公民軍與舊王朝的職業常備軍之間的優劣。

　　畢羅很快就變成新型戰爭的熱烈提倡者，並且對於菲德烈的舊制發出強烈的批評。在其所著《1800 年戰役，軍事與政治的檢討》（*Der Feldzug von 1800, militärisch-politisch betrachtet*，英譯爲 *The*

Campaign of 1800, Militarily and Politically Considered)中，他一方面仍企圖用他自己的理論來解釋法國的成功，另一方面則更進一步指出必須從社會和政治的層次中始能找到其根本原因。革命已經廢除封建制度，使法國能徵集遠比其敵國強大的兵力，並獲得新精神的鼓舞。大量人力加上強烈精神力即爲法國國力的根源。

但此種現象又使畢羅的科學理論受到嚴重打擊。第一，其理論的基礎是「軍無輜重則亡，無糧食則亡」，但革命軍卻能「因糧於敵，重地則掠」，換言之，不受後勤的限制。第二，畢羅認爲作戰線的目標並非敵軍而是其後勤基礎，拿破崙憑藉其巨大的資源和較有彈性的軍事工具，則經常以決定性會戰爲其戰略的核心。簡言之，畢羅志在避戰，而拿破崙則志則求戰。因此，畢羅在內心裏，經常面對著嚴重的矛盾：一方面不願意放棄自己的理論，另一方面又不能不承認拿破崙的成功。

畢羅的著作雖然引起很大的回響，但其提倡改革，甚至於可以說是革命，則又深爲普魯士當局所厭惡。在其所著《1805年戰役》（The Campaign of 1805），畢羅毫不客氣地指出普魯士若欲圖存則必須作全面的改革。同時，他又對拿破崙推崇備至，甚至於把奧斯特里茲（Austerlitz）之戰形容爲當代的艾克提門（Actium）之戰，並預測法國將稱霸歐洲。此種言論遂終於使普魯士政府無法容忍，將其拘捕並宣稱其神經不正常，到1807年遂瘦死獄中。

畢羅的不幸遇遭與吉貝特頗相類似，他的「體系」也像吉貝特的一樣，同爲十七世紀的遺產，不能算是發明。不過，他對於「戰略」、「戰術」、「作戰線」、「作戰基地」等軍語的界定和使用，在戰略思想史中又仍應算是一種具有重要價值的貢獻。隨著畢羅的死，王朝戰爭遂已落幕，而新的民族戰爭則還只是剛剛開場。

　　就西方文明發展史的觀點來看，十八世紀是一個多采多姿的世紀，現代西方文明是在這個世紀中奠定其基礎，然後才有連續兩百年的進步。戰略思想本是社會文化之一部分，必然受到現實環境和時代精神的影響，並且也因此而呈現出其特有的風格。

　　十八世紀是啓明時代的頂點，人文主義和理性主義都在此世紀中發展到最高峰。所有的戰略思想家及其著作都受到同樣的影響，所以其基本觀念遂常有大同小異之感。概括言之，幾乎都呈現出下述四點共同基本觀念：

　　(1)戰爭領域中有規律和原則之存在。

　　(2)原則不變但應用則千變萬化。

　　(3)原則的應用則有賴於天才。

　　(4)研究戰爭必須以歷史經驗爲基礎。

這四點實可以代表啓明時代戰略思想的精華，並也能對後代的進步構成堅實的基礎。

## 註　釋

❶ Mark V. Kauppi and Paul R. Viotti, *The Global Philosophers*(Lexington, 1992), p.184.

❷ Ernst Cassirer, *The Philosophy of the Enlightenment*, English translation (Princeton, 1952), p.197.

❸ Diderot and D'Alembert(ed.),*Encyclopédie*(Paris, 1257), Vol. Ⅶ, pp.823-6.

❹ Azar Gat, *The Origins of Military Thought*(Oxford, 1989), pp.33-36.

❺ John R. Elting, *The Super-Strategists*(Charles Scribner's son, 1985), pp.82-83.

❻沙克斯的私生活也同樣地富有傳奇意味，其風流多情也不亞於乃父，有關他的傳記至少在二十本以上，但很可惜對於其一生的事蹟仍然缺乏現代化的學術性研究。

❼這本書在當時即已有兩種英譯本。近代節譯本載於 *Roots of Strategy* (ed. Thomas R. Philips) 書中 (The Military Service Publishing Co., 1940)。本書以下的引述均取自該書。

❽同前註，p.300。

❾同前註，p.189。

❿同前註，p.189。

⓫同前註，pp.189-90。

⓬同前註，p.194，p.185。

⓭同前註，p.298。

⓮同前註，pp.190-91。

⓯ P.G. Joly de Maizeroy, *Cours de tactique, théoretique, practique, et historique* (Paris, 1785), Vol. I, p.357.

⓰有關這兩本拜占庭經典名著的內容，可參看本書第三章。

⓱ P. G. Joly de Maizeroy, *Cours de tactique,* Vol. I, p.viii.

⓲同前註，Vol.II， p.353。

⓳ Charles James, *New and Enlarged Military Dictionary* (1802) 中尚無 "Stategy" 一字之存在。

⓴ P. G. Joly de Maizeroy, *Théorie de la guerre* (Nancy, 1777), pp. LXXXV-LXXX VI.

㉑同前註，pp.304-5。

㉒ J.A.H Guibert, *A General Essay on Tactics* (London, 1781), p.99.

㉓同前註，p.23。

㉔同前註，p.249。

㉕ J.F.C. Fuller, *A Military History of the Western World,* Vol. II, p.192.

㉖ R. Ernest Dupuy and Trevor N. Dupuy, *Military Heritage of America*

(McGraw-Hill, 1956), p.68.

㉗ J.F.C. Fuller, *A Military History of the Western World,* Vol. II, pp.195-96.

㉘可參看本書第一章。

㉙ J.F.C. Fuller, *A Military History of the Western World*, Vo l II, p.196.

㉚ R. R. Palmer, "Frederick the Great, Guibert, Bülow: From Dynastic to National War", in *Makers of Modern Strategy* (Princeton, 1986), p.97.

㉛ J.F.C. Fuller, *A Military History of the Western World*, Vol. II, p.194.

㉜ *Die Werks Friedrichs des Grossen,* 10 vols (Berlin, 1912-14).

㉝ Azar Gat, *The Origins of Military Thought*, p.57.

㉞同前註，p.58。

㉟ Henry Lloyd, *The History of the Late War in Germany* (London, 1766), Vol. I, p.5.

㊱ Michael Howard, "Jomini and the Classical Tradition in Military Thought", in *Studies in War and Peace* (The Viking Press, 1970), pp.21-26.

㊲ Azar Gat, *The Origins of Military Thought*, p.76

㊳ Adam von Bülow, *The Spirit of the Modern System of War* (London, 1806), pp.36-38.

㊴同前註，pp.228-29。

㊵同前註，p.228。

㊶同前註，pp.277-86。

㊷ Robert Strausz-Hupé, *Geopolitics: The Struggle for Space and Power* (New York, 1942), pp.14-21.

# 第 四 篇

# 近代（上）

## 西方戰略思想的全盛期㈠

### （十九世紀前期）

【第八章】

# 拿 破 侖

## 壹、革命的遺產

十八世紀後期，也就是在七年戰爭之後，歐洲大致可以說是太平無事，但到了最後 10 年，歐洲的基本架構卻發生了巨大的動搖，包括了社會、經濟、政治、軍事等方面都在內。那就是法國革命(1789)所造成的後果。法國由古老的舊王朝搖身一變而成為革命的共和國。誠如克勞塞維茨所認識的，戰爭並非獨立的實體，而是國家政策的表現，當國家的性質改變了，其戰爭也會隨之而改變。❶ 拿破侖戰爭為法國革命的延續和擴大，拿破侖(Napolean Bonaparte,1769-1821)不僅接受了革命的遺產，而且也變成革命的人格化代表，所以，克勞塞維茨稱其為「革命皇帝」(Emperor of the Revolution)，的確有深意在焉。❷

革命所帶來的第一項重大改變即為徵兵制的採用。對於歐洲舊王朝政府而言，維持巨大數量的常備軍，的確是一種沉重的負擔，但革命政府則並不那樣吃力。1793 年 8 月 23 日，法國革命政府宣布：「自

即日起，到敵軍完全被逐出共和國領土時爲止，所有法國公民都有服兵役的義務。」結果在一年之內，法國境內即已無敵蹤，但徵兵制則仍繼續執行達 20 年之久。

十八世紀，法國人口有穩定的成長，到 1800 年，人口總數已達 2,700 萬，平均每 7 個歐洲人之中就有 1 個法國人，除俄國以外（約 4,000 萬人），法國是歐洲人口最多的國家。此一巨大數量構成其軍事權力的主要基礎。到 1794 年底，法國陸軍總數已超過 100 萬人。❸

兵員數量的巨大增加使法軍在任何戰場上幾乎都能獲得壓倒性的數量優勢，所以也使法國指揮官敢於打硬仗。誠如當時的法國軍政部長卡羅特（Lazare Carnot）所云：「不再需要任何軍事藝術，而只需要火力、鋼鐵，和愛國心！」此種「全民皆兵」（nation in arms）的觀念和制度遂使拿破侖坐享其利。❹

拿破侖的大軍團（grande arme）是靠徵兵制才能建立起來，那是羅馬兵團之後在歐洲的最大兵力。當其征俄時，兵力總數已接近 50 萬人。有此巨大兵力，拿破侖遂能縱橫歐洲，所向無敵，至少在其早期，的確是這樣。人民既可徵召入伍，則國家資源也自可動員。革命政府建立史無前例的統制經濟，人民消費被壓低到最小限度，一切工業都收歸國有，以應戰爭需要，所以，也就能支持較大的戰爭消耗。

「全民皆兵」意味著軍隊是人民的軍隊。革命之前，軍隊是國王的私人武力，爲其王朝的目標和榮譽而戰，與老百姓毫無關係。現在至少就理論而言，大軍團是爲自由、平等、博愛而戰，不是爲波旁王室，甚至於也不是爲拿破侖打天下。革命之前，只有貴族才能出任高官；革命之後，有才能的人都有出頭的機會。尤其是拿破侖的大將有很多都是出身微賤，更足以鼓勵士氣，所謂每一名士兵的背包中都藏有一根元帥權杖之說雖不免誇大其詞，但也的確代表一般的趨勢。總之，革命產生一種精神威力遠較強大的軍隊，那是舊歐洲所未有者。

法軍之所以勇敢善戰，是以其新的社會結構爲精神基礎。克勞塞維茨對此早有認識，他說：「很明顯，法國革命在國外所產生的重大影響，由於新軍事方法和觀念的程度，是遠不如由於政策和行政的徹底改變、政府的新性格、法國人民生活條件的改變等等因素的程度那樣巨大。」❺

話雖如此，又並非暗示「新的軍事方法和觀念」不重要。事實上，那些方法和觀念對於拿破崙的勝利也同樣具有重大貢獻。它們一部分是革命的產品，另外有一部分雖早已發源於舊時代，但僅因革命發生才使其有徹底付之實踐的可能。概括言之，在軍事組織、戰術、技術等方面的創新可歸納爲下述四點：一、師的編制，二、輕步兵，三、野戰砲兵，四、攻擊縱隊。

## 一、師的編制

師(division)已成常用軍語，大家也許早已忘記這個名詞的來源。大約在十七世紀末期，由於燧發式步槍和刺刀的普遍使用，遂使步兵獲得較大的獨立戰鬥能力。於是在作戰時步兵可以不必完全集中，而分派小部分步兵充任前衞、後衞，或側衞，也就變成一種很普遍的措施。法國包色特將軍(Pierre-Joseph de Bourcet, 1700-1780)首先主張把兵力分爲獨立的「師」("division"的原意就是「分」)，其中包括各種不同兵種在內。每個師可採取不同的路線行動，並彼此互相支援，這樣可以獲得較大的速度和彈性。❻

此種觀念雖發源於包色特，但到拿破崙時代始發展成熟，其原因有三：(1)假使數量不大，也自無劃分之必要。僅當實行徵兵制之後，軍隊人數大量增加，此種組織方式始有重大價值；(2)武器的進步，而尤其是火砲，使小單位的獨立戰鬥能力得以大增；(3)十八世紀後期的

歐洲，道路系統有顯著的改進，耕地面積也隨之增加，於是部隊在行軍路線上也就可有較多的選擇。上述第三點又導致一種新的戰略計算。過去部隊人數少、行動也慢，所以其所需補給可從後方用「補給縱列」(supply train)源源不斷地送往前方而不虞匱乏。現在部隊數量大增，此種老辨法已經行不通，於是唯一的辨法即爲就地徵發，這也就是所謂「以戰養戰」(la guerre nourrit la guerre)。拿破崙曾經說過：「知道如何從佔領地區抽取各種補給，即爲戰爭藝術的精華。」❼

此種「因糧於敵」的系統構成拿破崙戰略的基礎。其大軍團分成許多個師，每個師都由步、騎、砲三兵種以及其他支援單位所混合組成。在師之上他又加上「軍」(corp)的組織。這些大單位在戰役中都採取不同的道路，負責其自己的地區，但仍能相互支援，這樣不僅使他們的行動都能比較迅速而有彈性，同時也使統帥在戰略上能有較大的選擇自由。自從法國首創此種模式之後，不久也就爲其他國家所陸續採用。不過嚴格說來，拿破崙並未創新，只是把前人的思想遺產加以充分利用而已。

## 二、輕步兵

直到菲德烈的時代爲止，歐洲軍隊在戰場上都還是採取密集的橫線隊形，在軍官監視之下進行戰鬥。但在許多特殊環境中，例如山地、森林、村落等，此種戰術即很難適應。在那些情況中必須使用自由運動、自由射擊的「散兵」(skirmishers)。在巴爾幹半島和北美洲，此種輕步兵都已有很好的表現。到法國革命前夕，歐洲各國都已有輕步兵，但卻仍只被視爲一種輔助兵力。革命帶來新的改變：(1)革命軍人數大增但又缺乏嚴格訓練，不能適應傳統的橫線戰術；(2)革命軍爲自

由人，爲保衞自由而戰，他們以受軍官監視爲恥，以各自爲戰爲榮；
(3)火力的增強使密集隊形的損失太大，迫使歐洲的正規(regular)軍也
得不採用過去所謂「非正規」(irregular)的戰術。

## 三、野戰砲兵

　　砲兵與拿破崙有重要的淵源，值得較深入的分析。七年戰爭時，
奧普兩國的砲兵在技術和訓練上都遠優於法國，但戰後法國急起直
追，在格里包發將軍(General de Gribeauval)指導之下，法國砲兵在
1760 年代達到了標準化、機動化、精密化的要求。此後杜特兄弟(Chev-
alier Jean du Teil and Baron Joseph du Teil )又對砲兵戰術提出
了很多新觀念，而他們也正是拿破崙的恩師。1778 年大杜特在其所著
《戰役中新砲兵的使用》(*De l'usage de l'artillerie nouvelle dans
la guerre de campagne*)書中指出：在攻城戰中所常用的觀念是如
何可以應用在野戰中，尤其是可以如何集中砲兵火力以來在敵軍戰線
上造成裂口並加以擴張。他也強調火力與運動互賴，斜射優於直射等
戰術觀念，但又仍然一再回到集中努力的需要。他說：

> 我們必須把最大量的部隊和較大量的砲兵集中在我們想要突破
> 敵線之點上，……我們在足以決勝的攻擊點上必須增強砲兵，……
> 明智和大量的使用，砲兵即能帶來決定性結果。❽

　　法國革命時，許多貴族出身的軍官紛紛逃亡，但以中產階級爲主
的砲兵軍官則效忠革命政府，並變成軍事組織中的主力，拿破崙即爲
其中之一人，而他也正是杜特兄弟的入室弟子，在思想上深受他們的
影響。拿破崙執政後，砲兵更成爲其寵兒。砲兵已不再是輔助兵力而
升格爲與步兵和騎兵平等的基本兵種。法國砲兵在全歐洲不僅效率最

高，而且機動性也最強。這是有史以來第一次，步兵在各種不同的戰鬥中都能獲得野戰砲兵的密切支援，於是使法軍的打擊力大增。

## 四、攻擊縱隊

最後的一種戰術革命是在攻擊中用縱隊來代替橫隊，換言之，所強調的是攻擊衝力(offensive shock)而非防禦火力(defensive fire)。此種思想又是以吉貝特的《戰術通論》為源頭。革命後的法軍所採取的正常攻擊隊形為密集縱隊，而以一羣散兵為掩護和前導。他們以高速前進，直撲敵軍並企圖以白刃決勝負。此種隊形不能充分發揮步兵火力，而且損失有時也很重大(但不一定比密集橫隊較高)，其優點則為軍官容易掌握部隊，並讓訓練不足的新兵可以保持信心和團結。

綜合言之，法國革命帶來戰爭革命，此種革命又是以新的政治、經濟、社會、心理、軍事、技術因素為其基礎。拿破崙不僅能充分認清此種革命的巨大潛力，並且還能發現如何將各種不同因素加以整合運用的祕訣。誠如克勞塞維茨所云：他改正那些創新的技術弱點，使其效力得以充分發揮，把法國的全部資源用來替一種新系統服務，所以也就能夠一度獲得絕對優勢。❾

# 貳、天才與思想

基於前節的分析，可以確認革命的遺產實為拿破崙的最大資本，甚至可說是賭本。但其偉大勝利又非垂手可得。事實上，若無他那樣的天才，則革命的潛力又還是不能充分發揮。至少，應該說，拿破崙

的天才與法國革命的遺產是彼此配合，相得益彰。

　　拿破崙是已被公認爲自亞歷山大以來，西方世界中的最偉大軍事天才，他所打過的會戰次數要比亞歷山大、凱撒、菲德烈三人的總和還較多。天才固已成定論，但他是何種天才？則又還是有很多不同的意見。拿破崙是一種天生的領袖，其心思和體力都有一點異於常人。卡萊在《英雄與英雄崇拜》(*Heroes and Heroworship*)書中說：「他敢作敢爲，自然應該爲王，人人都認爲他應如此。」米尼伐(Ménevál)說：「他不僅在思想上居於主動，而且事必躬親，他有超人的精力，好像能有充分的時間來管理一切事務。」考蘭柯特(Coulaincourt)則認爲：「很少有人能像他那樣在同一時間內專心致力於一種思考或一種行動。」這兩人都追隨拿破崙很久，其意見足以代表長期的體驗。❿

　　拿破崙在 1812 年出發征俄時，他自己說：「我感覺我是受到某種力量驅使而向一種我所不知道的目標前進。」他像一位藝術家有一種創造狂熱。又誠如斯賓格勒(Oswald Spengler)所云：「拿破崙的一生是無限的勞苦，不是爲他自己，不是爲法蘭西，而是爲未來。」⓫

　　一般人所尊重和分析的都只是拿破崙的軍事天才，但戴布流克卻認爲儘管拿破崙具有戰略眼光和指揮會戰的天才，但其眞正的才能是政治多於軍事。他並非把戰爭當作一種最後手段和用它來補救外交的失敗，戰爭只是其外交政策中的一個中心因素。而且除非爲環境所迫，否則他也從不用不適當的軍事資源去追求重要的政策目標。⓬

　　拿破崙身兼國家元首和最高統帥達 15 年之久，幾乎無人能限制其行動自由，所以能使政治與戰爭密切整合，尤其能迅速作成決定並迅速予以執行。其外交手段有驚人彈性，能適應軍事情況的變化。反而言之，其戰略又經常有明白的政治目標。因此，政治目標支配戰略計畫，而計畫的要旨又即爲找到敵軍戰線上的決定點，然後再集中全力

向其發動打擊。拿破崙從其老師（杜特兄弟）思想中學會了下述祕訣：「戰略計畫像攻城戰一樣，集中火力對準單獨一點，只要打開一個缺口則敵軍就會隨之崩潰。」❸

　　拿破崙不喜用「戰略計畫」（strategic plan）這個名詞，他認為那具有一成不變的涵意，所以寧願用「戰略準備」（strategic preparation）。在他那個時代，戰略要比今天更具有在不確實領域中思考和行動的意義，這又暗示必須考慮各種不同情況，包括最壞的在內。所以，他說：「除非計算，否則在戰爭中將一無所獲。」這也正是孫子所云：「多算勝，少算不勝。」他又說：「我的習慣是採取多種預防措施，而不把任何事物委之於機會。」❹

　　實際上，他的戰略有許多都是出自他人的思想，或至少並無特殊過人之處。柯林（Jean Colin）為二十世紀前期研究拿破崙的權威，曾指出：「假使把最卓越的拿破崙計畫拿來與其對手的計畫作一比較，我們將很難發現其間有太大的差異。」誠如他自己所云：「戰爭藝術很簡單，一切都不過是執行的問題。」❺

　　拿破崙雖強調計畫和準備，但實際上，有時也不免採取臨時拼湊的應急手段。不過，他有一項中心觀念始終不變，即尋求決定性會戰。他總是盡可能把優勢兵力集中在決定點上，甚至於寧願讓次要的基地或交通線留在無保護的狀況之下。由此逐導致一項最重要的原則，那就是「指揮的統一」（unity of command）。拿破崙對於此一原則提出過不少的格言（Maxims），甚至於到今天仍常為人所引述，不過，很諷刺，統一的指揮固然是其許多輝煌勝利的基礎，但也正是其最後失敗的根源。

　　在其早年（1796），拿破崙曾上書當時的執政指出：「政府必須對其將領有完全信心；容許他有廣大的權限，而只需將其所應達到的目的告訴他。」這與孫子所謂「將能而君不御」的觀念完全符合。只要

環境許可，指揮的統一要求在一位單獨的將領之下，將所有能用的兵力都集中在主戰場之內。而無知或脆弱的政府則有一種把兵力分散用來掩護一切要害的共同趨勢。1806 年拿破侖曾寫信給他的長兄約瑟夫（Joseph Bonaparte, King of Naples）警告著說：「假使你想保護你的王國中所有各點，則動用法國的全部兵力也都還不夠。」這又與孫子所云：「無所不備則無所不寡」的警語如出一轍。❶❻

　　拿破侖非常重視人的因素。他說：「在戰爭中許多人輕若鴻毛，而有一人重如泰山。」他又說：「一位壞的將軍要比兩位好的將軍還要好一點。」拿破侖自視頗高，目無餘子，他說：「我之所以為我者，是意志、性格、勇氣所使然。」然後他又反而言之：「由一頭鹿領導的獅軍（an army of lions），根本上就不是獅軍。」拿破侖非常重視將道，在這一方面他有很多的名言：「將軍的必要素質即為決斷（resolution）。」「戰爭的成功有賴於慧眼（coup d'oeil），必須能察覺會戰中的心理關鍵時刻。在奧斯特里茲，假使我提早 6 小時發動攻擊，則我應已失敗。」❶❼

　　拿破侖對於心理問題有深入的了解，他有一句名言：「在戰爭中精神之於物質是三比一。」他經常使用各種手段以來激勵士氣，他深知「重賞之下，必有勇夫」的道理。他的勁敵威靈頓曾指出，拿破侖給予軍人以特殊獎賞，任何軍人甚至於二等兵都有封侯拜將的機會。不過，他又認清僅憑物質獎勵還不夠，因為「英勇不是用金錢可以買到」，他的祕訣是訴之於榮譽感。他了解人之所以願意犧牲生命，往往是由於其本身所並不了解的原因。他深知心靈感應之微妙，經常與其部下保持個人接觸，他說：「人員對我有信心，精神力往往比數量更能決定勝利。」他個人的魅力和信心對於其部下和敵人都能產生重大的精神衝擊。威靈頓認為拿破侖個人的出現可以相當於 4 萬人的大軍，在一片「皇帝萬歲」（Vive l'Empereur!）的歡呼聲中，法國部隊

就會赴湯蹈火，萬死不辭。克勞塞維茨對此也深有認識，他曾剴切指出任何戰爭理論若不考慮官兵的心理則根本毫無意義。**⑱**

　　從戰略思想史的觀點來看，最令人感到遺憾的事實即爲拿破崙對於他自己的思想始終未能作一種有系統的綜合闡述。據其部將聖西爾元帥在其回憶錄中所云，拿破崙曾經向他說過：「假使有一天我能找到時間，我會寫一本書。在書中我將對戰爭的原則作如此明確的闡述使所有的軍人都能了解，於是戰爭就可以很容易當作科學來學習。」**⑲**不過，他似乎永遠找不到他所需要的時間，所以這本書也就永遠不曾寫成。不過，所幸他還是留下了大量的文件，以及口述的遺言。專以《拿破崙文件》（*Correspondance de Napoléon* I）一書而言，即有 32 卷之多，這也可以說是一座寶山，足夠後人來作深入的掘發。富勒將軍認爲若能研究其戰役的經過和他所留下的文獻，則可以顯示拿破崙心目中的戰爭原則似乎可分爲下述五點：

### ㈠攻勢（Offensive）

　　拿破崙經常採取攻勢，甚至於在戰略上採取守勢時（1813-14），也仍然在戰場上一再發動攻擊。他幾乎永遠保持主動，他說：「我的想法和菲德烈一樣，必須經常先攻擊，容許自己受攻擊實乃大錯。」他又說：

> 像亞歷山大、漢尼拔、凱撒、古斯塔夫、屠雲尼、尤金、菲德烈等人一樣地發動攻勢戰爭，……以他們爲模範，那是成爲名將和了解戰爭藝術祕訣的唯一途徑。

　　不過，拿破崙又非像查理十二世（Charles XII）那樣有勇無謀，他說：「是否應該進攻必須事先愼重考慮，但一經發動攻勢之後就必須堅持到底。」於是他又說：「決心入侵某一國家時，不可害怕決戰，

必須到處尋覓敵人而將其殲滅。」此外，他也強調追擊的重要，他指出不應讓敵人有喘息和重組的時間。

## ㈡機動（Mobility）

拿破侖深明「兵貴神速」的古訓。他說：「在戰爭藝術中也像在力學中一樣，時間是力量與重量之間的決定因素。」他又說：「在戰爭中時間的損失是無可補救，任何解釋都沒有用，因為遲誤即為作戰失敗的主因。」在烏爾門（Ulm）戰役中，他的部下們說：「皇帝已經發明了一種新的戰爭方法，他所利用的是我們的雙腿而不是刺刀。」因此，拿破侖又說：「最好的兵不是會打仗而是會走路。」「軍人的首要素質即為忍苦耐勞，而勇敢尚在其次。」反之，他又非常重視人員的健康，他說：「疾病是最危險的敵人。」「寧可讓部隊去從事流血最多的戰鬥，而不可讓他們留在不衛生的環境中。」

## ㈢奇襲（Surprise）

除在戰場上作出乎敵方意料之外的兵力集中之外，拿破侖的奇襲幾乎都是戰略性的，而很少是戰術性的。其著名的會戰，例如馬侖哥（1800）、烏爾門（1805）、耶納（1806）等都足以提供證明。他曾經指出：「戰略就是運用時間和空間的藝術。我是比較重視前者。空間喪失了還可收回，時間則一去永不回。」

## ㈣集中（Concentration）

為進行決定性會戰，拿破侖縮減一切次要任務，以便能集中最大的兵力。柯林曾引述其言如下：「軍隊必須集合，而最大兵力應盡可能集中在戰場上。」在此對於「集合」（assembly）和「集中」（concentration）兩個名詞應略加解釋。拿破侖曾在致其兄長約瑟夫的信件中解釋

如下：「分布部隊的藝術即爲戰爭藝術。對於部隊應作這樣的分佈，使在幾天之內即能集合，而不管敵人採取何種行動。」簡言之，前者是軍或師等大單位在戰區中的分佈；後者則專指在戰場以內的兵力集中。所以，若能作正確的集合，則即令是劣勢兵力也還是能在戰場中的決定點上集中局部優勢的兵力。

### ㈤保護(Protection)

拿破崙幾乎一生都不曾打過純粹防禦戰。即令採取戰略守勢時，也還是經常作迅速的運動和猛烈的攻擊。儘管如此，當他在採取攻勢行動時又還是以保護的原則爲基礎。他說：「全部的戰爭藝術即爲首先建立一道相當合理的周邊防線，然後繼之以快速而猛烈的攻擊。」概括言之，拿破崙是與我國唐代李衞公（靖）的看法頗爲類似。拿破崙說：「防禦戰之不可無攻擊是正像攻擊戰之不可無防禦完全一樣。」李衞公的話似乎更微妙：「攻是守之機，守是攻之策，同歸乎勝而已矣。」❷

# 參、對後世的影響

拿破崙雖未著書但已立說，他所留下來的文件和遺言，幾乎到處都能顯示其思想的精華。不過，又還是像菲德烈一樣，其對後世的最大貢獻不是「言教」而是「身教」。他不僅以身作則以來教導後人應如何追求成功，而尤其更重要者是他也已教導後人應如何避免失敗。儘管他的天才是毫無疑問，儘管他在全盛時期能贏得輝煌的勝利，但最後又終於難免失敗。其原因安在？這是一個非常值得深思的問題，而同是也能對後世提供最重要的警告或教訓。

本來是拿破崙手下元帥之一，以後又背叛他而成爲瑞典國王的貝納多提(Charles Bernadotte)曾作評論如下：

> 拿破崙不是爲他人所擊敗，在我們所有這些人之中他是最偉大。但因爲他只依賴其自己的才智，所以上帝才會懲罰他。他把才智用到其最大限度，遂終於難以爲繼。任何東西最後總還是會破裂。❹

首先從軍事因素說起，拿破崙的最大本錢即爲其素質和數量都遠佔優勢的兵力。但戰爭曠日持久之後，在這兩方面也就日益難於保持原有的優勢。法國部隊連年征戰，損失重大，新兵的素質逐漸低落。而其敵方(普魯士、奧地利、俄羅斯)也都已開始實施徵兵制，或設法動員其龐大人力，並屬行軍事改革。所以，到後來拿破崙也就不能贏得會戰，於是其整個戰略也就開始破產。

拿破崙一向堅持由他一人指揮，但當他的大軍人數到達 6 位數時，這種辦法也就開始行不通。戰場的遼闊，單位的眾多，已經無法再由他一人控制。簡言之，拿破崙未能建立一套適當而有效的指管通情系統($C^3I$)，實爲其最後失敗主因之一。拿破崙對於手下的大將只要求他們服從，而並不容許他們有行動自由。誠如他的參謀長貝塞爾(Louis-Alexandre Berthier)所云：「無人知道他的思想，我們的職責就是服從。」❷ 這也正是古今獨裁者的通病，對於奇才異能之士往往不敢重用，而庸才卻能獲得信任。拿破崙在聖海倫島(St. Helena)上曾經這樣感慨地說：「假使有一個像屠雲尼那樣的人在戰役中做我的副手，則我應該已經是世界的主人。」❸ 事實的眞象並非如此，當時，甚至於在其帳下，也並非沒有可用的人才，只是他並不重視而已。反而言之，即令有屠雲尼那樣的人才，他也還是不會完全信任，結果也還是不能發揮輔弼的功效。從這一點來評估，拿破崙實不如漢高祖

遠甚。

拿破崙的最大弱點也許還不是在軍事方面，而是他未能從大戰略的觀點來思考戰爭與和平的問題。他雖是法國革命的兒女，但並不了解工業革命的含意。他只想推翻舊王朝，建立新秩序，但卻完全忽視「權力平衡」的運作。他知進而不知退，能發而不能收。好大喜功而不知持盈保泰。到最後遂終於喪失了平衡合理的戰略意識，將其國家資源和部隊戰力消耗殆盡，而走向敗亡的不歸路。

儘管其在陸戰方面的成就是有目共睹，雖敗猶榮，但他卻缺乏全球性的眼光，他的戰略始終僅以歐陸爲範圍。他對海權幾乎毫無了解。他企圖用所謂「歐陸體系」（continental system）來封鎖英國以使其經濟崩潰，實近似妄想，因爲英國握有海權，仍可繼續與全世界維持經貿關係，而且同時也仍能利用財力和外交手段，一再組成反法同盟。反而言之，由於他企圖嚴格執行封鎖禁令，遂終於導致征俄戰役，並敲響其大陸帝國的第一響喪鐘。他在聖海倫島上曾經這樣指出：「俄國是英國的最後資源，整個世界的和平都寄託在俄國身上。但不幸！英國的黃金已經證明出來要比我的計畫更強。」這可以顯示他終於已有這樣的覺悟，獨恨其不早耳。❷

拿破崙雖然所向有功，但他使用的工具並無任何異人之處。法國部隊的武器裝備與其他國家的幾乎完全一樣，至少不曾佔有任何顯著的優勢。正因如此，所以其偉大的天才也就更分外受到世人的崇敬。但反而言之，此種事實又適足以顯示其心靈上的另一項重大弱點。他很守舊，對於武器和技術的進步經常表現出排斥或忽視的態度。他在1799 年解散法國已有的氣球單位（balloonists）。假使他曾保留此種單位並善於利用，則在 1815 年李格尼（Ligny）會戰之後，他也許就能發現蒲留歇（von Blücher）的退卻方向，於是他也就能事先獲得預警，知道在滑鐵盧所遭遇的敵人除威靈頓的英軍以外，還可能會有蒲留歇的

普軍。此外，有一位英國的上校在 1808 年即曾發明了榴霰彈（shrap-nel，因發明人的姓而命名），但拿破崙從未使用它，否則這種砲彈就能夠很快地擊潰威靈頓在滑鐵盧的步兵方陣。❷❺忽視技術因素本為戰略家的通病，但以天才如拿破崙者而言，則似乎不應如此。

　　從現代戰略研究的觀點來看，戰略的範圍早已不僅限於軍事或戰爭。不過，過去研究拿破崙的人，無論為軍人或文人，其研究重點又幾乎都還是放在純軍事方面。許多人都企圖發現拿破崙的勝利祕訣，並希望此種發現能對未來戰爭的準備有所貢獻。從十九世紀開始，拿破崙即已成為歐洲戰略思潮的新源頭。歐洲軍人中的菁英份子對他都無不推崇備至。拿破崙的功業和言論對於爾後軍事思想的發展所產生的影響是至深且鉅，實可不言而喻，甚至於到今天，此種影響力仍繼續存在。一位德國將軍在第一次大戰前夕寫了一本書，名為《拿破崙的將道以及其對我們這個時代的意義》（Hugo von Freytag-Loringhoven, *Die Heerführung Napoleons in ihrer Bedeutung für unsere Zeit*）。書中有云：

> 雖然拿破崙的時代到現在已經很遠，但拿破崙戰爭的研究對我們還是有其重大價值。因為這些戰爭的教訓構成今日軍事思想的基礎。

　　在法國方面，柯林在其所著《戰爭的演變》（*Transformations of War*）書中也這樣地指出：

> 雖然我們不能照抄拿破崙的模式，但他還是能賜與我們以很多的靈感。對於拿破崙戰爭若能作反省的思考，則所獲得的理念是可以應用於二十世紀。❷❻

# 註 釋

❶ Michael Howard, *War in European History*(Oxford, 1976),p.76.

❷ Carl von Clausewitz, *On War*(Princeton, 1984), p.518.

❸ Harold and Margaret Sprout, *Foundation of National Power*(Van Nostrand, 1955),p.111.

❹ Michael Howard, *War in European History*(Oxford, 1976),p.80.

❺ Carl von Clausewitz, *On War*(Princeton, 1984),p.609.

❻ James Marshall-Cornwall, *Napoleon as Military Commander*(London, 1967),p.17.

❼ Peter Paret, "Napolean and the Revolution in War," *Makers of Modern Strategy*(1986),p.125.

❽ Michael Howard, *War in European History*, p.78.

❾ Carl von Clausewitz, *On War*(1984),p.592.

❿ J.F.C. Fuller, *The Conduct of War, 1789-1961*(Rutgers, 1961),pp.43-44.

⓫同前註。

⓬ Hans Delbrück, *History of the Art of War*(Greenwood, 1985), Vol. IV, p.494.

⓭ Yorck von Wartenberg, *Napoleon as War Lord*(London, 1902),Vol. I, p.38.

⓮ J.F.C. Fuller, *The Conduct of War, 1789-1961*, p.47.

⓯ Jean Colin, *The Transformations of War*(London, 1912),p.432.

⓰ J.F.C. Fuller, *The Conduct of War, 1789-1961*, p.45.

⓱同前註，pp.45-46。

⓲ Peter Paret, "Napolean and the Revolution in War," *Makers of Modern Strategy*(1986), p.134.

⓳ J.F.C. Fuller, *The Condnct of War, 1789-1961*, p.49.

⓴有關拿破侖戰爭原則的分析均引自 J.F.C. Fuller, *The Conduct of War*, pp.45-52.李衛公之語見鈕先鍾，《中國戰略思想史》，p.382。

㉑ James Marshall-Cornwall, *Napolean as Military Commander*(1967),p.296.

❷ J.F.C. Fuller, *The Conduct of War,* pp.53-55.

❷同前註，p.47。

❷同前註，p.57。

❷ Richard A. Preston, *Men in Arms*(Praeger, 1956),p.184.

❷均引自 Peter Paret, "Napolean and the Revolution in War", *Makers of Modern Strategy* (1986),p.139.

# 【第九章】

# 約 米 尼

## 壹、啓明的延續

從十六世紀到十八世紀，歐洲歷史脫離了黑暗期，進入啓明時代，西方戰略思想也隨之而有蓬勃的新發展，尤其是到十八世紀後期更是人才輩出，著述風行，可謂極一時之盛。不過，概觀此一階段中的戰略思想著作，又可以發現都有一種共同的趨勢，即認爲戰爭也像其他的科學一樣，有其不變的規律和原則，而此種規則的探求和應用則又有賴於天才。所以必須才學(genius and study)並重。實際上，這也正是時代精神的表現。

法國革命和拿破侖戰爭對歐洲的歷史和思想都帶來重大的改變，在此種衝擊之下，戰略思想遂呈現出分道揚鑣的兩種趨勢：其一可概稱爲啓明的延續，其二可概稱爲啓明的反動。前者繼續採取啓明時代的治學精神和方法，並相信它們對於新的環境也仍能適用。後者則否定啓明運動，並主張應另覓新的途徑。這兩大趨勢的代表者即爲號稱十九世紀前期兩大師的約米尼和克勞塞維茨。他們二人生活在同一時

代中，其思想必然有其共同的背景，但他們又還是各立門戶，自成一家之言。此種同中有異，異中又有同的現象眞是多采多姿，相映成趣，令人嘆爲觀止，也可以說是戰略思想史中少見的盛事。本章以約米尼爲主題，下一章則以克勞塞維茨爲主題。

約米尼在思想上是啓明的延續，同時也可以說是集此種思想之大成，而成爲此一學派的最後宗師。但在他之前又還是有許多的軍事思想家，都曾對他具有相當的影響作用。其中比較重要者都已在第七章加以論列，在此不必贅述。不過，與約米尼同一時代而略早者還有奧國的查理大公(Archduke Charles, 1771-1847)，他在思想上與約米尼有相當微妙的淵源，因此，必須在此略作簡明的補充敍述。

查理大公是奧皇李頗德二世(Leopold II)之子，法蘭西斯一世(Francis I)之弟。他很早就在 1793 年參加對革命法國的戰爭，1796年曾在德國南部兩次擊敗法軍，不過次年卻爲拿破侖所擊敗，到 1799年又大敗約爾丹(Jourdan)所指揮的法軍。雖然在整個戰爭期中，奧國軍隊的表現可能在各國之間是最差勁，但他還是被公認爲奧國的最佳將才。

查理大公在 1800 年又受任於敗軍之際，負責奧國的軍事改革，但因爲他是皇弟，深爲其兄所畏忌，所以經常受到宮廷政治的牽制而無法得展其長才。最後終於解除兵柄，並且不再過問國事，儘管如此，其高風亮節以及在戰爭中的紀錄仍然受到世人的尊重。他有很多著作，包括歷史的回顧和理論的分析在內，其傳世之作《戰略原則》(*Principles of Strategy*)，是在 1814 年首次公開發行，並迅速被譯爲法文(1817)和義大利文(1819)。其全部著作以後又已編成全集保存。❶

從其著作中可以發現查理大公的思想受到三條不同路線的影響：(1)是啓明時代的傳統路線，(2)是勞易德和鄧培霍夫的作戰線觀念，(3)

是畢羅所提倡的幾何分析。其第一本理論著作，名爲《高級戰爭藝術原理》(*Principles of the Higher Art of War*)是完成於 1806 年，書中結論爲：

> 戰爭科學的原則只有少數幾條而且永遠不變，但其應用則千變萬化，永遠不會相同。每逢軍事情況發生改變，包括武器、兵力、位置、新發明等，則這些規律也就會有不同的應用。❷

所以，他認爲戰爭的原則雖以數學化的明顯眞理爲基礎，但其應用則必須有賴於判斷，而判斷力的養成則必須以歷史研究和軍事教育爲基礎。所以，天才與經驗又必須用科學原則和歷史研究來增強。❸

查理大公認爲無論在攻勢戰爭或守勢戰爭中，下述主要規律都同樣有效：

> 在替我方主力選擇作戰線或位置時，必須永遠不讓敵軍接近我方的交通線和補給來源。攻擊者應企圖透入敵國以求切斷其補給來源，而防禦者則應保護其本身的交通並爭取時間。❹

基於以上的引述，即可顯示查理大公是深受勞易德和畢羅的影響。他對於戰爭採取謹愼的態度，也不認爲會戰即爲戰爭的焦點。他在其《戰略原則》書中指出：

> 一切的部署和運動都必須能對下述各項提供充分的安全保障，包括有後方的要害(key to the country behind)，儲積補給的作戰基地(base of operations)，與這些補給之間的交通，以及我軍所選擇從其基地向其所作戰目標(objective of operations)前進的作戰線(line of operations)。❺

以名詞而言，「作戰線」是勞易德所首創，至於「基地」、「目標」

等則都是出於畢羅，不過「戰略要害」（strategic key-points）的觀念則應算是查理大公的貢獻。所謂「要害」者即爲能支配基地、交通和目標之點，構成「對國家的鎖鑰」（key to the country）。所以，在作戰計畫中的首要考慮即應爲確定和爭取此種要害。

當《戰略原則》在 1814 年出版時，立即受到廣泛的好評，這當然與查理大公的皇室地位和戰時威望不無關係。此種現象也使當時已負盛名的約米尼感到震驚。約米尼一向恃才傲物，對於其他軍事思想家都無好評，但對於天潢貴胄的查理大公又還是不敢掉以輕心。所以當查理大公要求他將《戰略原則》譯成法文時，約米尼欣然同意，同時由於該書的出版，遂又促使約米尼要想寫一本更完善的理論著作，以來達到後來居上的目的。其結果即爲他的《戰爭藝術》。事實上，他們兩人在思想上是有彼此相互影響之處，約米尼在他的書上曾收容查理大公的觀念，而查理所列舉的原則有一部分也可能是曾受約米尼的影響，例如把兵力集中在決定點上的原則。

克勞塞維茨對於其他思想家的批評也一向是非常鋒利，而且貶多於褒，但他在《戰爭論》中卻說查理大公是「一位正確的歷史學家，一位敏銳的批評家，而尤其是一位良將」。❻不過在其較早期的論文中又還是對查理作了毫不客氣的批評：

> 第一，他缺乏求勝的企圖心。第二，其判斷雖大致良好，但其基本戰略觀念則完全錯誤。在戰爭中應以毀滅敵軍兵力爲主要目的，但他所追求的成功僅爲佔領某些陣地和地區而已。❼

當查理大公著書立說之時，奧國在歐洲還是領袖國家之一，1815年的維也納會議，由奧國首相梅特涅主持，即可作爲象徵。但曾幾何時，奧國即已降級爲二等國家。軍事思想的重心通常都是隨著軍事權力的盛衰而移轉。拿破崙雖敗但其餘威猶存，所以在十九世紀前期，

作爲拿破侖戰略思想解釋者的約米尼遂能確保其權威，普法戰爭(1870)之後，德國變成歐洲第一強國，於是克勞塞維茨遂開始變成受到廣泛崇拜的新偶像。至於查理大公的著作則已無人問津，學術思想界居然也是如此勢利，眞是令人不勝感慨。

概括言之，查理大公與約米尼採取的是同一路線，其基本觀念幾乎是大同小異。他們所代表者即爲啓明時代的延續。

# 貳、約米尼的生平

約米尼(Antoine Henri Jomini)出生於 1779 年，其故鄉培恩(Payerne)屬於瑞士的法語地區。他是眞正的中等階級出身，青年時在巴黎的銀行中充當小職員。受到法國革命刺激，1798 年回到瑞士利用人事關係，在法國的附庸，希維提共和國(Helvetic Republic)，充任其軍政部長的祕書，並取得「少校」(chef de bataillon，即營長)的官階。1801 年他又返回巴黎從事舊業，並開始對軍事學術的研究發生極大的興趣。❽

1802 年約米尼在遍讀啓明時代法國思想家的著作之後，開始寫作其第一本書，其內容爲列舉一套格言(maxims)。這本書受到拿破侖手下大將賴伊(Michael Ney)的欣賞，他邀請約米尼加入其幕僚，但只是沒有正式官階的約聘人員。此時，約米尼才發現勞易德和畢羅著作的法文譯本。他們的思想對約米尼產生了莫大的衝擊，因此他決定要把其原有的著作燒掉而再寫一本新書。這一部新著即爲第一部揚名天下的書，中文譯名爲《大軍作戰論》，其法文原名爲 *Traité des grandes operations militaires,*而英文譯名則爲 *Treatise on Grand Military Operations*。在西方著作中常簡稱爲 *Treatise*，本書以下敍述及

註釋中將簡稱其爲《作戰論》。這部書的主題爲討論菲德烈大王的戰役以及法國革命戰爭。其最初兩卷是在 1804-5 年間出版，以後又續成 3 卷，全書第一版是在 1809-10 年間完成。❾

約米尼以賴伊幕僚的身分參與 1805 年的戰役，並乘機將其新著呈送拿破侖御覽。據說拿破侖看了幾頁之後就驚叫著說：「什麼！這是一位年輕的少校，一位瑞士人，他所講的是我的教官所從來不曾對我講過的，而且可能也只有極少數將領能夠了解。」他再讀下去就更緊張，他說：「爲什麼軍政部居然准許這樣的書出版？它把我的全套戰法都告訴了敵人，這本書應立即禁止發行！」但過了一會他又恢復冷靜然後說：「我實在不必庸人自擾，那些敵方老將根本不讀書，而讀書的青年軍官又還不夠資格有指揮權。不過，這樣的書今後必須經過我親自批准始得出版。」接著拿破侖就命令將約米尼列入晉升上校的名單。❿

1806 年 9 月，拿破侖在梅因茲（Mainz）召見約米尼，此時拿破侖正準備進攻普魯士，因認爲約米尼對菲德烈戰役有研究，故調他到大本營服務以備諮詢。

由於約米尼必須返回賴伊軍部作必要的交代，於是就問拿破侖，是否 4 天之後應在班堡（Bamberg）與其會合。拿破侖反問：「誰告訴你我要前往班堡？」當他說這話時是一半驚訝，一半惱怒，因爲那是其心中的機密，似乎不可能洩漏。

約米尼不慌不忙地回答：「陛下，日爾曼的地圖、馬侖哥（Marengo）和烏爾門兩次戰役告訴我的。」拿破侖遂叮囑他絕對保密，連參謀長貝塞爾都不要讓他知道。這一件事曾使拿破侖獲得極深刻的印象，以後他在聖海倫島上過著放逐生活時還曾追述此事。⓫

以上的故事固然傳爲美談，但約米尼與拿破侖的關係又還是有很多疑問。即令拿破侖對於約米尼的才學是相當欣賞，但他始終未獲重

用則又爲事實。其主因似與約米尼本人的性格有微妙的關係。約米尼一向恃才傲物，文人氣息極重，與那些老粗出身的軍人經常發生衝突，而拿破崙的參謀長貝塞爾元帥更是其頭號敵人。他一共曾辭職達 15 次之多，雖都獲慰留，但仍可以反證其人際關係之惡劣。

1812 年征俄戰役時，約米尼已升任准將，頗有貢獻，尤其當法軍撤退時，能夠安全地渡過柏也及納河（Beresina），而倖免於全軍覆沒，實應歸功於其思想敏捷，行動迅速。但他本人則因積勞成疾，幾乎送命。據說拿破崙事後曾表示若非約米尼久病不癒，否則他在那時可能升他爲元帥（此說似不太可靠）。**⓬**

1813 年約米尼病癒又回任舊職（賴伊的參謀長），但他所受到的排擠卻日益增強，最後遂不得不自動求去。他向俄皇亞歷山大表示願到俄國服務，後者即欣然接受並待以客卿之禮。此時約米尼 34 歲，但早已是國際知名的戰略學者。關於他的投奔俄國有很多的評論，但大致都對他表示同情，其理由可分下述三點：(1)他是瑞士人而非法國公民，所以不能算叛國；(2)當時法國已與同盟國休戰，根據歐洲慣例，軍人在此時可以投向另一國家；(3)約米尼在法軍陣營中已無法再留，不走將有殺身之禍。

在 1815 年以後的和平時代中，約米尼才開始交老運。他繼續充任俄皇的高級顧問，幫助他進行軍事改革，此後 56 年他始終被列在俄國將官名單內。不過，大部分時間仍生活在巴黎，並從事於其著作生涯。他的名望隨著壽命而升高。等到他在 1869 年（剛剛過 90 大慶之後）逝世時，更是已被公認爲獨步全球，一時無二的兵學大師。眞可謂實至名歸，生榮死哀。此時他的著作早已風行世界，成爲各國軍事學校的基本教材，全球軍人都對他敬若神明。這位半路出家的高僧，在其圓寂時，應該感覺到心滿意足而無遺憾。

# 參、著作與思想

像大多數軍事作家一樣，約米尼的著作可概分為兩類：⑴戰史，⑵戰爭理論。但這又非絕對性的分類，因為在其歷史著作中，約米尼還是經常尋求基本原則，以來作為解釋為何及如何行動的基礎。反而言之，他在其軍事理論的研究中，又從不採取玄想的方式，而經常以史實來作為依據。

他的戰史全部共達 27 卷之多，包括菲德烈、法國革命、拿破侖三階段的戰爭都在內，從 1756 年到 1815 年，真可謂洋洋大觀。但令人感到困惑的是他對於七年戰爭和革命戰爭的研究極為詳盡，對於拿破侖在 1799 年以後的戰役則遠較簡略。是否他有一點「為親者諱」的態度，所以不願對拿破侖多作批評，那只好存而不論。約米尼的文筆有如行雲流水，其戰史雖冗長但並不枯燥。其內容是詳細、明晰和大體正確，任何研究那個時代的軍事史學者，甚至於到今天仍應視其為必備之參考書。不過，自今日視之，則多少已經過時，除供專家參考以外，一般人可能已經不知道這些著作之存在。❸

但在約米尼的理論著作中則不乏有真正不朽價值的書，百餘年來仍繼續成為從事戰略研究者的必讀書之一。其第一本理論著作即為《作戰論》，已見前述。那是約米尼思想的最原始表達。這部書完成時，約米尼是一位 28 歲的校官。在此之後直到 1838 年，他才出版了其最後一本理論著作，即《戰爭藝術》（*Précis de l'Art de la Guerre*，英譯 *Summary of the Art of War*）。西方著作通常簡稱之為 *Summary*。這是其傳世之作也是不朽之作。此時他是一位 58 歲的將官，而同時也是名滿天下的兵學大師。但值得注意的是在 30 年間，其基本觀

念幾乎沒有任何改變，尤其令人不解的是從 1838 年到他在 1869 年逝世為止，其間的 30 年他不曾再有任何著作問世。

　　約米尼之所以要寫《戰爭藝術》這本書可能是受到兩個人的刺激。其一是查理大公，他的《戰略原則》在 1814 年出版，不僅使約米尼感到震驚，而且更激發其鬥志。其二是克勞塞維茨，他的鉅著《戰爭論》已在 1832 年由其遺孀出版。書中對於約米尼有很多批評，所以，約米尼也就感覺到不能再等了，所以《戰爭藝術》遂終於在 1838 年與世人見面。事實上，他在 1830 年即曾由於俄皇尼古拉一世的建議，將其過去所寫有關戰爭理論的文章綜合編成一書，名為《戰爭藝術的概括分析》（*Tableau analytique des principales combinaisons de la guerre*，英譯 *Synoptic Analysis of the Art of War*），《戰爭藝術》即為此書的擴大和改編。《戰爭藝術》最初是分為兩卷，以後曾多次再版，和譯為各國文字，並且也一再經過後人整理刪節，所以也就有多種不同的版本。美國在 1971 年尚有新版問世。❹中文譯本出版於民國43 年(1954)，係本書作者奉先總統蔣公之命譯出呈閱，並蒙指定為軍官必讀書，本書中所引述原文均盡量以中譯本為依據。❺約米尼本人對於《戰爭藝術》的期待極高，他在序言中說：「我深信這一本書對於國王和政治家都是一本極適當的教科書。」〔作者原序，p.7〕而當代戰史大師何華德(Michael Howard)則認為那是「十九世紀最偉大的軍事教科書」。❻

　　約米尼曾自稱其基本觀念是在 18 歲時即已建立，這固然並無證據，但卻可以發現《作戰論》和《戰爭藝術》兩書中的基本觀念至少是大致相同，足以顯示約米尼的思想的確是持續而穩定。他在前書中說：

　　　作為戰爭中一切良好組合基礎的基本原則經常存在……這些原

則不變，不受所用武器性質、時間、地點的影響。……三千年來，
多少名將均因應用這些原則而獲致成功。……華格南(Wa-
gram)、法沙利亞(Pharsalia)、坎尼(Cannae)等會戰的勝利都是
由於同一原因。

　　天才對於成功有重大貢獻，因爲它決定公認規律的應用，並掌
握一切有利機會。但無論在何種情況中，天才的行動又絕對不會
違背這些規律。❼

以後約米尼在《戰爭藝術》中又說：

　　戰爭的確有幾條基本原則，雖然在不同環境中，有時應作必要
的修改，但一般說來，在戰爭的混亂和動盪中，卻可以當作主將
的南針。眞正的天才毫無疑問自能應用這些原則而毋需研究理
論。但這些簡單理論對天才還是有補助作用。可以使其信心更較
堅定。〔原序，p.6〕

　　基於以上的引述，可以發現約米尼的思想不僅持續不變，而且也
與其前輩幾乎毫無差異，足以證明他的確代表啓明的延續，並成爲此
一學派的最後宗師。不過，他究竟又還是有其特點，那就是其思想的
重點已由戰術轉變爲戰略。

　　啓明時代的軍事思想家重視戰術遠過於戰略，甚至於戰略這個名
詞和觀念也都未獲普遍接受。約米尼最初所使用的也還是「大戰術」
和「作戰」等傳統名詞，僅在讀過畢羅的著作之後，他才開始使用「戰
略」這個名詞。不過，他在思想領域中卻開闢了一條新的途徑，而這
也成爲十九世紀和二十世紀所共同承認的途徑。他認爲戰略可以簡化
成爲普遍的原則，而戰術則很難規範，並暴露在經常改變之下。早在
其《作戰論》中，約米尼即曾將其基本觀念條列如下：

　　戰略爲戰爭的關鍵（key）。

　　一切戰略都受制於不變而科學化的原則。

　　假使戰略若欲導致勝利，則這些原則要求在攻勢行動中集中兵力在某一決定點上打擊較弱的敵方兵力。**⑱**

　　當其經驗日益豐富之後，約米尼更確認戰術是不能簡化爲固定的模式，並相信十八世紀的舊觀念的確已經落伍。只有戰略似乎還是不變。拿破崙曾指出戰術每十年就得改變一次，可以顯示二人所見略同。**⑲**

　　約米尼對於戰爭理論的研究是以七年戰爭爲起點，勞易德和鄧培霍夫的著作形成其研究的基礎，不過由於站在他們的肩上（standing on their shoulders），約米尼的眼光當然是比較遠大。約米尼並不諱言他在思想上深受勞易德的影響。「最有利作戰線的選擇」爲約米尼的核心觀念，但「作戰線」卻是勞易德所首創的名詞。

　　在另一方面，約米尼雖也採取畢羅的幾何觀念，但他對於畢羅卻有很不客氣的批評：畢羅認爲凡是反對戰爭三角觀念的人都是蠢材，但其本人的理論雖自命具有科學基礎，在拿破崙戰爭中卻經不起考驗，最後只是曲解事實而已。**⑳**

　　約米尼固然反對畢羅過分科學化觀念，但同時又指控克勞塞維茨是想使一切的軍事科學都變爲不可能。事實上，他對於克勞塞維茨所採取的敵視態度是遠過於其對畢羅的程度。固然，文人相輕，自古而然，但畢羅是約米尼的前輩，而克勞塞維茨則與其同一時代，並且更曾在其書中批評他，所以無怪乎約米尼要反唇相譏：

　　　　任何人都不能否認克勞塞維茨將軍是飽學之士，而且還有如椽的巨筆。不過，他的筆法有時不免太玄妙，……其所持懷疑態度

似乎未免過火。

他又說：

> 1831 年普魯士的克勞塞維茨將軍逝世，其著作由其遺孀出版，
> 曾轟動一時。但令我深感遺憾的是該書作者在寫作之前沒有機會
> 看到我這本書，否則對他一定會大有裨益。〔原序，p.5〕

從約米尼對於畢羅和克勞塞維茨的批評上看來即可以發現他本人
的治學途徑是折中於二者之間。畢羅的過度理性主義提醒他認爲十八
世紀的傳統觀念有修正之必要。但從他對克勞塞維茨的譏評上看來，
又可以暗示約米尼還是啓明時代的繼承人，不可能完全放棄此種傳
統。

約米尼自稱他從菲德烈和拿破崙的戰役中發現戰略領域內確有原
則的存在，而那也是一切戰爭科學的鎖鑰。然後在《戰爭藝術》中明
確地定爲下述四條：

(1)利用戰略行動，將我軍兵力的大部分連續地投擲在戰區中的決
 定點上，並盡可能打擊敵方的交通，而不危及我方的交通。

(2)調動兵力使我方兵力的大部分面對敵軍的一部分。即以大吃
 小。

(3)在會戰中，利用戰術行動，將我軍大部分兵力集中在戰場中的
 決定點上，或敵線的最重要部分。

(4)應作如此安排使兵力不僅集中在決定點上，而且還能迅速同時
 發動攻擊。〔中譯本，p.43〕

可以明顯地看出約米尼的戰略觀念並無任何新意，他不過是把前
人的意見加以綜合陳述而已。唯一可以算是創見者也許即爲「中央位

置」（central position）和「內線」（interior lines）的觀念。他認為
這是他研究七年戰爭時所獲得的最重要教訓，而且也在拿破崙的戰略
中獲得了明確的證實。的確他的大名與此種觀念是有相當的因果關
係，而對於後世也曾產生相當重大的影響。此外，他對於「作戰線」
又作了很詳細的分類，創立若干新名詞並分別界定其意義〔p.65-66〕。這
固然令人有耳目一新之感，但誠如何華德所批評，這些標奇立異的軍
語是非常不幸，因為它們可能使約米尼留給未來軍事思想家的最重要
遺產反而變得模糊不清。**㉑**

　　約米尼在《戰爭藝術》的卷首即明白指出：

> 　　戰爭藝術包括五種純粹軍事性的部分：戰略、大戰術、後勤、
> 工程、戰術。另外還有第六種學問，而為一般人所不認識，似乎
> 可稱為「外交與戰爭的關係」。雖然那是與政治家的關係要比與軍
> 人的較深，⋯⋯但高級將領又必須了解這些知識。〔p.1〕

舊有的中譯本將第一章（politique de la guerre）的章名譯為「政
略」，那是當時流行的日本名詞，現在似乎應譯為「大戰略」較適當。
其書第二章（politique militaire）所論內容為軍事政策的國內問題，
何華德認為對當前的時代頗有價值，值得特別注意。**㉒**照原書的排列，
約米尼似乎是先論外交，後論內政，這兩章合為一體而形成一個獨立
的單元。

　　除這兩章以外，全書所論都是軍事問題。約米尼對於最後兩部分
（工程與小戰術）幾乎完全省略。在其理論體系中，戰略始終是居於
中心地位，不過在他那個時代，所謂戰略者，其涵意要比今天較為狹
窄，嚴格說來，僅以「作戰的指導」為範圍，而那又與所謂「大戰術」
很難劃清界限。若用現在的術語來表示，即西方所謂的「作戰」，或我
國官方所謂的「野戰戰略」。

約米尼對於抽象的哲學觀念毫無興趣，他所注意者均爲實際問題。他非常重視戰略、戰術、後勤三者之間的互動關係，以及多兵種的聯合作戰。他對於這些方面的分析都表現出其思想的切合實際，而且也似乎比克勞塞維茨的眼界較爲寬闊。

約米尼對於「後勤」（logistics）的重視實爲其思想的一大特點，在其書中對於後勤問題有很詳細而深入的討論，並曾有警語如下：「拿破崙的作戰固然是以明智的戰略爲基礎，但其執行則毫無疑問爲後勤的傑作（a masterpiece of logistics）。」❷

約米尼把後勤界定爲「調動軍隊的實際藝術」，但給與它以遠較寬廣和深入的意義。他指出「舊有的"logistique"範圍非常有限」，但現在戰爭和後勤都已變得遠較複雜。所以，後勤所包括的不僅爲「發動軍事行動的一切必要物質準備」，而且還有「擬定戰略戰術計畫的一切工具和安排」。因此，就其最後意識而言，後勤也就是「應用一切可能的軍事知識的科學」。❷

約米尼的書受到廣泛的閱讀，主要地是因爲其中所含有的戰略或戰術觀念，至於他對於後勤的界定和分析雖如此精闢，但在十九世紀的軍事文獻中並未能獲得任何認同。尤其克勞塞維茨是既未使用這個名詞，而也從未把後勤問題視爲戰爭中的重要考慮。

就軍事方面而言，《大軍作戰論》與《戰爭藝術》，在出版時間上雖相差 30 年，但兩書中的基本觀念幾乎沒有什麼差異。不過，後者卻增加了一個政治方面，而前者雖有時也觸及政治方面，但只是東鱗西爪，並未構成完整體系。《戰爭藝術》的第一和第二兩章，自成一獨立單元，也似乎可以代表約米尼晚年對戰爭的新認知，而且其中也的確有不少的至理名言，很值得重視。

第一章的法文原名爲"politique de la guerre"，直譯應爲「戰爭的政治（策）」，此處應補充說明，法文也像德文一樣，"politique"與

"politik"都同樣含有「政治」(politics)和「政策」(policy)的雙重意義。因爲約米尼曾說明這一章的內容似乎可稱爲「外交對戰爭的關係」(The Relation of Diplomacy to War)，所以英譯本遂多以此爲章名。其內容「所要討論的是根據那些考慮，政治家始能決定戰爭是否正當，適合時機，或無可避免，以及決定採取何種行動以來達到戰爭目的。」〔p.2〕約米尼接著就討論國家之所以進入戰爭的理由，並一共列舉了9種不同的戰爭典型，並分析其利害得失。尤其是他對於「思想戰爭」和「民族戰爭」都有親身的體驗，所以其分析也最爲精彩。此外，他又提出一項具有永恆價值的警告：「千萬不要同時進行兩個大規模的戰爭。」

　　第二章原名"politique militaire"，英譯"military policy"，中譯「軍事政策」，都無任何疑義。其內容包括：

　　　　有關軍事行動的一切政治考慮……人民的戰鬥精神，他們的武器裝備，財力資源，其對政府和體制的效忠，……最後還有可能遭遇的各種抵抗和障礙。〔p.20〕

這一章也許要算是全書中最精彩的部分，其中有許多至理名言不僅可以永垂不朽，而且和今天世局作一對比，則不禁更令人深有同感。現在就採要節錄如下：

　　　　假使在一個國家裏，犧牲生命、健康、幸福來保衛國家的勇士們，其社會地位反不如大腹賈，則這個國家的敗亡也就一點都不冤枉。〔p.36〕

　　　　民選的立法代表，其中大多數都不是偉大政治家，爲爭取人民擁護，遂不惜以經濟爲藉口而讓辛苦建立起來的強大軍事權力逐漸衰頹，或對和平寄與幻想，覺得提倡和平是比準備戰爭更能獲

得選民的歡心。〔p.25〕

　　平時應使部隊習於艱苦疲勞的生活。柔軟無力爲羅馬兵團衰敗之主因。那些軍人過去在非洲烈日之下作戰都一點不感疲倦，現在在日爾曼和高盧的涼爽天氣之下，反覺得甲胄太重，所以，羅馬帝國的末日也就快到了。〔p.37〕

　　歷史告訴我們，最富的國家不一定最強，更不是最快樂。從軍事的天秤上來衡量，鋼鐵至少是和黃金一樣重。偉大的國家不僅需要良好的財政制度，而還要有明智的軍事政策。〔p.29〕

以上條列者不過是舉例而已，但也可顯示約米尼在其晚年，思想上有很大的進步，他已經不再局限在純軍事領域之內，而開始變成一位眞正的大戰略家。

　　有人認爲約米尼之所以要寫這兩章，主要是受到克勞塞維茨的影響或刺激。這種評論似乎有商榷之餘地。事實上，他在 1830 年寫《戰爭藝術的概括分析》時，即已經把這些觀念列入書中，而當時克勞塞維茨的《戰爭論》則尚未出版。甚至於此種理論架構的建立可能還要更早，因爲在 1818 年《大軍作戰論》三版時，約米尼曾在其結論中發表下述的觀察：

　　我們毋需提醒讀者，在此所論的原則是僅以與戰爭藝術純軍事部分有關者爲限。⋯⋯此外還有其他的組合也同樣重要，那是與政治的關係較多，與軍事的關係較少。⋯⋯要在大業中獲致成功，則必須考慮資源、⋯⋯國內條件、⋯⋯與鄰國的關係、⋯⋯人民的精神等等，⋯⋯簡言之，了解含有政治、行政、戰爭、混合物的科學是絕對必要，而此種科學的基礎是已如此良好地由孟德斯鳩所奠定。❷❺

由此觀之，可以發現約米尼不僅很早就已了解軍事與政治的互動關係，而且也正像吉貝特和勞易德一樣，企圖把孟德斯鳩的思想傳統應用到軍事領域之中。

最後，還有兩點必須鄭重地提出，因為這兩點正是約米尼在思想上對克勞塞維茨所享有的壓倒性優勢：

第一點，克勞塞維茨的著作有一重大的缺點，那就是完全不曾談到戰爭的海洋方面，也許可以開玩笑地說，《戰爭論》實應改名為「陸戰論」。這當然與作者個人背景有關，普魯士是一個內陸國家，克勞塞維茨可能一生都不曾航海。反而言之，約米尼對於海權的重要卻有遠較適當的認識，他說：

> 海洋的控制十分重要，假使一個國家擁有縣長的海岸線，而又享有制海權，或能與享有海權的國家締結同盟，則其抵抗力可以增加數倍以上，因為一方面，海洋可使補給來源永不匱竭；另一方面，利用制海權的彈性，可以到處襲擊敵人，使其備多力分〔p. 15〕

這對於拿破侖戰爭時英國海權所作的貢獻可以算是非常恰當的描述，但在克勞塞維茨的著作中卻找不到這樣的議論。

第二點，約米尼對於科技和武器的問題有很多超時代的遠見，例如他曾這樣指出：

> 武器的優越可能增加戰爭勝利的機會，雖然武器本身並不能獲得勝利，但卻是勝利的重要因素之一。武器的發展日新月異，所以在這一方面領先的國家也就可以佔有不少的利益。
>
> 最近二十年的新發明似乎已使軍隊的組織、裝備、戰術都有發生革命性變化的可能。……作戰的物質必須優良，數量必須充足。

平時應妥善儲備。應盡量採他國之長補本國之短，……不可故步自封，不求長進。……對於軍事科技的研發應給與獎勵，……科學人才應受到尊重。〔p.27-28〕

在克勞塞維茨的《戰爭論》中卻很難找到同樣的言論，因為他似乎是把技術視為不變因素，並且認為雙方大致平等，可以互相抵銷。

約米尼不僅重視科技，而且對於未來的趨勢更有驚人的預知。他說：

毀滅的工具正以驚人的速度趨向於完美的標準。……假使各國政府若不能召開一次會議以來限制毀滅工具的發明，則唯一的對策即為將全部陸軍之一半改為裝甲騎兵，以便能用快速的方法奪取這些機器。而步兵也要用中世紀的裝甲，否則在未與敵人接觸之前即將被毀滅。將來無論人馬，也許都應有裝甲保護。姑無論這是否一種荒唐的幻想，但由於砲兵的進步，對於縱深的觀念是一定會有所改變。〔p.27〕

誠然，他的預言與日後的事實還是有很大的差距，但他在十九世紀前期即能提出裝甲的觀念，也還是令人佩服。

不過，他又還是堅持其戰略不變的觀念，他說：

唯一不變的東西只有戰略，從希皮奧、凱撒、菲德烈，以至拿破崙，時代雖有不同，但戰略原則還是一樣，因為它們不受武器性質和軍事組織的影響。〔p.27〕

但事實上，工業革命的衝擊卻日益增大，其所及的層面也已非僅限於戰術。到約米尼的晚年，他已經看到其全部理論體系正面對著新的挑戰。不過他仍然認為鐵路的軍事用途雖日益擴大，但還是不能改變其

戰略原則。❷

　　約米尼是啓明思想的眞正傳人，他雖然承認其原則的應用必須有賴於天才，而且也可依照環境來作必要調整，但就其根本而言，他又還是堅持其原則永遠有效，而不受時空因素的影響。事實上，與約米尼同時代的人也都大致認同此種由啓明時代軍事思想家所共同建立，一脈相傳的基本觀點。約米尼的最大成就即爲當拿破侖帶來一種新型戰爭時，他能立即提供解釋。他的觀念架構是如此簡單明瞭，足以幫助其同時代的人易於了解拿破侖戰爭的眞象。甚至於以後凡是研究拿破侖戰爭的人也都無不以其觀念爲基礎。

# 肆、批評與影響

　　古今偉大人物經常都是名滿天下，謗亦隨之，約米尼似乎也不例外。約米尼本人才氣縱橫，目無餘子，對於前輩和同時的思想家都多所譏評，想不到在成名之後，旁人也會以其之道還治其人。他對於一般的批評並不太重視，因爲那多半只是挑剔細節，而無傷大雅。但對於克勞塞維茨的言論則不能等閒視之。

　　克勞塞維茨是根本否定啓明時代的一切軍事傳統，所以，也就無異於徹底否定了約米尼理論途徑的合法(理)性。克勞塞維茨並不否認約米尼思想中有其高度實用價值的部分，甚至於他本人也像約米尼一樣地重視中央位置和內線作戰，但他卻又認爲這都不是重要問題。《戰爭論》的主旨即爲說明戰爭的指導不可能簡化成爲通用的原則。戰爭是受到無限多因素的影響，其中最主要的即爲政治條件和精神力量。戰爭中是充滿了未知和無法計算的因素，並且隨著歷史而改變。所以，當約米尼宣稱他已從拿破侖和菲德烈的作戰中蒸餾出戰爭的普遍原則

時,克勞塞維茨就會不客氣地直斥之爲荒謬（absurd）。他認爲約米尼的抽象原則忽視了戰爭的現實,精神力量的作用,以及個案的特殊條件。㉗

由於克勞塞維茨的登高一呼,於是應者四起,批評他的人遂日益增多,大致都是認爲其思想是採取教條化、機械化、幾何化的途徑。約米尼對於這些批評是深感怒惱,因爲他相信這些指控都是無中生有,極盡曲解之能事。他在《戰爭藝術》的序文中曾作總答覆如下:

> 許多作者對於我所列舉的原則都並無眞正的了解,有些把它們加以胡亂的應用,有些人更從中引出想入非非的觀念,那是我從來不曾夢想的。因爲像我這樣一個人,曾經身任將官,有參與十餘次戰役的經驗,當然應該知道戰爭實在是一幕偉大的戲劇,有一千種不同的精神和物質因素都與它有關,那是不可能簡化成爲數學計算。〔p.6〕

接著約米尼又明白說明他自己的觀念:

> 一切戰爭藝術的理論都以戰史的研究爲其唯一合理基礎,它固然有一定數目的原則和規律,但仍容許眞正的天才在對戰爭的全面指導中,保有極大限度的行動自由。
>
> 反而言之,最戕賊天才和最貽誤事機的則莫過於書卷氣過重的理論。其基礎是一種錯誤觀念,即認爲戰爭是一種「眞正」科學,一切行動都可用計算方式來取決。
>
> 最後,少數學者的玄學觀和懷疑論也並不足以使人確信戰爭是毫無規律,因爲他們的著作並不能推翻這些規律,甚至於他們自己也相信這些規律。〔p.7〕

於是約米尼再作總結論如下:

　　我希望在發表上述聲明之後，大家不應再指控我是想把此種藝
術變成機械化的例行公事，同時更非認爲只要讀過本書某一章之
後，即能豁然貫通，獲得指揮大軍的一切才能。〔p.7〕

　　儘管約米尼的思想並非沒有缺點，但概括言之，他所受到的批評
又還是譽多於毀。至少可以說他的書是非常成功，其對後世的影響也
非常重大。若用現代商業用語來解釋，約米尼對於行銷術(salesman-
ship)似乎頗有研究，他的書是爲讀者而寫的，換言之，有濃厚的市場
導向。他知道讀者所期待的是什麼，而盡量投其所好。他的文字非常
流暢，簡單明白，要言不煩。他的理論有系統而不深奧，他的思想切
合實際而不抽象。換言之，與克勞塞維茨的書恰好成爲強烈的對比。
假使說《戰爭論》的確是一本很難讀的「天書」，則《戰爭藝術》就眞
只能算一本相當輕鬆的讀物。雖然他的書是符合當時軍人所慣於接受
的風格和體裁，但也表示他有推陳出新的能力。他時常會變換一點新
花樣，使用有系統的圖解和少許數學公式，但這種「科學化」手段之
應用又自有其限度，只是適可而止，絕對不重蹈畢羅的覆轍。

　　所以，《戰爭藝術》出版之後眞是到處暢銷，洛陽紙貴，若與《戰
爭論》初版 20 年後，1,500 本都還沒有賣完相比較，眞乃不可同年而
語。何華德稱其爲十九世紀最偉大的軍事教科書絕非過譽，其對西方
軍事思想影響之大自可不言而喻。概括地說，在十九世紀前期，拿破
侖仍爲西方軍人所崇拜的最高偶像，而作爲拿破侖思想主要解釋者的
約米尼在軍事學術界的地位也一直屹立不搖。

　　約米尼逝世於 1869 年，從其國際聲譽的觀點上來看，似可謂死得
其時。因爲在其晚年，他已經沒有任何對手，查理大公、克勞塞維茨，
甚至於拿破侖，都已先後辭世，只留下他一個人獨享大名。後生晚輩，
包括法、德、英、美等國的著名軍事學家在內，都莫不對他敬若神明。

但假使他再不死，就會眼看著由於毛奇的贏得普法戰爭，而使克勞塞維茨的聲名死後復活。反而言之，他自己過去所享有的權威地位也就會因此開始滑落。

不過，實際情況的發展又並非如想像中那樣悲觀。雖然法國人在普法戰爭之後，紛紛開始向克勞塞維茨的著作中去尋找德軍戰勝的祕密，但約米尼在英美兩國所享有的聲譽仍不少衰。第一次大戰前夕時，英國牛津大學首席軍事史教授魏金森（Spenser Wilkinson）曾宣稱：自從約米尼之後，軍事科學幾乎很少進步。約米尼已經形成軍事研究中所用的基本原則。❷❸

約米尼在美國的影響力也許要比在英國還更大。從法國把約米尼思想引進美國的人可能應首推老馬漢（Dennis H. Mahan），他是西點軍校的名教授，美國內戰時（1861-65）南北雙方的軍官有許多都是出其門下，據說他們對於《戰爭藝術》幾乎都是人手一冊。老馬漢的兒子小馬漢（Alfred T. Mahan），是近代海權理論的創始者，在思想上也深受約米尼的影響。二十世紀初期，馬漢的著作轟動全球，約米尼的思想也隨之而受到新的重視。

甚至於在德國，也還是有很多人以約米尼的私淑弟子自居。曾在1840 年出版《大戰理論》（*Theorie des grossen krieges*）一書的威爾遜（Wilhelm von Willisen）即曾自稱是約米尼的忠實信徒。反而言之，甚至於到 1867 年，普魯士著名軍事作家羅斯陶（Wilhelm Rüstow）在其所著《十九世紀的戰爭藝術》（*Die Feldherrkunst des neunzehnten Jahrhunderts*）中還明白指出克勞塞維茨雖負盛名，但他的書卻很少有人讀。

也許可以說，從 1815 年（滑鐵盧）到 1914 年（第一次大戰）一百年之間，約米尼是支配著整個西方軍事思想領域，甚至於到第一次大戰之後，其殘餘勢力也還是相當強大。像富勒、李德哈特、戴高樂、

巴頓、古德林等人，都無不受其影響。

# 伍、結論

約米尼在戰略思想史中可算是一位奇人。他是真正無師自通，獨來獨往。他不曾受過任何正規軍事教育，是一位名符其實的「文人戰略家」。他的許多著作和觀念隨著時代的演進，可能逐漸為人所忘記，甚至於也的確不免過時落伍。但這並不影響其不朽地位。其最大貢獻並非在著作方面，而是在精神方面。誠如何華德所言，他可以算是軍事科學領域中的「牛頓」（Newton）。他對基本觀念曾作澄清的解釋，對基本原則曾作客觀的分析，他把科學研究的精神和方法帶入這個一向被認為不能「科學化」的神祕領域，尤其是他使其同時代的人認清智慧在戰爭中的地位。❷⑨

約米尼並不輕視經驗，但他卻認為僅憑經驗學習還不夠。他很幽默地引述菲德烈的名言說：「一匹在尤金親王帳下服務的騾，雖曾歷經 21 次戰役，但仍不能變成優秀的戰略家。」所以，他認為經驗與思考必須互相配合，理論與實踐必須互相印證。他說：

> 以正確原則來形成正確理論，而以實戰經驗和戰史研究為背景，即可當作最好的學校來訓練優良將才。假使還不能造就真正偉大的人物，但至少能產生相當傑出的將領，使其地位僅次於戰爭藝術中的真正天才。〔p.199〕

這也正是說明戰略學可以研究，戰略家可以培養的道理。

約米尼到晚年也像牛頓一樣虛懷如谷，牛頓自比是在海邊弄潮的小孩，偶然撿到幾顆貝殼，約米尼也以同樣謙虛心情作結論說：

今天決不可以説戰爭藝術的發展已盡善盡美，不可能再有進
步。太陽底下沒有任何東西盡善盡美。即令把古今名將會集一堂
來研究這個問題，他們也還是不能制定一套完善、絕對、不變的
理論。〔p.7.〕

## 註　釋

❶ Archduke Charles 〔Carl von Oesterreich〕,*Ausgewählte Schriften*, F.X.
Malcher (ed.)(Vienna, 1893-94).

❷同前註，Vol. I , p.50。

❸同前註，Vol. I , p.231。

❹同前註，Vol. I , p.7。

❺同前註，Vol. I , p.237。

❻ von Clausewitz, *On War*, Vol. XI, Chap. 16, p.123.

❼"Die Feldzüge von 1799 in Italien und in der Schweiz,"in Chaüsewitz,
*Himterlassene Werke*(Berlin, 1832-37),Vol. V, p.152. (即克勞塞維茨遺著全集
第五卷)

❽約米尼雖有多種不同的傳記，但其記載並不完全可靠，有些資料是出自其晚年
的回憶，更無法查證。此外，傳記作者對他的認知和毀譽也頗有差異，本書以
思想爲主題，對於思想家的生平只擬作簡要的介紹，而不擬作深入的考證。

❾《大軍作戰論》自首次出版之後，又多次再版和修改，本書將以下述英譯本爲
引述根據：Jomini, *Treatise on Grand Military Operations*(2 vols; New
York, 1865).

❿ R. Ernest Dupuy and Trevor N. Dupuy, *Military Heritage of America*
(McGraw-Hill,1956), p.178.

⓫同前註，p.179。

⑫同前註，p.181。

⑬ Crane Brinton, Gordon A. Craig, and Felix Gilbert, "Jomini", in *Makers of Modern Strategy*(Princeton, 1952),p.83.

⑭ Baron de Jomini, *The Art of War*(Greenwood Press, 1971).

⑮鈕先鍾譯，《戰爭藝術》(軍事譯粹社，民國43年初版)。凡取自中譯本的引述，均將頁數記在文後，不再列入註釋。

⑯ Michael Howard, "Jomini and the Classical Tradition in Military Thought",in *Studies in War and Peace*(Viking Press, 1971),p.31.

⑰《作戰論》(英譯本)，pp.445-7。

⑱ John Shy, "Jomini" in *Makers of Strategy*(Princeton, 1986),p.146.

⑲ Azar Gat, *The Origins of Military Thought*(Oxford, 1989), p.113.

⑳ Crane Brinton, et.al., "Jomini", in *Makers of Modern Strategy*(1952), p.50.

㉑ Michael Howard, "Jomini and the Classical Tradition in Military Thought",in *Studies in War and Peace*,p.34.

㉒同前註，pp.31-32.

㉓同前註，pp.32-33.

㉔ George C. Thorpe, *Pure Logistics*(U.S. National Defense University Press, 1987), p.9.

㉕《作戰論》(英譯本)，pp.460-1。

㉖ Ferdinand Lecomte, *Le Général Jomini*(3rd. edn. 1894)中有此記載。

㉗《戰爭論》(中譯本)，導論㈠，p.43。

㉘ Spencer Wilkinson, *The French Army Before Napoleon*(Oxford, 1915), p.15.

㉙ Michael Howard, "Jomini and the Classical Tradition in Military Thought",in *Studies in War and Peace*(Viking Press, 1971),p.29.

【第十章】

# 克勞塞維茨

## 壹、啓明的反動

在閱讀啓明時代任何軍事思想家的著作時，可以獲得一個最顯著的印象，那就是其理論觀點大致相同。當然，他們在著作內容上還是有很多的差異，但卻有一共同目標，即尋求一種對戰爭的基本理論。他們也都認爲戰爭是像其他一切自然和人事活動一樣，可以對其進行綜合性和系統性的理論研究。其中一部分是可以簡化成爲具有通用性的規律和原則，這也就是其科學的部分。不過，戰爭又還是有其藝術的部分，那是隨著環境而變化，受到意外，或偶然因素的影響，其應用必須有賴於天才。

大致說來，此種觀點是發源於十七世紀後期，一直維持到 1790 年代結束時，幾乎都毫無改變。但自從貝侖霍斯特（Georg Heinrich von Berenhorst, 1733-1814）所著的《戰爭藝術的省思》（*Reflections on the Art of War*，德文原名 *Betrachtungen über die Kriegskunst*）在 1796-9 年之間出版後，此種思想上的團結一致就開始出現了一道裂

痕。這又並非表示啓明思想已經開始喪失其影響力。事實上，在十九
世紀初期，畢羅、查理、約米尼，還曾把此種思想發展到其最高潮，
而且在整個十九世紀中，全球軍事思想仍然還是以啓明學派爲主流。
不過，由於貝侖霍斯特的發難，啓明學派的絕對權威開始動搖。接著
在幾年之後，克勞塞維茨即異軍突起，在軍事思想領域中開啓古所未
有的新境界，並替新日爾曼軍事學派奠定深厚的基礎。

日爾曼新軍事思想的興起又是以歐洲學術思想在十八世紀後期和
十九世紀初期的全面發展爲背景。簡言之，軍事思想只是文化潮流中
的一部分。此種新潮流又是非常複雜，有其不同的方向和名稱。概括
地說，可以分爲兩大派：第一派可以稱之爲「反啓明」（Counter-
Enlightenment）運動，事實上，這一派的人大致都出身於啓明學派，
以後中途變節成爲反動分子。第二派則是受到日爾曼民族主義的影
響，具有強烈的反法蘭西情緒，故可稱之爲「日爾曼運動」（German
Movement）。由於啓明思想以法國爲發展中心，所以反啓明與反法國
兩種運動也就合而爲一，儘管其間又還有若干差異的存在。

此種新潮流在日爾曼是分兩波出現：第一波出現於 1770 年代，也
正是啓明運動在日爾曼發展到頂點的時候。第二波在世紀交替時出現
於全歐洲，那是受到法國革命和拿破崙戰爭的刺激。此種潮流把浪漫
主義、民族主義、理想主義三種趨勢合而爲一，而康德（Immanuel
Kant,1724-1804）則在其中發揮其個人的巨大影響力。康德本是日爾
曼啓明運動的鉅子，但他的批判哲學卻對於啓明學派的中心思想和基
本信念構成重大的挑戰。同時也替反啓明運動提供最具權威的理論基
礎。

啓明學派的世界觀是以自然律爲基礎，認爲複雜的經驗世界是受
到相當少數原則的管制，這些原則是簡單明確，具有根本性和普遍性。
牛頓力學的三大定律即爲最佳的例證。反啓明的思想家則認爲此種觀

念完全荒謬，至少，也是過分誇張。他們認為世界根本不簡單，而具有高度複雜性，包括著無限多的獨特因素，並經常在流動中。換言之，牛頓式的科學並不能解決現實問題。所謂原則和觀念架構都是過分人工化，和表面化。他們雖並不否定自然科學的進步，但卻相信這樣的方法並不能用來了解複雜的世界，尤其是人與社會的關係。

誠如康德在寫《實踐理性批判》（*Critique of Practical Reason*）一書時（1788）所云，其目的是要建立人類靈魂的自主權（autonomy），使其不像自然一樣地受到規則（regularity）的支配。所以，反啓明運動人士認為每一種文化都是一種獨特的歷史實體，那是發源於不同時間和空間所構成的特殊環境和經驗，並表現出其價值意識、生活方式、思想、制度，以及創造藝術。他們重視直接和具體的人類經驗，認為真正的知識經常即為獨特個案的知識，而依照所謂萬有定律（universal law）來作教條式研究只會妨礙真正了解。

日爾曼是一個文化落後地區，一向在思想上受到法國啓明學派的支配，所以對於此種思想帝國主義發生反抗心理，實乃事理之常，而在思想上具有明顯親法傾向的菲德烈大王也就自然成為眾矢之的。此種反法情緒又與日益興起的民族意識相結合而蔚成一股強大力量。法國革命和拿破侖稱霸更帶來新的刺激，並使此種思想運動蒙上了一層濃厚的政治色彩。

大凡每有一種思想存在時，必然就會有其他的思想出現來與之對抗，此乃常理，並不足怪。所以反啓明運動幾乎是和啓明運動的本身同時作平行的發展。不過，過去的反對者大致都是學術界之外的傳統主義者和保守份子，他們既無共同的立場，更無密切的合作。現在的情況卻不一樣，新的反啓明運動是由學界精英所發動，是吃啓明奶水長大，並用同一語言來發動挑戰，正如中共所云：「他們是打著紅旗反紅旗」。

此種現象也就同樣出現於軍事思想領域之中，首先在此領域中發動新反啓明運動的人即為貝侖霍斯特，他本為啓明兒女(Child of the Enligtenment)，但由於受到康德批判哲學的影響，遂決心把此種新趨勢帶入軍事領域。貝侖霍斯特在其「自白」(Confessions)中曾說明他是如何鑽研康德的理論並終於恍然大悟。他認為康德拯救了自由意志(free will)，並建立了人類知識的疆界，而他自己的著作，就某種程度而言，也就是要把康德式的批判(Kantian critique)應用到軍事理論之上。❶

貝侖霍斯特為安哈特狄沙親王李頗德一世(Prince Leopold I of Anhalf-Dessau)的私生子，其父為菲德烈大王的得力助手。他 15 歲即開始從軍，曾參加七年戰爭中的多次戰役。以後，又轉任外交官，直到 1790 年退休之後，才開始其學術生涯。

他的鉅著《戰爭藝術的省思，其進步，矛盾，與確定》在 1796 年出版第一卷，在 1798 年出第二卷及第一卷的修訂版，在 1799 年完成第三卷。依據當時的說法，沒有任何其他的書會比他的《省思》保有更多的讀者。

貝侖霍斯特在其書中對於戰爭科學和藝術的發展史作了一個非常簡明扼要的總檢討。從希臘羅馬到中世紀以迄十八世紀，都有相當精闢的論斷。從其書中內容上看來，可以發現啓明時代的軍事思想著作對他是大有裨益。不過，他的結論卻是認為軍事科學和藝術在性質上是與啓明時代軍事思想家所假定者有所不同。戰爭藝術並非以不變法則為基礎，而與許多未知而無法控制的因素有關，並且是在充滿意志力和感情的環境中運作。

他很幽默地以七年戰爭為例。他說假使卜希古能坐在氣球上觀察某次會戰的全局，他一定會說：「依照原則我判斷普軍必敗。」但事實恰好相反。儘管違反戰爭藝術的原則，僅憑軍隊的精神和盲目的機

會，普軍還是贏得了勝利。❷

　　貝侖霍斯特認爲精神力能夠對部隊產生激勵作用，所以是戰爭中的主要因素。部隊並非機器人，而是可以刺激其發揮猛烈戰鬥精神，尤其是愛國熱忱可以產生強烈動機。因此，他對於菲德烈所手創的普魯士軍事制度發出了非常尖銳的批評。他指出傭兵部隊，無情紀律，機械操練，橫線戰術，凡此一切都適足以壓制精神力使其不能發揚。

　　其結論爲戰爭，與數學和天文學不一樣，不能將其變成一種先驗科學。他強調他也愛好和相信科學，但卻提醒批評他的人應注意在軍事史中有太多的例證，足以顯示僅憑天然的勇氣，雖然不知戰爭藝術，也還是能夠獲得勝利。反而言之，又有許多例證足以顯示所謂原則者，不是無用就是不適當。規律和原則是有抽象化、人工化、教條化的趨勢。

　　貝侖霍斯特在思想上可以算是克勞塞維茨的前輩，但對他似乎只有間接的影響而無直接的影響。對克勞塞維茨一生影響最大的人是沙恩霍斯特(Gerhard Johann David Scharnhorst,1755-1813)。沙恩霍斯特發現了克勞塞維茨這位曠代奇才，指導他發展，提拔他上進，對於其思想的形成發揮最具有決定性的影響。所以，克勞塞維茨稱沙恩霍斯特爲「我精神上的父親和朋友」(the father and friend of my spirit)。❸

　　沙恩霍斯特出生於漢諾福(Hanover)，其父爲陸軍退役士官，母爲富農之女，不具備貴族身分。18歲時進入威廉伯爵(Count Wilhelm)所創辦的軍校。這位伯爵是啓明學派的軍事學家，所以沙恩霍斯特是很早就受到啓明思想的薰陶。1778年他正式進入部隊，但對軍事教育仍保持高度興趣。1782年充任新成立的漢諾福砲兵學校教官。在這個階段中，他也參加廣泛的學術活動，在軍事學術界不久就成爲知名之士。

從 1782 年(27 歲)開始，沙恩霍斯特即曾創辦一系列的軍事期刊，並著作兩本軍事書籍。其一爲《軍官手冊》(*The Handbook for Officers on the Applied Parts of the Science of War*)，另一爲《野戰指南》(*Military Pocket-book for Use in the Field*)。這兩本書的內容都是切合實際，包括有極豐富的實用資訊，所以非常暢銷，再版多次。沙恩霍斯特著作頗豐，有些尚未出版，而且也無全集，實在非常可惜，不過，從其現存著作中又還是可以獲知其思想的梗概。

沙恩霍斯特認爲軍事知識和理論都有其需要和價值。理論是以規律和原則爲基礎，並能對於古今名將的成功提供解釋。假使僅憑經驗即能提供足夠的訓練，則老士官也就都可以做將軍。軍事理論的性質爲何？其所教的正確內容又是什麼？沙恩霍斯特的答案爲軍事理論提供「正確觀念」(correct concepts)，而此種觀念又是以「事物的性質或經驗」爲基礎。所以，理論與現實之間存在著一種固有的互賴關係。

首先需要明確的觀念和原則，這樣始能澄清戰爭中部分與全體之間的聯繫。這些觀念和原則又必須以事物的性質爲基礎，而若無這些觀念和原則，則也就無知識之可言。其次，必須了解這些觀念和原則在行動中的實際運作，因爲僅憑理性不足以發展現實。觀念和原則對現實的應用需要判斷，而又只有經驗和經常練習始能磨練判斷力，其主要工具即爲歷史研究。所以，教育青年軍官的適當方法爲，首先向他們提供「正確理論」，然後再鼓勵他們獨立思考並澄清其觀念。這也就能對經驗的分析創造一種健全的基礎。

可以看出沙恩霍斯特的理論觀點大致還是與啓明學派的正統不相違背，但又顯然表示他的思想還有其他的淵源。至少有 3 位大師對他曾產生相當重大的影響。(1)他重視理論與現實的關係，戰爭中部分與全體的連繫，足以顯示他與蒙丘可利頗爲類似。(2)他的理論架構曾受康德知識論的增強，強調觀念的解釋任務，以及心靈與經驗之間的互

賴。(3)他認為理論不僅應以「經驗」為基礎,而且還有「事物的性質」,這又證明他深受孟德斯鳩的影響。❹

概括言之,沙恩霍斯特不特不反啟明,而且更代表啟明的正統。他曾重申典型的啟明觀念架構如下:

> 戰爭藝術,像繪畫和其他的藝術一樣,有兩個部分。一部分是機械化的,適合於理論研究;另一部分是環境化的(Circumstantial),則受創造天才和經驗的支配。❺

不過,他卻反對十九世紀初期某些新啟明觀念,並認為那是背離了十八世紀的傳統。那些觀念的代表即為畢羅和約米尼等人。對於此種立場,克勞塞維茨也深表贊同。

沙恩霍斯特時對於克勞塞維茨影響之大,幾乎是無法形容。他啟迪其思想,塑造其人格,決定其一生的成就。尤其是克勞塞維茨的全部理論又都是以沙恩霍斯特所已發展的架構為基礎。

不過,青出於藍而勝於藍,克勞塞維茨的思想體系雖發源於其師,但其氣象的雄偉,分析的深入,又遠非其師所能及。這當然又與個人的天才和環境都有微妙關係。但無論如何,若無沙恩霍斯特的教誨和提攜,克勞塞維茨的一生將會有不同的發展則又似可斷言。

克勞塞維茨在西方戰略思想史中的地位,幾乎是與孫子在我國戰略思想史中地位大致相當,他們都同樣地是空前絕後,古今一人。不過,綜述和評論克勞塞維茨的思想又遠較困難,不僅是因為其著作遠較浩繁,而且其內容也的確更難了解。本章只能概觀其大略,而無法深入其細節,尚祈讀者見諒。異日若有機緣,當試以克勞塞維茨為主題另寫一專書,來作比較更詳盡的分析。

# 貳、克勞塞維茨的生平

克勞塞維茨(Carl Philip Gottlieb von Clausewitz)出生於 1780 年，比約米尼小一歲。其家世勉強可以算是普魯士小貴族階級，甚至於不無冒牌之嫌。概括說來，其祖先都是文人，從事於宗教和教育事業，不過其父曾參加七年戰爭並以尉官退役。克勞塞維茨為家中幼子，性情內向孤僻，好學不倦，嚴格說來，就家世和個性而言，他應該是文人而非軍人。

12 歲的克勞塞維茨在 1792 年進入陸軍為步兵士官。從 1793 年到 1795 年，他參加對抗法國革命的第一次聯盟戰爭。在以後 6 年的和平階段中，這位年輕的尉官都一直駐防在一個名為新魯平(Neuruppin)的小鎮中。那裏有菲德烈大王之弟亨利親王(Prince Henry)所創設的圖書館，藏書極豐，使這位好學的青年獲益匪淺。克勞塞維茨對於學問具有多方面的興趣，不僅限於其本行（軍事），而更把哲學、政治、藝術、教育等方面都包括在內，所以其學術基礎是相當寬廣。直到 1801 年他才離開這個小鎮，因為他獲准到柏林進入新開辦的「戰爭學院」(War College)進修。

這是一所由沙恩霍斯特所主持的學校，克勞塞維茨此時 19 歲，他的進入該校，實為其一生事業的真正起點。沙恩霍斯特在德意志建國史中是一位關鍵人物，他把作為思想家、政治家，和軍人三種優異成就匯集於一身。他對於政治改革和軍事改革都有重大貢獻，但從戰略思想史的觀點來看，則其最大的貢獻就是他發現和培養了克勞塞維茨。

克勞塞維茨在沙恩霍斯特培育之下過了 3 年學校生活，對於他來

說真是受益無窮。他和沙恩霍斯特建立了極親密的師生關係，吸收其思想，並且也變成其事業上的重要夥伴。同時，克勞塞維茨的學識也變得更淵博，眼界也變得更開闊。在 1803 年以第一名畢業後，他就開始踏上走向軍事和政治核心的旅途，對未來抱著滿懷希望的克勞塞維茨，真是英姿奮發，那知造物弄人，其前途的坷坎遠出其意料之外。

　　1804 年克勞塞維茨奉派為奧古斯特親王(Prince August)的侍從官，由於此種關係遂認識布流爾伯爵(Count von Brühl)的女公子瑪琍(Marie)，她是一位有良好教養的女孩，深受路易王后(Queen Louise)的寵愛。兩人一見鍾情，但由於克勞塞維茨的家世比不上女家，而他本人又受到職務的牽制，直到 7 年後始結婚。這一門親事對於克勞塞維茨有非常重大的貢獻。因為他的著作都是由瑪琍在其身後為其出版。否則今天我們也許就無法得知其思想的全貌。此外，在他們別離的階段中，克勞塞維茨寫給她的信不僅成為寫其傳記時的重要資料來源，而且克勞塞維茨的某些理論觀念也只有從這些信件中才能找到其如何形成或發展的線索。

　　從 1803 年到 1805 年，克勞塞維茨在柏林與沙恩霍斯特過從甚密，他已成軍事改革集團中核心人物之一，並且也認識了許多精英份子，其中有一人就是賴希勞(August von Gneisenau)，克勞塞維茨一生中與他的關係也極為重要，也許只僅次於沙恩霍斯特。沙恩霍斯特又把克勞塞維茨介紹給著名的軍事期刊主編，使其第一篇文章在 1805 年得以刊出。那是以批評畢羅的戰略理論為主題。雖然克勞塞維茨一向就喜歡舞文弄墨，但這才是其著作的第一次正式發表。❻

　　當時畢羅是鼎鼎大名的軍事學家，但克勞塞維茨卻表現出初生之犢不畏虎的勇氣，毫不客氣地批評畢羅在思想上的混亂和錯誤。他在其論文中提出三點主要批評：(1)畢羅的治學方法有瑕疵，其對戰略和戰術所作的界定都不適當；(2)畢羅的戰爭觀念缺乏現實感，其分析僅

以地理和數學為基礎，而忽視敵方的行動和心理因素；(3)畢羅的理論並未能把與戰爭有關的一切重要因素都包括在內，凡不能利用數學分析來處理的因素，例如：部隊的士氣、將帥的決心，都一律避而不談。此文發表後，克勞塞維茨的聲名也隨之而大噪，他這第一砲總算是打響了，這固然表示他已學有所成，但仍應感謝沙恩霍斯特提攜之力。此外，從這篇文章的論點和風格上也可以暗示出克勞塞維茨在其以後著作所將採取的途徑。

1806 年在普魯士國王菲德烈威廉三世(Frederick William III)委曲求全的努力終告失敗之後，普魯士與法國之間的戰爭遂又再起。克勞塞維茨像其他青年軍官一樣，懷著迫不及待的心情走向戰場，但一切都不如其理想，戰爭並未能替他帶來好運和榮譽。他以上尉官階陪同他的營長（奧古斯特親王），參加奧斯特德會戰(Battle of Auerstädt)。在普軍慘敗之後，他與他的營長同時為法軍所俘。他們被送往法國收容，雖備受禮遇，但直到 1807 年底才被釋放回國，所以克勞塞維茨也就來不及和沙恩霍斯特同享普軍在艾勞戰役(Eylau compaign)中獲勝的喜悅。這一次恥辱的經驗使他終身難忘，並增強他對於一切與法國有關事物的仇恨心理。

返國之後，他立即與沙恩霍斯特恢復合作，在此後 4 年中，他都是沙恩霍斯特的得力助手，幫助他推動軍事改革的工作。1810 年，他升任少校，並在新軍校中充任教官，10 月間又充任王世子(crown prince)的軍事侍講，其所用的講義以後編印成書，即所謂《戰爭原則》(*Principles of War*)。❼幾個月之後，他又奉派參加草擬陸軍新教範的編輯委員會。所以，這幾年應該是他最忙碌和最得意的階段。他的工作也使他對於戰略領域獲得全面的了解，包括教育、技術、組織、政治等方面都在內。

沙恩霍斯特等人之所以如此努力從事軍事改革，其唯一目的即為

擊敗法軍以雪國恥。不料在 1812 年，普王居然同意與法國締結同盟，並派兵參加拿破崙征俄之役。這種政策對於克勞塞維茨而言，眞乃「是可忍也，孰不可忍也」。於是他與三十幾位其他的軍官一同辭去軍職，前往俄國向俄皇亞歷山大一世投效。這也是克勞塞維茨第二次與其妻別離。

克勞塞維茨雖不通俄語，但仍能以其所長在俄軍大本營中從事於各種顧問性的任務。他曾參加布羅地諾（Borodino）會戰，並曾親眼看到法軍在柏也及納河上的撤退，而且非常巧合，約米尼也正在其對方參加這次撤退行動的指揮工作。1813 年春季，普王終於背棄拿破崙，回到反法的陣線，於是克勞塞維茨也返回柏林，再行加入沙恩霍斯特的集團。

當 1813 年戰役開始時，克勞塞維茨非常希望能夠獲得一個指揮官的職務。但國王對於其投效俄國的行爲始終不諒解，不肯恢復其軍職。所以在萊比錫（Leipzig）戰役時，克勞塞維茨還是只好穿著俄國的軍服，替普軍總司令蒲留歇元帥充當顧問。到 1814 年克勞塞維茨才終於被准許恢復普魯士的軍籍，但仍然受到歧視，被派駐防德國北部，與在法國的主戰場完全隔離。直到 1815 年才被准許再加入普魯士參謀本部，並奉派爲第三軍（III Army Corps）的參謀長，其軍長爲提爾曼將軍（General von Thielmann）。

在最後階段的戰役中，第三軍位置在聯軍戰線的極左端，面對著法軍的強大壓力苦戰到底，對聯軍的勝利頗有貢獻，但從一般人眼中看來，勝利是由威靈頓和蒲留歇在滑鐵盧所贏得。所以，克勞塞維茨感覺到他這一次又只好認命了。同時，他也無法參加對敵軍的追擊，因此，其在戰場上贏得榮譽的最後希望終於化爲泡影。

此時，克勞塞維茨的恩師早已逝世（沙恩霍斯特在 1813 年的魯騰會戰中負傷喪命），普魯士軍事改革派的領袖由賴希勞繼承，他現在也

就成爲克勞塞維茨的唯一靠山。戰後普魯士沿著萊茵河獲得了一些領土，賴希勞奉派爲在此地區中的駐軍司令，克勞塞維茨就做了他的參謀長，他們把司令部設在柯布侖茲(Koblenz)，相處甚歡。但這樣的好景又還是不能維持太久，因爲在柏林的中央政府現在是完全控制在保守派的手中，對於代表激進派的領袖人物具有高度的不信任感，所以賴希勞不久即被召回柏林。不過，克勞塞維茨仍在柯布侖茲留任原職達兩年之久。

1818 年，克勞塞維茨 38 歲，奉調接任戰爭學院（舊稱陸軍大學）的院長，也就是沙恩霍斯特曾經擔任的職務，並晉升少將。他對於此一新職並不感到高興，因爲現在院長只管行政，對於普魯士軍官團的思想幾乎毫無影響作用之可言。他就職之始也曾提出改革的建議，但在未經獲准之後，也就心安理得地墨守成規，不作任何非分之想。這樣的冷板凳一坐就是 12 年之久，可以說是毫無建樹。但歷史卻說「不」，因爲還有《戰爭論》在。

克勞塞維茨的寫作生涯是開始得很早，最初所寫的文章雖不成熟，也未公開發表，但他的若干基本觀念在此時即已逐漸形成。其首次公開發表論文是在 1805 年，已見前述，此後雖然戎馬倉皇，但他仍一直不廢寫作，到 1815 年，10 年間所累積的文稿已達數千頁之多，其所觸及的範圍也非常寬廣，包括政治、歷史、哲學、戰略、戰術等方面在內。

拿破侖戰爭結束之後，克勞塞維茨從 1816 年起就開始恢其研究和寫作的努力，此後 15 年內幾乎從未中斷，其範圍可以大致分爲歷史和理論兩方面。的確，若從著作數量上來衡量，則克勞塞維茨作爲史學家的成分應該是多於作爲理論家的成分，但他在此一學域中的成就卻幾乎已爲人所遺忘。他從 1819 年起才開始寫《戰爭論》，在此後 8 年之內完成了其所計畫要寫的 8 篇中的前 6 篇，並且也完成了最後兩篇

的初稿。此時已經是 1827 年，他突然感覺到他所已寫成的部分，對於其所持的兩項基本觀念未能作足夠澄清的表達，於是決定要把已經完成的原稿從頭到尾再作一次徹底的修改。❽

不過，他又並未立即開始工作，反而把大部分時間用在戰史研究方面，這一方面的文稿已收容在其全集之中，全部達 1,500 頁之多。他之所以這樣做，也許是想從歷史中對其新理論架構尋求證明。結果使他對《戰爭論》只修改了少數幾章，而他自認已經可以完全定稿者則更只有第一篇第一章而已。這樣就到了 1830 年，克勞塞維茨也許是以為來日方長，所以，他似乎並不緊張，也不感到有時間壓力之存在。

不料外在環境卻開始發生改變，克勞塞維茨調任西里西亞砲兵總監(Inspector General of the Silesian Artillery)，新職迫使他必須暫時放下其修改《戰爭論》的工作。當他剛剛到差時，1830 年的法國革命又帶來另一項新變化。他的老友賴希勞奉命恢復現役，出任普魯士所動員兵力的指揮官，於是賴希勞遂邀請克勞塞維茨再度充當他的參謀長。不久由於法國新政權採取謹慎溫和的外交政策，而波蘭又對俄國發動反抗行動，所以危機遂由西面移向東面，賴希勞軍團的兵力也就開始沿著東普魯士的邊界部署，以來防止波蘭人的越界行動，以及東歐霍亂病疫的蔓延。第一個任務是很容易執行，但第二個任務卻不是戰略家所能解決。此種傳染病繼續流行，1831 年 8 月，賴希勞變成其受害人之一。在克勞塞維茨回到其原職不久後，11 月 16 日，他也不幸突然病逝在布里斯勞(Breslau)任所，享年僅 51 歲，其死因可能是由於輕微的霍亂感染而引起的心臟衰竭。

約米尼比克勞塞維茨大一歲，卻以 90 歲高齡活到 1869 年，相形之下，克勞塞維茨真可以說是不幸英年早逝。就功業而言，他們兩人的成就都不足道，但所幸都有名著可以傳世，而克勞塞維茨則更有後來居上之勢。他似乎有預感，早就知道其著作將會在身後由其夫人出

版。果然到 1832 年，其夫人在親友協助之下，終於將其遺著出版，全
集共分 10 卷，而《戰爭論》則爲其前三卷。但事實上，還有若干著作
佚失或未被納入，所以，直到今天世界上還是並無眞正的克勞塞維茨
全集之存在。❾

# 參、思想的演進

　　克勞塞維茨的著作雖多，但眞正足以代表其思想精華並具有不朽
價值的書又還是只有一本，那就是他本人所認爲尙未完成，仍待修改
的《戰爭論》。所以要想了解克勞塞維茨的思想，則必須從《戰爭論》
的研究入手，其他的著作和他人的評論則只能供參考而已。

　　《戰爭論》是一部大書，共爲 125 章，分爲 8 篇（books）。各篇的
內容可以簡述如下：

　　第一篇：〈論戰爭性質〉（on the Nature of War）。其內容爲界
　　　　　　定戰爭的通性，並列舉其要素。

　　第二篇：〈論戰爭理論〉（On the Theory of War）。說明理論
　　　　　　的用途和限制。也可以算是所謂「方法學」。

　　第三篇：〈戰略通論〉（On Strategy in General）。包括各種戰
　　　　　　略要素的討論，尤其著重精神因素。

　　第四篇：〈戰鬥〉（The Engagement）。以會戰爲討論主題，並
　　　　　　確認軍以戰鬥爲主的觀念。

　　第五篇：〈兵力〉（Military Forces）。包括有關兵力組織、部署、
　　　　　　行動等方面的討論。就層次而言，已接近戰術。

　　第六篇：〈防禦〉（Defense）。爲全書中最冗長的一篇，包括許多

傳統觀念在內。克勞塞維茨寫完這一篇才感覺到其所已
寫完的部分有修改之必要。

第七篇：〈攻擊〉（Attack）。這一篇只是初稿，內容與前一篇形
　　　　成相對關係，足以暗示二元論的趨勢。

第八篇：〈戰爭計畫〉（War Plans）。這一篇雖也只是初稿，但
　　　　非常重要，因爲它代表全書的總結，與第一篇遙遙相對，
　　　　一首一尾，互相呼應，儘管語焉不詳，但全書中的主要
　　　　觀念都已匯集於此。

　　概括地說，《戰爭論》就其全體而言，是有其完整的思想架構，就
其篇章的安排而言，也大致合乎邏輯的順序。全書的組織是由合而分，
然後再由分而重歸於合。所以，全書似可概分爲三大段：第一和第二
兩篇構成第一段，爲全書的緒論，提出作者寫書的目的，並說明其所
用的方法。這應該是全書中的最重要部分。因爲若不明瞭其目的爲何，
則又何以讀此書？若不明瞭其方法則也就無法了解此書。第三篇到第
七篇構成第二段，所討論者是本書的原始主題，即爲戰略與軍事行動
（作戰）的指導。克勞塞維茨本是職業軍人，軍事戰略是他的本行，
也是其半生戎馬的時段中所最重視的問題，所以，大致代表其思想中
的純軍事部分。而他也只是直到晚年才開始擴大其思想範圍，並越出
純軍事的境界。第八篇單獨構成全書的第三段，它不僅是全書的總結，
與第一篇首尾呼應，而且也充分表示戰爭與政治的不可分。從全書架
構上來看，《戰爭論》與我國《孫子》13 篇頗有類似之處，《孫子》以
「始計」爲起點，以「用間」爲終點，《戰爭論》以「戰爭性質」爲起
點，以「戰爭計畫」爲終點。都是首尾呼應，使全書在理論體系上形
成一個整體。

　　《戰爭論》並非像沙克斯元帥的《夢想》，是在 13 個夜晚所一氣

呵成的。其寫作過程長達 10 年以上，至於其思想的萌芽則可能更是開始於克勞塞維茨的青年時期，譬如說書中所用的戰略和戰術定義就是他在 24 歲時所擬定者。這也是其書之所以如此不易了解的原因之一。必須首先明瞭克勞塞維茨本人思想的演進過程，然後始能了解《戰爭論》中若干似乎很難解釋的部分。從內容上觀察可以發現《戰爭論》的第一段所反映的是其思想發展中的最後階段，第二段所反映的是其最早階段的思想，而第三段（第八篇）在時間上則是位置在前後兩階段之間。簡言之，若對於克勞塞維茨的構想和寫作過程缺乏認識，則在研讀《戰爭論》時也就注定了會產生誤解。

## 一、早期

剛剛滿 20 歲時，克勞塞維茨即已開始記錄其最早的思考和心得，從那些觀察和結論上看來，即能顯示出他具有現實感，並對當時流行理論保持懷疑態度。雖然這些筆記大致都只是一種孤立的意見，但又還是能夠暗示其思想已經具有某種程度的一貫性。不過在最早的階段，克勞塞維茨並無任何明師指引，而只是個人自修，其心得都是出自暗中摸索，當然不免顯得有些雜亂無章。

任何思想家都會受到環境的影響，此時日爾曼的文化環境已經開始對法國啓明思想發動反攻，年輕的克勞塞維茨自然也會受到流行風氣所感染。當他在 1801 年進入柏林軍校時，開始接受沙恩霍斯特的教誨，並且也擴大其知識的範圍，於是克勞塞維茨不再是吳下阿蒙，在良師益友薰陶之下，其思想遂有更上層樓的趨勢。

啓明時代的軍事理論雖同時以規律和天才兩個觀念為基礎，但認為規律是出於自然，所以天才只能發現規律和應用規律，而並不能發明規律和創造規律。自從有康德的思想出現，此種觀念即受到重大的

挑戰。康德認為天才是一切藝術創造的唯一來源，天才本身不受任何規律的規範，而且也給與藝術以規律。❿克勞塞維茨很早就認為，一般的藝術理論可以對於戰爭藝術的理論提供一種具有高度暗示性的模式，現在就採取康德的理論以來批評啓明思想家的著作。1805 年發射其第一砲，目標即為畢羅。

克勞塞維茨對於規律與天才之間關係的看法是始終維持不變，在《戰爭論》中可以找到很多證據，例如他在第二篇第二章中說：

> 應知對於戰爭藝術根本不可能建造一套模式，足以當作一種鷹架，好讓指揮官在任何時候都可依賴其支持。每當他必須憑藉其天賦、才智時，他就會發現他自己是位置在模式之外，並且與其衝突。不管規律是如何多變，情況仍經常會導致我們所早已暗示的後果：才智和天才是在規律之外運作，而理論則與實踐相衝突。〔p.204〕

克勞塞維茨很早就把他的思考重點從規律移轉到天才之上，這也誠如巴芮特（Peter Paret）所云，構成他與沙恩霍斯特在觀點上的顯著差異。老師仍為啓明學派的末代傳人，而弟子則為反啓明學派的開山大師。所以，他們之間自然有其代溝之存在。⓫

克勞塞維茨對於天才這個名詞是採取一種廣義的解釋，把一切有關個人性格的因素都包括在內（讀者可自閱《戰爭論》即能明瞭）。他在 1804 年曾寫了一篇有關戰略的文章，其中有云：「戰略計畫純粹是（主將）思考和感覺態度的表示，而幾乎從來就不是自由考慮所選擇的路線。」他又引馬基維里之名言為證：「費賓之所以對迦太基人採取延遲行動，並非由於此種戰法最適合環境，而是因為他有延遲的天性。」⓬

克勞塞維茨指出歷史研究常重視物質力量的數學層面，而忽視戰

爭中的主觀力量,但最具有決定性者正是此種力量。他又說,固然應注意敵人可以(can)做什麼,但更應注意敵人想要(will)做什麼。對於戰略而言,這要比作戰線之間的角度更值得思考。**⓭**

克勞塞維茨不僅重視將領的性格、感情,和動機,同時也強調精神力(或心理因素)所扮演的決定性角色。事實上,啓明學派的思想家也並未忽視精神力的重要性。不過,就其全體而言,他們卻認爲精神力是太微妙,是屬於戰爭的超然部分。因爲他們的興趣是放在理性的控制方面,所以也就不想對精神力作深入的研究。克勞塞維茨則認爲,精神力固然的確是很難決定和控制,但要想構成眞實的戰爭觀念,和了解戰爭理論的性質,則又必須如此。同時,他又認爲精神力也並非完全不能加以理論化的處理。不過,通常它們是不能分類或計算,但它們又還是能夠看見或感覺。〔p.274〕

精神力的作用加上戰爭的二元性遂又使戰爭中充滿了未知和偶然因素,並且也在計畫與實踐之間造成一道鴻溝。這也正足以顯示克勞塞維茨與啓明學派之間的巨大差異。啓明思想家也完全知道不確實(uncertainty)因素之存在,但他們卻把焦點放在他們所認爲能夠理性思考的因素之上。克勞塞維茨則認爲他們的態度是武斷並與現實脫節,他要求應建立一種包羅萬象的理論(all-encompassing theory)。克勞塞維茨在《戰爭論》中曾對以約米尼爲主流的啓明思想作總評如下:

(1)他們是以固定値爲目標,但在戰爭中一切情事都是不確實的,而一切計算都必須以變數爲之。

(2)他們的研究是完全指向物質力量,但所有一切軍事行動都是與心理力量及其效果交織在一起。

(3)他們只考慮單方面的行動,但戰爭卻是由敵對雙方之間的一種

連續互動所構成。〔p.199〕

由此更進一步，克勞塞維茨就開始把心理力量的分析視爲戰爭研究的核心。依照康德哲學的理論，他認爲儘管某些事物是我們所還不能充分了解，但並不能因此而就以爲它們是應該受到忽視。❶❹

克勞塞維茨要求理論應能充分表示現實的多樣性，這又與他的歷史觀念有其密切關係。他追隨著沙恩霍斯特的腳步，強調理論必以具體歷史經驗爲基礎。歷史經驗實爲一切知識的來源，所以也就比任何其他的學術研究都更重要。在其教授王儲的軍事學講義中（即《戰爭原則》），他也曾強調說明此種觀念。

概括言之，克勞塞維茨在此早期中的思想是大致與反啓明運動的主流相符合，即反對啓明學派的抽象原則，強調歷史的多樣性，以及政治和社會的複雜性。最初，他幾乎是集中全力來批評當代其他軍事思想家的著作，但以後又逐漸改變方向，開始把注意力焦點放在比較積極的問題上。克勞塞維茨最初認爲歷史爲理論的基礎，由於缺乏適當的理論，所以歷史研究遂成爲軍事教育的唯一可能途徑。但以後又相信理論若能有新的發展則可以產生極大的利益，一方面可以有助於青年學子的教育，另一方面更可以促進藝術本身的發展。誠如巴芮特所云，這足以表示其觀念上的進步。❶❺

事實上，在 1807 到 1809 年之間，克勞塞維茨即已開始發展一種把歷史經驗與抽象思考合而爲一的思想結構，以來替他的戰爭理論奠定基礎。他在〈論戰略抽象原則〉（On Abstract Principles of Strategy）文中曾檢討自三十年戰爭以來，戰爭表面上所曾發生的變化，其結論爲軍事理論實際上不過是反映改變中的戰爭面貌而已，所以此種理論也就經常由於新歷史經驗的出現而失效。此種改變是如此迅速和深遠，以至於有關戰爭的書經常出版得太遲，而所描述的往往都是過

去的事情。假使是這樣，發展一種普遍的戰爭理論是否仍然可能呢？克勞塞維茨認爲仍有可能，因爲在歷史經驗的多樣性和每個時代的改變之外，仍然有一種經常不變因素之存在，那也就是理論的眞正目標。所以，理論應以「戰爭永恆精神」(lasting spirit of war)爲目標，克勞塞維茨在其 1804 年的筆記中即曾提出此一觀念。他認爲戰爭藝術的形式固然會隨著時代而改變，但戰爭精神則仍然不變，這是不容忽視的事實。**⓰**

## 二、中期

在 1810 年到 1812 年之間的階段，克勞塞維茨一方面任教於戰爭學院，另一方面又兼任王儲的軍事教師。此種職務毫無疑問是足以刺激他研究戰爭理論的努力。但不幸從 1812 年開始，他的生活受到世局變化的影響變得非常不安定，於是此種努力遂不得不被迫中斷。直到 1815 年拿破崙戰爭結束，和平時代終於來臨時，克勞塞維茨的一生才達到一個最重要的轉捩點。從此，他可以開始專心致力於學問的研究，並以寫一部戰爭理論著作爲其努力目標。就其思想演進而言，我們似乎可以把 1816 年定爲其中期的起點。

克勞塞維茨在柯布侖玆的 3 年中(1816-18)，即已開始著手寫一本簡明扼要的理論著作，這是他第一次企圖寫一本眞正有系統的書，同時也是導致《戰爭論》的全部過程中的第一步。非常可惜，這一部處女作的原稿今天已經不存在，不過所幸是有兩項似乎是他對於該書所寫的序文和評論的文件仍被保存在其《全集》之中。根據這些文件，我們對於其寫書的動機，和書中的理論架構，始能多少有所了解。**⓱**

誠如何華德所明白指出者，克勞塞維茨的身分爲職業軍人，也是普魯士軍官團之一員，他所寫的書是準備供其同僚研讀，而並非想在

所謂學術界中佔一席之地。今天許多文人學者都在研究克勞塞維茨和他的思想著作眞可以說是完全出乎其想像之外。**⑱**

　　克勞塞維茨在其始終不曾出版，而現在也早已佚失的新著序文中非常明白地作了下述幾點表示。事實上，這些觀念不僅是爲他的第一本書而寫的，對於其傳世之作也同樣大致適用：

　　⑴這本書就形式意識而言，不含有完全的系統，也非一種完全的理論，而只是對此種理論提供資料。

　　⑵其科學性質在於企圖研究戰爭現象的要素，並說明此種現象與其組成部分之間的關係。

　　⑶不避免任何合於邏輯的結論，但每當線索變得太細時，就寧願將其切斷而回到適當的經驗現象。

　　⑷分析與觀察，理論與經驗，必須永遠不互相排斥，反而言之，應彼此支持。

　　⑸也許根本不可能寫成一部有系統的戰爭理論，使其充滿智慧和實質，與現在所有一切理論的陳腔濫調都大不相同。

　　⑹許多年來對戰爭的思考，與許多了解戰爭的能人之間的交遊，以及對戰爭的大量個人經驗，已使作者獲得若干觀念和信念。

　　⑺作者寧願用壓縮的形式將這些觀念呈現出來，像純金屬的小塊(small nuggets of pure metal)。本書各章就是這樣形成，在表面上只是暫時的連接，但卻希望並非沒有內在的一貫性。

　　⑻也許一個較偉大的心靈不久將會出現，能夠用單一整體(single whole)以來代替這些個別金屬小塊，那個整體是由固體金屬所鑄成，而不含有任何雜質。〔pp.89-91〕

　　爲什麼要花這樣多的篇幅來把這篇序的內容扼要抄錄下來？因爲那是非常重要，對於他在開始從事理論著作時，所具有的動機和態度

作了明白的說明。首先可以看出他當時雖還只是踏出第一步，但在內心中卻早已隱藏著一種非常偉大的雄心，換言之，其最終目的是要創出空前未有的完整理論體系，也就是要把那些金屬小塊鑄成一個整體。

其次，克勞塞維茨也明知其所想做的事是非常困難，而且也確有力不從心之感。他甚至於有一點悲觀，自認其理想是不易實現，但他仍然表現出「是知其不可爲而爲之」的勇氣。

最後，他說明了其所擬採取的途徑。他準備將其許多年來所已累積的心得分別納入書中，即令在形式上不能構成完整體系也在所不計。同時也不想過分抽象化，而要求永遠不與現實脫節。

克勞塞維茨所寫的第一本書是在何時完成，其詳細內容是怎樣，我們都無法知道，不過，根據「作者評論」來分析，又還是可以獲得若干概括的認知（據英譯本編者考據，此項評論大致是在 1818 年寫的）：

(1)書中所陳述是他所認爲的「戰略主要因素」（major elements of strategy）

(2)他寫此書時事先並無任何預定計畫，但他的確很想以孟德斯鳩爲模範。

(3)最初他只想寫一本簡明扼要的書，其所假定的讀者是對此主題早已熟習的專家。

(4)最後他的文筆完全脫離了其控制，於是逐盡可能作詳盡的發揮，到此時也就假想讀者爲對此主題並不熟習的人。

(5)當他愈受分析精神支配時，也就愈回到系統化的途徑。他有意最後要將其全部內容再修改一次，使其能組成一個合理的整體。

(6)他要不惜一切成本以來避免一切老生常談，那也就是顯然已被

人說過一百次而且也爲人所共信的東西。

(7)他的雄心是想寫一本不至於兩三年後即被遺忘的書，而是對此主題深感興趣的人可能會一再拿出來研讀的書。〔pp.93-84〕

基於以上的分析，我們至少可以獲得下述幾點結論：

(1)直到他這本書初稿完成時，他還是相信戰略（作戰的指導）爲理論的眞正主題，也就是說在 1818 年他還不曾考慮到應該研究「戰爭的性質」。換言之，在基本觀念上與啓明時代的軍事思想家（尤其是約米尼）並無太多差異。

(2)雖然他自稱並無預定計畫，但最初他還是有若干基本假定，例如以孟德斯鳩爲模範，以職業專家爲對象等等，但在寫作過程中卻發現他無法控制其自己的思想和文筆。

(3)他對於其作品幾乎總是感到不滿意，第一本小書是如此，最後的大書也是如此，這可能是由於他內心中有一種無法克服的矛盾，在此暫不深論。雖然他已說明要對第一本書初稿作全面修改，但很可能因爲後來感覺到改無可改，遂乾脆放棄而從頭再另外寫一本新書。

(4)他明白宣示了他的雄心，而且可以想像他是自認其第一本書是不足以達到這個標準，這樣也自然促使他決心作第二次嘗試。總算是天從人願，其未完成的傑作，直到今天不特仍未被人遺忘，更已成不朽的經典。

克勞塞維茨何時開始寫《戰爭論》，雖然並無確實記錄，但照合理的推斷，應該是 1819 年。此時他已接長戰院，並且也已知其改革的建議不被採納，於是遂甘心接受投閒置散的安排，並以治學著書來消磨其歲月。當他這次再度寫書時，內心裏也就比上一次較有計畫和準備，至少對於所謂軍事理論的性質和範圍是已有確定的認識。他仍然相信

作戰的指導爲理論的眞正主題，而這也是啓明學派的軍事思想家所不曾發現的。由於深受沙恩霍斯特和康德的影響，他又相信對於戰爭指導是不可能有絕對性的教條(doctrines)。任何規律或原則都不能完全適應現實的多樣性和不同的行動要求。

　　既然實用的規律和原則不能視爲戰爭理論的本身，所以必須向其他方面去尋找。這些規律只能算是從具體行動到抽象理論之間的橋樑。眞正的理論不是「行動教範」（manual of action），只能研究而不能灌輸。因此，啓明學派是根本沒有找到主題，即爲戰爭的性質及其永恆精神。然則戰爭理論又有何用？那是可以用來分析戰爭的組成要素，那是一種普遍眞理，不能僅從個案中來加以解釋。簡言之，克勞塞維茨在其所要寫的新書中是以探求理論爲目的。這種理論足以反映永恆的戰爭性質，超越一切過去經驗，具有普遍的效力。**⓳**

　　克勞塞維茨自認「對戰爭藝術構成一套科學化理論是一種非常困難的任務。有許多人曾作此企圖都已失敗，遂使大多數人說那是不可能，因爲其所考慮的問題無常規可循。」**⓴**儘管如此，他在開始寫《戰爭論》時還是信心十足，相信這是一條可以行得通的路線。他從 1819 年開始工作，到 1827 年一共已經寫完了其所計畫的 8 篇中的前 6 篇，並且已將原稿都清繕完畢，但不料在此時卻突然遇到難關，於是在其思想演進的過程中也就隨之而進入最後一個階段。

## 三、晚期

　　幾乎是從他有思想時開始，一直到他著手寫《戰爭論》時爲止，克勞塞維茨對戰爭性質的基本認知就是他在《戰爭論》第一章第一頁上所說的話：「戰爭不過是一種較大規模的決鬥而已。」簡言之，戰爭的手段就是戰鬥，目的就是殲滅敵人。其一切思想都是以此種觀念

爲核心，而這也反映拿破崙的經驗對其思想所產生的巨大衝擊。此種
戰爭性質的觀念可以簡述如下：「就本質而言，戰爭就是戰鬥，因爲
在通常稱爲戰爭的多方面活動中，戰鬥是唯一的有效原則。」他又指
出武器的發展雖能改變戰鬥的形式，但並不能改變戰鬥的觀念。〔p.
185〕

　　從其尙未修正的《戰爭論》原稿中很容易發現此種觀念是經常出
現，最明白的綜述是見於其第四篇第十一章。它指出：(1)敵軍兵力的
毀滅爲戰爭的首要原則；(2)通常必須用戰鬥始能毀滅敵軍；(3)只有大
規模戰鬥始能導致大規模成功；(4)僅當一切戰鬥匯合成爲大會戰時，
最大成功始能獲致。〔p.403〕

　　克勞塞維茨的此種理念是以其本人對拿破崙戰爭所獲得的印象爲
基礎。他在研究歷史時曾獲得一個結論，即認爲每一個時代都應有其
不同的戰爭理論，現在卻又相信從拿破崙時代經驗中所導出的觀念具
有普遍的適用性，這也就不免自相矛盾。但在他寫《戰爭論》的過程
中，差不多經過 10 年的時間，他都似乎不曾發現此種矛盾的存在。直
到 1827 年快要寫完第六篇（防禦）時，他才發現他對戰爭的觀點有問
題。這又並非偶然的發現。因爲防禦的目的是保持現狀，防禦者可能
選擇遲滯、撤退，以及其他避免衝突的手段，這也就可能導致克勞塞
維茨所謂的「觀望戰爭」（war of observation）。他指出：

　　　無可否認，大部分戰爭和戰役都多爲一種互相觀望的狀況，而
　　非生死的決鬥。……也許可以預測大多數戰爭將會有重返觀望型
　　態的趨勢。理論若欲有任何實用價值，則必須容許那樣的可能性。
　　〔p.772〕

接著他更進一步指出：

　　古今中外的戰史顯示，不僅大多數戰役都是屬於此種類型，而
　　且由於所佔多數是如此具有壓倒性，以至於所有其他的戰役似乎
　　反而變成了規則的例外。〔p.794〕

　　這種說法真令人感到十分驚訝，很顯然，克勞塞維茨內心裏已經
感到震撼，並開始承認他原有的理論有漏洞而必須徹底修補，一項最
重要的文獻即爲他在 1827 年 7 月 10 日所寫的筆記，因爲它詳細說明
了他將如何進行修改工作的計畫。

　　我認爲早已清稿的前 6 篇僅爲一種相當無定形的質量，必須加
　　以徹底再整理。這次修改應在每一點上都要對兩種類型的戰爭作
　　較澄清的解釋。……戰爭可分兩類，其目的或爲打倒敵人，……
　　又或僅只佔領若干敵方邊界地區。……兩類戰爭的區別是一種實
　　際事實問題。但同樣現實的是另外一點的重要性也必須絕對表
　　明，那就是戰爭不過是政策用其他手段的延續。〔p.101〕

簡言之，克勞塞維茨已公開宣布其修改《戰爭論》的意圖是以兩個主
要觀念爲基礎：(1)戰爭有兩種類型，即全面戰爭與有限戰爭；(2)戰爭
爲政策用其他手段的延續。

　　在以後 3 年(1827-1830)中，他是怎樣工作，並無詳細可靠的記
錄，不過依照他本人在兩項筆記中所作的說明，似乎可以大致推定如
下：他首先繼續完成第七篇〈攻擊〉，他自稱其中各章都已完成初稿，
並應視爲第六篇的相對部分。只要把上述觀點加入，即不需要再修改，
並可對前 6 篇的修改提供一種標準。

　　接著他要完成第八篇〈戰爭計畫〉，這是一項比較艱鉅的工作，他
說：

　　第八篇將討論作爲一個整體的戰爭的組織問題。其中有幾章也早已草擬，但都不能算是定稿。實際上只是對原料的初步整理。在工作時我將把努力指向眞正問題的所在，……主要觀念將是應用上述兩大原則，並精錬和簡化其一切內容。〔p.102〕

在第八篇完成之後，克勞塞維茨才會著手修改其前 6 篇，他說：

　　假使第八篇的完成能產生澄清我自己的心靈，和眞正建構戰爭主要特徵的兩種結果，則我也就可以比較容易把同樣的標準應用在前 6 篇中。〔p.102〕

他又說明：「那種修改將在前 6 篇中刪除大量浮濫資料，塡補大小漏洞，並使若干概括之論在思想和形式上都變得較精確。」〔p.102〕

　　基於以上的分析，似乎可以斷言克勞塞維茨對第七篇和第八篇的內容至少已經暫時感到滿意，尤其是他在寫第八篇時可能曾遭遇很多困難，和花費了不少時間。究竟他在何時才開始進行對前 6 篇的修改工作，我們無從查考，不過可以斷言的是此種工作並未完成。也許誠如他自己所說的：「只有第一篇第一章是我認爲已經定稿。它對於全書至少可以指出我在其他部分所想採取的方向。」〔p.103〕

　　除第一篇第一章以外，是否還有其他的修改呢？根據其夫人所寫的序，在整理遺稿過程中還曾發現若干修正的片斷，已經分別插入第一篇中的有關部分（即預定位置）。此外即更無其他的修正。〔p.98〕。因此也就可以作一總結論如下：第七篇和第八篇是克勞塞維茨認爲已毋需修改者，至少暫時如此。第一篇第一章是經過修改後並已被認爲定稿者。對於第一篇其他各章，他曾作若干修正，但並未正式定稿，在身後始由遺著編者插入，究竟是那些部分我們也無法知道。最後，從第二篇到第六篇則可以斷定是完全不曾經過修改，也就是並未將其所

自認爲是新的觀念加入進去。所以，誠如他自己所云：「所留下的著作只是尚未成形的概念，並會受到無窮的誤解。」〔p.102〕

# 肆、論戰爭性質

《戰爭論》第一篇的標題爲「論戰爭性質」（On the Nature of War），其第一章也就是克勞塞維茨所最認爲已修改完成的一章，標題則爲「什麼是戰爭？」（What is the War?）。這是一項非常重要的事實，但很少爲人所注意。這樣的標題說明了克勞塞維茨所想討論的主題即爲戰爭的本身（itself），這也正是他與任何其他軍事思想家之間的最大差異。

古今中外的軍事學術著作幾乎都有一共同目標，即爲教其讀者怎樣打仗，至於戰爭的本質爲何，則可以說無人研究，也許克勞塞維茨的《戰爭論》爲唯一例外。這又正是其書之所以被人認爲難解的主因。因爲他所教的也許是讀者所不想學的，而讀者所想學的又是他不重視或不想教的。《戰爭論》是一部冗長的大書，其中內容並非全部都與其眞正的主題有必要關係。也許他若不早逝，則其最後完成的傑作將是一本與現存的《戰爭論》大不相同的書。僅憑想像即可斷言那將是一本像第一章那樣簡潔而有條理的書。

## 一、基本認知

克勞塞維茨在其第一章中曾對戰爭的性質作了三種不同層次的闡明，這足以代表其思想的精華。他首先指出，「戰爭不過是一種較大規模的決鬥（dual，德文爲 Zweitkampf），……一種強迫敵人遵從我方

意志的行動。」〔p.110〕戰爭是一種互動(interaction)，其發展不是某一方面所能單獨決定，而必然是互動的結果。

　　克勞塞維茨認爲依照抽象的邏輯，戰爭的成本和努力都應無限升高，但這又與人類經驗相違背，因爲行動經常會受到某種限制。所以無限(絕對)戰爭只能存在於抽象情況中，眞實戰爭一定會受到環境的限制。因此，他作成三點結論：(1)戰爭從來不是孤立的行動，(2)戰爭不僅爲單獨短促的打擊，(3)在戰爭中結果從來不是最後的。〔pp.115-118〕

　　克勞塞維茨所最重視的環境因素爲政治情況，並認爲那必須愼重考慮。他指出，「同一政治目的可以對不同的人引起不同的反應，甚至於在不同的時候對於同一人而言也是如此。」〔p.119〕克勞塞維茨如此重視政治情況的變化，使他與其他理論家大異其趣，因爲他們所重視的往往都是可以量化的因素。對於政治環境的思考遂又使他對於戰爭產生第二種認知，那也就是其經常被人引述的名言：「戰爭不過是政策(治)用其他手段的延續。」〔p.129〕

　　他認爲戰爭永無自主地位，經常爲政策的工具(手段)，用以達到政治目的。不過，他又指出：

　　　政治目的並非暴君，必須使其本身能適應其所選擇的工具，而這更可能使其本身發生徹底改變，但政治目的仍爲第一考慮。〔p.129〕

　　此種目的與手段之間的關係又顯然不是固定的，而有極大的彈性。尤其是彼此之間經常形成一種互動或回饋，這也正是其最微妙的性質。於是克勞塞維茨遂由此而又獲得其對戰爭性質的第三種認知，這也是最複雜的一種，並構成其第一章的總結。他說：

　　戰爭不僅像一隻眞正的變色蜥蝪(chameleon)，輕微改變其特性以適應某種特定情況。作爲一種總體現象，其主要趨勢又經常使戰爭成爲一種顯著的「三位一體」(trinity)，包括：(1)原始暴力、仇恨，和敵意，那都可視爲一種盲目的自然力；(2)機會和機率的作用，而創造精神在其中自由活動，(3)以及作爲一種政策工具，戰爭的服從要素使其僅受理性的支配。〔p.131〕

最後，他又綜合地指出：

　　此三方面的第一面主要地是和人民發生關係，第二面爲指揮官及其部隊，第三面則爲政府。……理論若忽視三方面的任何一面，或企圖在其間固定一種武斷的關係，則將與現實衝突。……所以，我們的任務就是要發展一種在此三種趨勢之間維持平衡的理論，好像一個懸空位置在三塊磁石之間的東西一樣。〔p.132〕

　　以上所云即爲克勞塞維茨對於戰爭性質的三點基本認知。此三者之間不僅彼此關連，而且還代表三個不同的層次：(1)最低爲原始暴力的層次，(2)其次爲目的與手段的層次，(3)最高爲三位一體的層次。但無論那一層次，戰爭又都是一種互動，暴力都會受到限制。無限戰爭只能存在於純粹幻想之中，現實戰爭一定是相對的而非絕對的。

　　從《戰爭論》中可以發現克勞塞維茨喜用比喩(metaphor)。這也不稀奇，中國古書，尤其是佛經，也常用此種方法。其原因爲所謂哲理有時的確很難解釋，不如打一比喩讓讀者自己去領會。因此，讀其書也就必須深思，否則很難了解其眞意。從其所用比喩中又可發現其在治學方法領域中的特點：

　　(1)他的思想是動態的而非靜態的。當時或以前的軍事思想家常喜

用幾何學名詞或圖形以來解釋戰爭理論，他極不以爲然，尤其反對把戰略變得較科學化的企圖。他說：「綜合性戰爭理論的主要任務之一就是要破除此種謬論。」〔p.326〕

(2)他對於當時的「高科技」(high-tech)很有研究，尤以數理科學爲然，所以他常用科學名詞，例如摩擦、機率等。這也是使其著作對於某些缺乏科學素養的讀者變得難以了解的原因之一。

(3)一般學者都有追求簡化(simplification)的意願，也就是希望能把複雜的事情簡化成爲法則、規律或原則(law, rule or principle)。這也就是所謂科學化。克勞塞維茨則不作此想，他不特不求簡，反而有使其研究變得愈來愈複雜的趨勢。這也是使其著作變得非常冗長的原因。

(4)一般學者都企圖找到一個常態(normality)，而把任何不合於常態的東西都視爲例外。克勞塞維茨不承認有所謂例外之存在，而認爲例外本來就是正常。戰爭性質本來就是這樣複雜，所以在其領域中也就不可能有法則之存在。

他這種寧繁勿簡，寧缺勿濫的精神似乎與我國孔子所指示的「毋欲速，毋見小利」的觀念頗有暗合之處。於是逐又導致其所特有的治學方法，即所謂「精密分析」(critical analysis，德文原名 kritik)。克勞塞維茨說：「最重要的就是分析每一件事物直到其基本因素，直到無可爭論的眞理(象)爲止。」〔p.229〕此種治學方法可謂前無古人，非常值得欣賞。何華德認爲他的結論對於任何當代戰略思想家而言都是一個良好的起點。❹

## 二、摩擦與機會

克勞塞維茨從對戰爭的最基本認知（決鬥）中發現戰爭的互動性。於是他指出：

> 戰爭並非一種對無生命物質的意志使用。……在戰爭中，意志是指向有反作用的有生命目標。很明顯，在藝術和科學中所使用的一切方法對此種活動均不適用。〔p.219〕

尤其是軍事行動所產生的又非單一（single）或單純（simple）的反應，而是非常複雜的互動。所以，他說：

> 軍事行動的特徵為必須期待積極反應（positive reaction），於是也就會產生互動的程序。在此我們所關心的不是如何計算這種反應的問題，而是此種互動的本質將使其變得不可預測（unpredictable）的事實。〔p.204〕

最後，他又斷言：

> 戰爭也像廣泛的人生一樣，全體與部分都彼此相連。不管原因是如何渺小，其所產的效果必然影響爾後的一切行動，並對其最後結果產生某種程度的改變。同樣地，一切手段也都必然影響最後目的。〔p.233〕

克勞塞維茨認為任何理論的主要目的就是澄清觀念和理想，以免其混淆不清。他又確信理論只是一種手段而非目的，所以，不可為理論而理論，尤其不可因墨守理論而犧牲現實。戰爭並不等於下棋，雙方毋需遵守同一規律，而且也可隨時改變其規律。簡言之，戰爭中根

本無規律之存在，戰爭是由非常複雜的互動所組成，隨時都在變，恰如克勞塞維茨所形容，是一隻眞正的變色蜥蜴。

戰爭之所以不可預測，其原因又非僅由於互動關係，克勞塞維茨透過其精密分析遂又找到第二個關鍵因素，那就是無所不在的「摩擦」（friction）。他認爲眞實戰爭與紙上戰爭的唯一區別即在於此。摩擦本是物理學名詞，在此爲一種借用，其通常的意義就是所謂「麥菲定律」（Murphy's Law）：凡是可以出差錯的事情終久還是一定會出差錯，而且往往是在最壞的時候。㉒這也就暗示完全不出差錯是不正常，而出差錯反是正常。換言之，摩擦實爲戰爭中的正常現象。克勞塞維茨說：

> 戰爭中一切事情都很簡單，但最簡單的事情也就是困難的事情。這些困難累積起來遂終於產生摩擦。除非已有戰爭經驗的人，否則很難想像。……軍事機器本是非常簡單，似乎易於管理。但必須記著其組件都不是整片的，每個部分都是由個人所組成，而每個人都有其潛在的摩擦，……即令最不重要的人也有機會鑄成大錯。……此種巨大摩擦並不能像力學中那樣將其歸納在幾個點上，而是隨時隨地都有機會產生不可量度的效果。〔pp.177-178〕

克勞塞維茨又發現有兩種不同的摩擦交相爲用。第一種是自然的抗力，他舉例說：

> 戰爭中的行動好像在有抗力的物質中運動一樣。正好像最簡單和最自然的運動（步行）在水中不易表演一樣。所以在戰爭中，僅憑正常的努力是難以達到平凡的成績。〔p.179〕

其次，摩擦還有第二種意義，即現代資訊理論中所謂的「噪音」（noise）。即令是比較原始化的戰爭也還是少不了「指管通情」（C³I）。

戰爭規模愈巨大，則此種系統也就愈複雜，於是其所產生的噪音（摩擦）也就愈能對正常的運作（行動）產生嚴重的干擾。克勞塞維茨說：

> 戰爭中許多情報是矛盾的，甚至於還有許多是虛偽的，而極大多數都是不確實的。……指揮官必須信任其自己的判斷，像岩石一樣挺立在驚濤駭浪之中，而這絕非易事。〔pp.175-176〕

由於第一種摩擦（抗力）的存在所以在戰爭中所付出的努力（成本）往往得不到成比例的報酬，而且更有報酬遞減的趨勢。第二種摩擦（噪音）則會形成所謂「戰爭之霧」（the fog of war）。簡言之，在戰爭中一切似乎都像霧中看花，真象幾乎永遠不會大白。克勞塞維茨指出：

> 沒有任何其他的人類活動是如此連續地或普遍地和機會（chance）連在一起。於是透過機會因素，猜想和運氣遂在戰爭中扮演重要角色。〔p.126〕

即令是最不重要的小人物，極小的意外事件，都可以造成意想不到的巨大衝擊。尤其最令人無奈的是無法事先知道會在何時何地出差錯。

戰爭是一種不確實的境界，構成不確實性的因素至少有四點：(1)危險，(2)體力，(3)情報（資訊），(4)機會。在戰爭中死亡是經常存在的威脅，每個人都處於疲勞和緊張狀況之下，所有的資訊都可能有疑問，而機會更不知何時會出現，所以，一切思考和行動都受到突然的衝擊，其結果也會與平時或正常情況之下所產生者大有差異。㉓

十九世紀末期的法國數學家潘卡里（Henri Poincaré）曾指出所謂機會可分為三種，在《戰爭論》中對此三種機會都有相當精闢的討論。㉔

第一種機會是統計學中的觀念即為可算出的機率（probability）。

克勞塞維茨時常提到機率在指揮官的計算中所扮演的角色。不過，他又指出：「在人類一切活動中，戰爭是最接近一場紙牌賭博。」〔p.126〕此種比喻暗示不僅需要計算機率的能力，而且還需要人類心理學的知識，然後始能猜透對方的心事。換言之，僅憑一般的計算並不能應付機會所帶來的複雜性（complexity）。他說：

> 拿破侖在這一方面說得很正確：總司令所面臨的許多決定很像值得需要一位牛頓或歐勒那樣的天才始能解決的數學問題。〔p. 169〕

因為軍事指揮官並非天才數學家，所以當他們作決定時就必須依賴以直覺、常識、經驗為基礎的判斷。僅憑統計方法是絕對不夠，因為精神因素經常進入真實戰爭。

潘卡里認為第二種形式的機會是微小原因的擴大（amplification of a microcause）。克勞塞維茨對此有深刻認識，在分析機會與摩擦的關係時，他指出不為人所注意的小原因可以受到不成比例的放大。決定性結果往往由於特殊因素，而其詳情只有當時在場的人才知道。要想解釋因果關係時經常會感到精確資料的缺乏：

> 戰爭中事實的真象很少完全為人所知，幕後動機則更是如此。它們可能為指揮官所故意隱瞞，又或假使它們只是臨時或偶然的，則歷史也就可能根本不曾記錄。〔p.230〕

對於戰爭中已知的結果，可能很難找到其最初的起因。許多複雜的互動能把微小之因，放大成為意想不到的巨大之果（macro effect）。互動會產生何種效果，事先無法預測，所以，第二種形式的機會所帶來的不可預測性也就無可避免。

潘卡里的機會理論還有其更高深的一層，他說第三種機會是由於

我們不能把宇宙視爲一個連續整體而引起的結果。他指出：

> 我們的弱點禁止我們考慮整個宇宙，而把它切成碎片，碎片之間常會相互發生作用，我們遂認爲此種相互作用的效果是由於機會所引起。❷

簡言之，此種機會是分析法所必然帶來的副產品。克勞塞維茨對此有同樣的認識。他曾一再指出其同時代其他理論家所犯的錯誤，他們都是堅持要把戰爭中所呈現的各種問題先孤立起來，然後再個別地加此分析。《戰爭論》有云：

> 有人想用原則、規律，甚或體系來裝備戰爭指導。此種努力的確表示一種積極目的。但對其所涉及的無限複雜性未能給與以適當注意。……戰爭指導幾乎是朝著所有一切方向伸展，而且毫無固定極限。但任何體系、任何模式又都有其極限。此種類型的理論與實際行動之間存在著無可協調的衝突。〔p.196〕

克勞塞維茨並非不想對戰爭指導找到一套原則。不過，他深知那固然是可欲的目標，但也是無法達到的目標。

克勞塞維茨對於戰爭性質的研究可以說既淵博而又深入，不過，似乎還是有一點小漏洞。他雖然注意到戰爭中同時有摩擦和機會的存在，但並未明白說明二者在敵我雙方之間的互動關係。

在戰爭中只要有行動就會有摩擦，那是任何方面都無法避免。但若無敵人之存在，則摩擦只會減低行動的效率，而不至於產生嚴重的影響。但由於戰爭有敵對雙方，於是遂導致另一種互動關係，那卻是克勞塞維茨所未說明者。簡言之，甲方的摩擦會對乙方構成一種可供利用的機會，反之亦然。更進一步說，當甲方發生摩擦，本已對乙方提供可利用的機會，但由於乙方也有摩擦，遂可能產生抵銷作用，並

使其坐失良機而不能利用。因此，在雙方的摩擦與機會之間也就會形成一種非常複雜而微妙的互動關係。

很奇怪，克勞塞維茨雖曾提到小因可以致大果，但並未對此種關係作明確的討論。反觀我國的孫子卻曾明白指出：「昔之善戰者，先為不可勝，以待敵之可勝。」❷❻ 所謂「先為不可勝」就是盡量設法減低我方的摩擦，不讓敵方獲致可利用的機會。所謂「待敵之可勝」就是等待敵方的摩擦對我方呈現可供利用的機會。孫子之語簡明扼要，並又把摩擦與機會之間的互動關係表達無遺。克勞塞維茨對於軍事天才曾作非常詳盡的討論，但很可惜，他並未指出天才(孫子所謂善戰者)的意義就是能夠了解並善於利用摩擦與機會之間的互動關係，能夠先為不可勝，以待敵之可勝。

# 伍、政治與戰爭

在其晚年，克勞塞維茨的思想是一直都在政治與戰爭之間的關係中徘徊。這又是從他寫作和修改《戰爭論》的過程中所引伸出來的。概括言之，其晚年思想的演變和發展是可以分為兩方面來加以檢討，即為：(1)有限戰爭與絕對戰爭；(2)戰爭為政策的工具。

## 一、有限戰爭與絕對戰爭

克勞塞維茨把戰爭分為有限與絕對兩類的觀念是現代政治和戰略思想家所最感興趣的，但對於此種觀念的來源和形成卻又還是很少有人加以較深入的探索。事實上，克勞塞維茨在其早年還只有 24 歲時，即已有把戰爭分為兩類的看法，他認為一種是取消對方政治獨立的戰

爭，另一種則是獲致有利和平條件的戰爭。但以後這個觀念似乎就不再被提及，直到 23 年之後(1827)，當他已經把《戰爭論》寫完了前 6 篇時，這個觀念才突然受到極大的重視。他曾明白宣布：「應在每一點上都要對兩種類型的戰爭加比較澄清的解釋。」〔p.101〕

爲什麼戰爭應分爲兩類，克勞塞維茨曾提出三種不同的解釋。第一種解釋是以歷史經驗爲基礎。戰爭有其不同的時代背景，每個時代都有其特殊的戰爭種類，其特殊的限制條件，以及其特殊的先決條件。簡言之，政治(文化)環境決定戰爭是否爲總體或有限，假使是有限，則所受的又是何種限制。舉例言之，在十八世紀時，戰爭的形態都是有限的，但法國革命的爆發遂又產生了極大的改變。克勞塞維茨說：

> 突然地戰爭又變成人民的事務——一共有 3,000 萬人民，都認爲他們自己是公民，……於是整個民族（國家）的全部重量都放在天平上，而不像過去僅限於政府和軍隊。現在可以動用的資源和努力超越了一切傳統極限，現在沒有任何東西可以阻擋銳不可當的戰爭衝力。〔p.931〕

根據這樣的歷史分析，克勞塞維茨遂認爲在拿破侖時代戰爭呈現總體性實乃理所當然。然則在拿破侖敗亡之後，對於未來又應作何種研判呢？是否有限戰爭將再度出現？克勞塞維茨認爲這個問題很難答覆，不過他卻從理論的觀點作了一個結論如下：

> 我們只能說，交戰者所採取的目的，和所使用的資源，必須受到其本身地位特性的支配。但此種目的又必須符合時代精神及其一般性格。最後，又必須經常受到從戰爭本質中所抽出的概括結論之管制。〔p.934〕

從上述最後一句話，也就可以引到克勞塞維茨的第二種解釋。他

在其書的第一篇第一章就提出「絕對戰爭」的觀念,並說它是一種「理想」(ideal)的戰爭,所謂「理想」的意義就是說那是合乎邏輯,合乎自然。戰爭的固有性質是總體的,「戰爭是一種力的行動,而對於那種力的應用並無任何邏輯上的限制。」〔p.112〕但在現實世界中,所有的戰爭都達不到此種絕對理想,其原因是戰爭並非一種孤立的活動,而受到許多外在因素的影響。所以,交戰雙方的意圖以及戰爭發展的方向都不可能完全合於理想或邏輯。因此,現實戰爭也必然為有限戰爭。

除了外來的限制,戰爭本身又還隱藏著一種內在的限制,此種內在的限制就是克勞塞維茨所強調的「摩擦」。於是遂構成有限戰爭的第三種解釋。他發現在戰爭中幾乎一切的行動都不能完全達到計畫中的理想目標,經常會產生無力感而使行動陷於停頓。誠如俗語所云:構成戰爭的是九分煩惱(boredom)加上一分害怕(fear)。❷❼依照這種解釋即可以發現,即令抽象的戰爭性質是絕對的,但在現實世界中,環境和摩擦又還是會使戰爭受到各種限制,而永遠達不到理想的絕對標準。

克勞塞維茨是在寫到《戰爭論》第六篇將近結束時,才確認毀滅性的戰爭(war of destruction)並非唯一的戰爭形式。而此種認知又恰好與其原有的戰爭性質觀念有所衝突。因此,他也就必須設計一種新的思想結構以來融合兩種觀念。不過最初,他雖然承認兩種戰爭的存在,但卻又宣稱毀滅性戰爭表現戰爭性質,所以居於優先地位;而面對有限戰爭,全面戰爭往往穩操勝算。所以絕對戰爭才是真正(true)的戰爭。

當他寫到第八篇時對於這個問題又作較深入的討論:

此種非導電的媒體,此種阻止充分放電的障礙,又是什麼?為什麼理論觀念還不夠?此種障礙包括一大堆因素,其中有無限曲

折，那是邏輯推理所不能貫通……這也就是戰爭爲何會變得如此不一貫和如此不完全的原因。〔p.914〕

因爲理論不能漠視現實，所以他說：

今後 10 年中，甚至於還可能有其他種類的戰爭出現。我們的理論雖然嚴格地合於邏輯，但並不一定能適應現實。所以，必須準備發展眞實戰爭的觀念，那不是以純粹定義爲基礎，而是對於各種不同外來事物都留有餘地。〔p.915〕

不過，在這一章（第八篇第二章：「絕對戰爭與眞實戰爭」）的結論中，克勞塞維茨又還是這樣說：

理論必須承認上述的一切分析，但它卻有責任把優先給與戰爭的絕對形式，並使那種形式成爲一種普遍的參考點，以使從理論學習的人能慣於保持那種觀點，用它來衡量一切的希望和恐懼，並在可能或必要時，盡量與它接近。〔p.916〕

## 二、戰爭爲政策的工具

「戰爭爲政策的工具」（War Is an Instrument of Policy）本是《戰爭論》第八篇的六章(B)的標題，而這也正是克勞塞維茨思想中的最基本觀念之一。我們甚至於可以說直等到他寫到這裏時，他才算是眞正徹底覺悟了。他不再主張絕對戰爭應居於優先地位，他也不再高談「會戰的特性就是屠殺，其代價就是鮮血」。〔p.405〕所以，這一章是特別值得重視，也是克勞塞維茨留給後世的永恆教訓。以下我們就盡量引述《戰爭論》的原文以來說明此種觀念的精義。

戰爭僅爲政治關係的延續,加上其他的手段(with the addition of other means)。……戰爭本身並不中止政治關係或將其變爲某種完全不同的東西。不管其所使用者是何種手段,就本質而言,此種關係仍繼續存在。〔p.952〕

戰爭並不像理論所要求,會殘酷無情地向絕對境界前進。……戰爭不能遵照其本身的法則,而必須視爲某種整體的一部分,這個整體的名稱即爲政策。〔p.953〕

政策的目的爲統一協調國內行政和精神價值的所有各方面,……我們在此只能把政策當作所有一切社會(國家)利益的代表。〔p.854〕

戰爭非他,不過是政策本身的表達而已。把政治觀點位置在軍事觀點之下,實乃荒謬不合理,因爲創造戰爭者即爲政策。政策是指導的智慧,而戰爭則僅爲工具,二者的地位不可本末倒置。所以必須把軍事觀點放在政治觀點之下,而更無其他的選擇。〔p.855〕

任何戰爭的可能性格以及一般形狀,主要地都應根據政治因素和條件來評估。戰爭應設想爲一有機整體,其中各部分都不可分立,每一個別行動都對整體有所貢獻,而其本身則發源於中心觀念。所以非常明白而確實,戰爭指導的最高立足點,也就是決定其主要行動路線的觀點,必然即爲政策的觀點。〔p.955〕

簡言之,在最高階層戰爭藝術也就變成了政策,但那卻是一種以戰鬥來進行的政策,而不是以外交來進行的政策。〔p.955〕

若認爲重大軍事發展或其計畫應爲純軍事問題,實乃不可接受和可能有害的觀念。許多政府在計畫戰爭時,常要求其軍人提出純軍事性的忠告,也同樣不合理。尤其不合理的是理論家認爲,

所有一切可用軍事資源都應交給指揮官自由運用，好讓他可用其
為基礎，以來對戰爭或戰役擬定純軍事計畫。……儘管近代戰爭
已有多種不同的種類和發展，但其主要路線還是由政府來決定。
換言之，那是由純政治而非軍事的團體來決定。〔p.956〕

　若對政治因素無知，則不可能對戰爭作成其所需要的任何重大
建議。當人們談論政治影響妨害戰爭管理時，實際上是不知所云。
他們所爭論的應該是政策的本身而不是其影響。假使政策是正確
的，則其對戰爭指導所產生的任何有意影響只可能有益無損。假
使產生了相反的作用，則錯誤的應為政策本身。〔p.956〕

　僅當政治家希望軍事行動產生不合於其本身性質的效果時，政
策決定才會對作戰產生不利影響。正好像對外國語文尚未精通的
人有時會詞不達意，政治家也可能下達適足以破壞其目的的命
令。此種現象常會出現，足以顯示主管全面政策的人對於軍事具
有某種程度的了解，實至關重要。〔p.956〕

於是克勞塞維茨遂轉而論及軍政配合的實際問題：

　假使要想使戰爭充分配合政治目的，而政策也能適應戰爭中可
用的工具，則除了政治家和軍人能合於一身以外，唯一合理的安
排即為使總司令成為內閣（政府）之一員，以便內閣能參加其活
動中的重大方面。不過，又僅當政府位置在戰區附近時才具有可
行性，這樣才可使在作決定時不至於受到嚴重的耽擱。〔p.957〕

　最危險的安排就是容許總司令以外的任何軍人在內閣中發揮影
響作用。那是很少能導致合理的行動。〔p.957〕

　1976 年英譯本編者曾作註釋如下：克勞塞維茨所強調的是內閣
參加軍事決定而不是軍人參加政治決定。《戰爭論》的第二版(1853)恰

好把他的原意弄反了。在第二版所作的數百處竄改中，這也許是最嚴重的一個。**❷**

　於是克勞塞維茨在對戰爭與政治的互動關係作了如此深入的分析之後，遂又作若干歷史性的觀察來作爲「本章」的結束。其最後的結論：

　　所以，戰爭藝術的轉變是政治轉變的結果。這種改變不特不暗示二者可以分離，並且對於其間的不可分關係構成強力的證明。〔p.959〕

　　再重述一遍：戰爭是政策的工具。戰爭必須帶有政策的性格，並用其標準來衡量。戰爭指導即爲政策的本身，政策雖用劍來代替筆，但並不因此而就在思考上不依照其本身的法則。〔p.959〕

　第八篇是克勞塞維茨在其思想上已經獲得新靈感之後才寫的，也是他所認爲尚稱滿意的一篇。在這一篇完成之後，他才開始著手修改前 6 篇，而在修改過程中他自認爲已經完成者則僅爲第一篇第一章。因此，在這一章中所說的話似乎可算是其最後的意見。他在這一章結尾處指出：

　　第一，戰爭永遠不應視爲某種有自主權的東西，而經常應視爲一種政策的工具，否則全部戰史都會和我們矛盾。只有採取此種途徑才使我們能對問題獲得透徹的了解。第二，此種對戰爭的看法將向我們顯示戰爭如何必須隨著其動機的性質，以及引起戰爭的情況而變化。〔p.131〕

　　政治家和指揮官所必須作的第一個、最高的、而影響也最大的判斷就是要確定其所將從事的戰爭的種類；既不把它誤認爲，又不嘗試把它變成，某種違反其本性的東西。這是所有一切戰略問

題中的最首要者，也是其中最淵博者。〔p.131〕

最後，在提出戰爭三位一體觀念時，他又指出：「作爲一種政策工具，戰爭的服從要素使其僅受理性支配。」〔p.131〕

富勒將軍曾作解釋如下：

因爲大戰略的要義就是戰爭對政策的服從，所以姑無論政策爲何，其執行也還是必須在戰略權力所能達到的範圍之內。❷

由此可見克勞塞維茨雖未使用「大戰略」這樣的名詞，但他對於大戰略的涵意則早已有明確的了解。

# 陸、缺失與影響

克勞塞維茨的《戰爭論》雖是一部爲世人所公認的不朽名著，但它也是一部不完全的書，其原因又不僅是因爲他未能將全書修改定稿，而更是因爲其書中還是存在著若干漏洞和缺點。

首先應指出的是他的注意力焦點是放在戰爭的較高層面上，也就是所謂政策、戰略、作戰指導、戰略計畫等。至於技術、行政、組織等因素則並未給與以適當的重視，甚至於是認爲這些因素對於戰略問題並不能產生重要的影響，所以也就可以存而不論。何華德指出戰略應有四維（dimension，亦可譯向度），即爲作戰、後勤、技術、社會。克勞塞維茨所界定的戰略實際上僅爲「作戰戰略」（operational strategy），不過他也是注意到戰爭有社會層面的第一位大思想家。但對於戰爭的另外兩個向度，後勤與技術，則幾乎完全予以漠視。❸

克勞塞維茨對於戰爭的海洋方面也幾乎完全不曾討論，這也是常

爲人所詬病的一項事實。克勞塞維茨是一位內陸國家的陸軍職業軍
官，他可能一生都不曾有過航海的經驗，所以，他的書不曾給與海洋
因素以任何注意，實乃事理之常，毫不足怪。但有一點必須指出，他
的書雖並未公開討論海洋戰爭或海軍戰略，但這又不意味著其所發展
的概括性理論和觀念是不能夠應用到陸地以外的戰爭範圍。事實上，
他的基本觀念，例如機會與摩擦，攻守之間的互動，戰爭爲政策工具
等等都是可以普遍地應用，而不受任何時空因素的限制。

　　實際上，二十世紀初期的兩位海洋戰略大師，美國的馬漢、英國
的柯白（Julian Corbett），就是分別從約米尼和克勞塞維茨的著作中
找到其所需要的靈感，以來建立他們的海洋戰略思想體系。固然克勞
塞維茨和其書中所引述的史例都是他所最熟習和最感興趣的陸上戰
爭，但我們並不能因此而就以爲其理論架構不完全，或不能適用於陸
地以外的戰略環境。

　　與一般人的想像並不完全一致，克勞塞維茨並非不重視經濟因素
在戰爭中所扮演的角色。他在《戰爭論》第八篇中討論十八世紀的戰
爭性質時，曾明白指出「軍事組織是以金錢和人力爲基礎」。〔p.926〕依
照他的看法，國家的經濟資源，與其地理和社會政治條件結合，即足
以決定其軍事政策。不過，經濟、地理、社會、政治等對於戰爭或戰
略都只是一種先決條件，而並非其理論架構中所要分析的重點。

　　最後還有人批評克勞塞維茨在其《戰爭論》中是完全忽視了倫理
學（ethics），譬如說，他並不曾深入討論戰爭的起因，也並不曾追問導
致戰爭的政策究竟是善還是惡。這些意見的確曾經引起爭論，而其主
因則又還是對於克勞塞維茨著書的本意缺乏認知。克勞塞維茨的意圖
爲對戰爭的性質作深入的研究，並藉此而建立一套完整的戰爭理論，
至於有關戰爭的道德（morality）問題，那是應該屬於政治倫理學
（political ethics）的範圍，而與戰爭理論無關。戰爭是一種社會行動，

至於是否應從事戰爭的決定則位置在戰爭本身之外。即令此種決定是受到軍事領袖的影響，甚至於完全是由他們作主，但上述的觀念並無改變，那只是表示軍人分享或掌握政治權威而已。

訴之於戰爭時所持的道德理由雖然可能對戰爭的行動發生影響作用，但假使影響所及是交戰國家的政府或國際社會，則那還是位置在戰爭理論的範圍之外。至於其對於實際參加戰爭的軍人所可能產生的衝擊，則克勞塞維茨實際上是已經將其分別納入其對於士氣、忠誠、心理等方面的討論中。

總結言之，任何人所創立的理論，所著作的書籍，都不可能盡善盡美，毫無缺點。同時，他會受到批評，尤其是誤解，更是在所難免。何況，克勞塞維茨的著作並未完成，而其理論又是那樣複雜，其文字又是那樣晦澀，所以似乎的確有如其所預料：

> 假使我不幸早死而結束了我的工作，則所留下來的著作當然只能算是一大堆尚未成形的概念，那將會受到無窮的誤解，並成爲許多不成熟批評的目標。〔p.102〕

現在再來分析影響的問題。這個問題又應分爲兩個方面：(1)克勞塞維茨所受到的影響；(2)他所產生的影響。現在分別討論如下：

任何一位思想家在思想史中都一定是居於承先啓後的地位，他不可能是眞正獨來獨往，尤其是其思想是必然有其來源。克勞塞維茨自幼好學，在其成長過程中曾經博覽羣書，其範圍尤其廣泛，包括哲學、科學、歷史、政治、文學、美學等方面都在內，並非僅限於軍事。這樣多的知識和觀念都先後納入其思想架構之中，並產生整合效果。所以，實在很難明白指出其在思想上究竟受到了那些因素的影響。同時，這也是一個範圍過分龐大的問題，也許詳細的分析的確需要寫一本專書。儘管如此，我們又至少還是能夠列舉出幾位對克勞塞維茨的確具

有重大影響力的思想家，並對於此一問題作若干較深入的分析。

　　第一位在思想上對克勞塞維茨產生重大影響的人即爲康德。克勞塞維茨的軍事理論觀念是以康德的藝術理論爲根源。康德的弟子，哲學家柯亨(Hermann Cohen)，在1883年首先明白指出此項重要事實。自此之後，這種觀念也就爲所有一切解釋克勞塞維茨思想的學者們所共同承認。❸❶雖然並無直接證據顯示克勞塞維茨曾飽讀康德的著作，但我們卻確知當克勞塞維茨在戰爭學院受訓時，曾聽過季斯維特(Johann Gottfried Kiesewetter)的講授，而後者則爲最著名的康德思想傳播者，所以，也許可以說克勞塞維茨實爲康德的再傳或私淑弟子。

　　像啓明學派的軍事思想家一樣，克勞塞維茨從藝術理論中對戰爭「藝術」的理論找到一種具有高度暗示性的模式。從其早期的著作到《戰爭論》，他都採用康德的藝術理論以來批評啓明軍事思想家的著作，並進一步發展其自己的戰爭理論觀念。巴芮特認爲：「他在1806年以前對於康德哲學的研究，至少給與他以解決疑問時所需治學工具之一部分。」❸❷

　　其次，就要說到沙恩霍斯特。對於青年時期的克勞塞維茨，沙恩霍斯特影響之重大幾乎是無法形容。甚至於更可以說在其一生之中，無論在那一方面都無不受到其恩師的影響。專就思想領域而言，也許可以勉強地分爲下述四點：

　　(1)他從沙恩霍斯特學會了：理論必須具體而適合環境，必須考慮構成現實的一切複雜條件，並且必須不與歷史經驗脫節。

　　(2)沙恩霍斯特又把另一重要觀念傳授給他的弟子：理論必須反映部分與整體之間的關係，而且必須以事物的本性爲基礎。這不僅代表一種深遠的理念，而且此種理念也在克勞塞維茨的思想中扮演決定性的角色。

(3)雖然軍事思想家無不重視歷史經驗，但沙恩霍斯特卻特別強調對歷史個案應作詳細、具體、綜合的「重建」（reconstruction）。克勞塞維茨對此有極深刻的印象，他在其《戰爭原則》中曾說明：

> 軍事史學家是發明（invent）歷史，而不是寫歷史。……少數個別戰鬥的詳細知識要比許多戰役的概括知識遠較有用。……沙恩霍斯特將軍對 1794 年梅寧（Menin）防禦戰的描述即可爲最佳的例證。此一記載可以作爲例證以來向殿下說明如何寫軍事史的方法。㉝

事實上，克勞塞維茨對歷史所作的一切研究都是採取此種沙恩霍斯特模式，他在《戰爭論》第二篇第六章（論史例）中，又曾推崇沙恩霍斯特所寫的教範是空前未有的佳作。〔p.251〕

(4)沙恩霍斯特在思想上頗受蒙丘可利、康德、孟德斯鳩的影響，已見前述。除蒙丘可利也許爲例外，其餘二人對克勞塞維茨也同樣具有重大影響。是否由於師弟相傳固無確證，但至少可以顯示師弟二人是具有平行的思想。

於是現在就要進而分析孟德斯鳩的問題。不管是直接地還是間接地，克勞塞維茨在思想上曾受孟德斯鳩相當重大的影響，實爲不爭之事實。他自己曾明白指出當他最初準備寫理論專著時，內心裏是想以孟德斯鳩的《法意》（*Spirit of Law*）爲模範。〔p.93〕雖然，他以後發現此種模式對他的著作並不適當，但從作者的性格和著作的特徵上來看，又還是可以顯示在這兩位不同時代的大思想家之間，又的確存在著「心有靈犀一點通」的趨勢。在《法意》的導言中，孟德斯鳩曾有下述這樣一段話：

> 我要求讀者不要在頃刻之間來判斷二十年辛苦工作的價值。請

> 接受或拒絕這一整本書，而非其中少數章句。假使讀者想要尋求
> 作者的真意，則只有從全書的結構中始能發現。**㉟**

假使不是已經事先說明，則讀者也就非常可能會以為這是克勞塞維茨
所說的話。

克勞塞維茨與馬基維里可謂神交已久，他在 1804 年所寫的文章中
即曾引述馬基維里之言，同時又還稱讚馬基維里對於軍事問題有非常
合理的判斷。儘管又還是批評馬基維里有「食古不化」之嫌。**㉟**克勞
塞維茨在心理上對於馬基維里可能有一種同病相憐之感。因為雖然時
代不同，但當時的普魯士與過去的義大利在政治環境上卻頗為類似，
他們二人都同樣有強烈的民族意識，而且也都有報國無門之感。此外，
由於日爾曼在那時也正掀起一股對馬基維里思想感到興趣的風氣，所
以克勞塞維茨也恰好躬逢其盛。

克勞塞維茨認為馬基維里在《君王論》中所提倡的觀念，對於已
經進入法治層面的國內政治雖不再能適用，但在外交關係的領域中，
卻還是能夠提供很多有價值的啟示。簡言之，若用現代國際關係學域
的名詞來表示，他們兩人都可以算是屬於所謂的現實學派（realists），
儘管在他們那個時代，所謂國際關係的學域尚不存在。因此，他們在
學術思想史中都是超時代的先知者。**㊱**

最後，最足以引起爭論的問題還是黑格爾對於克勞塞維茨的影
響，這也是一直到今天尚難定論的問題。誠如巴芮特所指出，克勞塞
維茨不是一位專業哲學家，他只是那個時代中受過一般教育的人的典
型代表而已。簡言之，他僅從公認的經典著作中吸取若干片斷知識，
而對於任何學說都並無深入研究。**㊲**事實上，他在《戰爭論》中曾明
白地提出警告：「任何理論家……都不應鑽進心理學和哲學的牛角
尖。」〔p.201〕簡言之，他的目的是要想建立一套現實主義者的軍事理

論，並以歷史經驗和戰爭性質爲其基礎。他與理想主義者的玄學
(idealistic mataphysics)可以說是毫無關連。

不過，到 1826 年和 1827 年之交時，情況卻發生了戲劇化的改變。
克勞塞維茨發現他的基本理論觀念與歷史經驗並不完全符合，於是被
迫必須設法使二者能夠協調，否則就要面臨魚與熊掌，二者不可得而
兼的矛盾。而同時在這一年的柏林，黑格爾思想的影響力也恰好發展
到了其最高潮，而此種思想的最大特點是認爲一切的對立和矛盾實際
上都是一個單獨整體的不同方面。根據此種思想，克勞塞維茨的矛盾
也就自可迎刃而解，他不再需要放棄其兩個對立觀念中的任何一個，
而可以採取一種較高的觀點，把兩個觀念同時保留，並分別視其爲整
體的不同部分。無可否認，克勞塞維茨的確就是這樣想通了，其戰爭
理論開始走向此種二元路線。

然則克勞塞維茨是否已成黑格爾的門徒？黑格爾對他究竟有多大
的影響？自從《戰爭論》出版之後，這些問題就一直成爲推測和爭議
的對象。克魯齊格(Paul Creuzinger)在 1911 年出版一書，名爲《黑
格爾對克勞塞維茨的影響》(*Hegel's Influence on Clauswitz*)，確認
克勞塞維茨的一切思想，從戰術到戰略，是無不受到黑格爾的影響。
以後列寧更公開宣稱克勞塞維茨是黑格爾的門徒，那很可能是讀克魯
齊格之書以後才產生出來的印象。克魯齊格似乎應該知道，僅只從
1820 年開始，克勞塞維茨方可能受到黑格爾的影響，因爲在此以前，
黑格爾在哲學家之中還只能算是無名小卒。反而言之，由於克魯齊格
只讀過《戰爭論》，所以他不知道許多被他認爲曾受黑格爾影響的觀
念，實際上在克勞塞維茨早期著作中即已經存在。❸

比較晚出的學者，包括阿洪和巴芮特等人在內，則認爲黑格爾雖
對克勞塞維茨不無影響，但克勞塞維茨卻絕非黑格爾的信徒。巴芮特
曾指出：

　　這是一種辯證法，不過那只是就特殊意識而言。誠然，他並未採取形式化、高度結構化的態度。黑格爾的正、反、合，照克勞塞維茨的看法，也還是像任何其他系統同樣不適當。……但他卻時常採取一種改良形式的辯證以來發展其個人的思想。〔p.50〕

從《戰爭論》中並不能發現其與黑格爾的玄學、理想主義、歷史意識有任何關連，但卻可以發現其曾受黑格爾政治及社會思想的直接影響。因此，我們可以作一總結論如下：克勞塞維茨絕非黑格爾主義者，儘管在其早期著作中即可發現有若干觀念是與黑格爾不謀而合，而到晚年（1827 年之後），其觀念和方法又都曾的確受到黑格爾的相當影響。

　　分析克勞塞維茨所受其他思想家的影響固然已經很難，但要想分析克勞塞維茨對於後世的影響則似乎還要更難。誠如大家所熟習的說法，知道克勞塞維茨的大名和偶然引述其一兩句名言的人固然很多，但真正讀過其鉅著的人卻很少，而了解或同意其意見的人則更是少之又少。

　　誠如克勞塞維茨本人所預感，他遺著是由他的遺孀在其身後出版。其第一版在 1832 年出現，一共只印了 1,500 部，賣了 20 年都沒有賣完，於是出版商決定發行第二版。第一版的內容是完全照克勞塞維茨生前所親手封存的原稿排印，不曾增減一字，所以也可以說是代表《戰爭論》的原文，但第二版（1856）卻由其內弟布流爾負責校正，而他卻曾乘機在原稿上作了一些修改。這真是非常不幸，因為其修改有很多地方都改變了原意，使克勞塞維茨的思想受到誤解，真是誤盡蒼生。

　　可以說是非常諷刺，原始的第一版不僅不暢銷，甚至於也不為人所重視，但經過竄改的第二版卻風行全球，幾乎變成軍事學領域中的

聖經。這似乎是一個奇蹟，但又並非不可解釋。克勞塞維茨的高足老毛奇做了普魯士的參謀總長，三戰三勝，建立了德意志帝國，成為不可一世的英雄人物。老毛奇倒是一個不忘本的人，他公開宣稱他的思想是深受《戰爭論》的影響。於是一言九鼎，《戰爭論》也隨之而洛陽紙貴了。假使克勞塞維茨地下有知，一定會感到啼笑皆非。天下事往往如此，可以暗示人類是如何淺薄。

從此，《戰爭論》就繼續不斷地再版，但都是以這個已被竄改的第二版為依據，至於克勞塞維茨夫人所出版的原始本(第一版)已經不再為人所注意，甚至於很少有人知道這兩種版本之間存在著相當大的差異。自十九世紀後期起，《戰爭論》又開始被譯成他國文字。最早的英譯本是在 1874 年出現，法文譯本則遲到 1886 年才出版。我國的最早譯本是出現於 1908 年，是由日文轉譯而成。編譯者為保定軍官學堂學生潘毅等，書名為《大戰學理》，那也是日本人所用的書名。❸⁹

不過，又有兩點應補充說明：(1)所有的再版和翻譯都是以第二版為依據，直到 1952 年，西德發行第十六版的《戰爭論》時，才又終於把克勞塞維茨的原文一字不改地再度呈現在世人的面前。接著在 1976年始有何華德和巴芮特兩人合譯的新英譯本問世，而本書作者在 1980年(民國 69 年)所出版的中譯本又是以此英譯本為依據。(2)克勞塞維茨的全集共為 10 卷，而《戰爭論》僅為其前 3 卷，所以儘管《戰爭論》是其代表作，但研究克勞塞維茨的人卻不應僅只取材於《戰爭論》。可惜那些《戰爭論》以外的著作只有極小部分在最近才被譯成英文，甚至於原始的德文本也大致都已束之高閣，很少有人問津。

《戰爭論》出版於 1832 年，約米尼的《戰爭藝術》則出版於 1838年，在時間上相距不過 6 年，但其遭遇卻大不相同。《戰爭論》出版後幾乎可以說是不曾受到重視，至少是不暢銷；而《戰爭藝術》卻立即受到重視，被譯成各國文字，暢銷歐美，歷久不衰。誠如何華德所云，

成爲十九世紀最偉大的軍事教科書。甚至於到 1870 年以後，克勞塞維茨的思想和著作已經開始日益受到重視，但大致說來，對於一般軍人而言，克勞塞維茨的《戰爭論》仍然是一本很難了解的天書，而歐美各國的軍事學校則仍然繼續採取約米尼的路線。

　　克勞塞維茨的書爲什麼那樣不受歡迎，它眞是那樣難讀嗎？這可以解釋如下。《戰爭論》是有史以來第一本以研究戰爭性質爲主題的書，僅憑這一點，這一本書就已經足夠具有不朽的價值，但令人感到遺憾的是他所獨有的觀念眞所謂曲高和寡，並不能獲得西方社會的認同，甚至於到今天都可能如此。西方學術界過去是從未把戰爭的本身視爲一種學問（discipline）來研究，即令到今天，雖然已有許多大學設有與戰爭研究（war studies）有關的系所，但仍有人對此表示反對或質疑。在十九世紀後期，歐洲社會還是處於文武隔離的狀況。儘管克勞塞維茨是博學深思，但從學界人士眼中看來，仍然是非我族類，對於他的著作更是有不屑一顧之感。反而言之，儘管克勞塞維茨是職業軍人，但一般軍人對他卻不免抱著敬鬼神而遠之的態度。他所寫的主題，從他們眼中看來，的確是太抽象化，太理論化，甚至於可以說不倫不類。他們所需要的是簡單和具體的準則，可以對行動提供立即可用的指導，而且在應用時也不必花費太多的思考。但克勞塞維茨卻坦白地告訴他們：「戰爭藝術根本不可能建造一套模式，足以當作鷹架，讓指揮官在任何時候都能依賴其支持。」〔p.204〕「理論的……意義即爲教育未來指揮官的心靈，……但不陪伴他走入戰場。」〔p.206〕尤其是這最後的一句話的確會使大多數軍人感到失望。

　　照克勞塞維茨的想法，戰爭本來就是一種非常複雜的事情，不可能將其簡化成一套法則或教訓，而且只有天才始能了解。所以，一般讀者也就會自慚形穢，感覺到我們既非天才，又何必讀《戰爭論》。又或他們根本不了解克勞塞維茨的用意，而把《戰爭論》當作一般教範

來研讀，結果是徒然枉費精力而一無所獲。更有一種自作聰明的人，對於《戰爭論》採取選讀的方式，換言之，只讀他自認為有價值的部分，其結果是可能比不讀還要更壞。此種斷章取義的方式正是引起無窮誤解的主因。當然，最糟的是隨便引用《戰爭論》中的片斷以來作為辯論理由或舉證，那才更是誤己誤人。所以，結論還是老話，真正了解《戰爭論》的人是相當少，但斷章取義，隨意引述的人卻很多。

基於以上的分析，就很容易了解要想判斷克勞塞維茨對於後世的影響這一個非常困難的問題。儘管有許多將軍、政治家，和學者都曾讀過《戰爭論》，但《戰爭論》對於他們的思想行為究竟已經產生了何種影響，又真是不可一概而論。不過，我們在此又只能作概括之論，因此，首先把問題分為兩大類：(1)對思想(尤其是軍事思想家的思想)的影響；(2)對行動(包括軍人和政治家)的影響。

就第一點而言，許多思想家雖都曾讀過《戰爭論》，但很難斷定那些人已經獲得真正的了解。反而言之，卻有證據足以顯示某些頗負盛名的思想家對於克勞塞維茨不是誤解，就是不表同意，最顯著的例子即為英國的李德哈特。此外，也有某些人雖很欣賞《戰爭論》，但又還是不能確認其思想的發展是深受克勞塞維茨的影響。再反而言之，還有某些人似乎並不曾讀過《戰爭論》，但其思想中的基本觀念卻和克勞塞維茨非常相似。概括言之，凡是讀過《戰爭論》的人，無論其反應為正為負，在思想上都一定會受到若干影響，但並無確實例證足以證明克勞塞維茨對於後世某一思想家的思想曾具有決定性作用。

再說到第二點，假使把《戰爭論》以後的重要戰爭作一全面檢討，則似乎很難找到證據足以顯示有任何指揮官和政府曾經實際應用克勞塞維茨的理論，即令其高足老毛奇也不例外。因此，的確很諷刺，《戰爭論》對於戰爭並無任何實質貢獻。

# 柒、結論

這是本書最長的一章，寫到這裏也應該作結論了。克勞塞維茨已經是 150 年前的古人，但其對戰爭理論研究的貢獻仍然還是無人能及。有人將他與亞當斯密士（Adam Smith）相提並論。亞當斯密士雖然被人認爲是近代經濟研究的奠基者，但在他以後，經濟理論有很多新的發展，所以亞當斯密士在經濟學域中早已不是一枝獨秀，更不能算是空前絕後。但克勞塞維茨則不然。至少到今天爲止，全世界上還不曾有一部能夠超越《戰爭論》的戰爭理論著作。所以，他現在的地位的確還是前無古人，後無來者。

當然，誠如約米尼所云，在太陽底下沒有那一樣東西是盡善盡美。克勞塞維茨的著作雖然是如此偉大，如此不朽，但概括言之，而尤其是自今日觀之，則還是有其顯著的弱點，並應予以補充和矯正：

(1)科技的發展給戰爭帶來了新因素，那是他無法預知的，當然也無從考慮。

(2)在他那個時代非常簡單的問題到今天可能已經變得非常複雜，而他的書對於這些問題都不曾給與以應有的重視。

(3)某些主題被他認爲與戰爭指導無關，例如戰爭的起因、道德倫理、經濟因素等等，但在現代戰爭理論中都已成爲衆所關切的部分。

(4)克勞塞維茨在其書中所作的觀察，或所引述的資料也不免偶然會有錯誤而應予以校正。

不過，儘管內容龐雜，瑜瑕互見，但就其全體而言，《戰爭論》仍

然是一種「吾道一以貫之」的完整戰爭理論，我們隨時可以發現其思想基礎的雄厚，分析能力的精闢。眞是氣象萬千，令人嘆爲觀止。也許我們可以引用克勞塞維茨自己所說的話來作爲一個總評：

> 儘管在形式上有其一切缺點，但事實上仍含有許多年來對戰爭深入思考和勤奮研究的成果。甚至於可能發現其中含有足以使戰爭理論發生革命的基本觀念。〔p.103〕

## 註　釋

❶ Georg Heinrich von Berenhorst, "Selbstbekenntnisse" in *Aus dem Nachlasse*(Dessau, 1845), Vol II, pp.14-16.

❷ Georg Heinrich von Berenhorst, *Betrachtungen über die Kriegskunst über ihre Fortschritte, ihre Widersprüche und ihre Zuverlässigkeit*(3rd.edn；Leipzig, 1827), pp. 66-67.

❸ 見克勞塞維茨致其未婚妻的信（1807 年 1 月 28 日）由 Azar Gat, *The Origins of Military Thought* 引述，p.156。

❹ Rudolf Stadelmann, *Scharnhorst, Schickal und geistige Welt, ein Fragment* (Wiesbaden, 1952), p. 92.

❺ *Neues Militarisches Journal*, XII(1804)。此爲沙恩霍斯特所編《新軍事雜誌》。

❻ Carl von Clausewitz, "Bemerkungen über die reine und angewandte Strategie des Herrn von Bülow," *Neue Bellona*, Vol. 9, No. 3 （1805）, p. 271.

❼ Carl von Clausewitz, *Principles of War*, trans. and ed. H. Gatzke(Harrisburg, 1942).

❽ Carl von Clausewitz, *On War*, ed. and trans. by Michael Howard and Peter Paret(Princeton, 1976). "Note of 10 July 1827", p. 69. 中譯本 p.

101. 本章對《戰爭論》的引述，盡量以鈕先鍾的中譯本爲準，頁數附文內不再列入註釋。

❾ 現有全集原名爲 *Hinterlassene Werke des Generals Carl von Chausewitz über Krieg and Kriegführung*, 10 Vols,(Berlin, 1832-37).

❿ Immanuel Kant, *The Critique of Judgement*(Oxford, 1961), p. 168.

⓫ Peter Paret, *Clausewitz and the State*(Princeton, 1976). p. 166.

⓬ Carl von Clausewitz, "Strategie" (1804) in Hahlweg(ed.),*Verstreute kleine Schriften*, p.10.

⓭ Carl von Clausewitz, "Gustav Adolphs Feldzüge von 1630-1632", *Hinterlassene Werke* (全集) ,Vol. IX., p.46.

⓮ Peter Paret, "Clausewitz," in *Makers of Modern Strategy*(1986), p.204.

⓯ Peter Paret, *Clausewitz and the State*(Princeton, 1976), p. 156.

⓰ Carl von Clausewitz, "Strategie"(1808), in Hahlweg(ed.), *Verstreute kleine Schriften*, p. 47.

⓱ 這兩項文件分別以「作者原序」(Author's Preface)和「作者評論」(Author's Comment)爲名列入《戰爭論》的英譯本 (pp. 61-63)，中譯本 (pp. 89-94)。

⓲ Michael Howard, *Clausewitz*(Oxford, 1983), p. 2.

⓳ 有關理論性質的討論都已納入《戰爭論》的第二章。

⓴ 引自未註明日期的筆記 (中譯本 104 頁)，可以證明克勞塞維茨到寫完 6 篇時仍未改變尋求理論的決心。

㉑ Michael Howard, *Clausewitz*(Oxford, 1983), p. 73.

㉒ Alan Beyerchen, "Clausewitz, Nonlinearity, and the Unpredictability of War," *International Security*(Winter 1992/1993), p.75.

㉓ Katherine L. Herbig, "Chance and Uncertainty in *On War*," *The Journal of Strategic Studies*(June/September, 1986), pp.95-115.

㉔ Henri Poincaré, "Chance" in *Science and Method,* reprinted in *The Foundation of Science,* trans. George Bruce Halsted (1913) (University Press of America, 1982), pp.400-406.

㉕同前註，p. 403。

㉖《孫子》軍形篇第四。

㉗ Michael Howard, *Clausewitz* (Oxford, 1983), p. 51.

㉘見《戰爭論》英譯本，p. 608，中譯本，p.957。

㉙ J. F. C. Fuller, *The Conduct of War, 1789-1961* (Rutgers University Press, 1961), p. 66.

㉚ Michael Howard, "The Forgotten Dimensions of Strategy", *Foreign Affairs* (Summer, 1979), pp. 975-86.

㉛ Hermann Cohen, *Von Kants Einfluss auf die deutsche Kultur* (Berlin, 1883), pp. 31-2.

㉜ Peter Paret, "The Genesis of *On War*," Introductory Essays of *On War*, p.14. (中譯本, p.48.)

㉝ Carl von Clausewitz, *Principle of War* (Harrisburg, 1942), pp.68-9.

㉞同註㉜，(中譯本, p. 56)

㉟參看本書第五章。

㊱ P. Savigear, "European Political Philosophy and the Theory of International Relations," in *Approaches and Theory in International Relations*, ed. by Trevor Taylor (Longman, 1978), pp. 19-31.

㊲ Peter Paret, *Clausewitz and the State* (Princeton, 1976), p.151.

㊳ Paul Creuzinger, *Hegels Einfluss auf Clausewitz* (Berlin, 1911).

㊴鈕先鍾，《中國戰略思想史》，p. 546。

# 第 五 篇

# 近代(中)

## 西方戰略思想的全盛期(二)

### (十九世紀後期)

# 【第十一章】

# 普德學派

## 壹、新時代的來臨

從法國革命開始到維也納會議爲止，歐洲是一直陷於戰爭之中。1815 年象徵著新時代的來臨，從 1815 年到 1914 年，這一百年之間，歐洲雖然也還是有戰爭發生，但概括言之，十九世紀仍應算是一個和平的世紀。在此百年間，西方文明有極大的進步，包括政治、經濟、社會、科技等方面都在內。同樣地，在戰略思想的演進上也當然受到環境的影響，並反映出時代精神。最值得重視的現象有下述五點：(1)就觀念而言，戰略開始從軍事層面升到大戰略層面，(2)就地理而言，國際關係開始從歐洲推展到全世界，(3)戰略已非軍人專利，文人戰略家開始出現，(4)海洋開始變成一個新的戰略領域，(5)工業革命和科技發展對戰略造成前所未有的重大衝擊。

大致說來，拿破崙戰爭結束之時，歐洲各國都已飽經禍亂，眼前最迫切的工作即爲復興重建。換言之，安內重於攘外，因此，至少到 1850 年代爲止，歐洲繼續維持維也納會議所建立的權力平衡，各國之

間都能相安無事。在這樣的情況之下，戰略思想也自然會出現停滯現象而缺乏重大的進展。克勞塞維茨的《戰爭論》出版於 1832 年，約米尼的《戰爭藝術》出版於 1837 年，這象徵從啓明時代遺傳下來的傳統戰略思想已經登峰造極，除非受到新的重大衝擊，否則也就很難有更上層樓的可能。

果然如此，克勞塞維茨的書雖然很少有人問津，但約米尼的書卻壟斷西方戰略思想將近 50 年之久。在這個階段中雖也有若干新人和新書出現，實際上，他們都是約米尼的門徒，替祖師爺佈道而已。但同時工業革命所帶來的新產品，包括來復後鎧槍砲、蒸氣機、電報等，已在開始改變戰爭的形態，而當戰爭形態改變時，戰略思想也就自然很難維持不變。所以，到十九世紀中期，即可以發現那些約米尼的門徒，無論在那一個國家都面對同一問題，那就是來復槍和鐵路給戰略和戰術帶來革命威脅。

儘管約米尼的末代弟子，普魯士的魯斯陶(Wilhelm　Rüstow, 1821-78)在其所著《步兵史》(1857)中仍然宣稱戰爭藝術的原則具有永恆性，改變的僅爲其形式而已。來復槍並不能對戰術產生根本改變，至於戰略則更是如此，在戰略中沒有任何東西能夠超越拿破崙的原則。❶就是在同一年，毛奇代理普魯士的參謀總長，在其指導之下，普魯士的陸軍在 1860 年代中三戰三勝，建立了統一的德意志帝國，而在戰略思想領域也結束了約米尼所保持的啓明傳統。

丹麥戰爭(1864)、普奧戰爭(1866)、普法戰爭(1870-71)，合稱日爾曼統一戰爭(The German Wars of Unification)，改變了歐洲的政治和軍事地圖。過去兩百年，自路易十四世的朝代開始，雖然也常有挫敗，但法國始終還是歐洲第一強國，從此之後，其地位遂由新興的德意志帝國所取而代之。德國的陸軍成爲全球的模範。其參謀本部、軍事教育、動員體系等均成爲他國摹倣和學習的對象。而在強大的軍

事實力的背後，又有普德軍事學派(The Prusso-German Military School)的出現。在十九世紀後期，此一學派對於軍事思想、理論，和歷史都曾產生決定性的影響。

　　普德學派又自有其悠久的源流。其源頭固然可以回溯到菲德烈大帝，但此一學派的大宗師又還是毛奇(Helmuth Carl Bernard von Moltke, 1800-91)。很明顯可以看出，毛奇的一生是與十九世紀相終始。所以，概括言之，十九世紀的軍事思想幾乎是完全位置在他的陰影之下。毛奇不僅是西方歷史中最成功的職業軍人，也是西方歷史中最偉大的參謀總長。他不僅是名將而且也福將。除早年不得志外，一生都一帆風順。他每戰必勝，從未敗北，為任何其他名將所不及。他不僅位極人臣，而也克享大年，真所謂富貴壽考兼而有之。

　　毛奇不僅功業蓋世，而道德文章也為後人景仰。我國古人謂立德、立功、立言為三不朽，但想要兼此三者實在是極難。在古今中外的職業軍人中可能就只有毛奇能達此種標準。古德林(Heinz Guderian)為第二次世界大戰中的德國名將，也是最後一位偉大的德國陸軍參謀總長，對於毛奇曾作下述的評論，現在就引用它來作為介紹：

　　　毛奇是德國陸軍參謀本部的一位最重要的參謀總長。作為思想家和計畫家，他是舉世聞名，在作戰的指揮中也已證明他是天才。儀表不凡，天性沉默，深思熟慮為其特色。他有偉大的影響力，不僅是偉大的軍人，而且也是高貴的人，傑出的作家，和對國事有充分研究的觀察家。❷

# 貳、毛奇的生平

毛奇出生於 1800 年，其父本爲普魯士軍官，後移居丹麥並歸化爲丹麥公民。所以毛奇的出身爲丹麥陸軍，並在 1819 年初任尉官。兩年之後，他在 1822 年申請返回普魯士服役。普魯士陸軍對於這位志願投效的青年尉官待遇很苛刻，要他通過極嚴格的考試，然後再從最低階級爬起。一年之後，他僥倖地被准許進入戰爭學院。當時的院長就是克勞塞維茨。不過，克勞塞維茨根本不授課，所以毛奇也就不曾親聆其教誨。固然，他以後曾宣稱其思想曾受克勞塞維茨的影響，但那可能都是從書中讀來的。簡言之，毛奇與克勞塞維茨只是徒有師生之名而已。

戰爭學院的課程又還是能使毛奇獲益匪淺。像地理、物理、軍事史等課程都教得很好，所以也使毛奇對於這些學科產生了持久的興趣。1826 年畢業後返回其團部服務，但大部分時間都是充任軍官在職教育的教官。1828 年毛奇被指派進入參謀本部工作。此後六十多年他都不曾離開參謀本部。除在丹麥和普魯士陸軍中當過 5 年中少尉以外，毛奇就不曾充任任何隊職。當他 65 歲時在普奧戰爭中實際指揮作戰以前，他從來不曾指揮一個連級以上的單位。不過，在 1835 年到1839 年之間，曾被派往土耳其充任軍事顧問，使他有機會獲得若干實際戰爭經驗。

在 1820 年代和 1830 年代初期，毛奇的生活是相當貧困，但他仍能安貧樂道，並專心致力於學術研究。他早年對地理最有興趣，以後又曾對歷史作深入研究。當他在戰爭學院畢業時，已能通德、丹、法

三國語文，以後又自修英、俄、義三國語文。等到在土耳其充任軍事顧問時，又學會了土耳其語。這足以顯示其天才與好學都異於常人。他的英語造詣頗佳，曾用兩年公餘時間翻譯吉朋的《羅馬帝國衰亡史》以來賺取稿費，貼補生活。其學識基礎和表達能力都隨著年齡而擴大，毛奇終於變成德國傑出作家之一。專憑其文章亦足以享譽千秋。

　　毛奇不曾變成政治家或有創見的政治思想家。他是克勞塞維茨的信徒，深知政治與軍事之間的互動關係。但他卻堅持職業軍人不干涉政治的原則，並誠意服從政治家的指導，儘管他有時會從戰略觀點向政府當局提出政策性的建議。毛奇是一位非常謙恭的君子，雖然熱心工作，但卻淡於名利。他沉默寡言，與世無爭。誠如希里芬對他所作的讚揚：「極大的成就，極小的表現，質勝於文。」由於毛奇能以身作則，遂使此種作風也終於變成德國參謀本部的傳統。❸

　　毛奇在 1855 年奉派為菲德烈威廉親王（Prince Frederick William）的侍從武官，因此認識這位親王的父親，那也就是未來的德皇威廉一世（William Ⅰ）。他對毛奇可謂一見傾心，從此也就決定了毛奇後半生的命運。次年毛奇升少將。1857 年，威廉出任普魯士的攝政王，他上台之後所發表的第一批人事中就有派毛奇代理參謀總長一項。次年威廉正式即王位，毛奇也獲得真除，從此時開始，毛奇就一直在此位置上到 1888 年為止。

　　威廉即位之後，其眼前最重要的問題是安內重於攘外，而在軍事方面，最重要的工作則為政治性和技術性的改組，所以，軍政部長羅恩（Albrecht von Roon）是遠比參謀總長較有權勢。在 1866 年普奧戰爭之前，毛奇幾乎還是一位不知名和坐冷板凳的人物，但毛奇並不以為侮。從 1857 年到 1866 年，他利用此種與世無爭的機會，一心埋頭從事於未來戰爭的準備，遂終於能一鳴驚人。

　　毛奇突然變成第一號要人和舉世皆知的英雄，似乎是出人意料之

外，但事實上，則爲水到渠成，實至名歸，並不足怪。普法戰爭之後，毛奇在軍事史中的地位也就達到了最高點。此後，他還繼續做了 18 年的參謀總長。在這個階段中，其主要工作是替新成立的德意志帝國建立適當的軍事基礎，擬定未來戰爭計畫，加強參謀本部的組織和教育後輩。他到 1888 年才退休，再過 3 年到 1891 年逝世，享年 91 歲。

# 參、毛奇的思想

毛奇實在是一位博學多才的思想家，但因爲其在功業方面的成就太大，遂令一般人反而忽視了其在學術領域中的貢獻。毛奇對於戰爭的研究是淵博而精深。他是一位精力過人的奇士，讀書極多，接觸面也極廣。即以學界而言，像他那樣淵深的人都很少見，而在職業軍人中則更是有如鳳毛麟角。他對於拿破崙的經驗和克勞塞維茨的理論都有深入的了解，但又並非他們的盲從者，因爲他的心靈具有高度彈性，隨時都能通古今之變。

毛奇雖非專業作家，但其著作的數量眞是多得驚人。在其逝世之後，由德國參謀本部將其遺稿整編出版，共分爲兩大類：(1)爲其一般文件及信件，共爲 8 卷；(2)爲其軍事著作共爲 17 卷。因爲那是由後人所編輯，所以也就缺乏完整體系，據說還有若干稿件被遺漏不曾納入。至於毛奇本人對於其戰略思想則只作了兩種簡略的概述：(1)在普奧戰爭與普法戰爭之間所寫的〈對高級部隊指揮官的訓示〉（Instruction for Superior Commanders of Troops, 1869）；(2)在普法戰爭後所寫的〈論戰略〉（On Strategy, 1871）。這兩種著作也都已收入其全集之中。❹

雖然這兩項文件是比較可以作爲毛奇思想的代表，但他的全部思

想又還是散布在許多戰史研究和備忘錄中，眞可以說是博大精深，所以要對其作綜合的概述，實在很不容易。毛奇是於學無所不窺，其思想是有其多方面的來源。他從拿破侖學會了運動爲戰爭的靈魂，所以鐵路也就變成其戰略中的最重要因素。他又從克勞塞維茨學會了政策與戰略密切相關，所以也對於政治、外交都深感興趣，而從不採取所謂純軍事觀點。毛奇的心靈是非常特殊：一方面能作抽象的思考，另一方面又從不忽視現實。他具有驚人的分析和綜合能力。在其一生之中，毛奇都經常保持一種特殊習慣：把他所面對的問題逐條寫在紙上，對它們作精密的分析，並一再加以組合重寫，直到他對答案感到滿意時爲止。❺

　　幾乎所有的傳統戰略家都莫不重視歷史的研究，毛奇更是如此。他認爲只有歷史的研究始能使未來的將領得以認淸戰爭的複雜性。在其領導之下，軍事史的研究成爲普魯士參謀本部的主要任務之一。此種研究工作是由參謀總長親自督導，而並非委之於低級人員。毛奇本人曾經寫過不少的研究報告，能對其部下提供示範作用，同時在德國參謀本部中養成一種重視史政的傳統，而不像其他國家把史政單位視爲安挿冗員的場所。毛奇認爲只要所採取的觀點正確，則歷史研究對於戰略能有重大貢獻。他本人的成就似乎可以作爲證明。❻

　　除重視歷史研究之外，毛奇在思想方面還有另一最大特點，那就是對於技術因素極爲敏感。這在第二次世界大戰之前的職業軍人中可以說是十分難能可貴。一般說來，凡是專業性的人都常有守舊而不求新的趨勢，但毛奇卻是一種罕見的例外。據說在日爾曼境內尚未修建第一條鐵路線之前，毛奇即已開始研究與鐵路有關的問題，所以他在這一方面的確是開風氣之先。

　　毛奇發現鐵路可以提供新的戰略機會。利用戰路來運輸部隊，可以比拿破侖時代的行軍速度快 6 倍。所以作爲一切戰略基礎的時空因

素都必須作新的計算。國家若有高度發展的鐵路運輸系統，則在戰時將可獲致重大的戰略利益，甚至於即足以決定戰爭的勝負。軍隊的動員和集中速度已成戰略計算中的必要因素。事實上，參謀本部的戰略計畫作爲現在應以動員和集中的時間表爲其核心。

除鐵路之外，毛奇又主張利用稠密的道路網以來加速部隊的運動。甚至於在 1805 年，拿破崙即曾嘗試採取「分進合擊」的戰術。不過由於把行軍隊形改變成爲戰鬥隊形是要花費很多時間，所以必須在會戰之前幾天即開始集中兵力。但在 1815 年之後，隨著工業革命，歐洲道路情況又有相當改善，於是新戰術也就有了較大的可行性。毛奇認爲軍事單位的體型愈大，則機動性也就愈低。所以在運動時必須將兵力分散，並利用不同的道路，但在會戰時又還是必須能夠將兵力集中在決定點上。❼

也許毛奇早已考慮到在戰場上集中兵力的可能，於是他才敢於捨棄拿破崙的「先集中後會戰」原則。沙多華會戰（Battle of Sadowa）爲普奧戰爭中的決定性會戰，戰勝之後，毛奇曾將其觀感綜述如下：

> 假使在會戰之日，兵力能從各點上分別直接進入戰場，則甚至於還要更好。對於作戰若能作這樣的指導，則必能獲得較佳的結果。不過，任何遠見又還是不能保證此種作戰的成功，那多少是受到機會和命運的支配。但在戰爭中若不冒大險則又很難成大功。❽

這最後一句話可以顯示毛奇的戰爭哲學。他是克勞塞維茨的門徒，完全了解機會與天才在戰爭中的交相爲用。他固然也像其老師一樣，認爲戰爭與商業頗爲類似：兵力爲投資，而勝利則爲利潤。因此，對於一切因素都應作精密合理的計算。但他又深知戰爭的問題並非僅憑計算即能解決。毛奇雖主張指揮官對於軍事行動應有完全的決定

權，但他又明瞭戰爭僅爲政策的工具，而變化莫測的政治環境往往會迫使軍人必須隨時準備調整其原有的戰略計畫。

儘管政策對戰略的影響將使軍事領袖經常面對不確實情況，但毛奇認爲動員和最初的集中還是可以計算，因爲那些行動是在平時即可作充分的準備。他曾指出：「軍隊原始集中時若犯錯誤，則在戰役的全部過程中都很難矯正。」所以，平時即應作周詳的考慮，以使部隊對戰爭有適當準備，交通有適當組織，於是一聲動員令下，戰爭機器即能迅速順利地發動，這也就無異於對未來的勝利奠定了初步基礎。

但超過這個階段，戰爭就開始變成果斷與計算的綜合。毛奇遂有一段名言如下：

> 當實際作戰已經開始時，我方的意志不久即將面對著敵方的獨立意志。誠然，假使我方有準備並決心採取主動，則應可限制敵方的意志；但除非憑藉戰術，換言之，也就是透過會戰，否則仍不可能粉碎其意志。任何較大規模的戰鬥都會產生巨大的物質和精神後果，而這也會造成一種新情況，並構成下一步新措施的基礎。任何作戰計畫對於超過第一次與敵方主力交手之後的情況，都不可能作任何精確的預測。所以指揮官在整個戰役中，都將被迫根據不可預測的情況來作決定。在戰爭中的一切後續行動都並非預定計畫的執行，而必然爲隨機應變的措施。因此，僅憑理論知識還不夠，到此時，性格和心智的力量也就會自動作最高度的發揮。❾

毛奇不認爲戰略是一種科學，有一定的原則可以遵循。他在其〈論戰略〉一文中曾這樣指出：

> 戰略是一種隨機應變的系統(a system of expediences)。它不

僅限於知識，而是知識對實際生活的應用。它是一種具有創造性的觀念，隨著不斷改變的環境而發展。它是在最困難條件壓迫之下的行動藝術。**❿**

因此，毛奇非常重視指揮組織的效率。他認為指揮權必須統一，切忌一國三公的現象。戰爭不可能用會議的方式來指導。即令是惡劣的計畫，如能徹底執行，也還是勝於折中性的產品。反而言之，即令有最好的計畫，也還是不能預測戰爭中的摩擦，所以個別的戰術決定必須在現場作成。若對作戰計畫作刻板的執行，實乃不可饒恕的罪行。對於所有的指揮官，不分高低，都必須鼓勵其發揮主動精神，所以，上級對下級的命令是愈少愈好，愈簡單愈好。換言之，統帥不應干涉戰術性的安排。毛奇甚至於容許其部下擅自改變作戰計畫。只要能獲重大戰術成功，則准其將功折罪。他幽默地說：「只要戰術能獲勝利，戰略可以讓步。」

在毛奇領導之下，德國陸軍遂發展成功一套舉世無雙的特殊指揮系統，德文原名為"Auftragstaktik"，英文的最佳翻譯為"mission-oriented command system"，中文則可譯為「任務導向指揮系統」。在此種系統之下，各級指揮官必須養成習慣，只告訴其部下應該做什麼（what to do），而不管他們怎樣去做（how to do）。簡言之，在整體架構之內，給與各級指揮官以非常寬廣的行動自由。當然此種制度的實行又並不容易，最重要的條件為全軍上下必須有徹底的互信。必須如此，始能保證思想的一致，和行動的可靠。**⓫**

毛奇一生事業中最令人羨慕者是他在思想、計畫、行動三方面都有傑出的成就，在古今中外的戰略家中，幾乎沒有人能和他比擬。自從 1857 年出任參謀總長以來，毛奇就一直在從事未來戰爭的計畫作為。不過，其所考慮的問題又非僅以軍事為限。他深通大戰略，其一

切計畫和行動都能與俾斯麥的政策配合，並給與以最有力的支持。他在 1860 年曾對普奧戰爭的展望提出一項備忘錄。富勒認爲那足以代表邏輯推理的傑作，可以算是長程大戰略計畫作爲的模範。由於全文太長，在此只能簡述其要點：

(1)普奧戰爭將影響所有歐洲國家。若某一方面能獲相當成功則將會結束日爾曼的現有分裂狀況，並在歐洲中央建立一個統一國家，其權力和影響將優於其任何鄰國，或至少與其相等。

(2)在大國之中，英國在歐陸上最需要強大的同盟國，而最能符合其利益者即爲統一的德國，因爲後者永遠不可能要求制海權。不過，英國也可能想維持舊秩序而反對歐洲的政治重劃，於是也就有與德國爲敵的可能。

(3)法國最不希望有一個人口 7,000 萬的德意志帝國出現。但就眼前而言，它卻可能希望從這場戰爭中獲致最大利益——兼併比利時、荷蘭等地區。如果戰爭曠日持久，普魯士主力被陷在戰場中，則法國必然會乘機而動。

(4)俄國因爲想奪取君士坦丁堡，可能幫助普魯士，但此種援助對於普魯士又有二害：假使太慢將趕不上時機，而徒勞無益；假使太強，則喧賓奪主，反使俄國坐享其成。❷

於是毛奇的結論爲普魯士必須完全不依賴外援，速戰速決，並使歐洲秩序不受重大破壞，然後勝乃可全。毛奇的此種戰略思考代表高度的智慧，而與俾斯麥的外交政策之配合也恰到好處，所以普魯士在其統一戰爭中的確是有如孫子所云：「勝兵先勝而後求戰。」(有關俾斯麥的部分，可參看本書第十四章。)

對丹麥的戰爭(1864)只能算是牛刀小試，因爲衆寡懸殊，僅憑數量即足以決定勝負。但由於在這一次戰爭中，普奧兩軍是聯合作戰，

逐使毛奇有機會發現奧軍的兩大弱點：(1)其參謀作業的水準極低，(2)其步兵所用的還是舊式的前鏜槍。此種步槍要比普軍所用的後鏜槍遠較落伍，不僅射速緩慢，而且也使步兵在射擊時無法利用地形的掩護。

普奧戰爭(1866)對於毛奇的將道才是一次眞正的考驗，在其一生事業中也是最大的考驗。當時的奧軍被人譽爲歐洲最佳陸軍之一，其兵員是服役7年的常備兵，其騎兵受過高度訓練，野砲比普軍較優，雙方兵力大致相等，而毛奇所需要克服的地理和政治問題則遠較困難。但他仍能在6星期之內贏得決定性勝利。

最初，威廉一世不想開戰，儘管俾斯麥終於還是把他推入戰爭。在此階段戰略問題變得非常微妙。實際上，普軍的動員是遠在奧軍之後。毛奇一方面支持俾斯麥，力勸國王早下決心；另一方面，又盡量使政治問題不受軍事措施的牽制。簡言之，其戰略計畫保持高度彈性，使政府的行動自由不受任何限制。毛奇之所以能大獲全勝，其主因不外下述兩點：

(1)毛奇利用近代交通工具(鐵路)提高部隊的行動速度，所以能後人發而先人至。換言之，他證明了時間可以征服空間，並粉碎了「內線」的神話。

(2)普軍的後鏜槍產生極大的殺傷力，使奧軍的士氣爲之崩潰。在沙多華會戰時，奧軍雖享有3：2的優勢。而且大致還是採取防禦態勢，但死傷數字反爲普軍之一倍。

關於這兩點，毛奇本人曾作精闢的評論。他指出：

> 僅當保有足夠的空間時，始能認爲內線具有毫無疑問的優點，如果空間已經縮小，則內線不特不能發揮將敵軍各個擊破的功效，反而會陷入包圍之中，於是戰略之利反而將變成戰術之害。

❸

不過，這又並非表示毛奇是絕對擁護外線而反對內線。事實上，他在普奧戰爭中雖採取外線，但在普法戰爭第一階段(1870)又還是採取內線。換言之，他對兩種觀念並無主觀的好惡，而且都能作成功的運用。毛奇戰略的最大優點就是能發揮高度彈性，他似乎完全了解孫子所謂「兵形象水」的至理。❶

　　根據普奧戰爭的經驗，毛奇在 1869 年所頒發的〈對高級部隊指揮官的訓示〉中曾指出：

> 由於後鏜槍可以臥倒發射，遂使防禦者佔有地利。所以，我方應盡可能佔領這樣的陣地，而讓敵軍來向其進攻。在發動攻勢之前先利用防禦的優點似乎是完全合理。❶

根據同一經驗，毛奇又確信後鏜槍已使防禦變成較強的戰爭形式。所以若欲發動決定性的攻擊，則必須採取包圍(envelopment)的途徑。他說：

> 單純的正面攻擊只能期待少許的成功，但非常可能遭受重大的損失。所以，我們必須趨向敵軍陣地的側面。❶

　　普法戰爭雖然時間較長，規模較大，但就毛奇的戰略而言，與普奧戰爭並無太多的差異。在 1868-9 年之間的冬季，普魯士參謀本部即已完成其戰爭計畫。有 6 條鐵路線可以用來把北日爾曼邦聯(North Gernan Confederation)的兵力送往萊茵地區。3 個星期之內可運送總數 300,000 人。假使奧國同意中立而南日爾曼諸國也能出兵，則總數將可達 484,000 人。估計法軍最大兵力，包括一切預備人員在內，約為 343,000 人，但能編成野戰軍的兵力可能僅為 250,000 人。不過，另有一種可能，即法軍將僅以其平時兵力 150,000 人發動快速攻擊，以來破

壞普魯士的動員。假使是這樣,則普軍將在萊茵河右岸下火車,並集中優勢兵力來迎擊法軍。否則,普軍將渡過萊茵河在巴拉丁(Palatinate)境內集中。第一軍團在惠特里赫(Wittlich)附近,第二軍團在洪堡(Homburg)附近,第三軍團在南道(Landau)附近,第四軍團爲總預備隊,以後併入第二軍團作戰。各軍團都有若干個軍,每個軍都有指定的鐵路線。鐵路運輸時間表都早已擬定。每個單位都知道應在何時到達何地。簡言之,只要一聲令下,軍隊就都能依照計畫順利進行其動員和部署。反過來看,法軍在戰前幾乎是毫無計畫之可言。所以,勝敗之分實在是早已決定。**⑰**

　　誠如何華德所云,參謀本部(General Staff)也許即爲十九世紀的偉大軍事創新(the great military innovation)。普魯士參謀本部的創建固應歸功於沙恩霍斯特和賴希勞,但使此種制度得以發揚光大,並成爲世界楷模的人又還是毛奇。到今天,世界各國只要有參謀本部之存在,則無不奉毛奇爲大宗師。僅憑這一點,他也就已經有資格取得歷史中的不朽地位。**⑱**

　　普法戰爭結束,統一的德國成爲歐洲最強國家,但建國後的最初20年中在俾斯麥執政之下,它也是一個現狀國家,對歐洲和平尚不至於構成任何威脅。不過,繼續擔負參謀總長重任的毛奇卻感到必須居安思危。當他在國會中爲政府軍事預算辯護時,雖一再宣稱德國對歐洲現狀應感到滿意,而且領土的擴張將危害種族的完整,對德國有害無益,但同時又還是強調德國有其特殊地理位置,遂使其面對著其所獨有的安全問題。毛奇說:

> 我們是位置在歐洲大國的中央。我們的東西鄰國都只有一面受敵,而我們則處於腹背受敵的狀況中。**⑲**

毛奇所最感憂慮的情況即爲「斯拉夫的東方與羅馬的西方締結同盟,

而把日爾曼夾殺在中央」。自從 1871 年之後，此種憂慮也就一直成為
德國戰爭計畫中的核心觀念。

　　1890 年，也就是其逝世之前一年，毛奇還在德國國會發表演說，
其中有一段值得注意的名言：

> 　　假使戰爭爆發，則無人能預知它會打多久和如何結束。歐洲各
> 大國的軍備已經達到空前未有的強度，現在正要進入彼此決鬥的
> 戰場。沒有任何國家會在一次甚或兩次戰役中被完全擊敗，並被
> 迫投降。任何國家都能再起，甚至於僅在一年之後，又繼續鬥爭。
> 各位議員先生，那可能是七年戰爭，也可能是三十年戰爭。那個
> 放火把歐洲付之一炬的人，那個首先把火柴丟進火藥桶的人，真
> 是罪該萬死！[20]

這一段常為人所引述的話，不僅充滿了預言的意味，而且也是對後世
的嚴厲警告。


# 肆、希里芬計畫


　　當毛奇在德國國會中發表其臨別贈言時，德國的政局也已經發生
了劃時代的改變。1888 年威廉一世逝世，他的兒子繼位三月後也隨之
而逝世，於是其 29 歲的孫子做了德意志帝國的皇帝兼普魯士國王，上
尊號為威廉二世。1890 年 3 月，俾斯麥遂被免職，於是德意志建國時
的偉大人物都已成為過去。毛奇退休後，繼位者為瓦德西（Alfred von
Waldersee），到 1891 年他的位置又由希里芬所接替。

　　希里芬伯爵（Graf Alfred von Schlieffen, 1833-1913）出生於貴
族之家。其個性、體格，和智慧都似乎像學者而不像將軍，高度近視

使他幾乎不能成爲職業軍人。不過自從 1861 年名列前茅畢業於戰爭學院之後，就已經受到上級的注意，並被暗中預定爲未來參謀總長的候選人。從 1883 年開始，到 1906 年退休時爲止，希里芬 24 年不曾離開參謀本部。首先是在毛奇之下充任幕僚，以後又做瓦德西的副手。最後出任參謀總長長達 16 年之久。自從普法戰爭之後，德國參謀本部的地位已經升高到無人敢向其挑戰的程度。所以，當希里芬出任參謀總長時，眞可以說是位尊望重，但他一生不曾獲有指導戰爭的機會，作爲戰略家的才能始終不曾受過實際考驗，對於他個人而言，可以說是大幸也可以說不幸。

　　一說到希里芬，馬上就會令人聯想到「希里芬計畫」（Schlieffen Plan）。甚至於可以說若無希里芬計畫之存在，則到今天也許就很少有人還會記得有希里芬其人了。從戰略思想史的觀點來看，希里芬與其計畫已經不可分。所謂希里芬計畫又是一個詞意相當含混的名詞，希里芬任參謀總長達 16 年之久，其主要任務即爲計畫作爲，其所曾擬定的計畫當然不只一個。就邏輯而言，在其任內所擬定的計畫都可以稱之爲希里芬計畫，但其性質和內容前後又常有不同，然則所謂希里芬計畫究竟是指何者而言？

　　事實上，所謂計畫者，其所採取的形式也很特殊，並不像一般制式化的作戰計畫，原有的名稱爲「備忘錄」（memorandum，現在又有人譯爲「說帖」），內容很像未來學家所作的「劇情排演」（scenario），即對未來戰爭的發展作成一種假想的描述。這樣的備忘錄是非常多，每一份又可以有多次草稿（draft），有些出自希里芬本人的手筆，有些則由其僚屬起草，再經過他本人的改正。這整套文件，包括希里芬親筆手稿在內，即所謂希里芬計畫，一直被視爲密件，保存在德國政府的波茨坦檔案室中，外人根本無法得見其眞面目。儘管研究戰略和戰史的人都知道希里芬計畫之存在，但幾乎很少有人曾讀過其全文。直

到 1945 年德國在第二次世界大戰中戰敗並爲聯軍所佔領，這些檔案才被當作戰利品運往華盛頓。在華盛頓它們又還是被封存，於是再到 1953 年，一位西德的歷史學家李特爾 (Gerhard Ritter) 教授發現了希里芬計畫的行蹤，經過一番交涉，在 1956 年終於獲得美國政府同意，又把這些文件原封未動歸還德國。

李特爾遂成爲第一位曾經研讀希里芬計畫全部文件的當代史學家。他根據其整理的結果在 1957 年編成一書出版，書名即爲《希里芬計畫》，次年又有英文譯本分別在美英兩國出版，並由李德哈特爲之作序 (我國國防部史政編譯局有中譯本)。此書對於戰略思想的研究實爲重大貢獻，若干舊有的傳說、疑問、誤解都因此而獲澄清，可以說在戰略思想史中了結一場重大公案。㉑

希里芬在 1891 年就任參謀總長之後，不久即發表其第一號備忘錄，他提出疑問：「是否法國邊境要塞足以構成重大障礙而使西線攻勢變爲不可能？」他的答案是：「可以假道比利時來加以迂迴。」此即爲希里芬計畫的起點，同時也顯示他是完全從軍事觀點來考慮戰略問題，對於破壞比利時中立的政治問題是從未注意。㉒

希里芬在 1892 年提出其第二號備忘錄，確認在兩面戰爭中，較大的威脅還是法國；德國必須先擊敗較危險的敵人，所以應在西線上速戰速決。不過甚至於在 1892 年之後，他還是不曾作成其最後決定。直到 1894 年，才提出一項新的第三號備忘錄，確定東守西攻的基本原則。㉓

當俾斯麥執政時，德國是一個維持現狀的國家，所以毛奇的兩面戰爭計畫根本上是防禦性的。毛奇也不相信有速戰速決的可能。所以他的計畫是大致把兵力平均分配在東西兩線上，並準備在東線發動有限的攻勢作戰，其目的是希望能獲致有利的和談。即令是瓦德西，雖主張發動預防戰爭 (preventive war)，他也還是視其爲一種防禦措

施。但到威廉二世的時代，德國開始走向擴張主義的路線，希里芬計畫也就必須在軍事上配合此種政策，於是遂改以追求全面勝利爲目的。❷

　　所謂希里芬計畫的立案重點大致都已包括在第三號備忘錄之內，以後雖仍有多次備忘錄繼續提出，但根本上並無太多改變，只不過是對原案的修正和擴大而已。在第三號備忘錄中，希里芬曾指出：「要想贏得勝利則在接觸點上必須較強，所以唯一希望爲對行動作自由選擇而不可消極待敵。」簡言之，主動即爲致勝之鑰。尤其令人驚異的是他曾作下述預言：假使西線形成僵局，而東線又曠日持久，則結果將使英國變成歐洲的仲裁者。❷

　　概括言之，從 1894 年到 1905 年，希里芬的基本觀念已無改變，儘管對於所應採取的攻擊方式則仍在繼續不斷地作各種不同的考慮。世人所稱的希里芬計畫通常都是指這位老元帥在其參謀總長任內所提出的最後一個備忘錄而言。那也可算是他的遺囑，完成於 1905 年 12 月，在次年(1906) 2 月由他親手鄭重地交給其後任小毛奇。但事實上，這又並非其最後貢獻，因爲他在退休之後，仍繼續檢討和修正其計畫，直到 1912 年爲止。這些文件都曾提供後任參考，並也收入波茨坦檔案室中。

　　從本書的觀點來看，我們所注意的焦點是希里芬的思想，爲方便起見，可以歸納成爲下述三個子題：(1)希里芬與克勞塞維茨，(2)坎尼模式，(3)計畫的批判。現在就分別討論如下：

## 一、希里芬與克勞塞維茨

　　老毛奇是克勞塞維茨的及門弟子，而希里芬則只能算是再傳弟子，但他對於克勞塞維茨的推崇是絕不遜於老毛奇。當 1905 年《戰爭

論》第五版問世時，他以參謀總長身分爲之作序，序中有云：

> 　其思想的精深完美可謂前無古人。其思想中的許多原則都已納
> 入我們的教範，今天任何人若欲教戰，則必須以其思想爲源頭。
> **㉖**

這樣對克勞塞維茨推崇備至絕非官樣文章，因爲從《戰爭論》中，的確可以發現希里芬計畫的思想根源。

《戰爭論》第八篇第九章是全書最後一章，也是最長的一章。其章名也相當冗長：「設計導致敵軍完全失敗的戰爭計畫」。克勞塞維茨一向不贊成用任何原則來作爲行動的指導，但在此章中卻一反常態，一開始就提出兩項原則：(1)在行動時對於目標和兵力都必須盡量保持集中；(2)在行動時必須採取最大速度。**㉗**

只要略加思考即可發現希里芬計畫正是以此原則來作爲其觀念架構的基礎。克勞塞維茨又說：「當同時要打兩個分別的戰爭時，必須視某一方面爲主作戰，給與以大部分資源，……最好只在主戰區中採取攻勢，而在其他方面採取守勢。」很明顯，這正是希里芬計畫分配兵力的原則。**㉘**

不過，最有意義的還是下面這一段話：

> 　法國的重心在於其武裝部隊和巴黎。所以聯軍的目的是必須在
> 一次或多次大規模會戰中擊敗法軍，佔領巴黎，把其殘部趕過羅
> 亞爾(Loire)河。法國最易毀地區是在巴黎與布魯塞爾之間，那裏
> 的國界距離其首都僅爲 150 哩。**㉙**

即令是心靈最不敏感的人，看了這幾段話也一定會恍然大悟。原來希里芬簡直是照抄其太老師的傑作。儘管如此，希里芬對於克勞塞維茨著作的研究又並不深入，他似乎只是斷章取義，而並未能眞正了

解其思想的精髓。至少有三點可以顯示其思想是與其所崇拜的太老師背道而馳。

第一，克勞塞維茨確認戰爭乃政治現象，戰爭爲政治目的而進行，也產生政治後果。他曾明白指出：

> 戰爭並非獨立現象而是政策使用不同手段的延續。所以，任何大規模戰略計畫的主要路線都是政治性的。……基於此種觀點，不可能對一重大戰略問題作純粹軍事研判，也不可能用純軍事計畫去求解。……㉚

希里芬爲一標準職業軍人，代表十九世紀後期的專業精神。他一生所考慮的僅爲軍事問題，其偉大計畫是在政治眞空中作成。特別值得提出的是侵犯比利時中立的問題。克勞塞維茨寫《戰爭論》時所假定的情況爲，當普魯士進攻法國時，英、荷、比三國均爲其同盟國，而俄國則守中立。等到希里芬擬計畫時，法俄已結同盟，荷比已成中立國，而英國的態度則決定於比利時的中立是否受到侵犯。在這樣的新形勢之下，希里芬仍照抄克勞塞維茨的舊文章，眞令人啼笑皆非。

其次，克勞塞維茨一方面強調防禦是戰爭的較強形勢，另一方面又指出防禦只能達到消極目的，要想達到積極目的又還是必須發動攻擊。所以，他的思想是客觀而平衡，對於攻守的利弊得失並無任何偏見。尤其值得注意的是克勞塞維茨深切了解近代國家的防禦潛力，他指出：

> 政府必須永遠不假定國家的命運，整體的生存是寄託在單獨一次會戰的結果上，姑無論它是如何具有決定性。即令在一次失敗之後，國家還是經常有時來運轉的可能。……不管一個國家與其敵國比較是如何弱小，它仍不應放棄最後的努力，否則就應認爲

其靈魂早已死亡。**❸**

　　對於後世，這一段話既是忠告也是預言。希里芬對太老師的遺訓顯然不予尊重。他不僅崇拜攻勢，甚至於更迷信攻勢。他常說：「攻擊是最佳防禦」、「攻勢爲保證勝利的唯一方法」。他準備把國家的命運孤注一擲地寄託在一次「大」會戰之上。

　　最後，克勞塞維茨在戰爭領域中有一重大發現，那就是他明確指出，在現實戰爭中有摩擦的存在。他更強調：「摩擦是區別眞實戰爭與紙上戰爭的唯一觀念」，「摩擦是一種理論永遠不能完全確定的力量」，「除非已有戰爭經驗，否則那是難以想像。」**❸** 很諷刺，正如克勞塞維茨所云，希里芬就是一位沒有戰爭經驗的人。在其計畫中幾乎從未考慮會有摩擦的存在。希里芬的確做了一件前無古人的事情：他對於未來的戰役擬定一套完整的計畫。老毛奇曾說：「只有外行才相信能事先對戰役全部過程作詳細規畫，並能堅持原始觀念到底而不作任何改變。」**❸** 希里芬似乎眞是如此外行，至少他是視事過易。他好像不承認敵人有「獨立意志」，而一心相信他自己的計畫可以貫徹到底。

## 二、坎尼模式

　　希里芬計畫與坎尼會戰之間的關係究竟是怎樣，曾引起很多爭論，而且也似乎很難定論。首先必須確定的是時間的先後。希里芬接任參謀總長之後，即開始其計畫作爲，而其最後的計畫是在 1905 年完成。至於他何時開始研究坎尼會戰雖已不可考，但其《坎尼研究》(*Cannae Studies*)的著作則是在退休之後才發表。因此，至少不能肯定地說，希里芬計畫的靈感最初是來自坎尼會戰。

　　嚴格說來，希里芬並非歷史學家，其對坎尼的研究是以戴布流克的《戰爭藝術史》為根據。其第一卷出版於 1900 年，希里芬所用的模式即採自該書。他的研究並不深入，而且有一種簡化事實的趨勢。他會很自然地把現代戰略觀念投入歷史之中，甚至於只想利用歷史以來證明其固有觀念的合理。因此，有時不惜扭曲真象，尤其令人驚異的是對於戰術與戰略之間的區別也時常混淆不清。

　　希里芬認為歷史中所有一切偉大指揮官都是以坎尼為模式。菲德烈雖無足夠兵力來完成殲滅戰，但其重要勝利仍為不完全的坎尼。拿破崙在其全盛時期曾表現漢尼拔的風格，而其失敗也是其敵人採取坎尼模式的結果。對於毛奇的兩次重要會戰，沙多華和色當，希里芬也一律歸之於坎尼模式，並認為色當是一個真正的坎尼。希里芬深信包圍會戰，尤其是兩翼包圍，實為戰略領域中的最高成就，而其他的方法則僅能獲得平凡的勝利。對於希里芬而且，側面攻擊已成一種教條。他說：「側面攻擊為全部戰史的精華」，「大包圍為萬無一失的手段」。希里芬常以克勞塞維茨和毛奇的傳人自居，像這樣武斷的觀念，那兩位已故大師若地下有知，將真不知會作何感想。❸❹

　　不過，又必須指出，這些言論都是希里芬的晚年產品，也是在其大計畫已經交卷之後，事實上，希里芬雖早已強調側面攻擊的重要，但其計畫本身又未採取真正的坎尼模式。標準的坎尼為兩翼包圍，而希里芬計畫的構想則僅為一翼包圍。所以富勒認為那只是菲德烈魯騰會戰的放大。❸❺ 不過，照希里芬的解釋，魯騰也應該算是不完全的坎尼。至於希里芬之所以採取一翼包圍的形式，主要理由是他自認兵力不夠。他曾親口說：「對於這樣偉大的事業，我們的兵力是太弱。」❸❻ 令人不解者是希里芬既然明知兵力不夠，但在他任參謀總長的 16 年間，他並未曾作必要的努力以使德國陸軍的數量能夠符合其計畫的要求。

　　薄富爾說：「希里芬夢想他的大包圍可以與坎尼會戰中的漢尼拔比美，但他並未認清運動距離上的差異。坎尼會戰時只有幾百碼，而在希里芬計畫中則長達二百哩。」**㊲** 甚至於他本人也曾進行兵棋推演，以來證明敵人若利用鐵路運輸，則有擊敗其戰略計畫的可能。**㊳** 儘管如此，希里芬對其計畫的勝算仍堅信不移，尤其是到了晚年，其頭腦也就似乎更趨於硬化，於是坎尼模式與攻勢崇拜的結合遂使希里芬計畫升入神話的境界。

　　不過，這又並非說希里芬已經完全喪失現實感，沉醉在其坎尼夢境之中。他在《坎尼研究》中卻說了這樣一段具有深意的結語：

　　　一個完全的坎尼會戰在歷史中很少見。要想達到這個目的，則一方面需要一位漢尼拔，另一方面需要一位法羅。他們合作始能達到此種偉大目的。……歷史中的將領都只能具有漢尼拔所具有素質中的少許部分，儘管在所有的歷史時代中，都不乏法羅的存在。**㊴**

## 三、計畫的批判

　　從文獻上看來，希里芬在 1905 年以前似乎還不那樣堅定，決心孤注一擲，把一切希望都寄託在西線的大包圍作戰之上。他在此時還提醒其部下應該慎重小心。但到 1905 年，他的態度就變得空前地堅定，而在兵力分配上也使東西之間達到 1：8 的懸殊比例，其原因安在很值得推敲。也許是由於俄軍在日俄戰爭中的失敗，再加上聖彼得堡又在 1905 年 1 月發生俄國有史以來的第一次革命，遂使希里芬斷定至少在最近的將來，俄國已經不能對德國構成重要威脅。所以，他才敢於把德國兵力的極大部分用於西線。**㊵**

對於這樣的兵力分配，希里芬引述菲德烈之語來作爲解釋：「寧可犧牲一省，而不可分散必須用於求勝的兵力。」❹ 至於西線上南北兩翼之間的兵力分配也是同樣懸殊。大致說來，右翼佔總兵力的 7/8，只留 1/8 的兵力在左翼上以來抵擋法軍可能發動的攻擊。李德哈特曾讚譽著說，這是一種可與拿破侖媲美的勇敢觀念，並且指出這是像旋轉門一樣的運作，當法軍在左翼方面愈深入時，則德軍從右翼方面旋迴過來的兵力打擊在其背上的重量也就愈大。❷

整個計畫的核心即爲通過比利時中部的大迂迴運動，其兵力右端將在里爾(Lille)附近進入法國。希里芬在兵棋推演時曾向其部下說：「當你們進入法國時，讓右翼最末端一人的袖子擦過英吉利海峽。」❸ 這樣即可迫使法軍的東南撤退，而德軍則可打擊其側背而將其殲滅，並同時攻佔巴黎，這也正是克勞塞維茨所說的兩個重心。希里芬所想像的作戰是像火車時間表一樣準確。估計從動員後第 17 天開始行動，到第 36 天至第 40 天之間，即應結束全部戰役。

希里芬計畫要求在執行時必須保持極高度的準確性，這也顯示其與老毛奇在思想上的最大差異。毛奇認爲戰略要旨在於隨機應變，其戰爭指導是充滿彈性；希里芬則要求德軍在前進時應像「營方陣」(battalion square)一樣地整齊。所以，他特別強調思想的統一。他說：「所有各軍團司令都必須完全了解最高指揮官的計畫，只應有一個思想貫徹於全軍之中。」❹

毛奇認爲敵人有其獨立意志，所以也就有其選擇自由。希里芬則相信從一開始就應迫使敵人居於被動挨打的地位，於是他就不能發揮主動，換言之，也就能使其沒有選擇自由。就理論而言，此種觀念並非不合理，但困難在於實行。希里芬欲求實現此種理想，也就對於當時的科技寄與以厚望。他相信利用現代技術工具，最高統帥能在後方大本營中控制整個戰場和全部戰役。他甚至於近似幻想地說：

　　現代的總司令並非立馬高崗上的拿破崙。即令用最佳的望遠鏡，他也還是看不到好遠，而他的白馬則恰好構成敵軍砲兵的良好目標。總司令現在是位置在遙遠後方的總部中，那裏有電報、電話，和其他各種通信工具，整隊的汽車和機車都隨時待命準備作長途旅行。面對著大辦公桌，坐在安樂椅上，現代亞歷山大從地圖上俯瞰整個戰場。他在總部中用電話發出其指示，並接受各軍團司令和軍長以及氣球和飛艇的報告，後者監視敵軍的行動並發現其位置。❹

　　總結言之，希里芬對技術因素的敏感在當時可以說是很少見，他的思想的確具有未來導向。任何人都能欣賞其觀念的雄偉，精神的勇敢，但專就其計畫而言，則又似乎只是一種純理論的研究，對於許多現實因素都缺乏足夠的考慮。也許希里芬本人已有自知之明，因為在某一次演習中，他曾經指出那是一種「純學術」（purely academic）的觀念。❹

　　基於以上的分析，我們對於希里芬計畫實不應給與以過高的評價。尤其是他明知兵力不夠，卻不曾採取任何有效補救措施，更令人難以諒解。當時希里芬只有兩條路線可以採取：(1)要求政府對資源作合理的再分配，停止浪費的海軍造艦競賽，而增強陸軍的兵力；(2)也許更重要的是應向德皇提出警告，說明德國國力有限，不宜甘冒戰爭危險以來從事擴張的活動，而應面對現實，採取維持現狀的外交政策。但在其長達 16 年的參謀總長任期中，希里芬對於這些問題幾乎從未考慮。所以，嚴格說來，他實在不能算是一位「大」戰略家。

# 伍、大戰前夕

當希里芬在 1905 年達到 73 高齡時，德皇威廉二世決定請他退休，並派小毛奇繼任，小毛奇是老毛奇之姪，與乃叔同名(Helmuth)。過去寫歷史的人都把小毛奇說得一錢不值，根據後來所發現的比較可信資料，足以顯示小毛奇是一個很有頭腦的人，而他的失敗也並非只應完全歸咎於其一人。所以，我們實應還他一個公道。

小毛奇在 1906 年接任參謀總長之後，他就向德皇這樣警告著說：

> 我們已經過了 30 年太平日子，我相信我們的思想都已變成平時的看法。對於我們建立的大陸軍，能否用統一指揮來控制，以及應該如何做法，無人能事先知道。**❹**

他更近似預言地說：

> 那是一種民族戰爭，不是一次決定性會戰所能解決。必須經過長期苦戰把全部國力都耗盡，否則任何國家都不會屈服。而在這樣的戰爭中，即令能獲勝利也還是得不償失。**❹**

從 1905 年到 1914 年，整整 10 年間，德國表面上是強盛繁榮，實際上則外強中乾。威廉二世好大喜功，一方面使德國在國際事務中日益陷於孤立，另一方面對於國力也未作合理的分配與利用。在這樣的環境之中，小毛奇還是曾經傾其全力以來提升德國陸軍的戰鬥力。尤其是他能打破希里芬消極無為的往例，積極促成 1912 年新兵役法的通過，使陸軍常備兵力由 624,000 人增到 650,000 人。

小毛奇的修改希里芬計畫是常為人所指責，但後任有權修改前任

所留下的計畫，實無可非議。何況他所面臨的情況又已更形惡化，英國已經加入協約（Entente），俄國的實力正在迅速增強，所以，修改舊計畫不僅是他的權力而更是他的責任。他實無任何理由應受 1905 年12 月舊觀念的拘束。

小毛奇對於戰略問題有其全面的了解，對於德國的處境也比希里芬有較深入的認識。也許恰如拿破崙所云，他是那種「看得太多」（saw too much）的將軍，他不願意把一切的賭注都押在一張牌上，而企圖保持較有彈性的選擇。其基本觀念與老毛奇和希里芬並無任何差異，都是希望速戰速決。殲滅性會戰仍為其主要目標，但他卻願意在行動上保持較大的自由。他曾宣稱：「通過比利時的行動本身並非目的，而只是一種達到目的的手段。」**㊾**

魯登道夫（Erich Ludendorff）當時是參謀本部作戰處長，在小毛奇指導之下，著手修改計畫，其主旨即為增強中央兵力，使其能牽制敵軍並發動反攻，以來造成兩面包圍的態勢，如果能這樣，那才可算是真正的「坎尼」。同時，增強中央兵力又還可以消除法軍深入萊茵地區，和直趨比利時境內德軍右翼後方的威脅。一般的批評都是認為這樣的兵力調整，遂減弱了希里芬計畫中原定的右翼兵力。實際上並未如此。右翼兵力仍為 54 個師，至於中央和左翼兵力之所以能獲增強，那是由於已有新編的部隊可供使用。尤其是小毛奇把原有通過荷蘭南部的計畫完全刪除，使右翼方面的正面縮短，減少了應付荷軍抵抗的麻煩，更是值得稱讚。所以，小毛奇的計畫是一個新的計畫，雖然容納了希里芬的主要觀念，但並非希里芬計畫的修正版。

當戰爭終於在 1914 年 8 月來臨時，小毛奇及其計畫也隨之而成為馬恩河德軍戰敗的代罪羔羊。事實上，這次失敗的原因是非常複雜，包括有關作戰和技術的許多細節在內，至少不能完全歸罪於計畫的錯誤，尤其不能證明包圍戰略在基本觀念上有何種缺失。（有關馬恩河會

戰的分析已經不屬於戰略思想史的範圍，所以本書不擬論述。）

德國參謀本部及其歷任首長固然可作為普德學派的代表，但除此以外，德國在此時代中也還有若干軍事著作，其內容和觀念也應在此略作介紹並以之為本章的結束。

在 1870 年以前，日爾曼軍事思想家中有威爾遜(Wilhelm von Willisen, 1790)，著有《大戰理論》（*Theory of Great War, 1840*）；魯斯陶，著有《步兵史》（*History of Infantry, 1857*）等書。概括言之，他們都是約米尼的門徒，不能算是屬於普德學派。

在老毛奇之後，位至二級上將的布魯門(Wilhelm von Blume)曾著有《戰略》（*Strategie, 1882*），那是以他在戰爭學院中的講義為基礎。波古斯拉夫斯基(Albrecht von Boguslawski)中將所著書名為《戰爭對國家與人民的真意》（*War in its True Significance to the State and People, 1892*）。他認為：「戰爭為自然法則，十八世紀哲學家所提倡的永久和平不僅為夢想，而且更有害。」

比較更著名而且成為國際暢銷書者則為高爾茲(Colmar von der Goltz)所著的《全民皆兵論》（*The Nation in Arms, 1883*）。高爾茲著書時為少校，以後官至元帥，這本書到 1989 年即已五版，並譯成各國文字。他說：「戰爭是人類的命運，任何民族都不可能避免。」最後還有貝恩哈地(Friederich von Bernhardi)，他曾經是希里芬的史政處長，但彼此思想並不一致。貝恩哈地著有《德國與下次戰爭》（*Germany and the Next War,1912*）以及《我們的未來》（*Our Future,1912*）等書。在《德國與下次戰爭》書中，其所討論的主要項目為：「戰爭的權利」、「戰爭的義務」、「德國的歷史使命」，以及「世界霸權或衰亡」。

總結言之，所有這些德國軍人都是以克勞塞維茨和老毛奇的弟子自居，但他們除了發表一些好戰言論以外，對於真正的軍事思想和理

論幾乎可以說是毫無貢獻之可言。他們在思想方面又都有其共同的信仰，那就是所謂攻勢崇拜。其所導致的結果即為 1914 年的浩劫。

## 註　釋

❶ Wilhelm Rüstow, *Geschichte der infanterie*（Gotha,1857）。英文譯名 *History of Infantry.*

❷ Heinz Guderian, *Panzer Leader*（Dutton, 1952）,p.456.

❸ 同前註，p.456.

❹ Helmuth von Moltke, *Gesammelte Schriffen und Denkwürdigketen*（8 vols; Berlin 1891-3）; *Militärische Werke*（17 vols; Berlin, 1892-1912）.

❺ J.F.C. Fuller, *The Conduct of War*（Rutgers,1961）,p.114.

❻ Hajo Holborn, "The Prusso-German School:Moltke and the Rise of the General Staff", *Makers of Modern Strategy*（Princeton, 1986）,p.289.

❼ 同前註，p.287。

❽ 同前註，p,288。

❾ Helmuth von Moltke,"Instruction for Superior Commander of Troops", in *Militärische Werke*（Berlin, 1900）,Vol. Ⅴ, p.172.

❿ Helmuth von Moltke, "On Strategy", in *Militärische Werke*（Berlin, 1900）, Vol. Ⅱ, p.219.

⓫ Martin von Creveld, *Fighting Power*（Greenwood, 1982）,p.36.

⓬ "Moltke's Projects for the Campaign of 1866 against Austria,"translated and precised for the General Staff, War Office（London, 1907）, pp.4-6.

⓭ Hajo Holborn, "The Prusso-German School:Moltke and the Rise of the General Staff", *Makers of Modern Strategy*（Princeton, 1986）,p.295.

⓮ Gunther E. Rothenberg, "Moltke, Schlieffen, and the Doctrine of Strategic Envelopment",*Makers of Modern Strategy*（Princeton, 1986）,p.300.

❶ Cited by J.F.C Fuller, *The Conduct of War* ,p.118.

❶ 同前註，p.118。

❶ Michael Howard, *The Franco-Prussian War* (Methuen,1981),p.44.

❶ Michael Howard, *War in European History* (Oxford, 1976), p.100.

❶ Cited by Azar Gat, *The Development of Military Thought* (Oxford, 1992),p. 58.

⑳ 同前註，p.63。

㉑ Gerhard Ritter, *The Schlieffen Plan* (Praeger, 1958).

㉒ 同前註，p.23。

㉓ 同前註，p.38。

㉔ Azar Gat, *The Development of Military Thought* (Oxford, 1992), p.97.

㉕ Gerhard Ritter, *The Schlieffen Plan*, p.38.

㉖ R. Ernest Dupuy and Trevor N. Dupuy, *Military Heritage of America* (McGraw-Hill, 1956),p.188.

㉗ 克勞塞維茨，《戰爭論》中譯本，p.971。

㉘ 同前註，p.951。

㉙ 同前註，p.996。

㉚ 同前註，p.39。

㉛ 同前註，p.763。

㉜ 同前註，pp.177-180。

㉝ Hajo Holborn, "Moltke and Schieffen," in *Makers of Modern Strategy* (Princeton, 1952),p.179.

㉞ Gerhard Ritter, *The Schlieffen Plan* (Praeger, 1958),pp.50-51.

㉟ J.F.C. Fuller, *The Conduct of War* (Rutgers, 1961),p.155.

㊱ Gerhard Ritter, *The Schieffen Plan*,p.66.

㊲ André Beaufre, "Marshal Ferdinand Foch" in *The War Lords* (Weidenfeld and Nicolson, 1976),p.125.

㊳ Jack Snyder, "Civil-Military Relations and the Gult of the Offensive",

*International Security* (Summer, 1984),p.109.

❸❾ Cited by *Military Heritage of America*,p.189.

❹⓿ Gunther E. Rothenberg, "Moltke Schlieffen, and the Doctrine of Strategic Envelopment",*Makers of Modern Strategy* (Princeton, 1986), p.317.

❹❶ Gerhard Ritter, *The Schlieffen Plan*, p.77.

❹❷ 同前註,p.6。

❹❸ Barbara Tuchman,*The Gun of August* (Dell, 1970), p.41.

❹❹ Hajo Holborn, "Moltke and Schlieffen",*Makers of Modern Strategy* (1952),p.195.

❹❺ 同前註,p.194。

❹❻ Gerhard Ritter, *The Schlieffen Plan*,p.46.

❹❼ Hew Strachan, *European Armies and the Condnct of War* (George Allen and Unwin, 1983), p.129.

❹❽ Barbara Tuchman, *The Guns of August* (Dell, 1970),p.38.

❹❾ Gunther E. Rothenberg, "Moltke, Schlieffen, and the Doctrine of Strategic Envelopment,"*Makers of Modern Strategy* (1986), p.322.

# 【第十二章】

# 法國學派

## 壹、十九世紀前期

　　自從 1815 年拿破侖慘遭滑鐵盧，歐洲恢復國際和平與權力平衡之後，西方戰略思想的發展即暫時陷入停滯的狀況。這本是大戰之後所常見的現象，而在波旁王室（Bourbons）復辟之後的法國，此種趨勢是尤其明顯。法國軍人在革命戰爭和拿破侖戰爭中已經贏得他們的聲譽，現在也就產生了一種自我陶醉的心情。他們似乎認爲一切的智慧都已包括在拿破侖的經驗中，而約米尼的著作也已經將其充分理論化。那些著作早已成爲法國軍人的必讀書，所以，任何進一步的研究也就無異於畫蛇添足。事實上，又不僅是法國如此，在十九世紀前期，整個西方世界，包括英美兩國在內，也都莫不尊重約米尼的權威。

　　十九世紀法國的政局一直不太安定，統治者更換頻繁，其經過可以表列如下：

　　1814-24　　路易十八世（Louis ⅩⅧ）

| 1824-30 | 查理十世(Charles X) |
| 1830-48 | 路易菲立(Louis Philippe) |
| 1848-52 | 路易拿破侖（第二共和總統）(Louis Napoleon) |
| 1852-70 | 拿破侖三世（第二帝國皇帝）(Napoleon III) |

在此種情況之下，安內當然重於攘外；所以在 1850 年以前，法國幾乎很少用兵，而軍事學術的研發也自然不會受到重視。僅在拿破侖三世即位之後，法國才開始表現出其歐洲強國的姿態，除海外的殖民活動之外，在歐洲也曾參加兩次大規模的戰爭：克里米亞(Crimea, 1854-56)和侖巴地(Lombardy, 1859)。

但拿破侖三世帝國的強盛又只是虛有其表。到 1866 年普魯士贏得普奧戰爭，逐使法國人對於世局的發展感到憂懼。於是有人提出依照普魯士的模式厲行改革，但又還是受到許多的阻力，結果還是殊少成效。一般說來，偉大的軍事著作之出現都是一種對重大挑戰或刺激的反應，在當時的法國逐有一位低級軍官寫了一本書，這本書雖然最初並未受到應有的重視，但終於被公認為可以算是經典。那就是杜皮克(Ardant du Picq, 1821-1870)的《戰鬥研究》(*Battle Studies*，法文原名為 *Études sur le Combat*)。

杜皮克 1844 年畢業於聖西爾軍校，曾參加克里米亞戰爭以及在敍利亞(1860-61)和阿爾及利亞(1864-66)的殖民地戰爭，頗具戰功，官至上校。普法戰爭爆發時，他以團長身分在麥茲(Metz)附近負傷不治逝世。他的一生是相當平凡，但他的思想和著作卻都不平凡。也像所有其他軍事學家一樣，杜皮克承認軍事思想的主流是以啓明運動為根源，但他的思想途徑卻與眾不同。他不尊重傳統的看法，並認為已有的理論都未免太機械化，太物質化，和太受數學推理的支配。他引述沙克斯元帥的名言，指出人心為研究一切有關戰爭問題時的起點。他

相信戰鬥表現是以個人和集體心理學中的最原始本能（直覺）為根本。杜皮克認為人心是戰爭中的常數(constant)，他說：

> 多少世紀都不曾改變人性，……在最低層還是那同樣的人。……工業和科學的進步，固然已使戰爭藝術發生很多改變。但唯一不變者即為人心。❶

杜皮克又指出：

> 我曾聽到某些思想家受到譴責，因為他們只研究一般的人類，而忽視種族、國家、時代的差異，以至於其研究缺乏真正的社會和政治價值。對於所有一切國家的軍人也可作相反的批評，……他們不曾考慮人面對危險時的問題。❷

杜皮克認為許多軍事理論家不僅遺失了戰爭中的主要因素，而且由於他們只知偏重大戰略，逐忽視真正重要的數據。他認為戰爭中的實際細節要比偉大理論家的著作、古今名將的計畫都更值得研究。只有此種有關實際戰鬥的基層資訊才能對戰爭的真正科學研究提供基礎。所以，必須首先搜集大量的數據，再加以審慎的分析，然後才能建立真正的軍事科學。他相信對於軍人在過去的真實行為若能獲得充分的證據，則也就能夠了解其未來的行為。他認為在他那個時代，理論與實踐之間已經呈現重大差距，所以必須慎重研究經驗的教訓。

杜皮克從古代開始其研究，他認為波里比亞和凱撒的記載具有足夠的明確性，可以提供必要的資料。其研究的結果即為《古代戰鬥》（*Ancient Battle*，法文原名 *Etude du combat d'apres l'antique*）。那是一本小書，完成於 1868 年，並未公開發行，只供私人贈閱。接著他就繼續從事近代戰鬥的研究，但不幸在其有生之日並未能完成此項研究。他認為在研究近代戰爭時專憑他人的記錄還不夠，於是他設計

一套非常別緻的問卷調查，分發給其同僚(包括各種不同階級的軍官)
請他們詳細作答。在他那個時代採取這樣的研究方法眞可以說是開風
氣之先。這種問卷答案回收率並不高，但多少能提供一些可靠的第一
手資料。他就這樣埋頭進行其個人的研究直到 1870 年戰死時尙未完
成。其所留下的遺稿由他人編爲《近代戰鬥》(*Modern Battle*)，與《古
代戰鬥》合併稱爲《戰鬥研究》，也就是杜皮克能在軍事思想史中得佔
一席之地位的唯一著作。

杜皮克的基本觀念爲人類有一種自保(self-preservation)的本
能，其表現即爲畏懼(fear)。所以，人在戰鬥中的第一考慮就是苟全性
命，除非萬不得已，他不會挺身而鬥。換言之，一般軍人都並不希望
用拚死搏鬥以來爭取勝利，他們所希望的是盡可能避免前者而又能獲
致後者。野蠻人幾乎很少面對面戰鬥，他們經常使用埋伏的手段以來
狙擊敵人。如果受到攻擊，他們會立即逃跑而不反擊。只在文明社會
中才會產生長時間的纏鬥，因爲在此種社會中才有所謂責任和組織的
存在。這也是紀律和戰術的功能。但它們又還是不能改變人性，所以
即令是正規部隊也還是有潰散的可能。不過，紀律和戰術愈佳，則戰
鬥效率也就會愈高。❸

杜皮克從對古代戰鬥的研究中發現羅馬兵團之所以常能戰勝，其
原因即在此。他指出：「戰鬥的成敗是精神問題。在戰鬥中互相衝突
的是兩個精神力量(moral forces)，而非兩個物質力量。」所以他認
爲「戰鬥」(battle)不可以與「決鬥」(dual)相提並論，這一點很值得
注意，因爲那是與克勞塞維茨的觀念恰好相反。杜皮克認爲在決鬥中
物質力量(體力)較強者則一定勝利，在戰鬥中則並非盡然。戰鬥是兩
個對立意志(will)之間的衝突。意志爲精神而非物質。僅當其能影響敵
方精神時，武器才算是有效。❹

杜皮克之所以首先研代究古代戰鬥，其目的是希望經由此種途徑

以來了解人類的本性，以及如何始能使其挺身而鬥的根本原因。有了此種了解之後，他才能更進一步去研究近代戰鬥，儘管近代戰鬥與古代戰鬥之間又還是存在著相當大的差異，尤其是火器的發明和改進已經帶來若干重大改變。杜皮克發現若干值得注意的事實，例如火器的殺傷力雖高，但近代戰鬥中的死傷率反而比古代戰鬥中較低。同時，由於雙方距離拉長，遂使擺脫接觸或撤退的行動變得遠較容易。總結言之，如何維持紀律，控制分散的兵員，並使他們戰鬥，是已經比過去變得更較困難。

最迫切的問題即為在新式後鏜來復槍的時代中找到適當的戰術，此種火器是射程遠而命中率高。杜皮克認為密集隊形是已經過去，今後必須採取疏開的隊形。他又指出速射火器對防禦有利，在敵火之下前進幾乎已不可能。也許只有瘋人才會對此表示懷疑。所以，要想發動攻擊，唯一的方法就是應尋找有利的時機，採取側面迂迴的行動，又或引誘敵人離開其所據守的陣地。❺

於是最大的疑問即為當人員面對著近代戰場上的恐怖現象，而又分散在有效控制之外的地區中，他是否還願意戰鬥，又或有什麼方法能使其繼續戰鬥。杜皮克認為在近代戰場上，有許多人員實際上是根本就不曾戰鬥，其唯一的考慮即為如何逃命。所以，在近代戰場上，要比過去更需要可以信賴的精兵。要想養成這樣的精銳部隊，必須依賴紀律、訓練，和團隊精神(esprit de corps)。根據普奧戰爭的經驗，杜皮克認為普魯士的軍事改革是不僅合理，而且也已成功。他指出在沙多華獲得勝利的普軍能夠團結一致，嚴守紀律，要養成這樣的軍人大約需要 3、4 年的時間。普魯士陸軍絕非烏合之眾。「除非是從社會制度中發展出來的，否則一支軍隊不可能真正地強。」❻

自從啟明時代開始，軍事思想家即已知道軍事制度與社會制度之間具有不可分的關係，所以，杜皮克的觀念並非創見，而且在其他歐

洲國家中也有人表示類似的看法。他認為傳統的貴族社會具有尚武、好戰的趨勢。當社會進步，民主思想日益發揚時，軍事精神也就會隨之而消失。法國的情形就是這樣。由於法國是位置在貴族社會（普、奧、俄等國）的包圍中，所以在軍事上是居於不利地位。不過，杜皮克又深信民主是一種普遍化而不會停止的歷史潮流，因此，他對於前途仍然保持樂觀的態度，他說：「俄國人、奧國人、普國人，也終於會像我們一樣，變成民主社會，那只不過是時間問題而已。」❼

　　杜皮克的確是一位奇才，他的思想和方法都是超時代的，但不幸曲高和寡，無論在其有生之日以及其逝世之後的 30 年內，對於西方軍事思想之演進都可以說是不曾產生任何有意義的影響。他的遺著到 1880 年才正式出版，但幾乎不曾引起任何人的注意，在以後的 20 年內，許多法國軍事學者在講學或著作時，從來沒有人曾經引述杜皮克的遺言。但自從其書在 1903 年再版時，情況卻突然發生重大改變。它開始變成一本非常暢銷的書。不過，其原因又真是令人感到啼笑皆非，如果杜皮克地下有知，則更不知將作何感想。此時攻勢崇拜已經發展到了高潮，由於杜皮克的書強調精神力量，所以也就被利用來作為支持此種潮流的理論基礎。事實上，杜皮克認為近代武器的發展比較有利於防禦（已見前述），與那些無條件崇拜攻勢的少壯派（Young Turks）是背道而馳。但不管怎樣，他的書從此就變成了經典，在第一次世界大戰爆發之前已經賣完了 5 版，而且所有的法國軍事作家無人不引述他的文章。

　　除杜皮克以外，在 1870 年以前，法國軍事思想的發展真可以說是乏善可陳。於是普法戰爭爆發，才開始造成新的衝擊。

# 貳、普法戰爭的衝擊

拿破崙三世一向以拿破崙一世的繼承人自居，在其統治之下，法國也的確曾經呈現出強盛繁榮的假象，那知道在普法戰爭(1870-71)中卻遭到可恥的失敗。皇帝本人成為戰俘，國家改制後仍然被迫接受嚴苛的和平條件，不僅要割讓亞洛二省(Alsace-Lorraine)，而且還要付出大量賠償。尤其是在政治上和軍事上，法國從此開始喪失其作為歐洲第一強國的傳統地位。新成立的德意志帝國已經雄據中歐，而法國則顯然居於劣勢。

這場戰爭雖明白顯示德國的軍事優勢，但造成此種痛苦事實的理由則尚待探討。1871年戰敗後，法國的第一項反應即為以普魯士為模範實施軍事改革。改革的重點是放在組織方面，例如成立新的參謀本部(1874)和參謀學院(1876-78)，實施新的兵役法(1872)。1880年參謀學院又更名為高級戰爭學院(École suprérieure de guerre)，並被視為訓練軍事人才的最高學府。從1874年開始，法國人又沿著其東面邊界大規模構築要塞以來增強防禦能力。

緊跟著制度改革之後，法國人遂又開始努力提高其軍事學術水準。在普法戰爭之前，法國陸軍具有強烈的反智趨勢，麥克馬洪元帥(Marshal MacMahon)曾一再宣稱，假使他發現任何軍官的姓名在一本書的封面上出現，他就會立即將這位軍官從升遷名單中剔除。拿破崙三世雖曾嘗試鼓勵軍人好學，但卻受到普遍的反對。法國陸軍仍然保持其革命時代的傳統，軍官的大部分都是行伍出身，他們的知識水準最多只是略識之無而已。所以在普法戰爭時，雙方官兵的知識和專業水準真是相去不可以道里計。戰後檢討得失時，這也就被視為必

須改進的項目之一。其步驟爲創建各級軍事院校,發行多種軍事期刊,並鼓勵軍人研究和寫作。❽

最傑出的新作家爲李華爾(Jules-Lewis Lewal),他在 1870 年以前爲舊參謀本部中的史政統計局長,一向即以敢於批評朝政著稱。戰後(1871)曾編著《陸軍改革》(*La Réforme de l'armée*)叢書。以後他也是戰爭學院的創辦人(1877-80),並在 1885 年出任軍政部長。在新的《戰爭研究》(*Études de guerre*,1873-90)叢書中,法國軍事作家開始再度踏入戰略思想和作戰理論的領域,這也是過去長久受到忽視的領域,他們的思想基礎可以分爲兩方面,其一是當時支配法國學術界的實證主義(positivism),其次是從啓明時代遺留下來的軍事理論傳統。

李華爾認爲戰爭已經變成一種實證科學(positivist science),一切軍事組織都是以若干實證原則爲基礎。他在所著《戰略實證部分導論》(*Introduction to the Positive Part of Strategy*,1892)中,遵照啓明的傳統,把戰爭分爲兩部分:一爲推斷(speculative)的部分,另一爲實證(positive)的部分,那是以原則爲基礎。在戰略領域中,後者又是以拿破侖、約米尼的作戰理論爲根本。❾其他的法國軍事作家大致也都是採取同樣的觀點,其中值得一提的爲榮格(Théodore Jung)所著《戰爭與社會》(*War and Society*,1889)一書。他認爲戰爭的研究是方興未艾的社會科學中之一部分,可以從較成熟的數理,或自然科學中尋找例證。像數學、物理學、生物學一樣,它探求因果關係,並形成簡明扼要的定律。❿

從 1880 年代中期開始又有一個新因素出現。普法戰敗之後,法國人最初所重視的僅爲德國的軍事制度,以後才逐漸知道重視德國的軍事思想。布魯門的《戰略》,高爾茲的《全民皆兵論》到 1884 年都已有法文譯本。從這些德國軍事著作中,法國人才開始知道他們的思想

是又可以回溯到另一位大師的著作，克勞塞維茨的《戰爭論》。首先發現克勞塞維茨的人可能是卡多特（Lucien Cardot），1884 年他還是法國參謀本部情報局中的一位少校，曾在戰爭學院以普魯士軍事思想為題作了三次演講，對於克勞塞維茨作了簡明扼要的介紹。克勞塞維茨的《戰爭論》在 1886-87 年又完成了新的法文譯本。著名軍事評論家吉貝特（Georges　Gilbert,1851-1901）曾發表一篇頗有見地的評論（1887）。

　　吉貝特認為克勞塞維茨所表達的是拿破崙戰爭的精神，並給與老毛奇以靈感。要想了解在十八和十九兩世紀之間的戰爭演變，則必須研究其著作。這一部富有哲學意味的著作顯示戰爭與社會、經濟、政治之間的關係。他又指出克勞塞維茨的戰爭理論有一個唯一的目標，那就是採取拿破崙會戰的形式，以來擊毀敵軍，並繼之以窮追。簡言之，他所認知的克勞塞維茨實為拿破崙的代言人。**⓫**

　　到 1892 年，李華爾也把克勞塞維茨的大名列入其書中，並認為其權威並不亞於沙克斯、吉貝特、查理大公、約米尼等人。此種推崇克勞塞維茨的運動毫無疑問地又是以戰爭學院為其大本營，最主要的人物為波納爾（Henri　Bonnal），他支配這所學校和法國戰略思想達 20 年之久。他在 1885 年以少校身分到戰爭學院服務，到二十世紀初期升任院長。他是一位卓越的軍事史學家和思想家，有不少的著作。對於拿破崙和克勞塞維茨的研究在當時實為領導權威。

　　在波納爾指導之下，其同僚對於克勞塞維茨的研究遂日益深入。他們發現克勞塞維茨的觀念，對於拿破崙的戰略，事實上，只是一種簡化的模式，而且克勞塞維茨對於拿破崙戰略的認知似乎是粗糙得令人驚訝，尤其在某些基本方面，更是完全不適當。有人認為此種對克勞塞維茨的批判只是民族情感的發洩，實際上，並非盡然。波納爾等人對於克勞塞維茨觀念的優劣得失，到此時的確已有相當合理的評

估，而不像早期那樣的盲目崇拜。

不過，法國戰略家所面對的重要問題，又非拿破侖戰爭和克勞塞維茨思想的理論研究，而是如何進行未來戰爭的實際考慮。波納爾認爲法國應採取一種眞正拿破侖式的彈性防禦(flexible defense)戰略。所有的兵力在行動上必須有充分的協調，以擊敗敵軍主力爲目的。

從 1875 年到 1886 年，法國一共有 7 個戰爭計畫，其編號爲 1 到 7 (Plans 1-7)都是具有守勢構想。不過，到 1886 年之後，由於東歐局勢的發展增強了俄法合作的可能性，於是第 8 號(1887)和第 9 號 (1888)計畫，儘管在兵力部署上並無太多改變，但卻改採攻勢構想。到 1890 年代，法國戰爭計畫第 10 號到第 13 號(1889-95)又趨向於一種較積極的防禦形式，即所謂攻勢防禦戰略(defensive-offensive strategy)。當波納爾奉派草擬第 14 號計畫(1898)時，此種趨勢也就達到其頂點。在第 15 號(1903)和第 16 號(1909)兩計畫中，其原則依然維持不變。所設計的整個防禦系統是具有高度的彈性，在統一指揮之下，能乘有利時機，向任何方向發動反攻。**⓬**

法國戰爭學院的創造力和影響力，到 1890 年代的後半期，是已經發展到其最高點。所謂新的法國軍事學派已經形成。這一批軍事學者好像是屬於同一教會的傳教師，所傳佈的是同一種福音，並且不久又培育了其下一代。在此一學派中有一位名垂青史的偉大人物，那就是在第一次世界大戰後期出任聯軍最高統帥的福煦(Ferdinand Foch, 1851-1929)。

福煦在 1885 年以學員身分進入戰爭學院，其時法國軍事思想的新潮流正在開始發展。10 年之後，他在 1895 年重回母校充任助理教授，一年後始升任教授。到 1901 年又調任他職而離開戰爭學院。福煦在戰院任教的時間並不太長，其地位不過是一般的教授，並不能算是新學派中的領袖人物。假使第一次世界大戰不在 1914 年爆發，則福煦應在

1915 年滿 64 歲時退役。如果是這樣，則到今天可能已經很少有人知道他的大名。作爲一位軍事思想家，福煦不僅缺乏深厚的學術基礎，而且也無特殊的創新觀念。大致說來，其思想有兩項來源：其一是德國人的軍事著作，福煦是高爾茲的忠實讀者，也可以算是克勞塞維茨的私淑弟子；其次，在作戰層面（operational level ），他又完全遵從波納爾等人所提倡的新拿破崙主義教條。強調行動自由，主張快速集中兵力以來發動決定性打擊。❸

福煦在 1903 年和 1905 年分別出版了兩本書，前者爲《戰爭原則》（*Des principes de la guerre*，英文名 *The Principles of War*）；後者爲《戰爭指導》（*La Conduite de la Guerre*，英文名 *The Conduct of War*）。這兩本書都是利用其在戰院的講義編輯而成。前者比較受到重視，也被視爲其代表作。由於福煦在第一次大戰時功高望重，所以他的著作也就頗受重視，甚至於有人稱之爲法國陸軍的「新約」。事實上，從學術觀點上來看，福煦的書固然可以表現當時法國軍事思想的一般趨勢，以及福煦個人的某些特殊見解，但似乎不能與克勞塞維茨或約米尼相提並論，而被列入不朽鉅著之林。

在戰爭原則的第一章中，福煦一開始就駁斥一種古老的傳統觀念，即所謂「以戰教戰」。他認爲這完全是欺人之談，因爲在戰場上人只能應用其所已知的理論，所以根本上無研究或學習之可能。不過，在戰場上即令只能做得很少，但又必須知道得很多，而且還必須知道得很好。這就是普魯士成功的祕訣。該國在 1815 年以後並無戰爭經驗，但其軍人受過嚴格學校教育之後，遂能在 1866 年擊敗奧軍，儘管後者在 1859 年曾經獲有實際戰爭經驗。1870 年的法軍更是一個非常恰當的例子。❹

因此，福煦認爲用明確史例來教授戰爭理論是不僅可行而且必要。他很謙遜地說他的書不能算是一本討論戰爭藝術的有系統著作，

形容他的《原則》爲：「在風雨交加的海岸上，牧羊人所燃燒的火炬對於拿不穩方向的海員，也還是可以提供指引。」儘管如此，他又指出其書還是曾經討論如何領導部隊的若干要點，尤其是指導軍人在任何環境中，應如何設想一條至少是合理的行動路線。**⑮**

福煦相信具有永恆價值的戰爭原則的確存在，但他又說當把這種原則應用在特殊個案上時，則又必須加以有條件的限制。因爲「在戰爭中除特殊個案之外，即更無其他的東西。任何事件都有其個性，而且任何事件也都不會自動重演。」這就是其思想的核心，他認爲在固定和永恆的原則與千變萬化的戰爭藝術條件之間，必須作成適當的協調。**⑯**

福煦在其書中曾引述一個生動的例證如下：「當 1866 年費羅斯將軍(General Verdy du Vernois)來到納巧德(Nachod)戰場上，並面對著困難時，他就從記憶中尋找某種準則（敎條），以來作爲其行動的指導。結果他發現沒有任何東西能刺激其靈感，於是他說，「讓歷史和原則都滾開！究竟，問題是什麼？」**⑰**

「問題是什麼？」(De quoi s'agit-il？英譯 what is the problem？)從此也就成爲福煦的名言。這暗示一切戰略科學的最後祕密可能即爲常識。這也正是福煦的一大特長，表示其心靈具有相當的彈性，他知道經常有擺脫理論枷鎖之必要。福煦又還是以拿破侖爲例，他指出那位大皇帝從未有一個事先擬定的作戰計畫(plan of operation)，但這又並不表示他不知道他是正在朝著那個方向走。他只有一個戰爭計畫(plan of war)和一個最後目的，然後他就一路走，一路依照眼前的環境去尋找能夠達到此種目的的手段。**⑱**

總結言之，福煦的思想是大致平衡於理性主義與經驗主義之間。他似乎認爲把一般原則用來解決個案即爲戰略的祕訣。基於以上的分析，可以發現福煦所最崇拜的戰略家還是拿破侖，而在思想方面則又

同時受到約米尼和克勞塞維茨的影響。至於其本人的觀念則似乎是折中於二者之間。概括地說，其理論雖無特殊過人之處，但也相當平正合理，不過有一點卻常為人所詬病，那就是他對精神因素(意志)有過分強調的趨勢。

　　福煦寫了一個公式，足以表示精神因素在其思想中的重要地位：

$$Victoire = Volonté$$

譯成英文則為　　　　　$Victory = Will$

再譯成中文則為　　　　勝利＝意志

福煦又解釋如下：

　　　戰爭＝精神力的領域

　　　勝利＝勝利者的精神優勢

　　　戰鬥＝兩個意志之間的鬥爭

於是他指出：「征服的意志即為勝利的首要條件，也是任何軍人的首要任務。指揮官不僅要有必勝的決心，而且還要把此種精神貫徹到每一個士兵的靈魂之中。」❶⑨

　　福煦既以《戰爭原則》為其書名，他對於所謂「原則」又是採取何種分類，似乎是一個很有趣味的問題，值得加以探討。他在其書的卷首曾作下述的列舉：

　　　兵力經濟的原則。

　　　行動自由的原則。

　　　兵力自由運用的原則。

　　　安全的原則，等等。

值得注意的第一件事就是「等等」(etc.)。那似乎暗示福煦並非認為戰

爭原則就只有這四條，而應該還有其他的原則，不過他未曾予以列舉而已。但從其全書中又還是找不到「等等」究竟是什麼，這也許可以算是一個啞謎。

其次，更值得注意的是他雖然列舉了四條原則，但嚴格說來，實際上僅為一條原則，即行動自由的原則 (the principle of freedom of action)。這可以簡單解釋如下：必須對兵力作合於經濟原則的支配，始能獲得行動自由，有了行動自由則兵力始可自由運用，而安全則為確保行動自由的必要條件。所以，福煦的整套戰爭原則(也可以說是其全部戰略思想)實際上都已包括在行動自由的觀念之內。

不過，行動自由的觀念又是古已有之，至少我國《孫子》所云「致人而不致於人」即為對此種觀念的最佳表達。第二次世界大戰之後，法國當代戰略大師，薄富爾將軍提倡行動戰略(Strategy of Action)，於是行動自由的觀念又受到新的重視。薄富爾在其書中特別提出福煦的觀念，好像暗示此種原則是福煦所發明，這只是代表一種狹隘的民族意識，連薄富爾也還是未能免俗而已。

因為福煦在其晚年變成了世界級的偉大人物，於是有許多事情也自然會被扯到他的頭上，這也可以說是有幸有不幸。至少有兩件事應在此應略加以說明。一般人常以為福煦是新法國學派的開山大師，實際上，那是一種誇張不實的說法，他不過是此一學派中的成員之一，而在十九世紀末期，其影響力也並非特別巨大。僅在第一次大戰結束之後，福煦和他的著作才受到過度的尊重。此外，又常有人(尤其是美國人)以為福煦在思想上的靈感是來自杜皮克的著作。❷這也只是想當然耳，而絕非事實。杜皮克的《戰鬥研究》是在 1880 年初版，幾乎不曾引起任何人的注意。福煦的《戰爭原則》是出版於 1903 年，在其書中不曾提到杜皮克也不曾對其文章作任何引述。杜皮克的書也在 1903 年再版，此次再版之後，遂逐漸開始風行，但福煦在其《戰爭指導》

(1905)書中仍未提到杜皮克的著作，似乎可以顯示他的思想與杜皮克是幾乎毫無關連。

# 參、攻勢崇拜

從 1871 年到 1901 年，整整 30 年間，法國的軍事思想已有多次的演變，從彈性防禦到攻勢防禦，而終至於全面攻勢(offensive à outrance)。此種攻勢主義的思想到二十世紀初期發展到其最高點，甚至於已經變成一種盲目的攻勢崇拜(the cult of the offensive)。其結果是終於在第一次大戰初期使法軍受到慘重的損失，並使法國元氣大傷，從此一蹶不振。由於戰略思想的誤入迷途，遂導致如此空前巨大的災難，在歷史上也是僅見。

在古今中外的戰略思想史中，可以明顯地發現攻勢所受到重視的程度一向是遠超過守勢。誠如克勞塞維茨所云，防禦雖是較強的戰爭形式，但不能達到積極目標，所以攻擊是具有必要性。尤其是一般職業軍人所受的教育幾乎都是強調攻擊精神，所以對於攻擊有所偏好實乃事理之常。甚至於頭腦非常冷靜的克勞塞維茨在《戰爭論》中每逢討論到有關攻擊的問題時，也都不免會使用激情的文字。

對於此種偏重攻勢的共同思想趨勢至少可以提出兩點解釋：(1)在無政府的國際環境中，幾乎每個國家都會認為其鄰國具有敵意，所以先下手為強的意念，也就自然相當強烈，而且也認為在戰時必須徹底擊敗敵方，然後始有安全的保障；(2)從計畫作為的觀點上來看，攻擊計畫要比防禦計畫較易於擬定。誠如波森（Barry Posen）所云：「採取攻勢，發揮主動，實為建構會戰的方法。」❷ 反而言之，守勢是被動的、消極的、不易確定其目標，也就難於計畫。所以誠如孫子所云：

「無所不備則無所不寡」。簡言之，採取攻勢計畫，至少可以令人對於前途感覺到比較有確實的把握。

軍人重視攻勢作戰，強調攻擊精神，不僅已成共同趨勢，而且也無可厚非。事實上，在二十世紀初期的歐洲，幾乎任何國家的參謀本部和軍事院校都是有志一同，所以，實不必苛責法國軍人，不過，他們的攻勢崇拜卻達到了走火入魔的程度，形成一種不尋常的特殊現象，因此，遂值得加以較深入的檢討。

攻勢思想在 1890 年代固然已經逐漸在法國抬頭，但仍在合理限度之內，尚未發展到瘋狂或盲目的程度。最顯著的證據即爲官方的戰爭計畫所採取的戰略觀念仍爲攻勢防禦。甚至於後來被公認爲法國新學派掌門人的福煦，在其著作中雖強調精神因素的重要，但也並未完全忽視防禦，他把「安全」（security）列爲原則之一，即可爲明證。不過，到二十世紀初期，攻勢崇拜的風氣遂開始形成，而且一發不可收拾。

發動此種風潮的人是以所謂「少壯派」（Young Turks）的優秀中級軍官爲主力，其領導者爲最著名的格南德梅森少校（Major de Grandmaison）和庫爾曼上尉（Captain Frédéric Culmann）等人。他們在南非（1899－1902）和日俄（1904－1905）戰爭之後，指出面對著現代武器的強大威力，必須有極偉大的精神力量，始能驅使軍人進攻。於是必須採取「全面攻勢」的準則（doctrine），始能培養此種精神。法國現有的防禦攻勢思想最後必然會退化成爲純粹守勢。

格南德梅森畢業於法國戰爭學院，爲福煦之愛徒，在 1906 年曾著一書來宣揚此種思想，書名爲《步兵訓練與攻勢戰鬥》（*Dressage de l'infanterie en vue du combat offensif*）。他首先分析戰術領域中的新發展，並指出攻擊者現在有許多新手段可以使用。例如，可以利用地形和黑夜的掩蔽，依賴砲兵的密切支援，採取化整爲零的隊形等等。

所以，面對著意志堅決，武器良好的敵軍，正面衝突最後是必然難以避免。採取這種行動時必須像野蠻人一樣的拚死前進，不惜一切犧牲，不計一切利害。他利用杜皮克和福煦的理論來作爲其思想號召的基礎。其最後的結論即爲平時必須加強訓練，以來養成全面攻勢的精神（the spirit of all-out offensive）。❷❷

在格南德梅森領導之下，一羣法國青年軍官在陸軍中逐漸形成一股強大的勢力。這個所謂少壯派的集團深信他們的理念是完全正確，並宣稱決心傾全力來實現其理想，而不顧一切的反對。1908 年，格南德梅森出任法國參謀本部中主管作戰的第三局局長，於是他也就開始進入陸軍組織的權力核心，並握有草擬和修改戰爭計畫的大權。

1911 年在內部權力鬥爭暫獲解決之後，一位地位比較中立而且也非戰院畢業的霞飛將軍（General Joffre）接任參謀總長的職務。霞飛採取無爲而治的作風，一切都聽從少壯派的主張，於是在 3 年之內，法國陸軍的戰略準則和戰爭計畫都開始作了徹底的改變。霞飛上台之後，法國參謀本部即著手進行兩項重要工作：(1)修改各種教範（Regulations）；(2)擬定新的戰爭計畫。

在教範方面有 1913 年 10 月 28 日頒發的《大部隊指導教範》（*Regulations of Large Formations*）；1913 年 12 月 2 日頒發的《野戰勤務教範》（*Field Service Regulations*）；1914 年 4 月 20 日頒發的《步兵野戰教範》（*Infantry Field Regulations*）等。這些教範即爲攻勢崇拜思想的實體代表。其中所用詞句都是極端強調攻勢精神的決定性價值，例如：「法國陸軍已經回到其傳統，今後除攻擊以外將不承認任何其他的法則。」這些文件表現出強烈的衛道熱誠，指責防禦觀念爲必須撲滅的思想異端。除一再確認「只有攻擊能導致積極結果」以外，幾乎完全不考慮物質因素，而僅只強調精神的重要。

過去 15 年間，法國的戰爭計畫（從第 14 號到第 16 號）都是以攻

勢防禦的戰略觀念爲基礎。現在所草擬的第 17 號計畫（Plan 17）則完
全改變了舊有的觀念，而以發動全面攻勢爲目的。全部計畫作爲於
1913 年 4 月完成，5 月間未經任何討論，即由最高戰爭會議予以通過，
並議決從 1914 年 4 月 15 日正式生效。在此以前的幾個月中，法國參
謀本部應依照新計畫調整其一切部署。事實上，到 1914 年 2 月，法國
對於第 17 號計畫的執行可以說是已經完成了一切必要準備。㉓

　　攻勢崇拜在第一次大戰前夕固然也是一種普遍現象，而所有其他
歐洲大國也都莫不受到其影響，但影響最深遠，後果最嚴重者又還是
法國。爲什麼二十世紀初期，法國軍人會如此沉溺在此種思想潮流中
而不能自拔？其原因是很值得探討，概括言之，似乎可以分爲下述五
點：

　　(1)法國人在普法戰爭之後，努力尋求戰敗的原因，於是很自然地
把德國的軍事思想視爲學習的對象。但很可惜，他們的研究並不深入，
所以也就很容易發生誤解。尤其是像高爾茲等人的著作中本來就含有
高度的攻勢色彩，他們對於克勞塞維茨或老毛奇的思想也缺乏正確的
了解。因此，普德學派的著作是以對法國軍人造成強烈的誤導作用。

　　(2)由於民族意識的作祟，法國軍人對於拿破侖有其傳統的崇拜心
理，克勞塞維茨思想的輸入，杜皮克著作的發現，又都與此種傳統相
結合，共同形成一種特別強調精神，而相對輕視物質的偏見。

　　(3)第三共和時代的法國在政治和社會層面上是經常動盪不安，使
軍事組織的內部團結也受到不利的影響。尤其是 1894 年杜列弗事件
（Dreyfus Affair）的發生，在法國造成極大的震撼，使軍隊在士氣
上受到嚴重的損害。於是軍事當局爲了振奮士氣，維持團結，也就更
有提倡攻擊精神之必要。㉔

　　(4)從十九世紀後期到二十世紀初期，德國的國力日益增強，遂使

法國在權力平衡上的劣勢日益增強。面對著此種不利的形勢，法國的確感到非常無奈，於是為了逃避物質的現實，遂只好投入精神的幻想。曾任軍政部長的梅希米（Adolphe Messimy）說：「我們所需要的陸軍是應能以軍事素質來抵銷數量弱點。數量和機器並不能決定勝利，決定勝利的為軍隊的素質。我所謂素質者，其意義即為優越的攻擊力。」㉕

(5)法國軍事思想深受當時在法國流行的哲學思想之影響，那也就是所謂「柏格遜主義」（Bergsonism）。柏格遜（Henri Bergson）為法國哲學大師，反對實證主義，認為其觀點流於機械化，而忽視了人性的尊嚴。他相信只有直覺才能掌握人生的奧祕，並創造所謂「生氣」（élan vital）。此種似近神祕主義的哲學思想足以助長軍人重精神而輕物質的趨勢。㉖

# 肆、殖民戰爭

法國戰略思想除以杜皮克、李華爾、波納爾、福煦、格南德梅森等人為代表的主流以外，還有一條不太為人所注意的支流，那就是法國的殖民戰爭理論。殖民戰爭（colonial warfare）與歐陸戰爭（continental warfare）在性質上是有很大的差異。此種戰爭是發生在兩個不同的文明層面之間，也是質與量之間的對抗。其戰場是在遙遠的海外，其敵人不是歐洲民族。

法國人對於殖民事業有其悠久的歷史，也有其驚人的成就。在第二次世界大戰之前，其殖民地的總面積約為 460 萬方哩，人口接近 6,500 萬，散布在全世界之上。此種征服過程長達百餘年，以 1830 年攻佔阿爾及爾（Algiers）為起點，以 1934 年壓平摩洛哥南部叛亂為終

點。第二次大戰時，法國本土雖淪陷，但因尚有殖民地在，遂使其在同盟大戰略中仍能扮演相當重要的角色，甚至於在第二次大戰之後的世局中，法國的殖民遺產也仍然成爲國際關係中的一項重要因素。

曾經有人指出：建立不列顛帝國的人是商人，建立法蘭西帝國的人是軍人。前者的目的是賺錢，後者的目的是找刺激。此種說法雖未免過分簡化，但至少還是可以顯示法國軍人對於殖民帝國的建立功不可沒。殖民戰爭對於軍人而言，又不僅是一種刺激，而更是一種挑戰。那是一種非傳統戰爭，不僅要使用不同的手段，而且也有不同的目的。簡言之，目的不是毀滅敵人，而是要把所征服的人民和土地加以組織和控制。所以，問題不是在決定性會戰中擊毀敵軍，而是用最低成本來征服當地人民，然後再設法維持長期的平安。

在最初的階段，法國軍人對於殖民戰爭的特性並無充分認識，差不多花了半個世紀的時間，才終於確定了其原則和方法。此種特殊戰略思想的演進可以分爲三大階段，而每一階段都可以一位元帥作爲代表：布高德(T.R.Bugeaud,1784-1849)，加里安尼（Joseph Galliéni, 1849-1916），劉易特（Hubert Lyautey, 1854-1934）。他們的重要性又非僅限於其個人的成就，而尤其重要的是他們傳授了許多門徒，並成立了一個新的學派，即所謂「殖民學派」（colonial school）。

## 一、布高德

1830 年 6 月，法國派兵 37,000 人在阿爾及爾附近的北非海岸上登陸，這也就是其新殖民擴張行動的開始。概括地說，法軍雖裝備精良，但進展卻很遲緩，而損失也很重大。在最初 10 年間，法軍在北非的作戰經驗實在頗令人失望。1840 年，布高德奉派出任阿爾及利亞總督兼駐軍總司令。在 6 年之間他完成了征服任務的大部分，但他所使用的

卻是一種完全不同的方法。

布高德充分認清土著部落的最大優點即爲他們的機動性。所以，他必須以其人之道還治其人。於是他決定採取古羅馬人在非洲所曾使用的戰略。布高德首先簡化其部隊的裝備，減輕他們的後勤包袱，並盡量鼓勵他們在作戰地區就地取食，以來增強兵力的機動。然後組成若干快速縱隊（大致爲 6,000 人和 1,200 匹馬）在全國境內實施威力掃蕩。換言之，法軍從土著民族學會了殖民戰爭的方法，戰爭形式變成有彈性的運動戰。當地人民發現其所擅長的手段已不管用，於是遂有許多部落紛紛投降。在已征服地區中，法軍的次一步驟即爲建立碉堡網以來控制道路交通，並以其爲基地來支持輕快縱隊繼續向內陸深入。

布高德又深知殖民戰爭並不是單純的軍事問題。所以，必須同時用政治手段減弱敵人的抵抗意志，用經濟手段破壞其戰爭潛力。換言之，布高德不僅改進了戰術和戰略，而且更深知大戰略的重要。他在阿爾及利亞的成功經驗對於其後輩成爲一種寶貴的教訓，而這些教訓也是傳統的歐洲軍事教育所不能提供者。所以，在海外戰場上，法國軍官才開始了解克勞塞維茨思想的眞諦：戰爭並非獨立現象，而是政策使用不同手段的延續。❷❼

## 二、加里安尼

加里安尼之所以能垂名靑史，其主因是由於他在 1914 年對於馬恩河會戰所作的重大貢獻。但以其畢生事業而論，則加里安尼實在是一位偉大的帝國建造者。他出生於 1840 年，曾參加普法戰爭，1871 年之後，法國軍人在歐洲已無用武之地，只能到殖民地去求發展。加里安尼在其最初 20 年的殖民戰役和行政中獲得了許多有價值的經驗。到

1892 年，他已經官至上校，奉派前往印度支那(越南)的東京區(Ton-kin)出任地區指揮官。他在此有機會充分發揮其作爲野戰指揮官和殖民地行政官的卓越天才。1896 年他離開遠東，前往馬達加斯加(Madagascar)大島出任總督，在當時那是一個非常重要的職位。

東京階段對於加里安尼的思想和事業都具有決定性的影響。尤其是他找到了一個同伴，那就是劉易特。他們兩人雖有不同的背景，但彼此能合作無間。劉易特在 1894 年來到越南充當加里安尼的參謀長，加里安尼和他初見面時，就告訴他停止閱讀一切有關軍事理論的書籍，把一切時間用來研究現實問題。根據劉易特的觀察，加里安尼是一位現實主義者，也是一位行動的人。但他又並非沒有崇高的理想，他認爲法國陸軍在殖民地的任務就是應力求進步，改進現有的生活和文明條件。簡言之，即爲維持和平，避免流血。一方面提高當地的文化和物質水準，另一方面增強母國的尊嚴和威望。

當加里安尼升任馬達加斯加總督時，劉易特又還是繼續充當他的參謀長。1898 年，他們在馬達加斯加發布了一項綜合訓示，那也可以算是法國殖民戰略的基本指導，其中要點可以簡述如下：

要想在殖民地中維護和平，其最佳手段即爲武力與政治的聯合使用。必須記著在殖民地的鬥爭中，毀滅只是一種最後手段，同時也是較佳重建的一種準備步驟。對於殖民地的人民和家園，必須愛護備至。毀滅必須減到最低限度，否則無異於自增重建的成本。政治行動遠比軍事行動重要，而政治權力的來源即當地居民和組織。

當綏靖行動(pacification)推進順利時，地方就會變得較文明，市場會再度開放，貿易也會重建。於是軍人所扮演的角色就變爲次要，而行政的活動也就開始進行。換言之，殖民工作必須軍民合作，文武兼施。❷❽

此種思想，嚴格說來，是早已越出所謂戰爭的範圍之外。把軍人

的任務界定爲和平行動(pacific action)，而非單純的戰鬥，似乎與傳統的軍事思想背道而馳，所以殖民學派在法國也就有被人視爲異端的趨勢。

## 三、劉易特

劉易特與加里安尼是老夥伴，他們的事業和思想幾乎都不可分，不過劉易特卻是一位頗有文才的儒將，他們二人在殖民事業中所獲得的經驗和敎訓都是透過劉易特的文筆才傳留至今。1900 年劉易特曾以「陸軍的殖民角色」(Colonial Role of the Army)爲題撰寫一篇論文，以來綜述法國陸軍在此領域中的長期經驗和基本觀念。到此時，法國海外領土大致都已平定，而殖民學派的理論也已有相當的發展。劉易特指出殖民戰爭與其他各種軍事行動之間的主要差異是：它不是要把死亡帶進作戰地區，而是要在其中創造生命。❷❾

加里安尼在其一生的最後階段，有機會參加第一次世界大戰，成爲巴黎的救主，馬恩河會戰的英雄，但劉易特的遭遇則和他不一樣。1910 年劉易特已位至中將，奉命從阿爾及利亞返回法國接任第十軍的軍長。但到 1912 年又被派前往摩洛哥充當總督，他在那裏一直停留到 1925 年爲止。雖然在法國殖民史中完成了不朽的傑作，但卻斷送了參加第一次世界大戰的機會。所以，他的一生事業都未超出殖民地的範圍。

當劉易特來到摩洛哥時，該國是正陷於全面叛亂之中。劉易特花了兩年的時間才使局勢漸趨於穩定。但不幸，第一次世界大戰在 1914 年爆發，法國殖民地駐軍都被抽調用來增援歐陸的戰事，於是劉易特只剩下極少量的兵力，在非洲作孤軍苦鬥，但他還是能夠守住最後的據點，以待大戰的結束。戰後，他仍繼續進行他的工作直到退休時爲

止，他是三位元帥中的最後一位，也象徵法國殖民戰爭史的完結篇。

　　概括言之，就某些方面來看，法國人的殖民戰爭實無異於現代總體戰爭的縮影。在此種戰爭中，和平與戰爭不可分，武力與政治相結合。甚至於所有一切權力因素都受到考慮或被使用。儘管法國殖民地戰爭的觀念和方法，都只是採取通信、訓令、報告、講詞、雜誌論文等方式，來作分散的發表，而未能綜合編成一部有完整體系的理論著作，但對於現代總體戰略思想又至少還是可以視爲一種先驅，而且對於後世也能產生相當重大的啓發作用。

## 註　釋

❶ Ardant Du Picq, *Battle Studies:Ancient and Modern Battle*, trans. by John N. Greely and Robert C. Cotton（New York, 1921）,p.109.

❷ 同前註。

❸ 同前註，pp. 47-49。

❹ Stefan T. Possony and Etienne Mantoux,"Du Picq and Foch: The French School", *Makers of Modern Strategy*（1952）, p.210.

❺ Ardant Du Picq, *Battle Studies*, pp.155-62.

❻ 同前註，p.222。

❼ 同前註，p.221。

❽ David Ralston, *The Army of the Republic: The Place of the Military in the Political Evolution of France, 1871-1914*（Cambridge, 1967）, p.87

❾ J.L. Lewal, *Introduction à la partie positive de la strategie*（Paris, 1892）, pp. 49-53.

❿ Theodore Jung, *La Guerre et la Société*（Paris, 1898）, pp.1-5.

⓫ Georges Gilbert, "Étude sur Clausewitz",*La Nouvelle Revue*,(47), 1 and 15 Aug. 1887, pp.540-46.

⓬ Samuel Williamson, *The Politics of Grand Strategy: Britain and France*

*Prepare for War,1904-1914* （Cambridge, 1969）,p 117.

⓭ Azar Gat, *The Development of Military Thought* （Oxford, 1992）, p.133.

⓮ Ferdinand Foch, *The Principles of War*, trans. by Hilaire Belloc （New York, 1920）, p.5.

⓯同前註，p. V。

⓰同前註，p.11。

⓱同前註，p.14。

⓲ Ferdinand Foch, *La Conduite de la Guerre* （Paris, 1905）, p.478.

⓳ Ferdinand Foch, *The Principles of War*, p.287.

⓴ Stefan T. Possony and Etienne Mantoux,"Du Picq and Foch: The French School", *Makers of Modern Strategy* （1952）, p.218.

㉑ Jack Snyder, "Civil-Military Relations and the Cult of the Offensive," *International Security* （Summer, 1984）, p.119.

㉒ F.J.L.L. de Grandmaison, *Dressage de l'infanterie en vue du combat offensif* （Paris, 1906）, p.68.

㉓有關霞飛出任法國參謀總長及法國改變戰爭計畫的詳細經過，可參看鈕先鍾，《第一次世界大戰史》（燕京，民國 66 年 3 月）,pp.161-170。

㉔杜列弗（Alfred Dreyfus）為一猶太祖籍的低級軍官，受到洩漏軍機的不實指控，因而判刑下獄。此一事件在法國引起嚴重的政治危機。最後冤獄雖得平反，但對於軍隊士氣造成極大傷害，並使全國上下付出重大的社會成本。

㉕ Douglas Porch, *The March to the Marne: The French Army, 1815-1848* （Cambridge, 1981）, p.227.

㉖ John Bowditch, "The Concept of Elan Vital: A Rationalization of Weakness", in E. M. Earle （ed.）*Modern France* （Princeton, 1951）, pp.32-43.

㉗ Jean Gottmann, "Bugeaud, Gallièni, Lyautey: The Development of French Colonial Warfare", in *Makers of Modern Stretegy* （1952）, pp.234-38.

㉘同前註，p.243。

㉙同前註，p.246。

## 【第十三章】

# 文人戰略家

## 壹、俾斯麥

　　從十七世紀到十九世紀，幾乎所有的戰略家都是職業軍人，他們的思想，除極少數的例外，也都是在軍事範圍之內。嚴格說來，應稱之爲軍事思想，而並未達到所謂戰略思想的境界。不過到了十九世紀後期，此種情況開始有了改變，不僅已有少數文人戰略家（civilian strategist）出現，而且他們在思想上也都已經超出軍事的層次而進入大戰略的境界。這些文人之中包括歷史上非常偉大的人物在內，儘管他們可能並不以戰略家自居，但我們仍應將他們列入西方戰略思想史的範圍之內。

　　作者常對大戰略觀念作下述的簡單解釋：大戰略的理想是長治久安，大戰略家的任務是深謀遠慮。必須深謀遠慮，始能長治久安。但眞正的深謀遠慮又談何容易，所以長治久安也就往往可望而不可即。在我國歷史中，只有周公可以算是第一位可考的大戰略家。而在西方近代史中，只有俾斯麥（Otto von Bismarck,1815-98），曾達到深謀

遠慮的水準，並接近長治久安的理想。❶

我國孟子曾經說過：「湯以七十里，文王以百里」，這暗示即令沒有強大的權力基礎，偉大的戰略家也一樣能夠達到創業建國的目標。反而言之，若缺乏智慧和意志，則即令有很好的權力基礎，結果也還是有失敗的可能。俾斯麥的一生事業對於上述的觀點可以提供極佳的例證。

1861 年，威廉一世(Wilhelm Ⅰ,1797-1888)在其兄死後繼承普魯士王位。他是一位標準軍人，對一切問題都用軍事眼光來衡量。其最重要助手即為軍政部長羅恩(von Roon)。不久，他的政策就與崇尚民主自由的國會發生衝突，國王甚至於有被迫退位之危險。羅恩與俾斯麥本為知交，並一向欽佩其性格和理想，現在就想到也許只有俾斯麥始能使普魯士度過難關，遂力勸威廉一世任俾斯麥為首相。此時俾斯麥 46 歲，正在巴黎任外交代表。在兩通急電之下，奉召回國。威廉一世與其晤談後，立即打消退位念頭，並決定把國事完全委託他負責，此為俾斯麥執政的開始。中外歷史中常有類似的佳話：俾斯麥很像管仲，而羅恩則不愧為鮑叔。

俾斯麥開始當國時，普魯士不過是一個中等國家，而且同時面臨內憂外患的威脅。但誠如薄富爾在其《行動戰略》(*Strategy of Action*)書中所指出的，偉大的戰略家必須有在一舉之下即能將其全部矛盾完全解決的本領。❷ 俾斯麥對於這一點作了一個非常漂亮的示範。從一般人眼中看來，安內與攘外是兩種互相衝突的要求，但俾斯麥的看法卻不一樣，他認為二者不特不衝突，反而相輔相成。因為當時日爾曼人所要求的不僅為立憲政體，而且還有民族統一，所以，他就引導民意去追求後者，於是也就無形地緩和了國內的政治危機。簡言之，他是以攘外為手段以來達到安內的目的。

當國內情況略形安定之後，俾斯麥即開始其外交運用以來為爾後

的戰略奠定基礎。他的運用極有彈性，因利乘便，不受任何傳統思想的牽制。孫子說：「乃爲之勢以佐其外，勢者因利而制權也。」俾斯麥是否讀過《孫子》雖無可考，但其思想與孫子暗合則毫無疑問。他一方面阻止奧國取得對日爾曼民族的領導權，另一方面則加強與俄國的合作。其整個戰略構想是隱忍以待時，藏器以待用。果然不久機會就來了。

1863 年丹麥宣布兼併希里斯維格、何爾斯坦(Shleswig-Holstein)兩地區，而不顧這兩個公國(Duchy)有其傳統的自治權，尤其是後者更具有日爾曼邦聯會員國的地位。於是俾斯麥立即抓著這個機會，引誘奧國一同出兵，在 1864 年向丹麥發動戰爭，這也是俾斯麥所故意製造的第一個戰爭。

這是一個非常小型的戰爭，但其勝利具有重大的政治意義：(1)俾斯麥個人在國內政壇上建立了重大的威信，這一戰之後，普魯士國內不再有人敢公開反對他；(2)提高了普魯士在日爾曼邦聯中的地位，造成取奧地利而代之的趨勢，終於奠定統一的基礎；(3)提高了普魯士在歐洲的國際地位，使其有與其他大國分庭抗禮的資格；(4)堅定了普魯士軍民的求勝意志，使他們願意在政府領導之下繼續前進。

普丹戰爭對於俾斯麥的大戰略只能算是牛刀小試。戰爭結束後，普魯士立即開始作下一次戰爭的準備，新的箭頭指向奧國。誠如富勒所云，這次所要進行的戰爭不是普通意義的侵略戰爭，也不是征服性的戰爭，而是一種外交性的戰爭。毛奇在戰後說：「這是一次故意準備的戰爭，其目的不是奪取土地，而是要使日爾曼在普魯士領導之下歸於統一。」❸

普奧戰爭發生於 1866 年，俾斯麥又還是重施故計，在戰前即用外交手段使奧國陷於孤立，而毛奇也能順利地達成速決的目的。和約對於戰敗國可以說是異常寬大，俾斯麥認爲只要奧國不再過問日爾曼統

一問題，其他一切都無關重要。由此可以顯示其眼光的遠大，對於未來有深遠的考慮。他知道普奧爲兄弟之邦，若能言歸於好，則對雙方都利莫大焉。爲了不損害奧國人的自尊心，俾斯麥堅決反對普軍以勝利者姿態在維也納舉行入城式，甚至於不惜以去就爭，實可以充分顯示政治家的風度。由於俾斯麥的苦心和遠見，始能化敵爲友。普奧戰後，奧國不特不存心報復，反而變成德國的忠實盟友，直到第一次大戰時爲止。

戰後，梅因河以北諸邦組成北日爾曼邦聯，奉普魯士爲盟主，而該河以南諸邦另組南日爾曼邦聯，暫時保持獨立的狀態，所以到此時爲止，俾斯麥統一日爾曼的雄圖還只剛剛完成一半。俾斯麥要想完成其大業，必須克服三道難關，而一關比一關更難。第一關是國內的反對勢力，第二關是日爾曼邦聯內的反對勢力，第三關是整個歐洲之內的反對勢力。現在他已經過了第二關，所剩下來的是第三關，而這也正是最後和最難的一關。

富勒曾評論如下：

> 普法戰爭的主因爲一方面普魯士有統一日爾曼的決心，另一方面法蘭西有阻止此種統一的決心，再加上高盧人與條頓人的累世深仇，所以只需星星之火，即可燎原。戰爭的近因似乎只是一個偶發事件，但其終將爆發則爲必然之勢。❹

俾斯麥在 1870 年利用西班牙王位繼承事件來激怒法國人，刺激其政府不計利害，盲目投入戰爭。同時，又利用俄奧兩國的友好關係，使所有歐洲國家都採取不干涉態度，聽任普法兩國用決鬥的方式，來解決他們之間的爭執，並決定不用召開國際會議的方式來談判和約，這樣也無異於容許俾斯麥可以完全照他的構想來安排戰後問題。

1871 年戰爭勝利結束，日爾曼也終以帝國名義完成了統一。從威

廉一世繼承王位（1861）到稱帝（1871），不過 10 年而已。此種成就不能說不偉大。誠然，威廉一世氣度恢宏，知人善任，不愧爲開國明君；羅恩不僅對戰爭準備功勞極大，而且薦賢更應受上賞；毛奇大器晚成，更充分表現其軍事天才；但總攬全局，深謀遠慮的人又還是俾斯麥。此一偉大成就幾乎全是其心靈中的產品。

　　德意志帝國的建立爲俾斯麥一生事業的顛峰，但並非其事業的終點。現在先就普法戰爭結束以前的階段，對於他在大戰略領域中的表現，略作綜合檢討如下：

　　㈠任何戰略家都知道戰爭只是一種手段，用來達到政治目的。但戰爭一經發動，往往就會產生其本身的動量，於是手段變成目的，以至於無法控制。所以，發動戰爭並不難，但能在有利條件之下結束戰爭則眞非易事。俾斯麥 3 次發動戰爭，每次都有明確目標，等到目標達到時就立即結束，眞是快刀斬亂麻，絕不拖泥帶水。若非對大戰略有深厚修養，則決不可能如此能發能收，適可而止。

　　㈡作爲大戰略家的俾斯麥有一最大特長，就是能夠經常保持頭腦的冷靜，他永遠不受感情衝動的影響。他有許多至理名言可以引述如下：「在政治中憤怒是絕無地位」，「外交政策必須以實力的研判爲基礎，而決不可感情用事」，「政策的基礎是計算而不是靈感」。他的思想是完全符合孫子的教訓：「主不可以怒而興師，將不可以慍而致戰。」❺

　　㈢俾斯麥雖有堅定的目標，但行動則保有充分彈性，他完全了解「合於利而動，不合於利而止」的道理。他說：「當我們尚未聽到上帝在歷史中的腳步聲時，就只能耐心等待，但一聽到之後，就應馬上跳起來嘗試抓著他的袍角。」❻ 這與孫子所云：「始如處女，後如脫兔」的比喻實乃不謀而合。當國政者切忌神經緊張，頭腦硬化；既不

可輕舉妄動，又不可坐失良機。

(四)俾斯麥每次發動戰爭之前，都有周詳的準備，尤其善於運用外交手段，以使敵人陷於孤立地位。他對於時機常有良好的選擇，而且還能製造合法的宣戰理由，以來博取國外輿論的同情。凡此一切都足以證明他深通「伐謀」和「伐交」之道。

(五)俾斯麥善於化敵為友，深知「全國為上」的道理，他每次結束戰爭時，都盡可能給與戰敗者以寬大的待遇，這所表示的不是道德而是智慧。李德哈特曾謂：「大戰略的眼光必須超越戰爭之外」，俾斯麥對此已作最佳的示範。❼

俾斯麥從 1871 年升任帝國首相，繼續執政到 1890 年為止。這 20 年之中，他雖然不像前 10 年那樣功名赫赫，但其持盈保泰，從大戰略的觀點來看，其成就也許應該算是更偉大。從哲學的觀點來看，任何事物之發展都必然是盛極而衰。「高邱之下，必有浚谷」（劉基語），此乃自然之理。所以，持盈保泰實乃逆天行事，其困難自可想見。俾斯麥能有所成，實屬得來不易，不僅令人欽佩而更值得學習。

拿破崙的往事可為殷鑑。當俾斯麥獲得偉大成功之後，全歐洲的政治家都用懷疑的眼光看向柏林，他們都在猜想今後德國將有何種進一步的野心。照常理判斷，俾斯麥將像拿破崙一樣，繼續走向征服擴張的道路，直到自然終點為止。但完全出乎大家意料之外，俾斯麥在達到其成功頂點之後，就立即自動放棄進一步擴張其國家權力的意圖，而一心只想作保持和平的努力。這說起來似乎很簡單，但實行起來卻真不容易。因為人都有其心理弱點，勝而不驕，居安思危，若非有極高度的智慧和定力，否則是絕難辦到。

帝國建立之後，俾斯麥為了確定此後國家政策的方向，曾上一封密奏給德皇，指出德國叨天之幸，已完成統一大業，但富強統一的德

國又適足以招致全歐的畏忌，今後在行動上一有不慎，即足以促使歐洲諸國羣起而攻，於是雖有智者亦不能善其後矣。所以，俾斯麥遂決定採取下述兩項重要原則：

(一)德國從此不再作任何擴張的企圖，而應以維持現狀爲滿足。俾斯麥認爲德國的地理位置介於東西歐之間，面積狹小，腹背受敵，欲求自保都已很難，何能不明事理，妄自尊大，而居然採取擴張政策，那不僅吃力不討好，而且更有自取滅亡的危險。

(二)德國不僅本身不應再製造戰爭，而且還應盡量努力維持歐洲的和平。俾斯麥本是最善於利用戰爭來作爲政策工具，但他也深明用兵之害，因爲兵凶戰危，只可不得已而用之，而且必須速戰速決，能發能收，否則未有不貽患無窮者。俾斯麥完成統一大業之後，深知成功得來不易，所以，此後也就更加愼重，決定不再輕言動武，而一心以維護和平爲目的。簡言之，他完全了解，「兵猶火也，不戢將自焚」的中國古訓。

俾斯麥知道歐洲實在太小，無論何處出現危機，即足以釀成大禍，眞所謂牽一髮即可動全身。德國旣已統一，今後所求者即爲安定，安定對它最爲有利。假使歐洲一有戰禍發生，德國雖無意參加，但仍然難於置身事外。而原有的權力平衡若被破壞，則未來的發展也就很難逆料。

從 1871 年到 1890 年，這 20 年間歐洲國際關係當然不可能靜如止水，危機和衝突仍不斷發生，但無論如何，俾斯麥不僅從不作混水摸魚的打算，而且一心只想作居間調解的努力。由於俾斯麥有過人的才能和威望，再加上有德國強大實力爲後盾，此種努力經常能獲成功，而使大事化小，小事化無。反而言之，此種和平努力對德國又非毫無利益，它穩定了歐洲的權力平衡，也就保障了德國的國家安全，而且

更提高了德國作為世界領袖國家的地位。

《倫敦泰晤士報》（*London Times*）為十九世紀全世界上最具權威的報紙，曾作評論如下：

> 沒有任何其他歐洲國家在行為上能像德國那樣明智而謙恭。德國在歐洲政治中的確已經發揮協調和節制作用，並且也經常運用其強大的軍事權力以來嚇阻任何擾亂歐洲和平的企圖。❽

普法戰爭結束時，由於軍人的堅持，俾斯麥不得不勉強同意兼併法國的亞洛二省。他在晚年曾經後悔著說，那是由於軍事考慮，才迫使他犯了其一生中唯一的一次重大外交錯誤。儘管如此，俾斯麥又還是盡量設法沖淡法國人的仇恨，仍然希望能化敵為友。這位德國首相在戰後曾一再向法國政府保證，他會全力支持法國在世界上的一切活動，以使其所獲利益足以抵銷割讓兩省的損失而有餘。因為有俾斯麥的支持，戰敗的法國才能在非亞二洲建立其海外殖民帝國。所以，在1883 年，法國總統格里維（F.P. Grevy）曾公開宣稱他很感謝俾斯麥對法國的恩德。❾

俾斯麥的政策不僅具有以德報怨的道德意識，而且更隱藏著高深的大戰略運用。他深知歐洲實在太小，容納不下兩個強國，所以德法之爭勢難避免。唯一的方法就是引導法國向歐洲以外去求發展，這樣遂能使其無餘力在歐洲來與德國爭雄。而且還更有進一步的間接利益：當法國向海外發展，勢必難免和大英帝國發生衝突，英法兩國若利害衝突，則無論如何變化對德國均屬有利。他們不僅不會聯盟來與德國為敵，而且還可能競相爭取德國的友誼和支援。此時，德國再以公正調人的身分出現，則更是無往而不利。

俾斯麥雖已想盡方法來安撫法國，但他又知道要想使法國人徹底放棄復仇的觀念，那幾乎是不可能，所以，必須採取恩威並用的戰略。

換言之，應使法國人明瞭其實力絕對無法向德國挑戰，於是假以時日，此種民族仇恨也許才有逐漸消失的可能。僅憑法國本身的力量，是永遠不夠資格擊敗德國，因此，一切關鍵在於阻止法國建立一個反德同盟。如果有一天法國自認可以獲得俄國的援助（也許還加上英國）則戰禍將終難倖免。因此，在其執政期間，俾斯麥一直都是用盡心思以來維持德俄之間的友好關係，簡言之，其外交政策的基本原則即爲聯俄制法。

俾斯麥又深知人都有欺善怕惡的劣根性，所以若遇事順從沙皇的願望，則結果反而不能獲得俄國的友誼，要想爭取俄國的合作，最好的方法就是與其在東歐的勁敵奧匈帝國加緊勾結。1879 年德奧兩國簽訂一項防禦同盟，但俾斯麥又同時向俄國示好，並勸告奧國應允許俄國向君士坦丁堡發展，這樣遂能促使英國與之爲敵，因爲英國絕對不希望俄國的勢力接近蘇彝士運河。德奧同盟果然使俄國大感恐慌，於是由於俾斯麥的斡旋，德、奧、俄三國在 1881 年 6 月居然在柏林締結所謂「三帝同盟」。其主要內容有二：(1)三國中任何一國若與第四大國發生戰爭，則其他兩國應守善意中立以使戰爭局部化。這所指當然不僅爲法國，連英國或土耳其也都包括在內；(2)俄國承認奧國在巴爾幹的地位，另訂祕密附約以來規定德俄雙方在巴爾幹的勢力範圍。

三帝同盟是俾斯麥在外交上的傑作，但可惜只維持了 6 年。此後，俄國因反對奧國的巴爾幹政策而拒絕續約，不過，俄國又還是願意維持其與德國的友善關係，於是雙方在 1887 年簽訂所謂「再保險條約」（Reinsurance Treaty），俾斯麥不特不怕奧國反對，反而把條約內容告訴奧國政府以嚇阻其輕舉妄動。

義大利早已要求加入德奧同盟，於是在 1882 年終於組成德、奧、義三國同盟，羅馬尼亞不久也加入，甚至於塞爾維亞也曾一度加入。西班牙國王則親自向俾斯麥保證，若德法交戰，西班牙將幫助德國。

俾斯麥似乎意猶未盡，他又促成英、奧、義三國在 1887 年組成一個地
中海同盟，以保證維持此一地區的現狀，不久西班牙也加入。若法國
嘗試吞併摩洛哥，則四國將起而干涉。俾斯麥的外交政策是一方面與
俄國親善，另一方面又造成對俄國略有不利的國際形勢，以使俄國更
珍惜德國的友誼。

十九世紀中葉，在歐洲彼此敵對的是德法兩國，而在全球上爭霸
的卻是英俄兩國。這兩大帝國在近東、中亞，和遠東都已發生權力衝
突，俾斯麥對他們之間的爭執盡量置身事外，但他卻一方面鼓勵俄國
向歐洲以外的地區求發展，另一方面又與英國保持極友好的關係。當
英國首相獲知德奧締結同盟時，曾說：「這是值得歡迎的好消息。」
在十九世紀的八〇年代，英國常被稱爲「三國同盟的海權」，而三國同
盟則被稱爲「英國的陸權」。俾斯麥深知德國爲地理所限，既不能成爲
偉大的海權，復不能建立全球帝國。所以在這兩方面他寧願退讓，以
便既可獲致英國的友誼，而又能集中全力來在歐洲建立霸權。

在此種大戰略運用之下，英國遂認爲三國同盟代表一羣愛好和平
和已滿足的國家，而法俄兩國則是國際政治中的搗亂鬼。但俾斯麥又
知道英國並不善良，他指出：「僅憑良好的行爲來爭取英國的友誼，
那是過分天眞的想法，英國人吃硬不吃軟。」❿當英國自由黨領袖格
萊斯東（William Gleistone）執政時，對德國態度頗不友善，於是俾斯
麥立即還以顏色。他突然一改常態，在東非洲一口氣吞併了 100 萬方
公里的土地，把所有歐洲國家都嚇了一跳。結果英國人馬上前倨而後
恭，改變了他們的態度。也許俾斯麥在東非洲尋求殖民地的政策還另
有深意在焉（那個地區幾乎毫無經濟價值）。因爲德國太子菲德烈是英
國女王維多利亞的女婿，將來承繼大統，則德國也許會有過分親英而
影響德俄友誼的危險。爲未雨綢繆起見，俾斯麥可能希望在英德之間
保留若干摩擦以作牽制。

以後當英國保守黨再度執政時，俾斯麥曾提出締結英德同盟的建議，他指出這樣可使歐洲永保和平，因爲面對英德同盟，法國決不敢挑戰；而若無法國援助，俄國也決不敢攻擊英國。英國外相沙里斯布雷(Lord Robert Salisbury)回答說，他個人深表贊同，但害怕國會通不過。雖然英德同盟未能建立，但在俾斯麥執政期中，英德關係仍繼續相當親善，而由於有英國的牽制，俄國對德國的合作也一直都很重視。

俾斯麥的大戰略運用看起來眞是非常複雜，但基本原則卻極爲簡單。他只有兩大目標：(1)確保德國的安全；(2)維持歐洲的和平。而此二者又互爲因果：必須維持歐洲和平始能確保德國安全。俾斯麥所用的手段雖極有彈性，但基本原則始終不變。作爲一位大戰略家，其最偉大而不可及的成就也許就是以此爲基礎。西方史學家對於俾斯麥曾有很多評論，現在擇要摘錄如下：

英國史學家南格爾(W. J. Langer)在所著《帝國主義的外交》(*The Diplomacy of Imperialism*)書中指出：「以德奧同盟爲樞軸，這位偉大的德國首相在其執政的最後十年中，鞏固了其完整的外交戰線。俄羅斯熊和不列顚獅都與德意志鷹合作無間，被孤立的只有高盧雄雞。」**⓫**

十九世紀的八〇年代爲俾斯麥外交的全盛期，當時他被人尊稱爲「歐洲的宰相」和「世界和平的保障者」。第一次世界大戰之後，德國外交檔案公開發表，英國史學家古奇(G.P. Gooch)在核對了這些資料之後，曾作斷語如下：「自 1871 年到 1890 年，俾斯麥實爲歐洲和平之支柱。」**⓬**

季辛吉(Henry Kissinger)在 1968 年也曾爲文論俾斯麥("The White Revolutionary: Reflections on Bismarck")。他指出：「俾斯麥相信外交政策不能以感情爲基礎，而必須有冷靜的計算。」他又

綜合評論說：「俾斯麥雖在現狀中尋找他的機會，但卻從未來的想像中抽取其靈感。」❸

　　1888年，91歲的威廉一世逝世，他的兒子菲德烈三世（Friedrich III）繼位3月後也隨之逝世，於是其29歲的孫子做了德意志皇帝兼普魯士國王，並上尊號爲威廉二世。這位少不更事的小皇帝不久就和那位老臣發生衝突。到1890年3月，俾斯麥遂被免職。威廉二世向繼任的首相說：「外交並無神祕，一切責任都由我來負。」在他親自接管外交之後，不要好久的時間就把俾斯麥30年來所辛苦建立起來的國家安全基礎完全破壞。德國終於變得孤立無援，四面楚歌，而最後不免走向敗亡的途徑。故國以一人興，以一人亡，豈不信哉！

　　從戰略思想史的觀點來看，俾斯麥對後世的貢獻是身教而非言教。他並未寫出任何有系統的戰略理論著作，他的戰略思想是用「立功」的方式表現出來。不過，他所曾說過的若干至理名言，雖然對其全部思想而言，只是一鱗半爪，但其中所含蓄的高度智慧，仍然值得回味和深思。若採取傳統的定義，俾斯麥也許不能算是戰略家，但從現代戰略思想的觀點來衡量，則俾斯麥實爲大戰略家（grand strategist）的楷模。

# 貳、戴布流克

　　在十九世紀後期值得介紹的第二位文人戰略家也是德國人，戴布流克（Hans Delbrück, 1848-1929）。他是一位大學教授，一位史學家，一位戰略評論家，一位眞正的文人。他出身中等階級，受過正規教育，1873年在波昂大學獲得博士學位。從其博士論文中即可發現他有特殊天才，足以成爲偉大學者。從1874年起，他充任德國皇太孫的私人敎

師達 5 年之久，在這段時間內，他有機會了解政治問題，並也使他把注意力轉向軍事方面。1879 年他才回到學術界。1881 年始正式受聘於柏林大學，但其所作的第一次講授(lectures)立即受到學校當局的批評。因為他以「1866 年的戰役」為題，當局認為他不應談現代問題，而且也未獲講授軍事史的授權。

戴布流克並不氣餒，仍堅持其治學方向，不過不再談現代問題，而把注意力移向較古老的時代。此後也就能與學校當局相安無事，他對於古代和中世紀的史料作有系統的整理，對於許多個別問題發表論文，並指導其學生分別作深入研究。把這些成果綜合在一起，他的鉅著《戰爭藝術史》(*History of the Art of War：Within the Framework of Political History*)的第一卷遂終於在 1900 年出版。

出版之後，所受到的批評是毀譽參半。古典派的正統史學家對於他所提出的許多修正主義者(revisionist)觀點，深表不滿甚至於嚴加指責。但一般讀者及若干社會領袖人士則備加讚許。這一套書以後陸續出版，直到第七卷為止，但只有前 4 卷是戴布流克所親自編撰，其餘 3 卷則為後人所續成。現在受世人重視者也只是前 4 卷而已。其第四卷是在 1919 年才出版，所以前後已歷 20 年之久。

第一卷所討論的是從波斯戰爭時代到凱撒時代之間的戰爭藝術。第二卷是以早期日爾曼人的戰爭為中心，但也談到羅馬的衰頹，拜占庭的一枝獨秀，和封建制度的興起。第三卷幾乎是專論戰術和戰略在中世紀的衰頹，在結論中始述及戰術在瑞士布根地戰爭(Swiss-Burgendian War)中的復興。第四卷則以所謂「近代」(modern era)為範圍，敍述戰術方法與戰略思想的發展，直到拿破侖時代為止。

蘇聯國防部曾將全書譯為俄文並在譯本序言中這樣地介紹：「在此領域中這是空前的最偉大著作，不僅所用資料是空前浩繁，而其研究也空前嚴謹。」❶其英譯本到 1975 年始出現，譯者為美國陸軍退役

准將雲福樂(Walter J. Renfroe)。4 大本一共翻譯了 10 年，到 1985 年才完全出版。❺ 誠如美國海軍戰爭學院的哈頓多夫(John B. Hattendorf)教授在書評中所云：「這是一項艱鉅工作，對於研究軍事哲學、理論、歷史的學者都能提供重要服務。戴布流克原著已成經典，為認真治學之士所必須閱讀，現在能有完全的英譯本，當然是一大喜訊。」❻

全書篇幅多達二千餘頁，所包括的時代也長達二千餘年，誠為空前不朽鉅著，直到今天仍為學術界所推崇，而後輩也幾乎無人敢向其挑戰。戴布流克自稱他所感興趣的為概括的觀念和趨勢，而不是舊有軍事史書中所充滿的細節。他甚至於坦白地說，有許多細節連他也不了解。他寫此書的目的已從書名中表現出來，那就是要在政治史的架構中寫一部戰爭藝術史。在其第四卷的導言中，他對於這一點曾作更詳細的解釋：

> 對於戰略、戰術，與國家制度及政策之間關係的認識，足以反映軍事史與世界史之間的關係，並顯示許多一直隱藏在黑暗中或不為人所認清的事實。這本書不是為戰爭藝術而寫的，而是為世界史而寫的。假使軍人讀此書而有所啟發，則我將深感榮幸，但它卻是一本為史學界而寫的書。❼

非常諷刺，當時德國史學界對其鉅著評價並不高，而在其一生中也始終受到正統派的排擠，將他視為異端。他到 1895 年才正式升為教授，而且始終不曾被選為普魯士科學院的院士，儘管許多成就不如他的人都曾獲此榮銜。戴布流克除任教職以外，又還同時從事政治性和新聞性的活動。他曾經長期充任普魯士邦議會和德國國會的議員，並同時充任《普魯士年鑑》(Preussische Jahrbücher)的編輯委員和主編。所以，也就更被人譏為不務正業，而是一位政治學者。事實上，

他的雜務都無太多意義，眞正能留名靑史的還是他的歷史鉅著。

德國軍事領袖一向強調軍事史的研究可以提供有價値啓示的觀念，尤其在十九世紀更已成風氣。克勞塞維茨非常重視歷史，毛奇和希里芬更已將軍事史的研究視爲參謀本部的重要任務。不過，假使歷史要能對軍人有用，則記錄必須精確，但很不幸，過去的事實卻又時常受到扭曲和誤解。十九世紀初期，德國有一偉大史學家出現，那就是南克（Leopold von Ranke），他率先提倡用科學方法整理舊史，淸除那些神話。戴布流克爲南克的再傳弟子，他是第一位把科學方法用在戰史領域中的學者。這也是他對軍事思想的最大貢獻，儘管他本人自稱其書不是爲戰爭藝術而寫的。

過去留下的記載有許多都不可信賴，史學家應如何核對？戴布流克認爲雖無成規可循，但隨機應變，卻有多種方法可用。他把這些方法總稱之爲「經驗判斷」（sachkritik），這是他對史學方法的最大貢獻，現在就略舉數例以來說明其應用。

根據希羅多德的記載，公元前 480 年入侵希臘的波斯大軍有戰士 2,641,610 人，戴布流克指出以十九世紀的德國陸軍爲例，3 萬人的一個軍在行軍時，其縱隊長達 3 哩。以此類推，波斯軍的行軍縱隊應長達 420 哩，足以顯示希羅多德之言不可信。他用有系統的科學方法分析過去戰爭的各種不同數字記錄，發現古人的話多有誇張不實的趨勢，他很幽默地說：

> 1870 年普法戰爭時，毛奇一共指揮 50 萬大軍，他有鐵路、道路、電報，和參謀本部，但仍然感覺到那是非常艱難的任務。然則艾鐵拉（Attila）又如何能率領 70 萬大軍，從日爾曼渡過萊茵河直入法蘭西呢？❽

此種數字分析不僅有考古的興趣，而且也還有實際的價値，因爲

在實際的現代戰爭中，數字也同樣具有高度重要性。戴布流克曾指出：

> 1 千人可以毫無困難地執行的運動，對於 1 萬人卻可能是一種艱鉅任務，對於 5 萬人可能是一種藝術，對於 15 萬人則會變爲不可能。**⓳**

所以，除非能對數字作精確的計算，否則從過去戰役中是不能獲得任何敎訓。

戴布流克的研究也可以說是一種對過去的「兵棋推演」（war game），使德國參謀本部深感佩服。他對於坎尼會戰的研究對希里芬的思想有重大影響，也是人所共知的事實。粗心的讀者也許會感覺戴布流克的鉅著中只是充滿了個別會戰的敍述，似乎與其他的戰史並無太多區別。但他實別有用心，其所以精密研究會戰是爲了達到其主要目的。他認爲必須研究重要會戰，始能對某一時代的戰術獲得綜合了解。所以，重要會戰不僅爲時代的代表，而且也是軍事思想發展過程上的里程碑。因此，在其全部著作中，實含有前後一貫的思想體系。此種體系又可分爲三大方面：㈠戰爭形態的演變，㈡戰爭與政治的互動關係，㈢戰爭的兩種基本形式。現在分別討論如下：

## 一、戰爭形態的演變

戴布流克對於古今戰爭形態演變經過的研究爲其在軍事思想領域中的重大貢獻之一。他認爲羅馬之強盛爲其軍事組織的直接後果。羅馬兵團充分表現古代戰爭藝術的精華。羅馬人之所以能征服世界，是由於他們有較佳的紀律和較佳的戰術。唯一能逃避羅馬征服的民族爲日爾曼人，因爲其政治制度含有內在的紀律，而所用的戰鬥縱隊（Gevierthaufe）也是一種高效率的戰術組織。**⓴**

　　古代戰爭藝術的發展隨著羅馬衰頹而停止，直到文藝復興時始再出發。十五世紀始有以步兵爲主體的戰術組織出現。戰術改組象徵軍事革命，使封建時代告一結束的主因不是火器的發明，而是戰術的改變。戴布流克在其第四卷中詳論步兵戰術的發展，直到所謂「常備軍」(standing army)的時代爲止，然後再分析法國革命所帶來的戰術革命來作爲全書的總結。戴布流克對於戰爭形態演變的研究不僅在其著作中有前後貫通的統一思想，而且同時也能對其思想體系的第二個方面提供解釋，那就是戰爭與政治之間的互動。事實上，在其思想體系中，這兩個方面是不可分。

## 二、戰爭與政治的互動

　　戴布流克認爲在歷史的每一時代，政治發展與戰爭形態之間必然存在著密切的互動關係。譬如說，同樣是重步兵方陣，但在馬其頓時代和羅馬共和時代的形式會有所不同。羅馬軍爲何在坎尼大敗？其主因不是戰術弱點，而是政治弱點。這次慘敗之後，羅馬人始了解統一指揮之必要。於是公元前 221 年，希皮奧始奉派爲非洲軍總司令，並確定其任期到戰爭結束時爲止。但此種任命又顯然違反羅馬憲法，並象徵共和制度的開始衰頹。所以，他遂作總評如下：

　　　　第二次布匿克戰爭在世界史中的重要性是羅馬因此而作了一種內在的轉變，於是其軍事潛力隨之而大增，但同時也改變了其國家的整個性質。㉑

　　在其全部著作中，戴布流克並未另闢專章來對政治與戰爭的關係作綜合性的討論。他只是從一個時期進到另一個時期，順便把純軍事性的發展納入一般政治背景之中，以來說明政治與軍事之間的互動，

並明白指出在某一領域中的改變將會如何必然地在另一領域中引起連鎖反應。基於歷史的研究，戴布流克不僅發現在每一個時代，戰爭與政治都經常密切相關，而且也更已認清政治戰略與軍事戰略必須互相配合。克勞塞維茨早已一再強調「戰爭是政策的延續」，但其後輩不是忘記了其遺訓，就是予以曲解，甚至於主張軍事領導可有充分自由，而不受政治約束。戴布流克不僅堅持克勞塞維茨的觀念，而更一再強調戰爭指導和戰略計畫都必須受國家政策目標的限制。假使戰略思想喪失彈性，則即令是最卓越的戰術成功，也都可能導致政治災難。

## 三、兩種基本戰略形成

戴布流克對於戰略理論所作的最大貢獻還是下述的第三方面。他把軍事戰略分成兩種基本形式(basic forms)。此種理論是其早年研究的結晶，在《戰爭藝術史》出版之前即已形成。以後他才在該書第一和第四兩卷中加以詳盡的綜述。

在那個時代，大多數軍事思想家都相信戰爭目的即為殲滅敵軍，達到此一目的手段即為會戰，而這也是一切戰略的終點。他們又常對克勞塞維茨《戰爭論》作斷章取義的引述，以來支持其觀念。當戴布流克開始研究軍事史時，即感覺此種戰略思想頗有疑問。他發現歷史中有很長久的階段都與此種思想不合。以後，他又發現克勞塞維茨本人在1827年所寫的筆記中曾指出有兩種顯然不同的戰爭方法：一種是以殲滅敵軍為目的，另一種則為有限戰爭。在此種戰爭中，殲滅變為不可能。

克勞塞維茨在1827年之後，即開始修改其《戰爭論》，但在尚未能對此兩種戰爭形式完成其理想的深入分析之前，即不幸病逝。所以戴布流克遂以其傳人自居，並決心完成其遺志。他稱第一種形式為「殲

滅戰略」（Niederwerfungs strategie，英文爲 strategy of annihilation），其唯一目標即爲決戰，指揮官的主要責任即爲評估在某種情況中進行決戰的可能性。第二種形式爲「消耗戰略」（Ermattungs strategie，英文爲 strategy of exhaustion），有時也可稱爲「兩極戰略」（two-pole strategy），因爲其與殲滅戰略不同之點爲它有兩個極而前者則只有一個極。殲滅戰略的一個極即爲會戰，而消耗戰略的兩個極則分別爲會戰與運動（maneuver），指揮官之決定常徘徊於二者之間。在消耗戰略中，會戰只是幾種達到政治目標的有效手段中之一種，並不比其他手段較爲重要。此種戰略形式自成一格，既非第一種形式的變體，也非居於次一等的地位。

在歷史中的某些時代，由於政治因素的限制或兵力太小，消耗戰略遂成爲唯一可用的戰略形式。指揮官所面臨的任務至少是像使用殲滅戰略時一樣艱鉅。因爲其所能運用的資源比較有限，所以必須作愼重的選擇以來尋求最適當的手段。有時他必須盡量保持實力，避免決戰，但有時又必須不惜犧牲來作孤注一擲。在過去的名將中，亞歷山大、凱撒、拿破侖都是擅長殲滅戰略，但也有許多同樣偉大的將軍則爲消耗戰略的高手。戴布流克曾列舉伯里克利、貝里沙流斯、華倫斯坦、古斯塔夫，和菲德烈等人爲例。❷

把菲德烈也列入遂立即引起德國軍人的強烈反對。他們一向視菲德烈爲偶像，並深信菲德烈在拿破侖之前即已使用殲滅戰略，同時也更認爲殲滅戰略是唯一的正確戰略。戴布流克立即予以反駁，並指出此種觀點對菲德烈實爲一種誤解。他反問：假使菲德烈是一位殲滅戰略家，則他在 1741 年指揮 6 萬大軍，卻拒絕攻擊總數僅 2 萬 5 千人的殘敵，又應如何解釋？他指出如果殲滅戰略即爲評判將道的唯一標準，則菲德烈就只能算是第三流的將才。菲德烈的眞正偉大是基於下述事實：雖然他明知資源有限，不能容許其在所有一切情況中尋求決

戰，但仍能有效地使用其他的戰略原則以來贏得戰爭。

戴布流克雖理直氣壯，但並不能說服其批評者，雙方筆戰達二十餘年之久，仍然各說各話，互不相讓。那些根據拿破侖和老毛奇傳統思想訓練出來的德國軍官們始終無法接受戴布流克的消耗戰略觀念。因此，也永遠不能了解其戰略理論的深入意義：歷史顯示從未有某一種單純的戰略理論能適應不同時代的要求。像戰爭本身一樣，戰略與國家政策、國家實力、社會結構，都有其不可分的關係。❷

一般說來，思想家的理論往往要到後世才有印證的機會，但戴布流克卻是非常少見的幸運者，他的戰略理論在其有生之年居然獲得一次大規模實驗機會。他親自經歷第一次世界大戰，並且也看到其若干觀念都不幸而言中。此一事實也可對後世提供重要啟示：研究歷史並非僅是想要了解過去，而更是想對未來提供先見之明。

當第一次世界大戰爆發時，戴布流克是德國的唯一文人戰略家，其軍事學識的淵博早已為世人所景仰，所以，他也當仁不讓，在戰爭期中對戰略問題發表很多評論。其意見是以歷史為基礎，事後看來都足以令人折服。概括言之，從他眼中看來，這次大戰對其理論似乎是自然的印證。❷

戴布流克雖從歷史的研究中發現戰略有兩種基本形式，但在第一次世界大戰前夕，他又還是和大家一樣，相信殲滅戰略是合乎時代精神。1914年德國採取殲滅戰略，向法國發動攻擊，尋求速決的勝利，他也認為那是合理的。他相信法國政治不安定，對其軍事準備必然會產生不利影響，同時他也相信英國不可能建立強大的陸軍。他說：「所有一切民族都是歷史的孩子，它無法與其過去脫離關係，正好像成人的一切，必然會受到其青年期的影響一樣。」❷

不過，當德軍未能速戰速決，戰局開始演變成為長期塹壕戰時，戴布流克立即感覺有一種非常重要的戰略革命正在醞釀之中。尤其是

在 1916 年凡爾登大攻勢失敗之後，他就更進一步，認為德國統帥部的戰略思想有改變之必要。他指出西線情況已經變得和消耗戰略時代的情況大致相似，所以菲德烈的戰略觀念遂不無參考價值。總之，在西線上已經不可能再有決定性會戰，德國必須尋求其他的手段以來對敵人貫徹其意志。

戴布流克認為當戰爭發展成為消耗形式時，戰爭的政治方面也就變得日益重要，因此，德國必須使用政治戰略，以來減弱英法兩國人民的意志。❷⑥ 他始終相信德國陸軍是天下無雙，但他又說僅憑這一點還是不能保證勝利，而德國的戰略弱點則在政治方面。他又以拿破侖為例來向德國領袖們提出警告：那位法國皇帝的壓倒性勝利適足以增強其對方的意志，並替最後失敗鋪路。他的結論為：「願上帝阻止德國重蹈覆轍。歐洲人有一共同信念，即不向某一單獨國家的霸權屈服。」❷⑦

到 1916 年底，戴布流克即明白指出，不管軍事情勢會變得如何有利，德國還是不能獲得完全的勝利，那也就是所謂殲滅戰略的目標。德國今後只可能希望贏得有限戰爭，或比較有利的和平。換言之，必須改採消耗戰略。儘管他一再提出警告，認為德國必須放棄其殲滅戰略思想，改以菲德烈大帝為範式，使軍事努力與政治計畫互相協調，然後始有獲致談判和平的可能。但不幸，言者諄諄而聽者藐藐。德國當局始終執迷不悟，遂終於一敗塗地。

第一次大戰結束後，德國改行民主制度。戴布流克曾應政府之聘主持檢討戰敗原因的工作。他的基本觀念依然不變。他堅持地說，戰略並非抽象的理論，它與政治考慮永不可分。德國之所以輸掉這次戰爭，其主因是忽視了最重要的歷史教訓，即戰爭與政治的互動關係。他的結論為：「讓我們再回到克勞塞維茨的名言，在考慮任何戰略觀念時都不能完全不考慮政治目的。」❷⑧

以文人而研究軍事，往往是兩面不討好。職業軍人和學院同僚都會對他的工作投以懷疑的眼光。前者認為他是紙上談兵，書生之見。後者認為此種研究不屬於正統學術範圍之內，學者從事此種研究實乃不務正業。即令到今天，這樣的認知也仍然存在。所以，戴布流克當年作孤軍的奮鬥，其遠見和勇氣都足以令人欽佩。他以畢生精力研究戰史，並從戰史研究中再產生其戰略思想，真可謂「通古今之變，成一家之言」。

毫無疑問，使用現代科學方法來對舊有史料進行精密分析，戴布流克的成就的確是前無古人。其治學方法和精神都可為後世的模範，其鉅著到今天仍不喪失其權威，對於研究戰史、戰爭、戰略的後學仍應列為必讀之書。而他所強調戰爭與政治不可分的觀念，在當前的時代也許比他那個時代還更較重要。誠如其所云，戰略思想若喪失彈性，忽視政治現實，則結果只會導致災難。

# 參、布羅赫

若與戴布流克作一比較，則布羅赫(Ivan Bloch, 1836-1902)更是文人中的文人。常被稱為「波蘭的銀行家」，事實上，他是祖籍猶太的波蘭人，而當時波蘭為俄國的領土，所以他也應該算是俄國人，他的著作也是用俄文寫成。布羅赫不僅只是一位銀行家，而更是大企業家，其在俄國的地位可與卡內基(Carnegie)在美國的地位相提並論。他以興建鐵路起家，然後又作大規模的投資，來促進 1890 年代俄國經濟的大繁榮。所以，在當時他早已是國際知名人士。㉙

布羅赫博學多才，對於俄羅斯帝國的經濟問題曾經寫過很多的文章，他逐漸了解在一個技術迅速發展的時代中，經濟與軍事的關係已

經變得日益複雜。在 1877-78 年的俄土戰爭中，他負責爲俄國陸軍組
織鐵路運輸，使他對於後勤問題有了親身的經驗，同時也更增強其企
圖用新方法來研究戰爭的意願。於是在其退休之後，就組織一個私人
性的研究機構來從事於現代戰爭的研究。經過了 8 年的努力，才出版
了 6 本鉅著。其書全名《在其技術、經濟、政治關係中的未來戰爭》
（*The War of the Future in its Technical, Economic, and Polit-
ical Relations*），通常也就簡稱爲《未來戰爭》。全書共分 6 卷，其俄
文原書出版於 1898 年，同一年就有法文譯本出版，而德文譯本則在
1899 年出版。何華德認爲：

> 　　他把一種全新的心靈帶入戰爭的研究，工程師、經濟學家、社
> 會學家的分析技巧都在此種心靈中合而爲一。他的書事實上是第
> 一本現代作業分析（operational analysis）的著作。❸⓿

　　這部書始終沒有完全的英譯本，只有其中第六卷曾被譯爲英文，
並改名爲《是否戰爭現已不可能？》（*Is War Now Impossible?*）。這
一卷本是全書的總結，而布羅赫本人又與英國記者斯提德（W. T.
Stead）曾有一次訪問談話，也印在書首作爲一個導言。事實上，布羅
赫的原書中含有許多統計數字、計算、圖表等，的確不是一般人所能
了解；反而是英文譯本言簡意賅，對於布羅赫思想的介紹似乎已經足
夠，姑不說是較好。❸❶本書以下的引述和討論就都是以英譯本爲依據。
❸❷

　　布羅赫一開始就提出他的結論：大國之間的戰爭現已不可能，又
或只是自殺。他說：「現代軍備和社會組織已使戰爭的進行在經濟上
變爲不可能。」❸❸這可以用數學來證明。現代武器的射程、命中率，
和射速使所謂「決定性會戰」已不再可能出現。步兵已不能上刺刀衝

鋒，騎兵更不能飛舞其軍刀。軍隊必須挖掘塹壕，圓鍬將像步槍一樣
重要。「戰鬥將會曠日持久，最後能否獲得任何決定性勝利也不免大有
疑問。」**㉞**

　　僅就軍事方面而言，布羅赫並無新的發現。歐洲各國的陸軍軍官
都曾研究普法戰爭和俄土戰爭的經驗，尤其是自從無煙火藥發明以
來，也已使他們都承認攻擊的困難是日益增加。但他們又還是繼續假
定問題的基本性質並無改變。布羅赫對於戰爭的研究是他們所無法了
解而也不願意了解。布羅赫幾乎從未受過傳統的軍事教育，所以其思
想當然與當時的職業軍人格格不入。

　　對於未來學(futurology)、和平研究(peace research)、作業研究
(operation research)、系統分析(system analysis)等到二十世紀中
期以後才出現的現代學問，布羅赫都可以算是一位先知者。他也是第
一位把現代科學方法應用到戰略研究領域中的人。儘管在數據上和方
法上都不免常有錯誤，但對於未來戰爭的預測大致都還是相當正確。

　　像克勞塞維茨一樣，布羅赫知道戰爭是一種政治工具；但不像他
那個時代的許多軍事學者，他對於經濟學曾作有系統的研究。因此，
也就使他了解，由於自從克勞塞維茨的時代開始，文明已經從農業時
代進入工業時代，所以作為政治工具的戰爭也已完全改變。照他看來，
那已經不再是一種正面的工具，而變成了負面的工具。

　　布羅赫說：「當你所要應付的是一種完全不同的新考慮，則高談
過去又還有何用？」他指出過去的國家多少還是一個自給自足的單
位，現有國家之間的互賴關係不僅日益增大，而且更已變成一種必要
的生活條件。所以，戰爭帶來的第一個後果即為使交戰國喪失利用對
方產品的一切機會。他又說：「軍人的地位正在下降，而經濟家的地
位則正在上升。這是毫無疑問的……戰爭將不再是人類的上訴法庭。」
所以，工業大國之間的戰爭無異於互相自殺。認為戰爭有利可圖的舊

觀念實乃荒謬可笑。戰爭已經變一種瘋狂的盜匪行為——自己搶自己的家園。於是布羅赫提出其驚人的預言：

> 戰爭的未來不是戰鬥而是飢餓。不是殺人而是國家的破產和社會組織的總崩潰。㉟

在十九世紀末葉能有這樣的遠見，真足以令人拍案叫絕。但很諷刺，布羅赫的鉅著在當時幾乎不曾受到任何重視。既無人稱讚，也無人反駁。

從 1815 年到 1914 年，這一百年是歐洲文明的黃金時代。走向專業化的歐洲軍人在此階段中，對於戰爭理論的研究也有相當的成就，但一旦大戰爆發，不僅歐洲的文明生活，而且還有此種專業化的戰略思想，都同樣受到最嚴酷的考驗，結果可以說是無一及格。若不是還有幾位文人戰略家能別樹一幟，則後世對於此一時代的思想遺產將會感到更大的失望。

## 註　釋

❶ 有關大戰略的解釋和周公的故事，可參看鈕先鍾，《中國戰略思想史》（黎明），p.35-39。

❷ André Beaufre, *Strategy of Action*(Praeger, 1967),p.73-77.

❸ J.F.C. Fuller, *A Military History of the Western World*, Vol.III, p.96.

❹ 同前註，p.99。

❺ Ludwig Reiners, *The Lamps Went Out in Europe*(Pantheon, 1955). 對於俾斯麥的名言曾作扼要的引述。

❻ 同前註，p.3。

❼ B. H. Liddell-Hart, *Strategy: The Indirect Approach*(Faber, 1967),p.336.

❽ Ludwig Reiners, *The Lamps Went Out in Europe*, p.6.

❾同前註，p.7。

❿同前註，p.9。

⓫同前註，p.11。

⓬同前註，p.12。

⓭ Stephen R. Graubard, *Kissinger: Portrait of A Mind*(Norton, 1973),pp. 257-59.

⓮見戴布流克原著 1962 年版中由 Otto Haintz 所寫的導言。

⓯ Hans Delbrück, *History of the Art of War: Within the Frame Work of Political History,* trans. by Walter J. Renfroe, Jr.(Greenwood, 1975-85), 4 vols.

⓰見 *U. S. Naval War College Review*(March/April, 1987)的書評欄, pp.108-09.

⓱見原著第四卷導言。

⓲ Hans Delbrück, *Numbers in History*(London, 1914), p.18.

⓳見原著第一卷，p.7。

⓴見原著第二卷，p.52。

㉑見原著第一卷，p.333。

㉒ Hans Delbrück, *Die Strategie des Perikles, erläutert durch die Strategie Friedrichs des Grossen*(Berlin, 1890), pp.27-28. 此書中譯名應爲《從柏里克利的戰略到菲德烈大帝的戰略》，戴布流克在此書中對於兩種戰略形式曾作詳盡的分析。

㉓ Gordon A. Craig, "Delbrück: The Military Historian", *Makers of Modern Strategy*(1986), p.343.

㉔戴布流克在第一次大戰期中所發表的言論以後共編成三卷出版，定名爲 *Krieg und Politik*(Berlin, 1918-19)，中譯名爲《戰爭與政治》。

㉕ Hans Delbrück, *Krieg und Politik,* Vol. I , p.35.

㉖同前註，Vol. II，p.97。

㉗同前註，Vol. I ，p.59。

㉘"Die Ursachen des Deutschen Zusammenbruches", in *Causes of the German Collapse*, ed., R.H.Lutz(Stanford, 1934),p.90.

㉙布羅赫(Bloch)是姓，他的名爲"Ivan"，但也稱"Jean de"，而波蘭人 Ryszard Kolodziejczyr 替他所寫的一本新傳(1983 年華沙出版)又稱其爲"Jan Bloch"。

㉚ Michael Howard, "Men Against Fire: Expectations of War in 1914", *International Security*(Summer 1984), p.41.

㉛ Azar Gat, *The Development of Military Thought*(Oxford, 1992), p.110.

㉜ Jean de Bloch, *Is War Now Impossible? The Future of War in its Technical, Economic and Political Relations*(London, 1899).

㉝同前註，p.xi。

㉞同前註，p.xxviii。

㉟同前註，p.xvii。

# 【第十四章】

# 海洋與戰略

## 壹、海權思想的源流

　　西方文明發源於地中海區域，與海洋有其不可分的關係。若對希臘的戰爭史作一整體觀察，即可發現有一基本戰略觀念始終穿插於其中，那就是所謂「海權」（sea power）。據羅辛斯基所云，此一名詞原為修昔底德所首創。❶但古代西方又還是不曾產生一位海權思想家，能夠把海洋戰略當作整體來思考。當然，古代並不乏海軍名將，知道在海上如何行動，但從未有人嘗試發現和建立有系統的海洋戰略思想。同樣地，在希臘和羅馬所留下的歷史著作中雖有很多有關海洋戰略的記載，但它們只是提供例證，而並無綜合的結論。

　　當歐洲進入中世紀，即所謂黑暗時代時，海權仍經常是平時繁榮和戰時成功的來源，但又還是很少有人對其性質和重要性，以及如何應用，進行理論化的研究。雖然，戰爭的場地已由地中海擴展及於大西洋，戰爭的工具已由大划船進步為帆船，但海戰根本上還是海上進行的陸戰，真正的軍艦（warship）幾乎仍不存在，而且更少有人企圖計

畫或執行一種有組織的海洋戰略。

儘管如此，技術（其表現爲使用風帆和裝置火砲的軍艦）不久即迫使歐洲人對於海洋戰術和戰略引發新的思考。首先發表其思考成果者可能爲西班牙人沙維斯（Alonso de Chaves）。他大約在 1530 年寫成《海員寶鑑》（*Espejo de Naviagantes*，英譯名 *The Mirror of Seamen*）。他相信艦隊若知道如何行動，就會有較大的成功可能，而且可以合理地指導其趨向於此種目的。他的著作也許是首次企圖對於帆船時代的海戰建立一套明確的戰鬥隊形和戰術原則。❷

在帆船時代的英國，培根（Sir Francis Bacon）和芮萊（Sir Walter Raleigh）等人也都採取嘗試的步驟以來逐漸發展適當的海洋戰略。培根曾指出：「支配海洋的人享有巨大的自由，他對戰爭可任意作或多或少的選擇。」❸ 芮萊則認爲「只要握有制海權，則英國將永遠不會受到征服。」❹ 而蘇特克里福（Mathew Sutcliffe）在 1593 年曾對海軍的戰略優點作了非常合理的綜述：

> 海軍在平時的用途很大，而在戰時則更大。海軍能確保友邦之間的交通和貿易得以暢通，並使敵方的運輸中斷，我方的一切補給都能維持。敵人的海岸會受到侵擾，而我方的海岸則會受到保護。……若無海軍則既不能攻擊敵方沿海城鎮，也不能保護我們自己和朋友。❺

至於像追克（Sir Francis Drake）、霍金斯（Sir John Hawkins）、孟松（Sir William Monson）等人都是講求實際的戰將而非理論家，他們的言論主要地只是想明確說明海洋戰略較優於大陸戰略而已。

雖然在伊麗莎白時代（1558-1603）即已經有很多英國人在對海洋

戰爭的問題進行有效的思考，但真正有系統的海戰理論又還是要等到十七世紀末期才開始出現。而最先提出此種理論的人又並非英國人而是一位法國人。

法國的何斯特神父（Father Paul Hoste, 1652-1700）是設立在土侖（Toulon）的法國王家海軍學院（Royal Naval College）的數學教授，曾著有《海軍演進論》（*Traite des Evolutions Navales*, 1691）和《海軍藝術》（*L'Art des Armées Navales*, 1697）二書，並被時人譽為已出版的最佳海軍戰術著作。何斯特把海戰中的雜亂無章情況簡化成為幾何形式，把那些隊形分為「縱隊」（la ligne de file）、「橫隊」（la ligne de front），和「梯隊」（la ligne de relevement）三大類，並根據這些隊形來設計固定的行動法則。其目的為把艦隊變成一個能控制和有紀律的單位。

何斯特要算是第一位在帆船時代對海軍戰術作有系統研究的學者，他指出：

> 海軍隊形變換的藝術是非常重要，如果沒有這種藝術，則一支艦隊將變成烏合之眾，完全沒有秩序，而只是接受機會的支配。於是海軍將領對其艦隊也就無法作適當的運用。不管在何種行動中，將領都應該是艦隊主導精神之所在，正像心臟之於人體一樣。❻

早在英國人之前，法國人即已認清應利用科學來替海軍服務，海軍軍官必須接受專業教育，甚至於船艦也應有特殊的設計。所以，毫不足怪，他們在海軍理論的發展上是居於領先的地位。到十八世紀時，法國在海軍戰術思想領域中又有新的進步。莫羅古斯（Admiral the Vicomte Bigot de Morogues）以其在 1763 年所著作的《海軍戰術》（*Tactique Navale*）領導第二波的發展。在他之後還有許多其他的海軍

著作，例如格芮尼（Vicomte de Grenier）在 1787 年所著的《海戰藝術》（*L'Art de La Guerre sur Mer*），拉馬屠利（Audibert Ramatuelle）在 1802 年所著的《海軍戰術緒論》（*Cours Elementaire de Tactique Navale*）等。很明顯，此種理論基礎使法國人在其與英國人之間的海軍戰爭中經常保有戰術優勢。

　　不過，法國人對於海戰又還另有一種不同的觀念，逐使問題變得更形複雜。他們認為擊沉敵人的軍艦甚至於不一定即為海戰的主要目的。反之，他們認為引誘英國人離開某一位置或目標，也許比擊毀其兵力還較重要。有時，法國人寧願放棄攻擊較弱或易毀的英國艦隊的機會，而不願放棄其心目中的「遠程目的」（ulterior objects）。依照傳統觀念來看，這似乎是違反了海上戰爭的基本精神。但此種的避戰戰略與高度戰術技巧的配合，又使英國人經常感到困惑，並引起長達一個世紀的海上游擊戰。尤其是英國海軍的戰術準則是堅持保持完整作戰線的觀念，逐使其更處於不利的地位。為了想改進此種情勢，一位愛丁堡的退休商人，克內克（John Clerk, 1732-1812），逐在 1782 年發表其第一版的《海軍戰術論》（*Essay on Naval Tactics*）。克內克這個人可以說與海洋毫無接觸，但他的書不僅能解釋法國海軍的優點，而且還更能對英國海軍提出一種革命性的建議，即集中兵力以來攻擊敵方交戰線的一部分。他的理論對於英國海軍戰術的確曾經產生重大影響，而納爾遜對他更是非常敬佩，據說納爾遜很喜歡他的牧師把克內克的著作朗誦給他聽。❼

　　經過拿破侖戰爭，英國終於取得海上霸主的地位。海戰的典型不僅已經變得比較符合英國的要求，而且也使英國人有了自我陶醉的心態。其所導致的後果為英國海軍開始墨守成規，以其一知半解的納爾遜遺訓為其準則的基礎，而不再想追求進步，於是逐再度進入其思想上的黑暗期。

# 貳、柯隆布兄弟

　　從 1815 年開始，世界進入所謂「不列顛和平」(Pax Britannica)
的時代，英國人的確已經控制海洋而無人敢向其挑戰，全世界都坐視
英國海軍在世界洋上執行警察任務而認爲那是理所當然。維多利亞時
代(1837-1901)的英國人對於其帝國的前途是充滿了無比的信心。他們
的信心只是偶然地會動搖。一次是在 1859 年，法國所建造的第一艘鐵
甲船「光榮」號(*La Gloire*)下水，使巴麥斯頓(Lord Palmerston)認
爲汽船「已在海峽中建造了一座橋」。另一次在 1866-71 年之間，普魯
士先後擊敗奧法兩國，破壞歐洲的權力平衡，並充分顯示其軍事潛力。

　　當工業化和世界貿易使英國的經濟發生革命性的變化，蒸汽動力
也使海軍進入轉型期，此時在英國只有一個人對於帝國安危公開表示
關切，他就是約翰柯隆布(John Colomb, 1836-1909)。他原服務於英
國海軍陸戰隊，1869 年以上尉退役，以後 40 年都從事於國防問題的研
究和著作，並同時投身政治，曾任國會議員達 20 年之久。在英國的戰
略家之中，可能他是第一位曾經呼籲對於帝國防衛問題必須採取綜合
和整體的看法。他充分了解戰略與世界經濟的關係，他擅長分析貿易
統計數字，以來顯示它們對於帝國防衛問題的重要性。當十九世紀後
期，海軍問題日益成爲公衆注意的焦點時，他的言論也就成爲爭相傳
誦的對象，但其前數十年間所作的深入研究卻幾乎不曾受到任何的獎
勵。❽

　　當普魯士在歐陸上的勝利激起英國公衆對於國防的關切時，其立
即反應即爲陸軍改革，但約翰柯隆布卻提醒他的讀者：國防問題的重
點並非步槍的品質，而是國力的分配和組織能否配合國家目標。英國

的國防問題與歐陸國家完全不同。大英帝國是一個殖民帝國，有三種不同而又互相關連的防衛要求，必須加以協調，那就是島國的本身、帝國的海上交通，和殖民地，而尤其是印度。依照他的看法，英國人紛紛談論入侵的防禦和陸軍的改革，只是討論到問題的一方面而已。

約翰柯隆布是第一位指出下述事實的人：除非英國海軍已如此慘敗，並喪失其對本國水域的控制，否則不可能面臨大規模入侵的危險。而且若真是如此，則也已無入侵的必要。十九世紀後期，英國已日益仰賴輸入的糧食，到 1880 年代，已超過其總消費量之一半。所以，英國的問題不是入侵（invasion），而是圍困（investment）。此種觀念以後也就成為所謂「藍水學派」（blue-water school）的辯論基礎。

不過，約翰柯隆布又並非狂熱的大海軍主義者，他對於帝國戰略情況所作的分析中指出國防絕非只是海軍的問題。必須有全套的海陸軍工具，然後始能適應帝國的各種不同防衛需要。他又指出有若干任務是海軍所不能勝任的，譬如說，海軍不能保衛遙遠的殖民地以來對抗其他國家的陸上攻擊，也不能把戰爭帶進敵國的領土。此時必須有陸軍，而陸海兩軍之間更需要密切的合作與協調。經過一百年的戰略辯論，事後看來，其思想的平衡穩健是已經受到大多數評論家的肯定，儘管在當時，卻不免曲高和寡，並未獲得其所應享受的榮譽。❾

知名度較高而環境也較有利，約翰之兄菲立普（Philip　Colomb, 1831-99）遂有後來居上之勢。菲立普在海軍中服務時間很久，到 1886 年才退役，以後又獲升少將（1887）和中將（1892），所以其官運也遠較乃弟亨通。退役之後，他才到格林威治（Greenwich）海軍學院（Royal Naval College）充任海軍戰略及戰術講師（instructor），差不多是與馬漢受聘前往新港（Newport）任教同時。從此他才開始其學術和著作生涯。

菲立普在 1877 年即曾獲得英國聯合軍事學會（Royal　United

Services Institution)的海軍論文獎,其論文名爲〈大不列顛的海洋權力:如何能有最佳發展〉(Great Britains Maritime Power: How Best Developed)。他這篇論文曾深受其弟(約翰)的影響,這也是他本人所完全承認的。該文強調帝國防衛有綜合檢討之必要,並分析英國的新糧食問題及其戰略後果。他認爲英國的主要憂慮不是入侵而是封鎖。不過,他的思想似乎比其弟要較單純,他認英國海軍的任務就是要把敵人封鎖在其港內並保護英國的商業和海上交通。這種觀念也使他成爲「藍水學派」的最早領導思想家之一。

菲立普的著作有《海防論文集》(*Essays on Naval Defence,* 1893),《海軍戰爭》(*Naval Warfare, Its Ruling Principles and Practice, Historically Treated, 1891*)二書。他所採取的路線與乃弟有相當差異,約翰重視國防的整體,而他則重視海洋戰略。他認爲海洋戰略一向缺乏思考,並自以爲他能發現其原則。他說:

> 海軍戰術科學仍然留在一種極空泛和不滿意的狀況中,但作者相信並無困難在平時將其位置在絕對合理的基礎上。……因此需要一種指導以來幫助海軍軍官辨別可能與不可能,愼重與疏忽,智與愚。❿

由於英國的海上優勢已經面臨新的挑戰,菲立普逐引述歷史以來喚起英國人對海洋帝國和海上霸權的回憶。在那些歲月中,不列顛的防衛是純粹依賴海軍。海洋是它的領土,海上交通線相當於其國內道路,敵國的海岸爲其邊界。他認爲根據審愼的歷史研究,假使握有海軍優勢,則無海岸設防之必要,反之若喪失海軍優勢,則一切要塞都不能抵抗敵方的堅決攻擊。所以,海軍戰爭的唯一目的就是爭取制海權,一旦制海權已經獲致,則其他一切目的自可得來全不費工夫。⓫

概括言之,柯隆布兄弟在戰略思想史中的地位也眞可以說是互相

伯仲，約翰的觀念比較寬廣，而菲立普則較深入。他們在那個時代是
頗具影響力，他們呼籲人們思考海洋戰略，也促使英國海軍擺脫其僵
化的思想。因爲菲立普的著作並不僅限於分析有關帝國防衞的特殊問
題，所以比較易於引起較廣泛的興趣。他對於當時及後代所產生的衝
擊都可能較大，尤其是他喚起海軍軍官對戰史的重視，並承認其爲應
受尊重的重要課題。

　　柯隆布兄弟的理念也逐漸獲得同時代其他知名人士的認同，有許
多人都步武其後塵，也紛紛著書立說。勞頓（Sir John Laughton，在
1893年創立「海軍記錄學會」（Navy Record Society），以後成爲重
要的資訊庫；克勞斯（Sir William Laird Clowes）號召大衆注意海
軍的過去以及其未來需要。好學的海軍將領，例如布里奇（Admiral
Cyprian Bridge）和庫士坦（Admiral Reginald Custance），也都著
書、撰文，和演說以來宣揚歷史研究和戰略思考的重要。布里奇在1873
年說：「我希望海軍戰術的研究不久將變成許多人共同努力的目標，
而不像目前還只是少數人的專業。」庫士坦則傾全力反對所謂「物質
派」（material school），指責他們輕視過去，忽視戰術和戰略的研究，
只知注意無思想的裝備生產。不過，到1907年，他又很滿意地指出，
「歷史派」（historical school）已經慢慢地迫使物質主義者退回他們
的巢穴。**❷**

　　菲立普柯隆布中將更是功不可沒，他在1891年所出版的《海軍戰
爭》的確是一本結構完整，系統分明，值得欣賞的好書。但很不幸，
這本書的出版是在1891年，恰好比馬漢的書《海權對歷史的影響》在
時間上晚了一年，於是其所應獲的榮譽也被搶去了不少。菲立普柯隆
布曾用非常溫文有禮的語氣向馬漢說：

　　我相信我們所有的海軍人士都認爲它（指馬漢的書而言）是時代

的海軍傑作，它使人們了解過去所從未了解的東西，所以，大有
貢獻。**⓭**

實際上，就書論書，柯隆布是絕不遜於馬漢，甚或猶有過之。但
馬漢幾乎立即享譽國際，而柯隆布的書則只有在專業圈中才有人欣
賞。尤其是到今天，馬漢大名仍垂宇宙，而柯隆布兄弟則幾乎已經很
少有人知道。其原因之一是馬漢出書較早，但另一重要原因是馬漢的
書比較通俗，書中歷史成分較多而技術成分較少，適合於一般大眾閱
讀。不過，若從海軍理論本身（per se）來看，則柯隆布的書實在是有較
優的組織和體系。

# 參、馬漢

海軍之有馬漢正像陸軍之有克勞塞維茨，提起馬漢真是無人不
知，無人不曉。對於寫戰略思想史的人而言，困難不是資料太少，而
是資料太多，多到難以選擇和綜合的程度。不過，我們有一基本原則
必須堅持，那就是思想史的重點即為思想，其他的因素均屬次要，尤
其像馬漢這樣世界級的名人，其生平軼事都已有很多的記載，所以，
本書對那些部分都比較從略，而把敘述和分析的焦點都放在著作和思
想方面。

## 一、生平與著作

馬漢（Alfred Thayer Mahan, 1840-1914）出生於西點（West
Point, New York），其父丹尼斯馬漢（Dennis Hart Mahan, 1802

-1871)為西點軍校的名教授，內戰期中南北雙方的將領有很多都出其門下。他也是使約米尼的思想流入美國的主要介紹者。馬漢12歲時就被送往馬利蘭的聖詹姆士學校(St. James School)寄宿就讀，所以他並無幼承庭訓的機會。到1854年進入紐約城的哥倫比亞學院(Columbia College)，兩年間都住在其叔父米羅(Milo Mahan)的家中。米羅是一位神學教授，對於馬漢的宗教信仰有很大的影響，尤其是使他深信歷史為神意的表現。❹

　　在哥倫比亞就讀兩年後，馬漢違背其父的忠告，轉入美國海軍官校三年級就讀。1859年以全班第二名畢業。兩年後美國內戰發生，馬漢雖投入戰爭但幾乎沒有任何表現，在此階段中他曾調回海軍官校充任教官，並使他有短時間接受魯斯(Stephen B. Luce, 1827-1917)指揮的機會。他能因此而認識魯斯，對於馬漢的一生是一件極重要的大事，因為照星命學的觀點來說，魯斯是馬漢命中的「貴人」(guardian angel)。

　　內戰結束時，馬漢26歲官居少校，階級已經夠高，使他捨不得離開海軍。但此後20年卻一直都不得意，僅只升到中校而已。1884馬漢正在一艘舊軍艦上充任艦長，當他在祕魯外海巡弋時，突然接到魯斯的來函，徵求其同意前往即將成立的海軍戰爭學院任教。這對於馬漢而言，真可以說是天外飛來的喜訊。馬漢之所以能入選是因為他在前一年曾經出版了一本小書，書名為《海灣與內陸水道》(*The Gulf and Inland Waters*)，並已被列入海軍戰史叢書之內。同時，他也只是魯斯理想中的第三號人選(third choice)。但不管怎樣，馬漢卻欣然同意地回電說：「謹遵台命。」(Yes, I should like to come.)

　　今天馬漢已成歷史人物，但魯斯卻已經很少有人知道。事實上，魯斯是一位傑出的人才，很值得對他作較詳細的介紹。不僅馬漢的出頭完全是由於其提攜和指導，而且世界上的第一所海軍戰爭學院也是

由他一手創立。他在 1877 年上書美國海軍部長首次提出建立海軍戰爭學院的意見。他說：

> 因為戰略原則經常可以同樣地應用於陸海軍，所以海軍軍官也像陸軍軍官一樣地應接受戰爭藝術的教育。……此種藝術的規律應能應用在海軍作戰上，而其課程還應包括海軍史的研究在內。❶

經過魯斯的不斷努力，1884 年終於獲得美國海軍部同意，下令建立一所海軍戰爭學院，並由魯斯出任第一任院長，負責籌備開學事宜。此時魯斯已升任代將（Commodore），並仍兼任北大西洋支隊（North Atlantic Squadron）指揮官。魯斯在思想上是延續啓明時代的餘緒，他也像杜皮克一樣，企圖把科學方法應用到尚在嬰兒期的海軍戰爭科學之上。他認爲一切偉大科學家的成就都是有賴於此種觀察、累積、歸納、推廣、演繹等方法的應用。他又認爲比較途徑（comparative approach）也是另一種非常重要的工具，魯斯指出：

> 所以，我們不僅有比較解剖學、比較生理學，而且還有比較語言學、比較文法、比較宗教、比較文學，然則爲什麼不可以有比較戰爭學，或對於陸海軍作戰的比較研究。❶

魯斯指出在歷史中，海陸軍指揮官的角色常由同一人來扮演。因爲兩個領域是如此密切相關，所以陸戰的理論是可以引用來發展幼稚的海戰科學。他說：

> 根據歷史，那是一種「憑例證來教導的哲學」（philosophy teaching by example），我們應自知我們本身正走向導致建立汽船海戰科學的道路，讓我們有信心地期待偉大的心靈出現，來替此種

科學奠定基礎，並使所作貢獻像約米尼對軍事（陸軍）科學所已
作者一樣的偉大。

若干年後，魯斯才又補充着說：「他就是美國海軍上校馬漢。」 ⓲

　　45 歲的馬漢正感覺到前途茫茫，魯斯的提攜使其生活發生革命性
的改變，並使其從此平步青雲，揚名世界。在此以前，他對所要去教
的課程並無顯著的興趣，以後他自己說那時的他可以形容爲「強烈無
知」（profound ignorance）。⓳雖然他是名父之子，但對於其父的著
作幾乎毫無認識。⓴他必須一切都從頭學起。他在利馬（Lima）的英國
俱樂部（English　Club）中找到一本蒙森的《羅馬史》（Mommsen's
History of Rome），在閱讀時發現其作者認爲羅馬的海軍優勢爲漢尼
拔戰爭中的決定因素，不禁深有所感。⓴ 由於行程的延誤，他沒有趕
上海院第一班的開學（1885 年 9 月），馬漢被准許留在紐約，到次年 8
月再到校上課，於是他可以在這段時間中盡量利用紐約城的各大圖書
館，以來充實其教學的準備。

　　魯斯要求馬漢開兩門課，一門是海軍戰術，那是以現代爲主，另
一門則爲海軍史。馬漢自認對第一門尙可容易應付，但以後卻發現其
講授並不那樣叫座。他對於海軍史的課則很不放心，因爲那需要遠較
深厚的學術基礎。馬漢博覽羣書之後，始決定其課程的大綱和要點。
到 1886 年 9 月海院第二學年開始時，他的講稿也已經完成，那也就是
其傳世之作《海權對歷史的影響》的初稿。

　　已升上校的馬漢在 1886 年夏季前往新港報到時，魯斯已奉命下
海，於是他變成了新的院長。他出任此一職務的時間是從 1886 年到
1889 年，以後又從 1892 年到 1893 年。此時的海院不僅缺乏經費和設
施，而且也不受海軍部的重視，幾乎隨時都有停辦的可能。馬漢除教
課以外，還要張羅奔走以使這座學院不至於關門，可謂煞費苦心。在

1889 年到 1892 年之間，海院終於暫時停辦，馬漢遂利用這段時間準備其著作的出版。其第一本鉅著《海權對歷史的影響，1660-1783》（*The Influence of Sea Power upon History, 1660-1783*）出版於 1890 年，兩年之後又出版了其姊妹篇《海權對法國革命及帝國的影響》（*The Influence of Sea Power upon the French Revolution and Empire*）。從此，馬漢遂成為影響歷史的人物。

馬漢的著作立即在大西洋兩岸都獲得好評，而尤以在英國為最，其成功的程度遠超過任何人想像之外。1893 年，馬漢調任「芝加哥」號（*USS Chicago*）巡洋艦的艦長，他對此新職毫無興趣，但卻令他因禍得福（a blessing in disguise）。他的船在 1893 年和 1894 年前往英國訪問，遂使他獲得空前熱烈的招待和莫大的榮譽。他接受維多利亞女皇的國宴，作陪者除英國政要以外，還有正在英國訪問的德皇威廉二世。牛津和劍橋兩大學在同一星期中都贈與以榮譽博士學位。僅在此之後，美國哈佛、耶魯等大學才採取同樣的步驟。總結言之，其在英國的成功才使他在本國聲名大振。

1896 年他從海軍退休，此後遂專以著作為業。他的書不斷地出版，而許多期刊也都紛紛向其徵文，而這些文章以後又編成論文集出版。總計有書 20 本，專文 137 篇。嚴格來說，馬漢是在 50 歲以後才開始寫作，其產量之多令人驚訝，可算是真正的多產作家。㉑

1898 年美西戰爭爆發，馬漢奉召參加海軍戰爭會議（Naval War Board），這個組織的建立是為了對總統和海軍部長充任顧問。1899 年又奉派以顧問身分參加出席第一次海牙和平會議的美國代表團。1902 年馬漢被選為美國歷史學會的會長，1906 年晉升海軍少將。他活到 1914 年 12 月 1 日才逝世，那時第一次世界大戰已經爆發。他的死與第一次大戰不無關聯，戰爭爆發後他立即對其發表若干評論，不料在 1914 年 8 月 6 日，美國威爾遜總統下令禁止所有的軍官（包括現役和

備役都在內)對戰爭發表任何公開言論。馬漢向海軍部長抗議無效,使他深感無奈。在一氣之下,三個半月後遂以心臟病死於華盛頓海軍醫院。㉒

馬漢雖著作等身,但其主要思想可以分為兩個層面來加以檢討。第一個層面是海權的層面,包括他的「海權哲學」(philosophy of sea power)以及其作為「海權先知者」(the evangelist of sea power)的角色,而這又是以歷史為基礎。第二個層面是比較狹義的戰略層面,那也就是他的海軍戰爭理論。就學術價值和影響效力而言,第一層面是遠較重要。

## 二、海權思想

任何思想家都有其時代背景,對於馬漢而言,可以概括分為下述五點:

(1) 1890 年的世界是以歐洲為中心並受歐洲支配,美國只是處於邊緣的地位。

(2)內戰之後,美國人眼光內向,以西部開發為焦點,而忽視其外交關係和海外利益。

(3)到十九世紀末期,工業革命第一階段已經趨於結束,新的階段正要開始,蒸汽和電力正在使陸海交通轉型。

(4)自然科學與社會科學都大有進步,尤其是達爾文主義成為國際競爭的精神基礎。

(5)歐洲強國都採取擴張政策,紛紛向海外尋求殖民地。帝國主義已成一時風氣。

馬漢的海權思想就是在這樣的背景下形成。他的最大貢獻是他發

現並舉例證明國家權力(national power)與海洋權力(maritime pewer)是彼此密切相關。❷

　　闡明海權在歷史中所扮演的角色以及其重要意義，實為馬漢的最傑出成就，誠如他自己所指出，過去雖然也有人談論制海權的貢獻，但那些零碎名言卻與他的有系統理論是不可同日而語。❷的確以全部歷史為背景來寫海軍史，並同時又注意到政治和經濟因素，馬漢實為第一人。

　　馬漢雖曾博覽羣書，但他又說其「主要靈感」(major inspiration)並非出自那些來源。他說當他仍在船上服役時，在其「內在良知」(inner consciousness)上突然有一線靈光出現，使他認清「海洋的控制是從來不曾受到有系統研究和解釋的歷史因素」。接著他又說：「一經在意識中形成之後，此種思想即成為我此後二十年一切著作的核心，……而絕非出自任何他人。」❷在其第一本《影響》大作中，馬漢在其導言中說明其目的就是要闡明「海權對歷史過程和國家繁榮的影響」，❷以後，他又宣稱「海權」(sea power)這個名詞是他自己所發明，其目的是為了「提醒注意」(to compel attention)。❷馬漢似乎並不知道修昔底德早已使用過。

　　反而言之，馬漢雖極端強調海權，但不幸，他對這個名詞又並未作任何明確的界定。在其著作中這個名詞經常呈現兩種不同的意義：(1)經由海軍優勢而獲得的制海權(command of the sea)；(2)生產、航運、殖民地(海外市場)的結合，一言以蔽之，即為海權。❷當然，這兩種觀念時常重疊，所以，其思想有時也就難免混淆。

　　概括言之，馬漢的兩部主要著作只有一個主題，即說明「不列顛的海洋優勢」(Maritime Predominace of Great Britain)實為海權運用的最佳例證。其基本論點是非常簡單：從 1688 年到拿破崙失敗，在英法長期戰爭中的每一階段，都是制海權的得失決定勝負。就軍事

和經濟的意識而言，即爲拿破侖的最後失敗。馬漢說：「並未企圖在陸上探取大規模軍事行動，而僅憑控制海洋和歐洲以外的世界，英國政治家即能確保其國家的勝利。」❷馬漢印象最深的是英國人如何經由海權的獲致，而促使其財富與國力的增長。另一方面，他又嚴厲地批評法國人，由於背向海洋而重視大陸，遂終於一蹶不振。

　　兩部書合計共達 1,300 頁的長度，馬漢以如此巨大的篇幅來闡明其心目中所強調的海權對歷史的影響，其用力之勤的確令人敬佩。但後世史學家對於其治學方法，仍不免有所批評，主要地是由於他的觀念有過分簡化(oversimplification)之病。例如：(1)在歷史中還有若干非海洋帝國的興起，他都不曾予以考慮；(2)海權因素固然重要，但導致拿破侖失敗又還有其他因素之存在；(3)英國在十七和十八兩世紀中的成功，海權雖爲重要理由，但又並非唯一理由。所以，費希爾(David Hackett Fischer)認爲馬漢是把一個必要(necessary)理由視爲充分(sufficient)理由。❸

　　事實上，馬漢認爲英國海軍能夠單獨擊敗法國的說法是未免過分誇張，因爲法國是一個巨大富饒的大陸國家，對於海外貿易的依賴程度遠不像其所想像的那樣重大。此外，他所分析的只是一個特殊時代，其結論能否應用於其他時代也頗有疑問。在帆船時代以前，海洋的重要性就並非那樣巨大，而在其以後則更是有爭議之餘地。總結言之，作爲一位史學家，馬漢的態度並不十分客觀，而深受其宗教信仰的影響，其起點是其「內在良知」上的一線靈光，於是那也就變成一種預定的結論，而所有一切事實都是被找來作爲例證。羅辛斯基的評論可以算是相當公允：

　　　概括言之，他的確是一位天才，也許要算是美國所曾產生的最
　　偉大思想家之一，而且的確是最具有創見的思想家之一。其眼光

的遠大，其判斷的正確，其直覺的銳利，都異於常人。他能透入巨大和複雜的問題的核心，而對這些問題的剖析也成爲其終身事業。更無任何人能像他那樣只用一個名詞或一句話即能說明問題的全貌。不過，不幸他的天才只到此打止。儘管其心靈是如此淵博，但就本質而言，馬漢只是一位機智的思想家(epigramatic thinker)。他所感興趣者僅爲個別的、具體的史例。對他而言，理論是完全附屬於歷史，他只是根據極少量的概括觀念來解釋具體的個案，又或引述一大堆史例來證明那些原則。至於從歷史中抽出個別觀念，並將其整合成爲對整個複雜矛盾海戰結構的有系統分析，卻是他所從未考慮過的問題。**❸❶**

誠如羅辛斯基所云，在馬漢的著作中是事實的敍述多於理論的分析，不過，至少在其第一本《海權對歷史的影響》的第一章中，曾經列舉一套「海權要素」(Elements of Sea Power)。他認爲有六種基本因素足以影響海權的發展：(1)地理位置(geographical position)，(2)自然形態(physical conformation)，(3)領土範圍(extent of territory)，(4)人口(population)，(5)民族性(national character)，(6)政府制度(governmental institation)。這應該算是馬漢所首創的理論體系。史普勞特(Margaret T. Sprout)在 1942 年認爲馬漢的海權六要素雖需要加以若干再檢討，但很明顯，其基本觀念仍然正確。位置、自然形態（包括天然資源和氣候）、人民和政府的性質，仍爲「影響國家海權的主要條件」。**❸❷**

格羅夫(Eric Grove)在《海權的未來》(*The Future of Sea Power*)書中指出馬漢的思想大致都是以十九世紀末期的世界環境爲背景，在二十一世紀即將來到的今天，已有許多不合時宜，依照該書的分析，應有一套新的「影響國家海權的主要條件」，那可以列舉如

下：

    (1)經濟實力(economic strength)

    (2)技術能力(technological prowess)

    (3)社會政治文化(social-political culture)

    (4)地理位置(geographical position)

    (5)海洋依賴程度(sea dependence)

    (6)政府政策與認知(government policy and perception)❸

假使以上的觀念正確，則可以發現馬漢所列舉的主要因素至少有一半已經變得不那樣重要，而現在被認爲最重要者（經濟和技術）則又正是馬漢所不曾列舉的。

　　不過，對於馬漢而言，他之所以那樣列舉又是別有用心，其目的是爲了想要解釋英國爲何能擁有海洋優勢的理由。只要略加思考即可依照此種體系將英國之所以能發展成爲強大海權的理由列舉如下：

    (1)地理(不列顚爲橫越海路的島嶼)

    (2)自然形態(擁有良好可用的港埠)

    (3)領土(足夠供應必要物資，但不大到難於防守的程度)

    (4)人口(足夠提供航海人員)

    (5)民族性(面向海洋)

    (6)政府(願意支持前進的海軍政策)

雖然馬漢的原意只是解釋已有的事實，而並非提供建議，但也暗示任何國家若同樣擁有這些特性，則也不難有機會變成偉大的海權國家。

　　上述六者只是促成海權發展的基本條件，而憑藉它們所發展出來的海權，又含有三個必要常數(essential constants)，馬漢作了下述的解釋：

(1)生產(production)，連同交換產物的需要。

(2)航業(shipping)，也就是交換產物的工具，包括保護此種交易的軍艦在內。

(3)殖民地(colonies)，便利和擴大航業的運作，並又有增加安全點(points of safety)以來保護航業的趨勢，而後者也就是海外基地。

簡言之，強盛的海權必須同時握有此三種因素。❸

高教授(Professor Barry M. Gough)認為馬漢是故意企圖在一個技術轉型的時代中界定海權的原則。其著作提出三種考慮以來作為測試海洋優勢的標準：(1)戰爭工具(instruments of war)，包括基地在內；(2)海運商業(seaborne commerce)；(3)殖民地。馬漢的結論是由於英國有此三者，英國才能獲得海洋優勢。英國不僅擁有戰爭工具（包括海外基地，以及控制進出歐陸海路的地理位置在內），而且更幾乎壟斷了海運航業，並佔有一大堆殖民地（可以從其中抽取資源，糧食和人力）。反而言之，英國若無海運貿易，若無殖民地，若無有訓練的海員和船艦，則英國也就無能為力。所以任何志在強盛的國家，必須同時保有戰爭工具、海外貿易，以及殖民地。這就是馬漢海權理論的精華。不過，又已有許多學者指出其理論中的錯誤，這可以分述如下：❸

(1)馬漢相信國家有集中其戰鬥單位之必要。必須集中始能贏得戰爭。任何其他手段都殊少價值，關鍵在於大打擊(big blow)和決定性會戰。此種觀念實未免太單純（且留待下節再詳細分析）。

(2)馬漢相信航海事業可以構成國防的輔助和屏障，民族可以依賴其掩護以來度過難關，培養實力。在重商主義的時代，英國人的確曾用商船作為預備兵力，並在海戰中發揮其效用。到十九世紀，他們即

已不採取此種措施，但並無損於英國的海軍優勢。海軍是政府的人工創造，並非從商港和漁民中所自然成長出來。

(3)說到殖民地的問題，那也許是馬漢思想中最弱的一環。他假定英國之所以偉大是因爲其握有大量殖民地之故。事實上，國家雖無殖民地也一樣能發展強大的海權，而且可以有多種的間接控制而不一定要直接佔據屬地。

馬漢的書固然是以英國歷史爲其實質內容，但其理想卻又是以美國的前途爲建言的目標。馬漢深感美國自立國以來，一直都缺乏其所謂的基本要素(條件)。美國對歐洲的地理孤立雖能形成島國特性，但也使其與西方文明和國際商業的中心隔絕。雖然美國擁有許多可供航行的水道和良港，但領土太大，物產豐富，足以阻礙其向海洋的發展。美國人雖然很優秀，但數量還是太少。也許最重要的還是美國政府一向不重視海洋。

不過，馬漢又相信到 1880 年代，這些不利的條件都有改變的希望。西部的開拓已近尾聲，歐洲移民大量湧入。對東方貿易的擴張使美國不再處於世界貿易路線的邊緣上，而躍居於中央位置。由於此一發展，馬漢還認爲有修建兩洋運河之必要。現在所需要的即爲一個能夠積極採取海洋政策的政府。果能如此，則美國即能迅速走向世界權力的大道。馬漢尤其指責美國政府缺乏遠大眼光和長程計畫，所以其著書的主要目的即爲呼籲美國政府立即改變其政策方向。

總結以上的分析，即可發現馬漢的海權思想是相當的複雜，有其理論的一面也有其實際的一面，有其歷史的一面也有其政策的一面。尤其是他的各種觀念是散布在其著作中，缺乏有系統的整合，所以更令人難有全面的了解。我國劉達材將軍對於馬漢的著作有深入的研究，曾經用一簡單的圖解來對馬漢的海權思想加以綜合而扼要的闡

明，深具參考價值。㊱現在就將其附列如下：

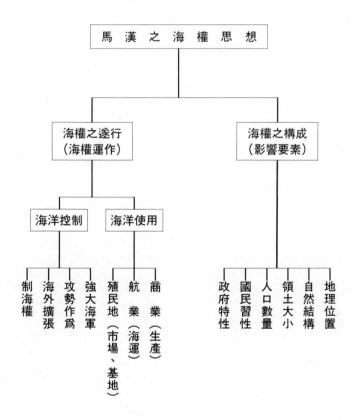

資料來源：劉達材，〈從馬漢海權思想看海權對中國歷史的影響〉，
《二十一世紀中國海權研討會專集》，p.20。

## 三、海軍戰略

當馬漢開始進入學術領域時，即已確定兩個治學目標：⑴解釋海權對歷史的影響；⑵尋求海軍戰略的基本原則。假使誠如他自己所說在第一方面其靈感的來源是完全出自其內心；則在第二方面，情形就恰好相反。他是完全接受魯斯的意見，採取所謂「比較法」來進行研究。換言之，即企圖把軍事(陸軍)藝術的已有規律應用到艦隊的行動上。

為使其工作比較易於進行，魯斯和馬漢都同樣主張利用約米尼所早已建立的基本理論架構，於是約米尼的著作也就成為主要的範本。對於十九世紀後期研究軍事的學者而言，這又是一種自然的選擇，因為誠如何華德所云：《戰爭藝術》實為十九世紀的最偉大軍事教科書。此時，克勞塞維茨的《戰爭論》還很少為人所知，而約米尼則毫無疑問為公認的權威。以後，克勞塞維茨雖已後來居上，但甚至於到二十世紀後期，約米尼的觀念在世界軍事思想中仍是一股不可忽視的潛在勢力。❸

約米尼的《戰爭藝術》中有三大基本觀念：⑴集中的原則，⑵中央位置與內線的戰略價值，⑶後勤與戰鬥之間的密切關係。馬漢就是借用這些觀念以來建構其海軍戰略體系。事實上，「體系」二字用在這裏是不免過當。和約米尼不一樣，馬漢並非一位有系統的思想家。他對於戰略的觀念是散布在許多不同的著作中（海軍史、傳記、雜誌文章等等）。不過，就某種程度而言，又是比較集中在其一系列的講義中（1886 年他首次在海院開講）。以後經過多次修正，到 1911 年始正式出版，並用了一個非常冗長的書名：《海軍戰略：與陸上軍事行動原則及實踐的比較和對比》(*Naval Strategy, Compared and Contrast-*

*ed with the Principles and Practice of Military Operation on Land*），我國譯本改名爲《海軍戰略論》倒是比較簡潔。❸

馬漢旣以約米尼爲範式，所以照想像，他是未嘗不希望把他的書寫得像《戰爭藝術》一樣地簡明扼要。但因爲此種工作的性質與其個性是如此不配合，結果遂眞如他自己所說：「這是我有生以來最草率的作品。」儘管他已經明知這本書可能即爲其「遺言」（last word），他還是未能將其許多年來著作的精言納入書中。因此，似乎足以顯示其心靈中是的確缺乏有系統的整合能力。❸

馬漢認定「集中」爲海軍戰爭的支配原則（predominant principle），對於戰略或戰術都是一樣。「中央位置」的價值亦即在此。因爲此種位置能使我軍便於集中，並同時迫使敵方分散其兵力。不過，中央位置又僅爲輔助因素，而非主要因素，至於「內線」則只能使兵力得以較迅速達到某一點而已。海軍戰爭中的唯一決定因素還是戰鬥艦隊（fighting fleet）。而在建造戰鬥艦（battleship）時，眞正目的不是盡量增強單獨某一艘船的威力，而是要能使整個艦隊發揮其最大的攻擊能力。因此，馬漢遂有一句常爲人引述的名言：「絕勿分散艦隊！」（Never divide the fleet!）集中兵力是爲了尋求決戰，爭取制海。戰鬥艦隊即爲決戰工具，一戰而勝則制海即爲自然後果。所以無論就戰略或戰術而言，海軍都必須作攻勢的使用。

約米尼非常重視後勤，馬漢亦復如此，但不知何故，他卻選用了一個含意相當模糊的名詞，那就是「交通」（communication）。正像對「海權」一樣，馬漢對「交通」也未能作嚴格的界定。他說：「交通是一個概括性的名詞，表示一個軍事實體與國家權力之間經常保持連絡的運動線（lines of movement），」❹ 他又說：「交通並不是地理線，如陸軍所採取的道路，而是軍艦的必需補給。」❹ 接著他又特定地指出：第一是燃料，其次是彈藥，最後才是糧食。因此，適當的

基地實爲海軍戰略成功的必要條件，尤其自從採用蒸汽動力之後，基地也就變得更爲重要。

以上所云即爲馬漢海軍戰略思想的概括內容。不過，嚴格說來，其思想是既不完整而又缺乏體系。他幾乎完全不曾重視兩棲作戰以及其在海軍戰略中的地位。他對於陸海兩軍在戰爭中的互賴關係也不曾加以認眞的考慮。尤其對於海軍戰略的防禦方面更任意予以抹殺。最後，到二十世紀後期，「權力投射」（power projection）成爲海軍重要任務之一，馬漢對此並無任何預感則似乎更是有愧於「先知」之名。作爲海軍戰略思想家，馬漢的成就不能算是太傑出，假使沒有約米尼的典型在先，則他也許還不能獲得這樣的成就。

最後，還有兩點應補充說明。第一，馬漢雖強調海軍之重要，但又同時提醒其讀者，必須認淸無論海軍是如何重要，但它仍是一種「工具」（instrument），而其使用必須在政治家的指導之下。關於這一點，他又還是受到約米尼的影響，因爲約米尼在《戰爭藝術》的第一章中即曾縱論政治與軍事的關係。馬漢在 1909 年致羅斯福（Theodore Roosevelt）的信件中曾說明：「從一開始起，約米尼即教我應反對許多人認爲外交與軍事之間有嚴格區分的觀念。」❷ 另一方面，馬漢也曾認爲「戰爭只是一個用暴力的政治活動」，但他的這種觀念又似乎並非出於克勞塞維茨，因爲他直到 1910 年才開始閱讀《戰爭論》，而且還只是節譯本。❸

其次，馬漢認爲戰爭有其普遍的原則，而不受科技進步的影響，這當然又還是因襲約米尼的觀念。但約米尼的時代早已成爲過去，在他著書時，科技進步還是相對遲緩，而且對戰爭的影響也的確不太顯著。到馬漢著書時，不僅情況已大不相同，尤其以海軍而言，則更是恰逢一個轉型期——由風帆到蒸汽（這也正是馬漢自傳的命名）。

馬漢對於這個時代的技術革命並非沒有認識，但他仍堅持地相信

其從帆船時代所歸納出來的原則仍繼續有效。他從未考慮科技進步會帶來威力難以控制的新武器，他仍然說：「戰術的上層結構（super-structure）雖常有改變，甚至於完全被推翻，但戰略的古老基礎仍然安如磐石。」❹馬漢死於 1914 年，他未能目睹第一次大戰的結束，但這次大戰適足以證明其所認定的戰略基礎並非安如磐石。李德哈特在其經典名著《第二次世界大戰戰史》中曾指出英國海軍確爲最具威力的國家工具，並對同盟國的成功構成決定因素。不過，英國海軍在此次戰爭中雖能達成一切任務，但又還是不曾打過一次決定性會戰。

　　然則對於馬漢的思想又應如何評價？羅辛斯基的意見似乎仍值得重視：

　　　雖然許多細節已爲其不可能預知的發展所推翻或修改，但其著作的核心，對海軍戰略基本問題的分析，仍經得起時間和反對批評的考驗。不過要想從其遺產中獲得充分利益，要想辨別永恆與暫時，必要與偶然之間的差異，又需要作第一等的學術努力。❺


## 四、對世界的影響

　　馬漢著作等身，但最能發揮影響力的著作又還是兩部《影響》。尤其是第一部更是使他一砲而紅，從此成爲世界風雲人物。第一部書到 1900 年就已經十五版，到 1914 年更達到二十四版。第二部書也不差，到 1900 年已經十一版，到 1914 年也達到十四版。固然，最出名和最暢銷的還是第一本書，一說到所謂《海權論》，所指的就是它，不過，事實上這兩部書是姊妹篇，其間有連續關係，而以內容言之，則第二本是比較精彩。自從《影響》出版之後，馬漢不僅聲名大振，變成了美國海軍主義（American navalism）的發言人，美國以及許多其他國

家的政策和思想都受到他的影響。此種影響不僅非常廣泛,而且亦復相當深遠。就這一點而言,約米尼和克勞塞維茨都應自嘆弗如。

馬漢的書不久就譯成德,法、日、俄、義、瑞(典)等文,唯一的遺憾就是沒有中文。尤其是海軍出身的嚴幾道(復)對此書視若無睹,更令人感到不可思議。❹中文譯本到一百年後始完成,但還只有第一本,至於第二本到現在仍尚未出現。❹

第一個受到強烈影響的國家是英國。此時,英國的海洋優勢正受到俄法兩國所構成的聯合威脅,並開始準備擴建其海軍,馬漢的著作使英國政府獲得一種現成的工具以來替其政策辯護,並說服其人民接受重整軍備的成本。英國海軍部長白禮斯弗(Beresford)寫信給馬漢說:「如果我有權,我將下令英國人每家買一本你的書擺在桌上,每一塊殖民地也都要擺一本。」事實上,每一艘英國軍艦上至少都已有一本。有人說如果馬漢之書不流行,則1889年英國海軍改組法案將不可能迅速在國會中通過,1897年有一位英國要人說:「英國之所以能有一支堅強的海軍,毋須感謝保守黨或自由黨,而應感謝馬漢上校!」❹

馬漢對德國的影響甚至於比對英國還更要巨大。1894年德皇威廉二世寫信給《紐約先驅報》(*New York Herald*)的畢吉羅(Poultney Bigelow)說:

　　我現在不是正在閱讀而是正在吞噬馬漢上校的書,並嘗試將其牢記在心中。那是一本第一流的書,而且在所有各點上都具有經典的價值。我的軍艦上都有這本書,而且也常為我的艦長和軍官們所引述。❹

誠然,威廉二世和他的海軍部長鐵畢茲(Alfred von Tirpitz)早已在著手擴建海軍,並非由於受到馬漢的影響才開始行動。但馬漢的著作

卻成爲他們手中的最佳宣傳武器。

據馬漢本人所云，他的書被譯成日文的是比譯成其他語文的都較多。其第一本書的譯成是在 1986 年。日本正在走向帝國主義和海軍主義的道路，而馬漢的著作則恰好可以對它提供政治性和戰略性的理由。日本海軍學校以馬漢著作爲教科書，所有各級學校圖書館中也都有收藏。❺⓪

概括言之，馬漢不僅刺激歐洲諸國（以及日本）走向海軍造艦競賽的途徑，並且更鼓勵他們去尋求海外殖民地。換言之，也無異於引誘他們跳入陷阱。所以，英國史學家韋布斯特（Charles Webster）認爲馬漢本人實爲引起第一次世界大戰的原因之一。❺①

現在再說到美國本身，僅在揚名海外之後，馬漢才開始受到其國人的尊重。先任海軍部次長後又當選美國總統的提奧多羅斯福不僅爲馬漢的熱烈崇拜者，而且也變成其密友。參議員洛奇（Henry C. Lodge）、海軍部長戴希（Tracy）和希伯特（Herbert）也都聽從其忠告。而在國會中辯論海軍政策時，他的理論也常被引用。所有一切的海軍主義者都莫不奉其爲大宗師。因爲他的書使他們獲得最有說服力的理論依據。

就實務而言，不僅巴拿馬運河的開通曾受到他的鼓吹，而尤其是美國的遠東政策更經常受其影響。當晚清末造，列強紛紛侵略中國，瓜分之禍迫在眉睫之際，美國國務卿海約翰（John Hay）發表外交通牒主張對華門戶開放（1899），而馬漢也立即寫了四篇文章爲之聲援。這些文章以後編輯成書，以《亞洲問題》（*The Problem of Asia*）爲名出版。是時尚在日俄戰爭之前，馬漢認爲當前最迫切的問題即爲俄國，其在東亞的擴張行動似非日本所能獨力制止。他認爲滿洲必然會被這個斯拉夫大國所吞併，只是時間遲早的問題而已。所以，爲阻止俄國的擴張，馬漢建議四個「海洋國家」（maritime states），即德、

日、英、美四國，應組成同盟以阻止俄國的南下，由於他們的勢力位置在亞洲的東面，應能對抗從北面來的攻擊。❺❷

上述的觀念足以顯示馬漢實爲地略(Geopolitics)學思想的先驅，儘管他不曾以地略家自居，也不曾使用那一套專用名詞。他的思想雖非系統化的，但在精神上卻與後來的地略學家如出一轍。保羅甘迺迪(Paul Kennedy)認爲麥金德(Halford J. Mackinder)的陸權思想實爲馬漢海權思想的反映。斯陶茲胡比(Robert Strausz-Hupé)認爲豪斯霍夫(Karl Haushofer)曾深受馬漢的影響。❺❸

尤其令人驚訝，馬漢認爲向較遠的未來看，中國本身甚至於是一個比俄國更可怕的威脅，他指出：

> 當總數達4億之多的中國人，集中在一個有效的政治組織之內，裝備著現代化工具，而又擠在一塊早已人滿爲患的領土中，那實在不可以等閒視之。

對於西方國家而言，馬漢認爲唯一的對策就是設法把亞洲人納入「基督教國家」(Christian States)的族羣。其手段是和平商業透入重於軍事力量展示，而尤其是精神重於物質。最後馬漢又發出悲觀的預測。雖然「四億人口」是常爲人所樂道，但作爲貿易市場並不一定象徵著光明的希望。❺❹

史普勞特曾明白指出：

> 很少有人能像馬漢一樣，在世界大事上留下這樣深刻的痕跡，更少有人能像他那樣，親眼看到其著作中的理論如此完滿地兌現。當馬漢逝世時，其著作已在任何國家的海軍部中發生作用，其觀念在美洲、歐洲，甚或是遠東，對人民思想和公共政策，也都已產生廣泛的影響。❺❺

事實上，在其身後，馬漢的影響仍繼續存在而不少衰。普里斯頓(William D. Puleston)在 1939 年曾確信：

> 今天，在美國海軍中，任何軍官在討論或準備戰爭時，都還是遵從馬漢的理念，和採取他的方法。❺❻

所以無怪其然，在第二次大戰期中，任美國軍政部長的史汀生(Henry L. Stimson)曾經諷刺地說：

> 海軍有一種特殊的心理，似乎已經從邏輯的領域退入神祕的宗教世界。在其中海王星是上帝，馬漢是他的先知者(prophet)，而美國海軍則是唯一的眞教會(true church)。❺❼

第二次大戰之後，世界已經大變，但在海軍界，馬漢的大名仍然受到尊敬。在所有一切的海軍書刊中，馬漢的言論經常受到引述。美國海院也曾以「核子時代中的馬漢」(Mahan in the Nuclear Age)爲講授的主題。當杜勒中將(Vice Admiral Stansfield Turner)任海院院長時曾宣稱：「在這些學員中可能有另一位馬漢，我們不可交臂失之。」❺❽

不過，值得注意的是美國海院在 1993 年曾經舉行一次學術討論會，其主題爲「馬漢還不夠」(Mahan is not enough)，這代表一種新的覺悟，馬漢固然不愧爲海權的先知，但他的著作並不等於海權思想的全部。在此領域還有其他的思想家，其重要性也許並不亞於馬漢。

# 肆、柯白

柯白(Sir Julian Corbert 1854-1922)出生於富貴之家，在劍橋大學獲得第一級法律學位之後，幾乎從未執行律師的業務。由於生活富裕，所以能周遊世界，四海爲家，到1882年乾脆擺脫一切俗務，專心致力於文史著作，並以海軍史和海洋戰略爲主題。他在此領域中的成就可以說是與馬漢互相伯仲。馬漢爲世人所回憶的特點是他能把海軍史正確地位置在國際關係和經濟事務之中，而柯白則被公認爲最了解海洋戰略運用的人。像馬漢一樣，他們都是半路出家，都是在中年以後才走上學術的途徑。

柯白的第一本著作出版於1898年，名爲《追克與都鐸時代的海軍》(*Drake and the Tudor Navy*)。1900年又出版第二本書，名爲《追克的繼承者》(*The Successors of Drake*)，這兩本書對於英國歷史中的海上戰爭和聯合作戰都曾有卓越的解釋，到1910年他又對英國海軍史完成了4部權威著作，其中包括其最佳歷史著作《英國在地中海》(*England in the Mediterranean*)在內。此外，他又替海軍記錄學會編輯了3套學術性的資料集。其中有1905年出版的《戰鬥訓令》(*Fighting Instructions,1530-1816*)和1908年出版的《通信與訓令》(*Signals and Instructions,1776-1794*)，對帆船戰爭演進過程的研究都是必要的資料來源。

柯白重視海戰對國家的貢獻，分析制海權的獲致如何能夠確保國家利益，並指出英國海軍不僅能保障不列顛三島的安全，而且還能阻止歐陸受到任何某一國家的控制。柯白的觀念也是以地理因素爲基礎，但很奇怪，他卻和馬漢不同，並不重視海洋與經濟的關係。柯白

在研究伊麗莎白時代的歷史時，又發現聯合作戰的重要，換言之，陸海兩軍必須合作始能對國家利益作最有效的貢獻。

柯白在 1902 年才受聘爲戰略講師(strategic lecturer)，到格林威治海軍學院講授海軍戰爭課程(Naval War Course)。這是其新事業的開始。其班主任(Director of the War Course)梅上校(Captain W. J. May)允許柯白自由選擇教材，但必須以戰術和戰略爲焦點。梅上校認爲「課程內容必須是如此現代化，能使從其中所歸納出來的教訓可以應用於今天的戰爭」。柯白從事於此種工作直到 1914 年爲止，在英國海軍中有許多高級軍官都曾受其教誨，眞可謂桃李滿天下。其講稿累經修改後，終於在 1911 年出版，那就是其經典名著《海洋戰略原則》(*Some Principles of Maritime Strategy*)。美國海軍學會在 1987 年還曾有新版問世。

這是一本值得詳細介紹的著作。其原始爲一項稱爲「戰略註釋」(Notes on Strategy)的文件，又常稱爲《綠色小册》(*The Green Panphlet*)。那是一本手册，由於斯雷德上校(Captain Edmond Slade)的堅持和指導，才得以出版。自從梅上校逝世後，斯雷德即接任其職務，他在英國海軍部中是一顆正在上升的新星，海軍情報和教育改革都受其影響。斯雷德與費歇爾上將(Admiral Fisher)關係極爲密切，也像柯白一樣，對於聯合作戰深感興趣。他促使費歇爾擴大戰爭班的工作，並提升柯白的地位。斯雷德認爲只讓柯白去敎四五十個學員，那實在是大才小用，他應該協助海軍參謀總長(First Sea Lord)建立一個諮詢機構，其任務爲對於一切的戰爭問題作有系統的獨立思考，而不受海軍部例行公事的干涉。❺❾

《綠色小册》最初原名「海軍史講義中所用的戰略名詞和定義」(*Strategic Terms and Definitions Used in Lectures on Naval History*)，但實際上是對戰略的基本解釋。它反映柯白和斯雷德兩人對

於兩棲戰爭和克勞塞維茨理論的興趣。它強調海軍戰略僅爲戰爭藝術的一個整合部分。戰爭是一種政治關係，武力只是用來達到外交政策的目的，換言之，艦隊的調度只是手段而非目的。**❻**

柯白把戰略分爲兩大類：大戰略（major strategy）和小戰略（minor strategy）。前者也就是戰爭的目的，包括國際關係、經濟功能都在內，現在通用的名詞是"grand strategy"。後者爲戰爭的特殊部分，包括陸軍、海軍，以及聯合作戰的計畫作爲。他說：

> 海軍戰略（Naval Strategy）或艦隊戰略（Fleet Strategy）只是戰略的一個次分類（sub-division），所以，不可僅從海軍作戰的觀點來研究戰略。**❻**

然後柯白又把戰略分爲兩種不同的態勢（posture），即攻勢與守勢。發揮影響或達到目的爲攻，阻止敵方達到其目的爲守。在比較攻守優劣之後，他似乎也像時人一樣相信攻擊享有天然的優勢。他說：

> 攻勢，具有積極目的，自然是比較有效的戰爭形式。而作爲一種規律，較強的方面是應該採用它。**❻**

不過，柯白又很微妙地說明守勢自有其特殊重要性，而尤以對海權國家來說，更是如此：

> 在海上我們固然很少有機會用守勢作爲全面計畫，但並無理由忽視其研究。由於我們自己輕視守勢，遂經常使我們忽視其對敵人的貢獻。在我們的海軍史中是充滿了由於敵方在海上採取守勢以來支援其在陸上的攻勢，遂使我們如何受到欺騙和挫折的故事。我們在應付這種態勢時是很少成功，而只有研究守勢才會有成功的希望。**❻**

　　《綠色小冊》是分爲兩篇（Part）。第一篇是用來解釋定義，第二篇是用來討論海軍戰略，他特別指出：

　　海洋戰略是從來不被認爲是依賴在交通之上，但事實上，它比陸上戰略（Land Strategy）的依賴程度還更大。……所有的海軍戰略問題都可以簡化成爲「水道和交通」（passage and communications），而這也許即爲最佳的解題方法。❻

於是柯白遂又轉而論及制海的觀念：

　　這與佔領領土的陸軍觀念有相當大的差異，因爲海洋不可能成爲政治主權的標的。我們不可能在其上取得給養（像陸軍在征服地區上那樣），也不能不准中立國進入。在世界政治體系之中，海洋的價值是在於作爲一種國家與其部分之間的交通工具。所以，「制海」的意義即爲交通的控制。除非是在一個純粹海洋戰爭中，否則制海永遠不可能像佔領領土一樣，成爲戰爭的最終目的。❻

　　柯白認爲交通的控制只有在戰時始能存在，就性質而言，又可分爲全面（general）或局部（local），長期（permanent）或暫時（temporary）。至於說到確保控制的方法，他認爲必須採取決定性的艦隊行動，始能贏得「長期全面控制」，不過其他的行動也還是可以獲致局部及暫時控制，其中又包括各種不同方式的封鎖在內。

　　《海洋戰略原則》是《綠色小冊》的最後修正版，也是柯白傳世之作。全書共分3篇：第一篇爲最近歐洲有關一般戰爭理論著作的概觀（overview）；第二篇爲海軍理論的分析；第三篇爲海軍作戰的討論。當然，比較最值得重視的還是第一篇。

　　柯白首先表示他不同意戰略有陸海兩派之說，他認爲海洋戰略只

是大陸戰略的延伸，而並非彼此對立。他認爲克勞塞維茨爲領先的現代理論家(還有約米尼，不過略遜一籌)，他想要將其未完成的著作推廣到其所未曾研究過的海洋方面：

> 站在克勞塞維茨和約米尼所已經達到的終點上，的確我們只是站在這個問題的門檻上而已。我們必須從他們離開的地點開始起步，並探求對於世界現狀(海洋在其中已經變成一個直接而重要的因素)他們的意見又是怎樣。❻❻

柯白首先承認克勞塞維茨和約米尼的著作使他獲益良多，然後又說明他的意見與他們的陸軍門徒是有所不同。同時又表示，他不是極端的海軍主義者，並深知海陸軍的功能是各自有其限度。柯白指出海上戰爭與陸上戰爭都同爲整個戰爭現象的一個分支。他主張應用海洋戰爭這個名詞而不用海軍戰爭，因爲無論就手段和目的而言，它都超出海軍行動範圍之外，而且與陸上行動的發展有密切不可分的關係。最後就全局而言，海上戰爭的地位是的確較次於陸上戰爭。柯白對此曾分析如下：

> 戰爭幾乎不可能僅憑海軍行動來決定勝負。若無協助，海軍的壓力只可能用消耗方式來發揮作用。其效果經常必然都是很遲緩，而且也會使我方及中立國的商業受到最嚴重損失。所以一般的趨勢往往都是接受並不具有決定性的和平條件了事。若欲決勝則必須使用遠較迅速而猛烈的壓力。因爲人是生活在陸上而非在海上，所以除極少的例外，都是採取兩種方式來決定戰爭勝負：其一是陸軍進佔敵國領土，其次是海軍使陸軍有此可能。❻❼

柯白說即令以陸上戰略而言，軍事理論家也都有過分強調總體戰爭的趨勢。甚至於克勞塞維茨也都還是經過了相當時間，才認清其自

己的錯誤，然後才提出有限戰爭的觀念。柯白對於十九世紀軍事理論和克勞塞維茨思想所作的解釋，即令以今天的標準來衡量，也都應算是非常傑出。**❻❽**

除對戰爭理論提出精闢分析以外，柯白對於若干公認的軍事教條也發表了與時人完全相反的意見：

(1)他強調防禦的利益。他雖並未完全照抄克勞塞維茨的文章，認為防禦是一種較強的形勢，但他卻同意毛奇的意見，戰略攻勢配合以戰術守勢實為最有效的戰爭形式。**❻❾**

(2)柯白雖然明白表示，他並非提倡復古，回到十八世紀的舊路，同時也不貶抑戰鬥和大會戰在戰爭中的重要性。不過，他同時又警告其讀者應知「認為戰爭是完全由會戰所組成」的觀念實乃謬誤。其原因為忽視了下述事實：「會戰只是一種能真正結束戰爭的手段，換言之，即能對敵方公民及其集體生活施加壓力。」他說既然會戰只是一種手段，則其他手段在某些情況中也可能同樣有效。尤其是在陸上通常還可以強迫敵軍接受戰鬥，但在海上敵方艦隊常可躲在港內，所以要想擊敗它遂勢必要使用其他的手段。**❼❶**

(3)柯白對於兵力集中的觀念也表示懷疑，而那也正是十九世紀戰爭思想中的基本原則。他指出過分強調集中是忽視了古老的戰爭經驗；若不分散兵力，則根本無戰略組合(strategic combination)之可言。若我方兵力能保持有彈性的分散，則敵方就很難知道我方的意圖和實力，而且也比較易於引誘其進入毀滅的陷阱。**❼❶**

儘管柯白在表達其意見時，所採取的都是低調的姿態，但這些觀念之具有革命性則仍為人所共認。概括地說，《海洋戰略原則》這本書的確已把海軍思想帶到了高度藝術的水平，而且也能經得起時間的考驗，到今天仍然要算是一本經典名著。因此，當該書出版時，在大西

洋兩岸都曾獲得很多的好評。不過，這當然並不意味著柯白的思想沒有缺失。事後看來，至少有下述幾點：

(1)柯白未曾預料敵方潛艇在戰爭中所能扮演的角色。他相信商船有較高的速度而也不那樣易毀，所以對於潛艇戰的價值作了錯誤的低估。

(2)他有輕視巡洋艦戰(cruiser warfare)的趨勢，但在第一次大戰時，德國巡洋艦在襲擊商船的活動中，所能獲致的成績遠超過其期待。

(3)他不像馬漢，不認為有採取護航(convoy)制的必要。在傳統的大海戰時代(1256-1815)，英國人使用護航措施曾獲廣泛的成功，這是一項不應忘記的重大教訓，尤其對於一位偉大的海權學者，此種失誤更令人感到不可思議。

(4)柯白的「最大失敗」(greatest failure)也許是他造成了一種印象（其實並不能完全怪他），使人相信艦隊若能憑藉其存在和地理優勢來確保制海權，即無與敵交戰之必要。這一點在戰後曾引起極大的爭論，且留待下文再說。

柯白自任敎海院之時起，即與費歇爾訂交，以後也就成為英國海軍部的高級顧問，不過其對於官方政策究竟有多大的影響力又還是很難斷言。裴德蘭之戰後，邱吉爾為文替他自己在戰爭初期所採取的海軍政策辯護（當時邱吉爾為海軍部長，費歇爾為海軍參謀總長），就引用柯白的著作來作為根據，於是在英國海軍內部引起嚴重爭論，直到第一次大戰結束之後仍繼續不斷。這樣逐使柯白很難於置身事外。他在晚年雖仍受聘為英國海軍撰寫戰史，但在其書出版時，海軍部務會議(Admiralty Borad)卻發表聲明指出其中所提倡的若干原則與官方意見直接衝突。不過，柯白已在兩星期前逝世（1922年9月），所以他並未受到任何影響。

　　作爲海軍戰略家中「歷史學派」（historical school）的創始者，柯白與馬漢有很多類似之處。他們都是在中年以後才開始認眞治學。他們都同樣強調歷史對海軍教育的貢獻。若以著作而論，在數量上是馬漢領先，但在素質上則柯白可能後來居上。柯白出版第一本主要著作時是差不多比馬漢晚了 10 年，所以馬漢的著作對他當然是曾經產生相當的啓發和示範作用。柯白治學態度遠較嚴謹，所用的均爲原始資料，而馬漢則幾乎完全依賴第二手資料。他們二人之間有惺惺相惜之感：馬漢雖早已成名，但對柯白頗表尊重；而柯白也從不公開和直接批評馬漢的著作，至少在其有生之年時是如此。在著作之中，馬漢的書以最早的兩本《影響》最具不朽價值，而柯白則以《戰略原則》名垂青史。馬漢深受約米尼的影響，而對於柯白，則克勞塞維茨的影響遠過於約米尼。最後再說到他們二人對當時和後世的影響，則馬漢實居於遙遙領先的地位。不僅當時美國以及其他國家的政策都受到他的影響，而且即令到今天，他也仍然還是「藍水學派」的祖師爺。反而言之，柯白對於當時英國海軍政策雖不無影響，但到今天可能除研究海洋戰略的學者以外，幾乎已經很少有人知道他的大名了。

# 伍、歐陸國家

　　在十九世紀的西方世界中，海洋戰略思想的發展固然是以英美兩國爲重心，但幾乎在所有其他的國家中，只要有海軍的存在，則也常有海權思想的著作出現，甚至於連小國也不例外。當然，比較值得重視的還是歐陸大國。

　　普魯士是一個內陸國家，一向與海洋隔絕，在克勞塞維茨的全部《戰爭論》中，幾乎從未提到海洋方面。不過到十九世紀末期，德意

志的海軍已經是一個不可輕視的國際權力因素。馬漢主義者的思想對德國產生了極大的衝擊。從 1890 年代中期開始，德國就有很多海軍著作出現。最重要的作家爲馬特查恩中將（Vice Admiral Curt von Maltzahn），在 1895 到 1905 年間曾任基爾（Kiel）海軍官校校長。在其所著《海軍戰爭》（*Naval Warfare*）書中，特別強調海洋對德國的重要。其理由爲：現在所有文明大國都必須仰賴全球性的商業，而且即令是大陸國家也已日益暴露在海戰的威脅之下。**❼❷**

馬特查恩認爲巡洋艦戰的效力是已經受到過分的誇張，事實上，在 1805 年以後即已被證明對於英國是絕對無效。而且只有以安全的制海權爲基礎時，此種戰法始可能生效。反而言之，「爲爭取制海權而戰，實爲海戰中的決定性因素。」因爲制海權能適應所有一切的目的，包括保護貿易，對海岸作戰等等都在內，所以「無論何時何地，或爲何種目的，制海權本身都是值得一戰」。他相信：「海戰實爲海軍戰爭整個系統的基石（keystone）。」**❼❸**

當威廉二世和鐵畢茲大建海軍時，馬特查恩的著作也就成爲其國內的思想基礎，若說他就是德國的馬漢，也似乎並非言過其實。不過，德國在海洋戰略領域中究竟又只能算是後起之秀。至於法國的地位則完全不同。儘管在長達百年之久的英法海洋爭霸戰中，法國人是終於落敗，但就海洋戰略思想的發展而言，法國似乎是比英國人較爲領先。甚至於到十九世紀後期，不列顛海權達到全盛階段時，法國的海軍思想在歐陸上仍然是一枝獨秀。

格拉維上將（Admiral Jurien de la Graviere,1812-92）對法國海軍思想貢獻極大。在海洋歷史領域中他是一位多產作家，同時對於法國人所謂的「大戰」（La Guerre Grande）觀念也是早期的提倡者。他在 1874 年這樣寫著：「海軍的目的即爲佔領和維持海洋交通。海洋的佔領即令只是暫時的，也仍能產生非常重要的後果，甚至於在純粹

大陸戰爭中也都如此。」他又指出：「除非能首先擊敗敵人，以來獲致制海權，否則對商船的掠奪戰能否成功也都不免大有疑問。」**⓴**

在其下一代，此種傳統由達流斯（Admiral Gabriel Darrieus, 1859-1931）和達維魯（Rene Daveluy,1863-1938）所承繼。達流斯在1907 年出版《海上戰爭：戰略與戰術》（*War on the Sea: Strategy and Tactics*），並同時在新成立的海軍最高學院（École Superieure de Marine）中教授海洋戰略。達維魯對海軍戰爭曾著書 8 種，歷史和理論都有，其中最著名者爲 1902 年的《海軍戰爭精義》（*L'Esprit de la Guerre Navale*）和 1905 年的《海軍戰略》（*Strategie Navale*）。對於第一次世界大戰之前的正統法國海軍界，他們兩人可以算是最佳的代表。

他們都是優良的技術家，對於魚雷和潛艇都很內行，有資格評估這些新發明對海洋戰略所可能產生的衝擊。他們和馬漢及柯隆布兄弟生活在同一時代，所以在思想上有其共同的趨勢。他們都潛心於歷史的研究，企圖證明海權的永久重要性，並發現海戰的基本原則。他們都認爲獲致海洋勝利的最佳途徑不是對商船的戰爭，而是攻勢戰略和決定性海戰。達維魯說：「殲滅敵人則也就能一舉而獲得一切的結果。」**⓵**

就某種限度而言，他們的著作似乎也是一種對異端（heretics）的答辯。那些人是拒絕接受馬漢、柯隆布等人的正統思想。舉例來說，在英國有詹氏（Fred T. Jane），他也就是《詹氏海軍年鑑》（*Jane's Fighting Ships*）的創辦人。他認爲海權可以依照情況的需要拼湊形成，對於海洋戰略有無永恆原則表示懷疑，也不相信海軍必須制海始能對陸地進行有效的作戰，尤其是對商船的作戰。他更認爲攻擊基地要比攻擊艦隊較能獲得決定性結果。**⓶** 就某種程度而言，柯白也多少含有異端的氣味。不過提倡異端思想最激烈的又還是法國的「少壯派」

(Jeune Ecole)。它在 1880 年代初期出現於法國海軍之中。

少壯派的思想背景是十八世紀法英兩國的長期對抗，而其基本觀念則出於 1854-71 年之間的戰爭，那也是工業時代新武器的第一次試驗。法國在 1871 年敗於普魯士之手，而後者根本沒有海軍。於是許多法國人遂開始認爲海軍在歐洲大國之間的關係上，最多只能扮演次要的角色。只要軍人還在準備速戰速決，則海權在歐洲軍事思想中也就只能居於附庸的地位。❼

少壯派的開山大師爲格里維(Baron Richard Grivel)，他在 1869 年所出版的《海洋戰爭》(*De La Guerre Maritime*)已成該派的經典。格里維對於正統理論可謂家學淵深，其父在 1837 年曾出版一本經典性正統理論著作。❼❽ 但他認爲法國若欲對抗英國，則正統理論是完全不適當。反之，他又指出：「商業戰對於最劣勢的艦隊也是最經濟的手段，而且也最能重建和平，因爲它直接打擊在敵方繁榮的根源上。」❼❾

自從 1874 年之後，此種思想又受到奧比(Admiral　Theophile Aube)、沙美斯(Gabriel　Charmes)、傅丁(Commander　Paul Fontin)、維格納(Lieutenant J. H. Vignot)等人的發揚和提倡。1886 年奧比出任海軍部長，少壯派的勢力也就達到了最高峰。他立即中止戰鬥艦建造計畫，在比塞大(Bizerta)成立潛艇研發中心，並開始以高速建造巡洋艦和魚雷快艇，企圖在一年半的時間內使理想變成現實。此種理想本早已存在，但直到十九世紀的最後階段，技術的發展才使其終有兌現的希望。魚雷、水雷、潛艇，使戰艦日益變得脆弱易毀，於遂暗示以巨艦爲基礎的海洋戰略已趨沒落。沙美斯說：

在任何地方侏儒都曾殺死巨人。有遠見的海軍人士早已預料在未來海戰中，威脅鐵甲船的最大危險是許多小船分別從各方面同

**時向它發動突擊。這些小船是非常靈活而不易被擊中。❸**

此種理論還有一附帶優點，因為法國也像其他國家一樣，海軍經常是受到大船的支配，所以在小船上的青年軍官也就特別擁護少壯派的理論。

奧比說，假使戰鬥艦真是如此易毀，則整個制海權的觀念也就變得毫無意義。英國海軍將不再能把法國海軍封鎖在港內。大船顧慮其本身的安全，遂使其攻擊威力大形減弱。反之，小船的威力則相對增強。他計畫用魚雷艇來攻擊英國港內碇泊的商船，以及其在法國水域中的封鎖艦隊。巡洋艦則用來在海路上捉捕商船，少數其他的軍艦則用來保護本國水域。而雷維里（Admiral Révillere）認為這樣的作戰足以使英國經濟發生危機，造成極大的擾亂和恐慌，而使英國的真正主人，商人和工業家，強迫其政府求和。

此種思想的傳播在法國引起巨大的爭論，幾達 20 年之久。每當海軍部易長時海軍政策也隨之搖擺不定。其他國家也受影響，在其最高潮時，奧、俄、德等國也都有主張放棄建造戰艦計畫的意見出現。至於英國人對此種趨勢所感到的憂慮是遠超過其所願意公開承認的程度。不過，少壯派的聲勢不久又開始減弱，1901 年法國恢復其戰艦的建造，這與思想本身並無太多關係，主要原因是戰略環境的改變。英國已經逐漸變成法國的同盟國而不再是其敵國，少壯派的中心觀念是以英國為假想敵，到此時其基礎遂完全崩潰。

不過，少壯派的真正弱點還是其所建議的那種海軍，除對英國以外幾乎毫無用處。法國也可能與俄國、德國，或義大利發生戰爭，而且也還有一個世界帝國需要維持和擴張。所以，它仍然需要一支具有相當實力的正規海軍，能夠爭奪制海權，與敵方戰鬥艦隊交戰，和攻擊其海岸。甚至於少壯派鉅子格里維也不能不承認，除對英國以外，

法國若對其他國家作戰,都需要一種能擊敗對方戰鬥艦隊的海軍。**㉑**

少壯派固然思想偏激,但仍代表一種勇敢的新企圖,其目的爲想對歷史難題提供解答,那就是劣勢海權應用何種戰略去對抗優勢海權。因爲古往今來,有許多國家都會發現其本身是面臨這樣的情況,所以,法國少壯派所提出的觀念在不同的時代中也都還是可能一再出現。

## 註　釋

**❶** 參看本書第一章,及該章註**㉚**。

**❷** J.S. Corbett (ed.), *Fighting Instructions,1530-1816* (London,1905), pp.3-13.

**❸** Quoted in H.W. Richmond,*The Navy as an Instrument of Policy,1558-1727*,ed.by E.A.Hughes (Cambridge,1953),pp.30-31.

**❹** Quoted in P. Colomb,*Naval Warfare*,3rd ed.(London,1899), pp.22-3.

**❺** M.Sutcliffe,*The Practise,Proceedings and Lawes of Armies*(London,1593).

**❻** Quoted in Cyprian Bridge,"Fleet Evolutions and Fleet Tactics"*Journal of the RUSI*(1873).

**❼** 同前註。

**❽** D. M. Shurman,*The Education of a Navy：The Development of British Naval Strategic Thought,1867-1914*(London,1965),p.16-35.

**❾** John Colomb,*Imperial Defence* (London,1871),p.8.

**❿** Philip Colomb,*Naval Warfare,Its Ruling Principles and Practice, Historically Treated* (London,1891),p.5.

**⓫** Philip Colomb,*Essays on Naval Defence* (London,1893), p.190.

**⓬** Quoted in Ho d'Egville, *Imperial Defence and Closer Union* (London,1913), p.47.

**⓭** Quoted in D.M.Shurman,*The Education of a Navy*(1965),p.52.

❹ 有關米羅對馬漢的影響，可參看 Robert Seager II,*Alfred Thayer Mahan:The Man and His Letters*(Annapolis,1977),pp.39-40, 68-70.

❺ Albert Gleaves,*Life and Letters of Rear Admiral Stephen B. Luce, U.S. Navy, Founder of the Naval War College*(New York,1925),p.169.

❻ Stephen B. Luce, "On the Study of Naval Warfare as a Science",*U.S. Naval Institute Proceedings*(1886),pp.527-46.

❼ Albert Gleaves,*Life and Letters of Luce*, p.268-96.

❽ Alfred T. Mahan,*From Sail to Steam:Recollections of Naval Life*(London, 1907),p.278.

❾ 同前註，p.237。

❿ 同前註，p.277。

㉑ John B. Hattendorf and Lynn C. Hattendorf,ed., *A Bibliography of the Works of Alfred Thayer Mahan*(U.S.Naval War College Press,1986).

㉒ Philip A. Crowl, "Alfred Thayer Mahan:The Naval Historian", in *Makers of Modern Strategy*(1986),p.449.

㉓ J. C. Wylie, "Mahan：Then and Now" in *The Influence of History on Mahan,* ed. John B. Hattendorf (U.S.Naval War College Press,1991)p.38.

㉔ Alfred T. Mahan, *From Sail to Steam*, p.276 .

㉕ 同前註，p.275-76。

㉖ Alfred T. Mahan,*The Influence of Sea Power upon History,1660-1783*(Boston,1890),p.V,以下均簡稱 *Influence*。

㉗ Philip A. Crowl, "Alfred Thayer Mahan" in *Makers of Modern Strategy* (1986),p.451.

㉘ *Influence*,p.138,71.

㉙ Alfred T. Mahan,*The Influence of Sea Power upon the French Revolution and Empire,1793-1815*(Little Brown,1892),Vol. II, pp.400-02.

㉚ David Hackett Fischer,*Historian's Fallacies: Toward a Logic of Historical Thought* (Wesport,1968),p.172.

❸ Herbert Rosinski, "Mahan and World War II", in *The Development of Naval Thought*：*Essays by Herbert Rosinski*,ed. by B. Mitchell Simpson III (Naval War College Press,1977),p.21.

❸ Margaret Tuttle Sprout, "Mahan:Evangelist of Sea Power" in *Makers* of *Modern Strategy* (1952),p.429.

❸ Eric Grove,*The Future of Sea Power* (Routledge,1990),p.231.

❸ Clark G. Reynolds, "Mahan, Russia, and the Next 100 Years" in *The Influence of History on Mahan*, p.199.

❸ Barry M. Gough, "Maritime Strategy:The Legacies of Mahan and Corbett as Philosophers of Sea Power", *RUSI* (winter,1988),p.56.

❸劉達材將軍，江西都昌人，海軍備役中將，歷任國防要職，學識經驗都極豐富，對於本書之寫作曾賜與很多協助。

❸ John B. Hattendorf, "Alfred Thayer Mahan and His Strategic Thought", in *Maritime Strategy and the Balance of Power*,ed. by John B. Hattendorf and Robert S. Jordan（ St. Martin,1989）, p.84.

❸關於此書及我國譯本，可參看劉達材，〈重溫戰略名著㈣ 馬漢著 《海軍戰略論》 之研析〉，《中華戰略學刊》（八十三年春季刊），p.38。

❸ Herbert Rosinski, "Mahan and World War II", in *The Development of Naval Thought*,p.21.

❹ Alfred T. Mahan,*The Major Operations of the Navies in the War of American Independence* (Boston,1913), p.33.

❹ Alfred T. Mahan,*Naval Strategy* (Boston,1911),p.166.

❹ Richard W. Turk,*The Ambiguous Relationship: Theodore Roosevelt and Alfred Thayer Mahan* (Westport,1987) ,p.154.

❹ Philip A. Crowl, "Alfred Thayer Mahan: the Naval Historian" in *Makers of Modern Strategy* (1986),p.461.

❹ *Influence*, p.88.

❹ Herbert Rosinski, "Mahan and World War II" in *The Development of*

*Naval Thought*,p.40.

㊻鈕先鐘,《中國戰略思想史》,p.555。

㊼劉達材,〈從馬漢海權思想看海權對中國歷史的影響〉,《廿一世紀中國海權研討會專集》(海軍學術月刊社,1991),p.24。

㊽葛敦華,〈馬漢將軍生平史略及其對歷史之影響〉,《廿一世紀中國海權研討會專集》,p.13。

㊾ Azar Gat,*The Development of Military Thought*(Oxford,1992),p.187.

㊿ Alfred T. Mahan,*From Sail to Steam*, p.300.

🄅 Barry M. Gough, "Maritime Strategy", *RUSI,* p.56.

🄆 Alfred J. Mahan,*The Problem of Asia and Its Effects upon International Policies*(Boston,1900),p.6.

🄇有關馬漢與地略學思想的淵源在本書第十五章中有較詳盡的分析。

🄈 Alfred T. Mahan,*The Problem of Asia*, p.88,154,163.

🄉 Margaret T. Sprout, "Mahan: Evangelist of Sea Pwoer", *Makers of Modern Strategy*(1952), p.436.

🄊 William D. Puleston, *Mahan:The Life and Work of Captain Alfred Thayer Mahan*(New Haven,1939), p.333.

🄋 Henry L. Stimson and McGeorge Bundy, *On Active Service*(New York, 1948), p.506.

🄌 Stansfield Turner, "Challenge!", *Naval War College Review*(September/ October,1972), p.2.

🄍 Barry M. Gough, "Maritime Strategy",*RUSI*, p.58.

🄎 Barry D. Hunt, "The Strategic Thought of Sir Julian S. Corbett,"*Maritime Strategy and the Balance of Power*, p.115.

🄏柯白,《綠色小冊》,原書,p.4。

🄐再版《綠色小冊》,即《戰略註釋》(*Notes on Strategy*),p.4。

🄑同前註,p.6。

🄒同前註,p.10 。

❻❺同前註，p.10。

❻❻ J. S. Corbett, *Some Principles of Maritime Strategy* (London,1911), p.48.

❻❼同前註，p.15。

❻❽同前註，pp.19-27。

❻❾同前註，pp.72-74。

❼⓿同前註，p.76,86,97,155。

❼❶同前註，p.152。

❼❷ Curt von Maltzahn,*Naval Warfare* (London,1908),p.109,130.

❼❸同前註，p.121,137。

❼❹ Quoted in Geoffrey Till,*Maritime Strategy in the Nuclear Age* (London, 1982),p.24.

❼❺ Rene Daveluy, *L'Esprit de la Guerre Navale* (Paris,1902),Vol.I, p.8.

❼❻ F.T.Jane,*Heresies of Sea Power* (London,1906).

❼❼ Theodorp Ropp, "Continental Doctrines of Sea Power", *Makers of Modern Strategy* (1952), p.446.

❼❽ Vice Admiral Jean Grivel, *De La Marine Militaire* (Paris,1837).

❼❾ Richard Grivel,*De La Guerre Maritime* (Paris,1869),p.50.

❽⓿ Quoted in Geoffrey Till,*Maritime Strategy in the Nuclear Age*, p.25.

❽❶同前註，p.27。

# 第 六 篇

# 近代(下)

## 西方戰略思想的全盛期㈢

### (二十世紀)

# 【第十五章】

# 第一次大戰後的德國

## 壹、魯登道夫

　　概括言之，希里芬計畫可以算是二十世紀開始時西方戰略思想發展趨勢的具體代表。戰略的觀念正在擴大，平時戰略計畫作爲日益受到重視，並使戰爭與和平之間的界線變得日益模糊。職業軍人開始相信戰爭在尙未爆發之前，即可對其作周詳的計畫，從動員一直到勝利。他們甚至於相信那不僅可能而且必要。換言之，作爲「軍之腦」的參謀本部是以準備戰爭爲其日常工作。國際政治和國內政治都受其影響，外交政策對於軍事首長的意見必須尊重。軍事權力不僅成爲威望的象徵，而且也是一種施展外交壓力的工具。在政府組織中，軍事部門日益專業化和專精化，並要求較高的自主權和較大的影響力。但一般說來，文武之間經常缺乏溝通和協調。戰爭的準備變得日益複雜，參謀本部制度不僅已爲各國所採用，而且也已建立其權威，於是軍事組織也日益官僚化。

　　在國際關係的領域中，歐洲各國之間所建立的同盟體系，不僅不

能維持權力平衡的穩定，反而足以製造危機。外交政策逐漸喪失其應有的彈性，而受到軍事戰略的牽制。其最後的結果是外交政策不再是以促進和平爲目的，反而變成幫助準備戰爭的工具。等到危機發生時，外交當局也就完全喪失主動應變的能力，反而聽任軍人盲目地走向毀滅的途徑。

戰爭的規模和複雜性都日益增大。但職業軍人仍相信戰爭不會太長，和開戰時的行動具有決定性，於是逐使軍人有一種害怕坐失機先的心態。這也就是所謂「動員的意義即爲戰爭」（mobilization means war）一語的由來。在這樣不穩定的環境中，先發制人的思想逐油然而生。誠如史學家泰勒（A.J.P.Taylor）對於第一次大戰所作的斷語：「強迫歐洲政治家打這次大戰的因素是鐵路時間表。」❶

第一次世界大戰對於戰前所已發展成形的各種戰略思想可以算是一次聯考，結果爲所有歐洲大國參謀本部在平時精心擬定的戰略計畫都無一及格。其原因爲他們都是「閉戶造車」，根本上不曾認清客觀環境和戰爭性質的改變。所以，文章雖好，但可惜文不對題。只有那位猶太祖籍的波蘭銀行家卻不幸而言中。距離其書出版還不到 20 年，他所想像的自殺戰爭已經成爲事實。

布羅赫認爲戰爭早已落伍並終將淘汰。戰爭不僅無利可圖而更是一種瘋狂的行爲。他的預言可謂靈驗，但其判斷則完全錯誤。戰爭不特不曾歸於淘汰，而且還變本加厲，日趨於總體化。人類似乎眞是那樣愚笨，對於此種毫無理性的集體自殺行爲大有樂此不疲之勢，其原因又安在耶？

布羅赫對於戰爭的技術、經濟、政治等方面都已考慮，但仍忽視了一個重要因素，那就是心理因素。民族主義和民主政治把戰爭昇華成爲一種追求理想的「十字軍」。每個民族都相信只有他們自己才是上帝的選民或眞理的信徒，於是不僅談判妥協不在考慮之列，甚至於理

性良知也都喪盡。在瘋狂的歇斯底里心理支配之下，人類恢復了原始獸性。

在這種情況之下，戰略遂日益退化，戰爭終於發展成爲純粹的消耗形式。在範圍有限的地面戰場上，即令集中大量的兵力，使用大量的武器，結果也還是只能造成僵局，而達不到速戰速決的目的。戰爭發展到這樣的狀態，一切傳統戰略智慧也都將無以施其技。比較說來，在各派戰略思想中，也許只有海權思想還能勉強通過戰爭的考驗。儘管如此，作爲海權典型的英國，對於其看家本領又還是未能作最有效的運用。

於是這一場大戰打下去，不僅打垮了俾斯麥所艱難締造的德意志帝國，而且也使維持了一百年的「不列顛和平」變爲歷史陳蹟。同時，更使歐洲元氣大傷，從此喪失其作爲世界權力中心的地位。所謂「大戰」（Great War）者，對於戰略家而言眞是一個沉痛的敎訓。其特徵爲在「所尋求的目標，所付出的代價，所獲得的結果」三者之間是顯然地脫節。❷假使說這一整代的軍人和政客並非愚不可及，也非存心不良，則這次大戰也就可以說一場希臘悲劇。

戰爭結束時，法國總理克雷孟梭（George Clemenceau）曾慨乎言之：「戰爭是一件太嚴重的事情，不能委之於將軍。」（War is too serious a business to be left to generals）。這句名言雖然傳誦千古，但又不意味著那些不是將軍的人就一定能有較好的表現。其眞正的意義應該是由於戰爭的問題已經變得如此複雜和重要，所以更需要整合社會精英去尋求解答。❸

尤其重要的是戰爭雖然可怕，但並不能因此而就厭惡戰爭的研究。戰爭像疾病一樣，並不會因爲人們的厭惡而就自動消滅。所以，事實上，在1918年戰爭結束後，儘管一般人在感情上都有厭戰和反戰的趨勢，但從事戰略研究的人在痛定思痛之餘，又還是不能不再出發

而踏上新的途徑。

德國雖然戰敗，但素以優秀民族自居的德國人自然還是不肯服輸。所以在戰後檢討失敗時自然會產生若干創新的戰略觀念。在兩次大戰之間的階段，能成一家之言的德國戰略思想家值得一提的也許至少有兩位：其一為魯登道夫(Eric Ludendorff,1865-1937)，其次為豪斯霍夫(Karl Haushofer,1869-1946)。此外，一代怪傑希特勒(Adolf Hitler,1889-1945)能否有資格在戰略思想史中佔一席之地，亦為本章所擬檢討的最後主題。

魯登道夫是德國參謀本部思想工廠中的標準產品，也是第一次大戰中的敗軍之將。他不是貴族出身，有瑞典人的血統，在小毛奇任參謀總長時，他已經是參謀本部中主管作戰計畫的要員（已見第十一章）。在戰爭期中他做了興登堡(Von Hidenburg)的副手，從 1916 年7 月起，德軍的全面戰爭指導也就都是由他負責，直到戰爭結束為止。戰後不僅不甘寂寞，而且也自然想要替他自己辯護，這也就是他寫《總體戰爭》(*Der Totale Krieg*，英文譯為 *The Total War*)一書的主要動機。❹

嚴格說來，這本書不能算是真正的學術著作。就其立論的態度而言，更是偏激到了極點。魯登道夫不僅反對民主制度，反對一切的政治家，而且也反對克勞塞維茨的思想。他主張軍人獨裁，戰略支配政策，而其理想中的大獨裁者當然是非他莫屬了。儘管如此，他對於戰略思想又還是有若干貢獻，至少，「總體戰爭」(Total War)這個名詞的首創是應該歸功於他。希排爾(Hans Speier)曾經指出：「魯登道夫的總體戰爭理論並非以兩次世界大戰之間階段中軍事發展的研究為基礎，也非對於政治、軍事、技術、經濟、精神等因素的互動關係曾作慎重思考之後而獲致的結論。」此種批評固屬允當，不過有一點失之過苛。❺

概括言之，魯登道夫的總體戰爭思想可以綜合成爲下述五項基本原則：

㈠戰爭具有總體性，因爲戰場包括交戰國家的全部領土，而全體人民也都必須積極參加戰爭的努力。

㈡要想使總體戰爭獲得有效的執行，則國家的經濟體系必須完全適應戰爭的要求，因爲打總體戰爭的人不是軍隊而是人民。

㈢由於全民參戰之故，所以必須努力使用宣傳手段以來增強本國的士氣，並減弱敵國的政治團結。

㈣總體戰爭的準備必須在公開戰鬥之前即開始進行，因爲軍事、經濟、心理等方面的準備都會影響現代社會中的所謂平時生活。

㈤最後，要想獲致整合而又有效率的戰爭努力，總體戰爭必須由一個最高權威來作全面的指導，那也就是最高統帥。

魯登道夫認爲在現代戰爭中的民族正像在圍城中的軍民一樣，除直接的戰鬥以外，他們還會受到飢餓、封鎖，和宣傳的影響。所謂前線與後方，戰鬥員與非戰鬥員之間的區別早已喪失其舊有的意義。在經濟方面，他提倡自足主義，不過，他對於經濟的知識實際上相當幼稚，其所論列只是拾人牙慧而已。另一方面，魯登道夫對於所謂「心理戰」（psychological warfare）卻的確有其獨到的見解。他的觀念與納粹黨所使用的方法並不相同。他認爲僅只使用機械化或表面化的方法並不能獲致眞正的社會團結，例如羣衆大會、示威遊行等等。他說：「用強迫的方式只能使人民在外表上一致，那並不能符合總體戰爭的需要。」他又指出納粹黨的青年訓練適足以剝奪青年的個性，並不能使青年對戰爭獲得適當的準備。❻

魯登道夫非常佩服日本人，認爲那是民族統一團結的最高典型，並將此種成就歸功於日本的神道教。此種觀念固然頗有疑問，但可以

顯示他認爲必須形成一種精神狀態，然後始能使現代工業社會中的人民願意忍受總體戰爭的艱苦生活條件。僅憑巧妙的宣傳還不夠，誠如戎格爾（Erinst Juenger）所云：「動員可以組織人的技術能力，但並不能透入其信仰的核心。」❼魯登道夫認爲社會團結的根源爲其深遠的傳統，而不是警察國家的有效組織。

就全體而言，魯登道夫對於心理戰所扮演的角色，似乎是有比希特勒遠較深入的認識。而他對於宣傳技術所發表的意見，也顯示他在這一方面具有驚人的專門知識。他指出德國政府在第一次大戰初期掩飾馬恩河會戰失敗的事實爲一重大錯誤。他主張對於戰報的發布必須坦白，否則即無異於給與造謠者以可利用的良好機會。他又認爲必須使老百姓絕對相信政府所說的是眞話，同時更應提醒他們使其了解戰敗對於祖國的意義是什麼。這樣始能養成同仇敵愾的心理。反而言之，散布對敵人不利的謠言，又是破壞其民心士氣的一種有效手段。❽

魯登道夫的總體戰爭理論是以最高統帥觀念爲其頂點。在其心目中的最高統帥，除指導軍事行動（作戰）以外，同時還要對國家的外交、經濟、宣傳等方面的政策負起指導的全責。他說：

> 軍事參謀本部必須有適當的組織。它應包括陸戰、空戰、海戰、宣傳、戰爭技術、經濟、政治等領域中的最佳頭腦，以及對於人民生活有充分了解的人才。他們在所負責的範圍內應分別向參謀總長提出報告。如有必要，還應向最高統帥直接報告，但並不負責政策作爲的任務。❾

所以，在魯登道夫的總體戰爭中，根本上沒有文人政治家的地位。最高統帥實際上是一位軍人獨裁者，這也正是希特勒所不能接受的觀念。所以，當希特勒尚未取得政權之時，雖曾利用魯登道夫的聲望來作爲號召，但上台之後就立即與他劃清界線，不再允許他參與政治活

動。

魯登道夫的最大弱點是其著作中的感情成分太重，不僅有損風度而且也引起反感。例如他說：

> 所有一切的克勞塞維茨理論都應該無保留地丟到坋圾箱裏。戰爭與政治都是替民族的生存服務，但戰爭卻是種族求生存意志的最高表現。❿

誠如福斯特（E. M. Forster）所形容，他是「宣揚理想主義而實踐野蠻行動」，但儘管其言論令人反感，但我們又不應忘記他本人也有其特殊的解釋。他曾強調就本質而言，總體戰爭是防禦性的戰爭。除非人民都知道那是爲生存而戰，否則他們不可能全國一致，奮戰到底。所以，魯登道夫堅持著說：「總體戰爭的性質要求僅當整個民族生存眞正受到威脅時，才能進行此種戰爭。」⓫ 此外，魯登道夫又認爲總體戰爭實乃人口和技術兩種因素的聯合產品。人口數量的增加，武器威力的改進，即將必然導致戰爭的日益總體化。所以，總體戰爭並不需要任何政治或思想性的理由，但卻把這些因素都涵蓋在內。

即令是毀多於譽，但自從魯登道夫首創此一名詞以來，總體戰爭的概括觀念又已爲全世界戰略思想家所接受。邱吉爾在 1943 年所說的話似乎可以作爲民主世界接受此種觀念的證明：

> 現代戰爭是總體性的。其進行必須有賴於技術和專業權威的支持，而且接受政府首長的指導。後者不僅應有了解軍事、政治、經濟等力量如何運作的知識，而且還應享有把所有這些力量集中在目標上的權力。⓬

除了把「最高統帥」改爲「政府首長」以外，邱吉爾幾乎可以說是照抄魯登道夫的文章。

# 貳、豪斯霍夫

　　除魯登道夫的總體戰爭觀念以外，德國人在兩次大戰之間的時代中又還有另外一項貢獻，那就是以豪斯霍夫爲中心的所謂「地略」(geopolitik)思想。後者遠比前者雜亂無章，而且也幾乎找不到一本具有代表性的著作。嚴格說來，「地略」本身是一個含意非常模糊的名詞，而且也只與戰略具有間接的關係，所以，實在可以不必列入戰略思想的範圍之內。不過由於此種觀念，而尤其是這個名詞，在當前的戰略言論和文獻中時常出現，而且也的確還有許多戰略家的思想是多少受其影響，因此，在評述西方近代戰略思想的演進過程時，遂仍有將地略思想列入之必要。

　　首先從名詞說起，第一位在著作中使用此一名詞的人是瑞典地理學家克傑侖(Rudolf Kjellén, 1864-1922)。他對其意義是界定爲「國家的自然環境。」❸以後，豪斯霍夫雖承襲了這個名詞，但並未採取其原有的定義。在德文中地略的原名爲"geopolitik"，譯成英文就變成了"geolotics"。照理說，二者之間只應有一種語文上的差異，而不應有意義上的差異。但令人感到驚異的是事實並非如此簡單。

　　美國學者格雷(Colin S. Gray)對於這一點曾作詳細的說明。他指出今天西方學術界所通用的"geopolitics"，是一種含有政策科學(policy science)意義的研究，換言之，只研究一般的政策問題，而並不提倡某種特殊的政策行動。在另一方面，"geopolitik"所指的是當年納粹德國的正宗地略，那只是一種僞科學(psedoscience)。其全盛時期是從二〇年代初期開始，直到第三帝國滅亡時爲止。❹

　　基於以上的分析，我們可以說："geopolitik"是已經死亡，已成歷

史的陳蹟；而"geopolitcs"則似乎是幽靈不散，甚至於只是借屍還魂。儘管如此，名詞和意義的混亂又仍然還是繼續構成相當多的困擾。

概括地說，"geopolitics"這個字今天在使用時，其意義仍然可有三種不同的解釋：

㈠當用作德文中原有的"geopolitik"的英文翻譯時，其意義也就應該依照德文原意來解釋。

㈡有人將其視爲政治地理學（political geography）的同義詞，這也是一種最廣義的解釋。

㈢美國國際關係學域的前輩，以後也被人視爲地略學家的斯派克曼（N. J. Spykman）則認爲其意義即爲以地理因素爲基礎的國家安全計畫作爲。這又與英國地理學家衣斯特（W.G. East）的意見接近。後者主張這個名詞可以方便地用來表示國家之間的外在地理關係。❺

再說到中文的譯名，遂又引起更進一步的困擾。最初對於"geopolitics"是譯爲「地緣政治」，以後又譯爲「地略」。事實上，這兩種譯法都有弱點。前者照表面上看來似乎譯得很恰當，但實際上，英文的"politics"是用來譯德文的"politik"，而這個字在德文中具有「政策」（policy）的含意，因此與其譯爲「地緣政治」，則毋寧譯爲「地緣政策」。（事實上，英文中的"politics"也含有政策的意義，不過不太爲人所注意。）後者（地略）的「略」字之由來是因爲過去我們跟著日本人把「政策」稱爲「政略」之故（過去常有「政戰二略」之說）。若依照現在通用的名詞，則似乎譯爲「地策」才比較妥當。此種譯法又還有一個附帶的優點：因爲最近西方又有一個新名詞"geostrategy"出現，而除照舊譯爲「地緣戰略」以外，即很難作簡短的漢譯。如果把"geopolitics"譯爲「地策」，則"geostrategy"也就可以順理成章地譯爲「地略」了。

　　本章所要討論的對象爲在兩次大戰之間的階段中，德國所流行的地略思想，所以，對於此一名詞的意義自應採取其原始的解釋。至於第二次世界大戰之後在西方所產生的新地略思想則不在討論範圍之內。**⑯**

　　納粹德國的地略學是以豪斯霍夫爲其創始人。他在普法戰爭前一年出生於巴伐利亞(Bavaria)都城慕尼黑(Munich)。他是職業軍人，在第一次大戰時獲得少將官階，他也是正牌學者，1914 年大戰爆發前曾在巴伐利亞大學(Royal Bavarian University)獲得地理學、地質學、歷史學博士學位。他曾經訪問日本，也像魯登道夫一樣，對於日本人的精神和成就表示高度的肯定。第一次大戰後，豪斯霍夫返回學術界，並開始創建地略學，同時又與納粹黨互通聲氣。從 1921 年開始，他的事業可以說是一帆風順，左右逢源：

1921　　慕尼黑大學地理學榮譽教授。

1924　　《地略學雜誌》(*Zeitschrift für Geopolitik*)總編輯。

1933　　慕尼黑大學地略學教授兼理學院院長。

1933　　慕尼黑大學地略學研究所(Institut für Geopolitik)所長。

1934　　德國國家研究院院長。

很明顯，到此時豪斯霍夫早已變成希特勒的御用學者。

　　在威瑪共和國的時代，慕尼黑是德國反民主勢力的大本營，希特勒、魯登道夫等人都以此爲基地，所以豪斯霍夫會與他們勾結也似乎是勢所必至。據說當希特勒寫《我的奮鬥》(*Mein Kampf*)時，曾受豪斯霍夫的影響，這似乎是一個可以爭議的問題。豪斯霍夫爲希斯(Rudolf Hess)的朋友，希斯爲希特勒之親信(他本是納粹黨中僅次於戈林的第三號人物，以後以奔英事件轟動世界)，所以經由希斯的介

紹，他才與希特勒建立關係。當 1923 年希特勒政變失敗後坐牢時，豪斯霍夫曾往探望，於是遂有人認爲對於希特勒書中討論生存空間的部分，豪斯霍夫曾提供靈感，並且也建議用地略學理論來作爲解釋擴張政策的理由。

　　第二次大戰結束後，美國當局曾請劫後餘生的豪斯霍夫對他與希特勒的關係，及其所曾扮演的角色，作一個明白的解釋。豪斯霍夫對於上述說法曾予以否認。他說他是僅在《我的奮鬥》1925 年 7 月出版之後才看到這本書，並且在當時認爲這本書在其雜誌上是不值得介紹，因爲它與地略學無關。不過，豪斯霍夫又還是承認他曾向希斯解釋拉采爾（Friedrich Ratzel,1844-1904）的政治地理理論，而據報導希斯曾與希特勒就此種理論進行討論。豪斯霍夫最後又說，這位領袖並不能了解其思想的精義，而且也完全不能欣賞生存空間觀念對外交政策的重要意義。❼

　　豪斯霍夫的話自然是有爲其自己辯護的目的，所以並不完全可信，但他與希特勒在思想上是存在著相當的差異則又確爲事實。尤其是到了第二次大戰後期，更是如此。因此，我們可以獲得一個結論：豪斯霍夫與希特勒之間的關係不過是互相利用而已。

　　惠特里塞（Derwent Whittlesey）曾指出：

　　　地略是軍國主義的產品和戰爭的工具。誠如其名稱所暗示，它同時爲地理學與政治科學的延伸。不過，其創立和發展大致又都是地理學家之所爲。有時，它似乎是政治地理學的雙胞胎。但它比較晚出，並且是在兩次大戰之間的時代中才開始形成。❽

　　惠特里塞的意見是在第二次大戰尙未結束時所發表，與今天大家對於德國地略學的認知是已有相當的差距。

　　事實上，要想對於德國地略學的著作作一有系統的概述，幾乎可

以說是不可能。因爲所謂地略學本是一種集體創作。雖然豪斯霍夫爲
此學派的創始人，但其思想又還是有許多不同的來源，同時在其所主
持的慕尼黑地略學研究所中的同仁也都曾作無名的貢獻。在這樣的情
況之下，地略學自然很難形成統一的思想和綜合的理論。因此到戰後，
主要的爭議焦點即爲能否確定地略學作爲一種科學化學科(scientific
discipline)的地位。大多數學者對此都表示懷疑，尤其是法國已故戰略
大師阿洪(Raymond Aron)更毫不客氣批評地略學家有過分強調地
理因素的趨勢，以至於忽視影響國際關係的其他變數；此外，他們又
保有嚴重的思想偏見，以至於缺乏嚴謹的科學態度。⓳

其他的學者大致也都認爲豪斯霍夫未能證實其表面化的科學論
調，而且其想要使地略學變成「國家地理良知」(geographisches
Gewissen des Staates)的雄心也是荒謬的妄想。儘管如此，根據戰後
所發現的豪斯霍夫與其出版者伏溫克(Kurt Vowinckel)之間的來往
信件，又可明白顯示這位地略大師對其本身努力的科學性質也頗感懷
疑。所以，他曾一再表示不願出版一本地略學教範(manual)，並自認
其所已進行的研究和所已獲致的結果不過只是用來建築未來理論大廈
的奠基石而已。⓴

這些私下的承認與其公開態度中所表現的自信又成爲強烈對比。
依照其公開的理論，地略學是一種完全的科學，而所有其他一切的學
科都應臣屬於其下。地略學把政治放在一種全球性的視界中，使人得
以掌握其本質，並給與決策者以學術基礎，使其能影響世局的演變。
此外，豪斯霍夫又認爲地略學也是行動學(praxeology)，是一種達到
目的的手段，所以在實際應用中尤其具有價值，德國人應以其爲基礎
以來學習如何解決自 1918 年戰敗以來所面臨的各種難題。

地略學在思想上有其複雜的來源，最主要者爲拉采爾、克傑侖、
馬漢、麥金德等人的著作，所以，嚴格說來，豪斯霍夫似乎不能算是

一個創造者而只是一個綜合者。他只是把各家學說合而爲一，再加上一個新的帽子而已，正因如此，其中也就自然難免有矛盾衝突的存在。現在就分論如下。

㈠拉采爾是第二帝國時代的德國地理學大師，也是地理決定論(determinism)的代表人。其在1897年所出版的《政治地理學》(*Politische Geographie*)爲公認的權威鉅著，把當時所有一切的政治地理原則都包括在內。他認爲國家爲一生命有機體(living organism)，在其成長過程中必須滿足其空間要求(spatial requirements)，這也就是所謂「生存空間」(Lebensraum)觀念之由來。

㈡克傑侖是地略這個名詞的創始人，他對於拉采爾的思想作了若干修正。他認爲國家不僅是一種有機體，而且還具有精神意識。克傑侖同意拉采爾的觀點，也認爲國家發展的最後目的即爲權力的獲致，但他又指出在追求權力時，國家所使用的手段並非僅限於領土擴張的方式。現代文明和技術也可以用來達到所欲的目的。克傑侖的結論爲：「國家權力發展的最後目的爲對外獲致良好的天然疆界(matural frontiers)，對內獲得和諧的統一(harmonious unity)。」❷

㈢馬漢與地略學的關係在前章中已經提及，據斯陶茲胡比(Robert Stuausz-Hupé)所云，在豪斯霍夫的著作中可以明顯地發現其所受馬漢的影響，儘管其陸權主義與馬漢的海權主義是如此強烈地針鋒相對。斯陶茲胡比指出，德國地略學家曾認眞地研究海權的歷史，其所獲的結論爲：「島嶼帝國的時代正在沒落，而陸權的前途則未可限量。」儘管如此，豪斯霍夫對於馬漢又還是佩服備至，認爲他是偉大的地略思想家，是引導美國走向偉大途徑的先知者，並曾敎導美國政治家在思考上應以世界權力和大空間爲基礎。❷

㈣麥金德(Halford J. Mackinder,1861-1947)在1904年發表其

第一篇論文〈歷史的地理樞軸〉（The Geographical Pivot of History），那不僅是對馬漢海權論的反應，而也是對英國人所發出的警告。他認爲當時陸海兩權大致處於平衡態勢，但向未來看，則權力平衡將日益不利於海權。1919 年他又出版《民主理想與現實》（Democratic Ideals and Reality）一書，這是其思想的代表作，所謂「心臟地區」（Heartland）也是在此書中首次使用。但這個名詞又非其首創，而是取自另一位英國地理學家費格里夫（Sir James Fairgrieve）的著作。❷❸ 麥金德認爲心臟地區爲歐亞大陸上的一片有天然保護的內陸基地，有巨大潛力可以發展成爲重工業大國。以此爲基礎遂更可控制「世界島」（World Island）。「世界島」是麥金德所首創的新名詞，其意義即爲歐亞非三洲的全體。麥金德認爲心臟地區幾乎在任何方面都不怕外來攻擊，只有西面爲唯一例外。換言之，只有東歐爲唯一能直接攻入該地區的陸上路線。這樣也就歸納成爲其三句名言：

統治東歐者支配心臟地區；統治心臟地區者支配世界島；統治世界島者支配世界。

麥金德在 1919 年著書時，所害怕的並非已赤化的俄國，而是敗而未潰的德國。他認爲德國很容易復興，若一旦容許其統治東歐，即將有支配心臟地區的危險，所以他才會向西方國家發出這樣的警告。在其提出三句名言之前，還說了這樣一段話：

當我們的政治家在和戰敗的敵人談判時（指巴黎和會而言），應有一位天使不斷地在他們耳邊細語著說……❷❹

很可惜，大家幾乎都只知道麥金德三句名言，而完全不曾注意他這一段含意微妙的引語。

豪斯霍夫的地略學就是把上述的這些觀念綜合而成的理論。因爲

這些觀念各有其不同的背景和時代，所以，地略學實際上只是一種混合的雜拌，而並非一種有系統的學問，即無核心思想，也無完整架構。概括言之，其主要觀念（名詞）又可分述如下：

㈠**生存空間**　此一觀念和名詞都是拉采爾所首創。不過，豪斯霍夫除接受他的遺產以外，又還在理論上作了兩點進一步的引伸：(1)由於各國人口成長率不一樣，所以對於生存空間的需要也不一樣；(2)因此，一個像日爾曼這樣活力充沛的青年民族必須擴張。

㈡**自然疆界**　這是克傑侖所首創的觀念，實際上只是一種領土擴張的藉口。換言之，根據此種觀念，國家有權超越其「政治」（political）或「人為」（artifical）疆界，以來達到其所自認為的「天然」（natural）疆界。天然疆界和生存空間兩種觀念的結合，遂使納粹德國有了領土擴張的充分理由。

㈢**陸權與海權**　豪斯霍夫在這個領域中的全套理論幾乎都是完全照抄麥金德的著作，包括「心臟地區」等名詞在內，而麥金德的理論原本又是馬漢著作所引起的反應。可以說是十分諷刺，麥金德著書的目的，本是警告西方政治家不要忽視德國的潛在威脅，但想不到他的警告對於西方不曾產生任何作用，反而給豪斯霍夫順手牽羊地用來作為其鼓吹擴張主義的理論根據。〔此處應附帶說明一點：麥金德本是一位正統的地理學家，而並非所謂「地略家」（geopolitician），但因為他的理論為豪斯霍夫所抄襲，於是許多人也就不分青紅皂白把他列入地略家的分類中，真是冤枉。〕

㈣**自給自足**　所謂「自給自足」（autarky）是地略學家所提倡的經濟思想。但事實上，任何國家都不可能完全自給自足，此種觀念的確只是一種近似烏托邦的幻想。不過，他們又還是別有用心，因為在經濟上若以追求自給自足為目的，則也恰好足以構成領土擴張的最佳理

由之一。

　㈤**泛區**　所謂「泛區」(panregion)的劃分也就是豪斯霍夫理想中的世界新地圖，也許只有這一點可以勉強算是他所獨創的觀念。照他的設計，整個世界應可分爲四大泛區：(1)泛美(Pan-America)，(2)歐非(Eurafrica)，(3)泛俄(Pan-Russia)，(4)泛亞(Pan-Asia)。豪斯霍夫對於全球權力結構所希望作成的安排是有如下述：(1)德國支配歐非區，也成爲世界權力中心；(2)日本支配泛亞區，亦即所謂大東亞共榮圈；(3)俄國支配泛俄區，並與德國保持合作關係；(4)美國支配泛美區，但對舊世界(世界島)居於中立和孤立的地位。

　　在第二次大戰期中，甚至於在其直後階段，西方學者對於地略的重要性作了過高的評估。例如斯陶茲胡比曾認爲：

　　　地略是説明征服理由和内容的大計畫，指導軍事戰略家採取最容易的路線以來達到征服目標。所以打開希特勒全球心靈的鑰匙即爲德國的地略。㉕

這種評估不僅過分誇大而也缺乏證據。

　　直到 1977 年，德國的賈可布森教授(H.J.Jacobson)出版了一部研究豪斯霍夫的鉅著，於是對於這位慕尼黑地略學派的宗師才開始有了新的認識。這部書名爲《豪斯霍夫：生平與著作》(*Karl Haushofer: Leben und Werk*)，共分上下兩卷。上卷爲其生活經歷和地略文集，下卷爲其信件選集。其中有許多都是比較可信的原始資料。基於對這些資料的分析，即可以發現豪斯霍夫的思想，以及其在納粹德國的影響力，是與過去所想像和傳說的大不相同。

　　嚴格說來，豪斯霍夫對於第三帝國的外交政策，幾乎毫無任何實質的影響作用，而希特勒的戰略計畫則更和他扯不上任何關係。儘管

他提倡德國應擴大其生存空間的理論，但並不贊成希特勒的冒險行動。事實上，豪斯霍夫認爲行動必須謹愼，他一再強調擴大生存空間是德國外交政策的基本任務，但又補充著說，在執行時必須不讓國家社會的利益受到危害。

豪斯霍夫對於凡爾賽和約的態度與大多數德國人的態度並無任何本質上的差異，至於他主張創建一個與日爾曼文明疆界吻合的地區，也正是代表德國人的悠久民族願望。事實上，在第一次大戰之後，幾乎所有的德國人都是修正主義者，都不滿意現狀，豪斯霍夫不過是其中之一人而已。他們的共同願望爲突破德國現在所受的束縛，並重建一個符合傳統願望的德意志祖國。

簡言之，豪斯霍夫並非如一般人所認爲的那樣具有思想狂熱，他也不曾鼓勵希特勒的征服雄心，實際上，希特勒也不需要任何鼓勵。尤其是他主張德俄合作，那是與希特勒強烈反俄心態完全背道而馳。無可諱言，當希特勒初起時，豪斯霍夫和他是保有某種程度的合作，這是一種自然趨勢，而且他們也的確有志同道合之感。以後希特勒日益得意，而豪斯霍夫則人在江湖，身不由己，遂不僅淪爲御用學者，而其理論也變成納粹黨的宣傳工具，這可以說是文人的悲哀，實乃古今常例，令人不勝感慨。

豪斯霍夫的結局更是悲慘。他的兒子亞布里赫特（Albrecht Haushofer）由於涉嫌參加反希特勒的政變而被槍決，他本人則被關入集中營。同盟國勝利後雖獲釋放，但終因貧病交加，在 1946 年自殺身亡。假使不是「地略」這個名詞仍繼續爲西方戰略思想家所採用（儘管在意義上已有很大的改變），則今天可能已經很少有人知道豪斯霍夫及其思想了。

# 參、希特勒

　　現在再進到本章所要分析的第三個主題。這不僅是一個非常有趣味的問題，而且更是一個頗有爭論的問題。希特勒算不算是一位合格的戰略家？希特勒在西方戰略思想史上應不應佔一席之地？換言之，基於戰略思想史的觀點，希特勒是否為應該列為討論的主題？

　　自從第二次大戰結束以來，有關希特勒的論著實在不少，但大致說來，最初都是有貶無褒。因為在戰後對德國的敵意並非短時間就能完全消失。所以，任何發表公正客觀意見的學者也就難逃替納粹政權洗刷罪嫌的指控。不過，事過境遷之後，這種心態遂逐漸解除，於是世人開始對於希特勒也就有了新的認識和評價。

　　希特勒算不算是合格的戰略家？答案應該是肯定的。他雖不能算是偉大的戰略家，但合格應無疑問，至少可以舉出若干事實，以及權威的評論來證明他在戰略領域中有其特殊而值得稱讚的表現。

## 一、長程戰略計畫

　　誠如戰後德國著名史學家顏克爾教授（Professor　Eberhard Jäckel）所指出：「在歷史中也許從來沒有一位統治者，曾經像希特勒那樣在尚未掌握政權之前，即已將其後來所要做的事情精確地寫下來。」❷❻最著名的書當然就是《我的奮鬥》（1925），此外，希特勒在1928年還寫了一本書，但未發表，而直到1961年才出版。這本書對於其計畫更是有精確的說明和慎重的解釋。❷❼

　　希特勒的最後目的是要建立一個空前的大德國，其手段則為發動

戰爭，而其犧牲者則爲蘇聯。日爾曼民族只有向東發展始能爲其後代子孫獲致生存空間。而此種擴張又將對德國作爲世界巨強的新地位奠定基礎。就軍事方面而言，戰爭是很容易成功，因爲對方是一個缺乏組織的國家，猶太布爾雪維克（共黨）加上無能的斯拉夫人只是烏合之衆。不過，在政治方面，又必須滿足某些先決條件。其一爲德國的內部團結和再武裝；其二爲一種外交情況：當德國攻擊蘇聯時，它本身不會受到攻擊。

最可能反對德國向東擴張的國家即爲法國，因爲此種擴張將使德國在歐洲獲居一種支配地位，而那是法國所不能忍受者。所以，在發動主戰爭之前，應先發動預備戰役以來消滅法國的軍事權力。雖然此一戰役只是一種預備步驟，但所冒的風險卻比對俄戰爭遠較重大；因爲在軍事上，法國是一個強國，在政治上，法國有同盟國。不過，法國又還是可以設法使其孤立，因爲它與義大利和英國都有摩擦的存在。所以，擊敗法國的先決條件即爲與義英兩國達成協議，而這也正是擊敗俄國的先決條件。

此種協議又是以下述的假定爲基礎，即三國分別向不同方向發展：德國向東歐，英國向海外，義大利向地中海和非洲。於是不特不相衝突，而且可以彼此配合。所以，只要德國對義大利放棄其南提羅爾（Tirol）的領土要求，並避免與英國在海外發生衝突，則他們也就會放任德國向東擴張。

總結言之，希特勒的長程大戰略計畫是分爲三大階段。在第一階段中，德國必須完成國內的團結和再武裝，並與英義兩國達成協議。在第二階段中，德國必須在預備戰役中擊敗法國。於是對俄國的征服大戰將在第三階段中終於成功，而這也是最後階段。只要對第三帝國的外交史和軍事史略加檢視，即可找到充分證據以來證明希特勒在內心裏經常能夠堅持其計畫。當然，像所有一切的長程計畫一樣，它並

無確定的時間表，甚至於也無詳細的內容，但對目標、優先，和條件都已作明確的列舉。

若把中國戰略思想史作一對比，則希特勒的長程計畫實可與諸葛亮的「隆中對」媲美。他們都是在尚未出山之前，即能對未來的戰略構成一個完整的全程計畫。假使說諸葛亮被譽爲天下奇才，則我們對於希特勒的戰略天才也就絕對不應低估。今天國外幾乎所有的史學家都承認希特勒的計畫是有其高度的一貫性，而且當他追求目標時更是有深入的思考和謹愼的行動。

## 二、間接路線與大戰略

李德哈特在其傳世之作《戰略論》(*Strategy:The Indirect Approach*)中，曾辟一專章(第十五章)論希特勒的戰略。他認爲希特勒不僅懂得大戰略，而且更深明間接路線之妙用。他指出希特勒在最初階段能夠對間接路線加以新的延伸，不僅用之於戰場上而且也用之於政壇上。李德哈特認爲西方民主國家政府居然不能預知希特勒所將採取的行動，似乎眞是不可思議，因爲《我的奮鬥》，以及其他的資料都早已對於希特勒的戰略計畫作了明白的宣示。這也證明一項眞理：人往往是明足以察秋毫之末而不見輿薪。有時最直接的路線反而是對方所最料想不到的路線。最公開的宣布也正是最佳的保密手段。

李德哈特一向提倡間接路線，並認爲這是最有效的致勝之道。因爲它能發揮奇襲作用，使敵人在心理上喪失平衡而陷於癱瘓狀態。希特勒也曾這樣說：

> 如何在戰爭發動之前先使敵人精神崩潰是我最感興趣的問題。凡是有戰爭經驗的人應知避免一切不必要的流血。❷⑧

希特勒是否讀過《孫子》，我們固然不知道，但從其所言似乎可以斷定其深通「不戰而屈人之兵」的至理。

不管是憑直覺還是憑思考，希特勒對於戰略的了解似乎遠非一般職業軍人所能及，所以，他實在有一點瞧不起他們。他說：

> 儘管已有戰爭的教訓在，但將軍們仍然想扮演騎士的角色，他們希望戰爭還是像中世紀的比武一樣。我不需要騎士，我需要革命。❷⑨

在希特勒的戰略中，戰爭與和平之間是並無明確分界之存在。所以國家在所謂平時的政策實際上是一種擴大範圍的戰略（Broadened Strategy），把經濟、心理，和其他一切非軍事手段都包括在內。他曾告訴勞希林：「思想混亂，感情矛盾，猶豫不決，恐怖現象等等都是我們的武器」，所以，希特勒在歷史中可以算是一位政治戰的高手。

李德哈特對於希特勒的戰略思想曾作總評如下：

> 希特勒給與攻勢戰略的藝術一種新發展。他也比其任何對手都較佳，能夠精通大戰略的第一階段（first stage of grand strategy）——即發展和協調所有各種形式的戰爭活動，以及把一切可能的工具都用來打擊敵人的意志。但像拿破崙一樣，他對於大戰略的較高層面（higher level）卻缺乏適當的了解——在指導戰爭時缺乏遠見，未能看到戰後的和平。❸⓪

## 三、最高統帥

希特勒最後所扮演的角色正是魯登道夫在其書中所想像的「最高統帥」（supreme commander）。但很諷刺，他不是一位軍人獨裁者，

而是貨真價實的老百姓。魯登道夫在第一次大戰時官居上將，而希特勒則只是一個小伍長(lance-corporal)。在扮演此一角色時，希特勒的優劣功過又應如何評定？曼斯坦元帥(Eric von Manstein)在其回憶錄《失去的勝利》(*Lost Victories*)書中曾有一專章 (第十一章) 論「作為最高統帥的希特勒」(Hitler as Supreme Commander)，對此問題可以提供權威的答案。以下的評述都是摘自該書 (不再附加引號)。
**㉛**

當分析希特勒作為軍事領袖的角色時，絕不可以鄙薄他，說他只是第一次大戰中的小伍長而已。毫無疑問，他對於作戰是別具隻眼，他採取 A 集團軍在西線上的計畫(即所謂曼斯坦計畫)可為一例。事實上，許多業餘軍事家都有這樣的天才，否則在歷史上就不可能有那樣多非軍人出身的名將 (我國古代文人治軍更是常事)。希特勒有驚人的記憶力和想像力，對於技術問題極感興趣，背誦數字如數家珍，但對於技術資源的重要性則不免估計過高。

概括言之，他所缺少的是以經驗為基礎的軍事能力，這是其直覺所不能代替的。希特勒能夠迅速抓著機會，但卻不能確定某一作戰計畫的先決條件和實際可行性。他似乎也不了解作戰的目標和限度必須與時間和兵力成比例。在政治方面也和軍事方面一樣，希特勒對何種目標可以達到也同樣缺乏判斷能力。他有一顆活躍的心靈，對於一切足以勾起幻想的事情無一不感興趣，所以，他時常分散注意力去追求不同的目標，而在決定軍事計畫時，對於政治和經濟等非軍事因素，又往往給與以太多的重視。

希特勒有極堅強的意志力，這本是作為偉大領袖的必要條件，但他對於自己的意志力未免估計過高，他在作自己的計算時，很少考慮到敵方的意圖，尤其厭惡坦白陳述敵方優點的情報。希特勒雖有如此強烈的自信，但很奇怪，其所作決定的果敢程度卻不能與之相稱。直

到 1938 年為止，希特勒在政治方面是節節勝利。儘管這個人已經變成一個政治賭徒，但在軍事方面卻並不敢冒險。希特勒本人所作的唯一果敢軍事決定也許就只有發動挪威戰役。甚至於其原始計畫也還是海軍總司令賴德爾(Grand-Admiral Raeder)所提出，等到戰況不利時，希特勒又幾乎要下令撤退。

希特勒為什麼在軍事領域中不敢冒險，其理由可能分為三點：(1)他可能在內心裏感覺到他自己缺乏應付危機的軍事能力，正因如此，他也不相信其手下的將領有此能力。(2)他也像其他的獨裁者一樣害怕任何的挫敗，都足以使其威望發生動搖。(3)希特勒對於任何已經到手的東西都捨不得放棄。他缺乏提得起，放得下的勇氣。當他面臨某種情況必須作下他所不願意而又無可避免的決定時，希特勒的唯一辦法就是盡可能拖延時間，其結果自然是愈拖愈壞。

曼斯坦說，基於上述各點，即足以證明希特勒是不適宜於出任軍事領袖，儘管他有某些特長是最高統帥所必須具備者，例如堅強的意志，敏銳的頭腦。不過，他若能信任一位有軍事專長的參謀長，以來彌補其缺點，並幫助他發揮其所長，則又未嘗不可能建立有效的軍事領導。不過這又正是作為獨裁者的希特勒所不願接受的安排。

若把顏克爾、李德哈特、曼斯坦三人的意見加以綜合，即可以確認希特勒是有某些特殊的戰略天才，儘管缺少必要的經驗和訓練。他在大戰略領域中的見識和成就有許多都值得讚許，但作為一位最高軍事領袖則並不完全適當。因此，他雖然不能算是偉大的戰略家，但仍應算是一位合格的戰略家，並且有資格被納入戰略思想史所討論的範圍之內。

# 註 釋

❶ A.J.P. Taylor, *The First World War: An Illustrated History* (Penguin Books, 1966), p.20.

❷ D. Thomson, *Europe Since Napolean* (Penguin Books,1966), p.548.

❸ Ken Booth, "The Evolution of Strategic Thinking", *Contemporary Strategy* ed., John Baylis and Others (Holmes and Meier,1975), p.28.

❹ Eric Ludendorff, *Der Totale Krieg* (Munich ,1935). 該書有中譯本改名爲《全民戰爭論》，譯者爲張君勱，抗日戰爭前夕由商務印書館出版，蔣百里先生曾爲之作序。

❺ Hans Speier, "Ludendorff:The German Concept of Total War", *Makers of Moden Strategy* (1952), p.306.

❻ 同前註，p.316。

❼ Ernst Juenger, *Die Totale Mobilnachung* (Berlin,1931), p.16.

❽ Eric Ludendorff, *Der Totale Krieg*, p.26.

❾ 同前註，p.111。

❿ 同前註，p.10。

⓫ 同前註，p.7。

⓬ Harvey A. de Weerd, "Churchill,Lloyd George, Clemenceau:The Emergence of the Civilian", *Makers of Modern Strategy* (1952), p.296.

⓭ Lewis M. Alexander, *World Political Patterns* (Rand McNally,1957), p.8.

⓮ Colin S. Gray, *The Geopolitics of the Nuclear Era* (Crane,Russak & Co,1977), p.19.

⓯ J.R.V. Prescott, *The Geography of State Policies* (Hutchinson University, 1968),pp.37-39.

⓰ Ciro E. Zoppo and Charles Zorobibe, *On Geopolitics*：*Classical and Nuclear* (Martinus Nijhoff,1986). 對於地略學的最新發展趨勢有詳細的討論，可供讀者參考。

⓱ 同前註，pp.64-65。

⑱ Derwent Whittlesey: "Haushofer:The Geopoliticans",*Makers of Modern Strategy* (1952),p.389.

⑲ Raymond Aron, *Parix et guerre entre les nations*(Calmann Levy,1960),Cha. 7.

⑳ Ciro E. Zoppo and Charles Zorobibe, *On Geopolities：Classical and Nuclear*, p.60.

㉑ Andrew Gyorgy, *Geopolitics:The New German Science*(California,1944),p. 166.

㉒ Robert Strausz-Hupé, *Geopolitics：The Struggle for Space and Power*(New York,1942),p.246,253,264.

㉓ James Fairgrieve,*Geography and World Power*(London,1915).

㉔ Halford J. Mackinder,*Democratic Ideals and Reality*(Norton,1962),p.113.

㉕ Robert Strausz-Hupé, *Geopolitics:The Struggle for Space and Power*.p.vii.

㉖ Eberhard Jäckel,*Hitler in History*(University of New England,1954),p.23.

㉗ Gerhard Weinberg (ed.),*Hitler's Zweites Buch：Ein Dokument aus dem Jahre 1928*.中譯名爲《希特勒的第二本書：1928 年的文件》。

㉘ Hermann Rausching,*Hitler Speaks*(New York ,1940).勞希林本爲希特勒的親信，逃亡美國將其與希特勒的談話記錄成書。該書又名 *The Voice of Destruction*。李德哈特引述該書時並未註明頁數。

㉙同前註。

㉚ B. H. Liddell-Hart,*Strategy：The Indirect Approach*(Faber and Faber,1967), pp.235-36.

㉛ Eric von Manstein,*Lost Victories*(Methuen ,1958),pp.273-88.

# 【第十六章】

# 近代英國兩大師

## 壹、富勒

　　從古代到近代，西方戰略思想的發展始終都是以歐陸爲中心，而英國則只是一個邊緣地區。十八世紀時，只有勞易德一人可以有資格列入戰略思想家的名單。到拿破崙戰爭之後，約米尼和克勞塞維茨分別在法德兩國各領風騷，而英國的戰略家則似乎只有執弟子禮的資格，此種現象幾乎一直都沒有改變，直到第一次世界大戰之後，英國才突然出了兩位戰略大師，富勒和李德哈特，不僅在戰略思想領域中大放異彩，而且也開闢了一個新境界。

　　本章是以這兩大師的思想爲分析的主題，不過在尚未進入主題之前，又還是應該首先對於十九世紀的英國戰略思想家及其著作略作介紹，以來作爲背景。拿破崙戰後的英國在文化和思想上還是保存著濃厚的啓明遺風，所以，對於約米尼的思想也就自然非常容易接受。當時英國最負盛名的軍事作家納皮爾(Sir William Napier,1785-1860)就是約米尼的私淑弟子。其傳世之作爲《半島戰爭史》(*History of the*

*War in the Peninsula*)，全書共分 6 卷，費時 12 年始完成(1828-40)。其理論觀點可以說是完全師法約米尼，因為納皮爾認為約米尼是已經發現了戰爭藝術的真正原則。

　　納皮爾雖然代表英國戰略思想的主流，但在英國又同時還是有反主流思想之存在。其代表人為米契爾(John Mitchell,1785-1859)，他也像納皮爾一樣，是一位退休的陸軍少將。他的思想是深受日爾曼反啟明運動的影響。米契爾不僅推崇貝侖霍斯特的《戰爭藝術的省思》，而且到 1830 年代後期，他又發現克勞塞維茨是一顆新的明星。反而言之，他卻認為法國人不如德國人，約米尼對於軍事理論並無傑出的新貢獻。

　　到十九世紀後期，英國最著名的軍事作家為韓門雷(Sir Edward Bruce Hamley,1824-93)。其傳世之作為《戰爭的運作》(*The Operations of War*)，出版於 1866 年。他是以約米尼的作戰理論和查理大公的地理分析為基礎，再透過若干近代戰役的描述，以來對於戰略原則作一種非常明晰的解釋。不久這本書就成為英美兩國軍校的官方教科書，僅在韓門雷有生之日即已五版，可以算是一本非常成功的軍事教材。儘管如此，韓門雷也還是像許多其他的軍事作者一樣，他所列舉的原則很難適應技術的進步。所以，到二十世紀初期，這本書也不再那樣受到重視了。

　　基於以上的簡述，即可顯示第一次大戰之前的英國在戰略思想的領域中是居於落後的地位，但在大戰之後卻又能突然出現兩位偉大的思想家，其原因安在似乎很值得深思。第一次大戰對於整個西方世界都是一次慘痛的經驗，但對於英國人而言，在其心靈上所造成的創痕又也許要比任何其他民族都更較深刻。其原因是英國放棄其傳統的海洋戰略，而改採配合法國的大陸戰略，結果是捨其所長而用其所短，雖然終能獲慘勝，但付出了極大的成本。尤其是大量的英國青年糊糊

塗塗地戰死在西線塹壕之中，更是令人心痛，所以痛定思痛之餘，戰後的英國也就自然會引起廣泛的戰略再檢討。在這樣的大氣候中，遂有兩位大師脫穎而出。他們是富勒和李德哈特。

　　歷史上常有一些非常巧合的故事：拿破侖戰爭之後，有號稱十九世紀前期兩大師的約米尼和克勞塞維茨出現；第一次大戰之後，又有號稱二十世紀前期兩大師的富勒和李德哈特出現。如此無獨有偶，相映成趣，令人感覺到天下事有時眞是太奇妙，簡直不可思議。約米尼和克勞塞維茨雖同一時代，但其思想的內容和發展則有很大的差異。他們之間也幾乎毫無淵源，甚至於還有文人相輕的趨勢。反而言之，富勒和李德哈特不僅有極深厚的私人關係，而且在思想上更是密切不可分。至少，在早期更是如此，儘管後來各有其不同的發展。天下事往往同中有異而異中又有同，所以，對於同時代兩大師的思想若能作一種比較分析，則不僅有助於我們對其思想要旨的了解，而且從戰略研究的觀點來看，也的確是一種頗有意義的工作。

## 一、生平簡述

　　富勒在二人中不僅年長而也資深，就思想的發展而言，也居於領先的地位。他是正規軍人出身，第一次大戰期中已官居上校，任英國唯一的戰車兵團（Tank Corps）的參謀長。1917 年坎布萊會戰（Battle of Cambrai）的計畫是由他負責，那也是對戰車使用所作的第一次成功示範。對富勒本人而言，這次試驗也奠定其戰後思想發展的基礎。1918 年富勒曾奉命擬定規模更大的裝甲兵會戰計畫，準備在 1919 年付之實施，但由於戰爭結束，遂未獲一顯身手的機會。戰後富勒提倡軍事改革，力主創建機械化部隊，但曲高和寡，受到守舊派的激烈反對，使其在英國陸軍中無處容身，遂終於在 1930 年以少將官階退休。

❶

退休後，富勒仍繼續用他的口和筆作孤軍的苦鬥，但英國政府和民間幾乎都無人聽信他的忠言。最後，他憤而加入莫斯里（Sir Oswaed Mosley）所領導的英國法西斯聯盟（British Union of Fascists）。他之所以出此下策，是希望藉此運動以來確保大英帝國的生存。富勒在軍事思想方面雖爲一代大師，但政治思想卻很幼稚，而且秉性偏激，不能容物，所以人緣很差。以後第二次大戰爆發時，莫斯里及其黨羽都遭英國政府看管，但富勒未受牽連，仍能保持自由，這又足以證明英國政府還是休休有容，尤其是對於學人能夠尊重。❷

富勒晚年埋首著作，不問世事，他的聲譽日隆，而其思想也開始受到廣泛的肯定。他一生的著作有專書45部，至於論文講稿則更多得無法計算，眞可謂著作等身，不過其主要的傳世之作又都還是完成於第二次大戰之後。他在1963年和李德哈特一同接受英國三軍學會（Royal United Services Institute）的最高榮譽獎章（Chesney Gold Medal）。再過3年，即1966年，富勒逝世，享年八十有八。

富勒學問極爲淵博，思想範圍極爲寬廣，從大戰略以至於小戰術，幾乎都有其創見。他是一位才氣縱橫的人，其意見有時遂不免失之偏激。誠如三軍學會授獎時的主持人哈克特（John Hackett）致詞時所云：

並非所有的人都同意其政治性的結論，或接受其對歷史的解釋。對於一位如此具有挑戰性的作者，那是不可能的。但又無人會否認其結論的有力和解釋的深入。❸

## 二、早期思想

富勒的壽命是那樣長久，其思想又是那樣的淵深，所以必須用分段的方式來加以分析，始能盡其全貌而不至於有所遺漏。

富勒精通法文，在其青年時期即能利用原始資料以來探索拿破崙的智慧遺產。他曾閱讀拿破崙所留下的 22,000 件信函和文書，以及其在聖海倫島上所口授的記錄，其用力之勤實可想見。這位年輕的上尉根據此種研究，加上其自己的判斷，發現拿破崙在其一生之中經常遵守六項原則。以後在第一次大戰期中，富勒又根據其本身的經驗，經過進一步分析，遂又再加上兩條，一共成為八條。到戰後，富勒所首創的這一套「戰爭原則」（Principles of War）又略經修改和擴充，而被納入英美等國的野戰教範之中，沿用至今仍無太多改變。❹

富勒很早就重視科學，並且也相信戰爭的研究是一種科學，他在早期的著作中即曾指出：

> 戰爭之為科學的程度是不亞於任何其他的人類活動。也像所有一切的其他科學一樣，它是建立在事實之上，而這些事實是多得不可勝數。從這些事實中，我們可以提煉出戰爭的要素（elements），戰爭的原則（principles）以及戰爭的條件（conditions）——後者也就是在其中必須用原則來管理要素的環境。❺

從二〇年代開始，富勒就傾全力提倡機械化，但這只是其全部思想中的一部分而已。所以，在研讀其著作時，必須先了解其基本觀念，此即所謂「軍事發展律」（Law of Military Development），實際上即為達爾文進化論的延伸。富勒認為國家和軍事組織一定要能適應環

境，只有適者始能生存。此種原則的適用，範圍可大可小，層面也可高可低。換言之，思想必須有彈性，必須能隨著時代和環境而改變，而萬不可僵化。他是以軍人中的馬丁路德(Martin Luther)自居，因為他想撕毀戰爭的舊約(Old Testament of War)。❻

富勒非常重視技術因素，他認為文明改變，武器也會隨之改變。任何軍事技術的新發展若能善加利用，即可獲致勝利。他大聲疾呼地說：

> 現在是 1920 年，我們不要老是回頭看 1914 年。我們的思想應該走在時代的前面，我們的眼睛應向 1930 年看，否則就會變成時代的落伍者。對於科學而言，沒有任何東西是太神奇——軍人必須抓著魔術師的魔杖，並強迫未來服從我們。❼

從二〇年代初期開始，富勒就在英國發動提倡戰爭機械化的「一人十字軍」(one-man crusade)。他的基本觀念是當前的時代已經大致為一種機械化的時代，在這個時代中的陸軍必須機械化，因為軍事組織必須跟在社會組織後面走。他又指出只有機械化始能對下述兩大戰略難題提供答案：

(1)避免僵持塹壕戰爭的重演；

(2)充分發揮工業優勢。

於是他認為：

(1)戰場上的一切車輛必須裝甲和使用履帶；

(2)戰略目的為使敵軍指揮系統發生癱瘓現象。

此即所謂「戰略癱瘓主義」(The Doctrine of Strategic Paralysis)。

富勒把「大戰術」界定為「透過戰鬥兵力的組織和分配以達成大戰略計畫和理想」，他又指出「大戰術所關心的是以破壞組織(disorga-

nization)和打擊士氣(demoralization)為主，而不是實際毀滅
(actural destruction)，後者乃小戰術的目標。」❽

　　毫無疑問，富勒在裝甲戰方面是一位先知者，不僅第一次大戰中
的一切戰車戰術都是其思想結晶，而英國戰車兵團的創立也大致都應
歸於他的策畫。但到戰後，他卻到處碰壁，一籌莫展，這也許即為先
知者的注定命運。1937 年（那是在其退休 5 年之後）富勒發表「機械
化部隊之間的作戰」(Lectures on Field Service Regulations III:
Operations between Mechanized Forces)的講稿，真可以說是非常
諷刺，在英國只印了 500 本，而在德俄兩國陸軍卻以之為教材，富勒
的一位信徒，美國的馬紹爾准將(S.L.A.Marshall)曾感慨萬千地說：

　　　我相信這是一本最具有遠見的教材或評論，其目的是要想把未
　　來裝甲戰的真象告訴英國人。但這個目的完全失敗，因為英國人
　　根本就不讀它。但德國人卻翻印了 12 萬本，而在俄國陸軍中也廣
　　泛地流傳。假使民主和極權兩方面對於這本書的興趣若反轉過
　　來，則這次戰爭（指第二次大戰）也許就不會爆發。❾

## 三、《西方世界軍事史》

　　富勒雖然才氣縱橫，筆掃千軍，但其真正偉大的著作又還是完成
於其晚年，也就是在第二次大戰之後。到此時，他的功力已經達到最
高峰，而其思想也已達到爐火純青的程度。所以，研究富勒思想的人
也必須特別重視其晚年的著作。

　　富勒是一種典型的傳統戰略思想家，其治學是以歷史為基礎，尤
其到他的晚年，他又幾乎已經變成一位純正的史學家。他的研究和著
作開始變得以歷史為主，而戰略思想反而好像已成副產品。真正可以

不朽，可以傳世的富勒著作是他的《西方世界軍事史》（*A  Military History  of  the  Western  World*）。富勒本人對於其著作的經過和構想在其原書的序文（preface）中曾作扼要的說明。富勒首先闡述其對於戰爭的認識：

> 在人類的演進過程中，戰爭是否爲必要因素，固有爭論之餘地。但從人類有最早記錄時開始，一直到今天，戰爭始終爲人類的要務，則又爲無可質疑的事實。在人類的歷史中，從來沒有一個時代完全沒有戰爭，很少在一代人以上的時間內不看到大型戰亂：大戰幾乎是像潮汐一樣作有規則的起落。

接著他又說明研究戰史的重要：

> 當一個文明開始老化和衰頹時，此種現象也就更爲顯明，現有工業文明似乎就是如此。在一兩代人以前的世界上，戰爭還被公認爲一種政策工具，到今天它又變成政策的本身。今天我們生活在一個「戰國」（wardom）的狀況中——在這種條件之下，戰爭支配著所有其他一切的人類活動。此種緊張情況將持續多久，對它有無明確的解決，又或它是否命中注定會盲目地走向其終點，那都是無人能說。不過有一件事卻是可以斷言，那就是我們愈研究戰爭的歷史，我們也就愈能了解戰爭的本身，而由於它現在是支配因素，所以除非我們了解它，否則我們又如何可以希望管制人類的事務？

於是基於這種觀念，他就開始其對戰爭史的研究和寫作，並對於其原始動機和著作架構簡述如下：

> 當第一次大戰結束不久之後，我就開始考慮這個問題。到 1923

年我在康貝里參謀學院(Camberley Staff College)任敎,我發現除有關一兩個戰役的閱讀以外,對於戰史的研究可以說是非常貧乏,而那些學員本應對於戰史極感興趣。造成此種現象的原因之一是根本沒有一部用英文寫的戰爭通史,所以我就決定來填補這個空缺。

由於要把如此巨大的任務濃縮成書,我所採取的方法是集中注意在我所認爲的西方民族之間的決定性會戰之上;其次,再把他們所打的戰爭和戰役編織在這些會戰的周邊上,最後再從此演繹出戰爭對歷史的影響。此外,爲使戰爭的故事盡可能連續成爲一體,我又決定在每一章(會戰)之前加上一個大事紀(Chronicle)。在其中敍述戰前的大事,並說明戰爭、戰役,和會戰的由來,以及它們是如何爲政治因素所形成。就其全體而言,我心中所想像的書好像是波濤起伏的海面,會戰各章好像海浪的高峰,而大事紀則像其間所夾著的低谷。這樣高低起伏就形成 3,500 年來的戰爭史。

富勒爲了完成這樣一部鉅著,前後一共花了三十多年的時間,其構思之苦,用力之勤實可想見。他說:

從 1923 年開始,我就著手搜集資料,到 1939-40 年之間,始出版了兩卷《決定性會戰》(*Decisive Battles*),但我對於該書並不感到滿意。當其第二卷出版不久之後,全部存書即在第二次大戰中爲敵軍行動所毀。我對於此種損失並不感到遺憾,因爲這反而使我有機會將全書重寫一次。接著我又花了 10 年光陰來進行此項工作;把原書的兩卷擴大爲三卷,把原有的 29 章改寫了 28 章,刪除了一章,另外新增了 23 章。此外,所有的大事紀以及導言也都是新寫的。所以,這部書不是一個增訂版,而是一部全新的著作。

（以上均引自原書）❿

　　富勒的《西方世界軍事史》共分 3 卷，第一卷出版於 1954 年，到 3 卷出齊時則已為 1956 年。全書共計 1,829 頁，字數在 150 萬以上。其所論述起自希臘羅馬，終至第二次大戰結束，真可謂洋洋巨觀。據書評家的共同看法，在戰爭通史中似乎無出其右者。

## 四、《戰爭指導》

　　富勒的另一本傳世之作是出版於 1961 年的《戰爭指導》（*The Conduct of War:1789-1941*）。若與《西方世界軍事史》比較，這是一本較小的書，但其價值並不因為篇幅較少，而就有所減低。這本書也可以算是《西方世界軍事史》的補充篇，其主要內容為分析法國革命、工業革命、俄國革命對於戰爭及其指導的衝擊。雖也是以歷史為基礎，但所討論的對象偏重在思想方面，對於史實則不予詳述。所以，最好是先讀《軍事史》再讀此書，始易收融會貫通之效。

　　富勒不曾寫一本以戰略為書名的著作，但這並不意味著他對於戰略缺乏深入的研究，事實上，早在 1923 年他就曾經對於大戰略家（grand strategist）的責任作過下述的詳盡界定：

> 　　大戰略家的第一職責即為評估其國家的經濟和財政地位，並發現其優劣之所在。第二，他必須了解其國民的精神特性，其歷史、其社會，以及其政府制度。凡此一切的數量和素質構成軍事組織的基礎。事實上，大戰略家必須是飽學的史學家，遠見的哲學家，敏銳的戰略家。從大戰略的觀點來看，素質與數量，人力與物力，都是同樣重要。⓫

　　概括地說，富勒的戰略思想是經常從其歷史的分析中反映出來，

尤其是在這本《戰爭指導》中，是隨處都可以感覺其戰略思想是如何精闢，足以發人深省。要想了解富勒對於戰爭與和平問題的觀點，必須精讀此書。他的意見不僅能對當前世局的研判提供有價值的參考，甚至於還能幫助我們預測未來。他在序言中的第一句話是有如下述：

> 戰爭指導，像醫道一樣，是一種藝術，因爲醫師的目的是預防（prevent）、治療（cure），或緩和（alleviate）人體的疾病，所以政治家和軍人的目的也就是預防、治療，或緩和危害國際體（international body）的戰爭。⓬

富勒將其全書的要旨綜合成爲下列幾條，可謂要言不煩：

(1)戰爭可以分爲兩大類：一類具有有限的政治目的，另一類具有無限的政治目的，但對勝利者有利的往往是前者而非後者。

(2)在戰爭中切莫讓你自己受到絕對觀念的束縛。絕不可作無可挽回的承諾和決定。戰爭像一種機會性的競賽，沒有預定的終點，在整個戰爭中，行動都必須適應環境，而環境則經常流動。

(3)野蠻的行爲在戰爭中很少能產生良好的效果，這是一條殊少例外的眞理。另一條眞理是絕對不要逼迫你的敵人作困獸之鬥。雖然你可能贏得戰爭，但幾乎必然會使戰爭作不必要的延長，那對於你也還是會產生不利的後果。

(4)在戰爭的歷史中值得注意的事實爲敵與友是如何時常交換其地位。所以，當你擊倒你的敵人時，應該迅速地扶持他再站起來，很可能在下次戰爭中你會需要他的幫助。⓭

富勒認爲研究戰爭指導可分爲兩方面：一方面是「應如何指導戰爭」（How to Conduct a War），另一方面爲「不應如何指導戰爭」（How not to Conduct a War）。他謙虛地說，誠如他這本書所顯示，

在後述方面可以提供豐富的資料。⓮富勒對於戰爭與和平問題的研究不僅能幫助我們解釋現狀，而更能幫助我們預測未來。尤其是他在六〇年代初期即已預言，「馬克斯主義的發展既非演進也非革命，而是明顯地正在逐漸枯萎。」自今日視之，實不能不佩服其先見之明。⓯

富勒在早期即已鑽研拿破崙的文獻，但他對於和拿破崙戰爭有密切關係的克勞塞維茨卻很少注意。其原因並不難解釋，因為富勒此時所研究的是以戰術為主，克勞塞維茨的理論對他沒有太多意義。至於到第一次大戰後提倡機械化觀念時，這種狀況仍無太多改變。

富勒到三〇年代才開始提升其研究層次，逐漸注意到戰略和大戰略的問題，於是在其著作中也就時常提到克勞塞維茨。他在 1932 年稱讚克勞塞維茨是「近代第一位研究戰爭整體問題的思想家」。從此之後，對於克勞塞維茨遂開始表示高度的敬佩。最後在《戰爭指導》書中，不僅對「克勞塞維茨的理論」闢一專章（第四章），而且還在序文中作下述的特別介紹：

> 最重要的一章即為有關克勞塞維茨的那一章，他是「現代戰爭之父」(the father of modern war)——雖然我曾遇見許多引述或批評其理論的軍人、政治家，以及其他人士；但據我所知，曾經認真研究其鉅著的人不過三、四位而已。⓰

當然，富勒對於克勞塞維茨的思想又並非照單全收，有褒無貶。他對於其著作的某些部分曾加以尖銳的批評。他甚至於還說：

> 雖然克勞塞維茨在拿破崙戰爭中有 20 年的經驗，但他對此次戰爭卻只有空泛的了解。又由於受拿破崙的影響，而產生其絕對觀念。結果不僅誤導後世學者，而且對於無限戰爭在二十世紀的擴展更應負間接責任。⓱

最後，他更指出：

> 在克勞塞維茨所有一切的盲點（blind shots）中，最盲目的一點
> 即爲他從未認清戰爭的眞正目的是和平而不是勝利；所以，和平
> 才是政策的根本理想，而戰爭則只是企圖實現此種理想時所使用
> 的一種手段。⓮

不過，富勒又還是認爲：

> 其對於戰爭與政策之間關係的深入分析是無人能及，而其在今
> 天的重要性甚至於還遠過於當年。⓯

　　非常奇妙，富勒與克勞塞維茨又有很多相似之處。他們都是職業
軍人出身，都曾參加過大戰，都曾官至少將。他們的研究都是以拿破
崙爲起點，都曾採用科學方法（克勞塞維茨稱之爲精密分析），都以歷
史爲基礎，也都是多產作家。他們也都同樣地懷才不遇，不過至少有
一點是富勒比較幸運，他高壽活到 88 歲，而克勞塞維茨則英才早逝，
只有 51 歲。

# 貳、李德哈特

　　李德哈特出生於 1895 年，比富勒小 17 歲。當第一次世界大戰爆
發時，他還是劍橋大學的學生，主修近代史。投筆從戎之後，在 1916
年索穆河會戰（Battle of the Somme）中受到重傷，幾乎送命。戰爭
結束時升到上尉官階。1924 年退役，此後即以寫作爲生，成爲世界聞
名的軍事評論家。

　　李德哈特不曾受過正規軍事教育，可以算是一位真正的文人戰略
家。他確有天才，在第一次大戰末期即以步兵戰術的研究受到英國陸
軍部的重視。但他在最初階段，對於戰略、戰史，尤其是機械化的觀
念，則幾乎完全是外行。他之所以能成為一代大師，實應歸功富勒的
提攜和指導，所以，他們二人的關係是在師友之間。當富勒正在為提
倡機械化發動孤軍奮鬥時，有人認為其最大的成功即為收了李德哈特
這樣一位信徒，此時李德哈特早已是英國的第一流軍事作家。**❷⓿**

　　從此，李德哈特遂接受富勒的思想，相信戰車為未來戰爭中的決
定性武器，同時也對富勒推崇備至，他說：

> 您是機械化領域中的導師，而我只是在 1921 年才皈依。我一向
> 在步兵戰術領域中探索，對機械化戰爭毫無研究。我早就佩服您
> 的淵博，雖然我的心靈在能力和範圍上也正在發展，但我仍經常
> 承認您的優越地位。**❷①**

　　他們共同努力於機械化的提倡，雖然在細節上也常有爭執，但大
體上意見又還是一致。比較說來，富勒是一位於創新的思想家，敢於
提出尚未成熟而有爭論的意見，李德哈特的思想則較溫和平衡，有平
易近人之感。他們的合作實乃相得益彰。1963 年英國三軍學會把最高
榮譽獎章同時頒發給他們時，李德哈特在所作答詞中指出，雖然他們
之間在觀點上也常有差異，但彼此合作已長達 40 年之久，並且還說：
「我們在追求軍事進步的十字軍中的合作，實為一種最愉快的經驗。」
**❷❷**

　　富勒對於李德哈特的思想啟發又不僅限於裝甲的領域。由於受到
富勒的影響，李德哈特才開始提高其研究的層次，由戰術而戰略而大
戰略。不過，李德哈特又非常人也，其思想雖以富勒為源頭，但並不
受其限制。所以，遂終能青出於藍，卓然自立而為一代大師。二人之

間的關係真可以算是學術史上的佳話。

　　李德哈特也是一位多產作家，其所著專書有三十餘種，雖比富勒略少，但他所寫的短文則多到無法計算的程度。其原因是李德哈特退役後必須靠賣文為活，所以不能不寫，他有一段時間甚至於還兼任體育記者。李德哈特曾經很有感慨地說，他要不是為了生活，則應該可以有更好的成績。當然，隨著時代的演進，許多著作也都已喪失其價值，真正可以傳世的並不太多。不過，只要研讀其主要著作，則仍能了解其思想的精華，並肯定其貢獻。至少，本書作者也感到很榮幸，因為富勒和李德哈特兩位大師的主要著作，都是由我譯成中文介紹給國內讀者。

　　李德哈特雖在三〇年代即已露頭角，但實至名歸又還是在第二次大戰之後。其最大原因是那些德國名將無一不對李德哈特推崇備至。閃擊英雄古德林甚至於還稱他為「機械化戰爭理論的創始者」，事實上，創始者是富勒而不是李德哈特。❷❸以色列獨立後，其高級軍官無不以李德哈特為師。其中有一位就是其早期的名將艾侖（Yigal Allon），當他將其照片贈送給李德哈特留念時，在其上題詞：「獻給將軍之師的上尉」（To the Captain who teaches Generals）。這一句話也就成為千古名言，傳遍世界。李德哈特本人也常感慨地說，他的「最佳弟子」（best purils）是德國人和以色列人，而不是自己的同胞。❷❹

　　照何華德的說法，李德哈特可以算是最後一位「古典戰略家」（classical strategist），他的思想主流都是在先核時（pre-nuclear age）發展成形。儘管如此，他又還是核子時代的少數戰略先知之一。人類對於核子時代的來臨，反應是相當遲鈍，但李德哈特在 1946 年即已出版一書名為《戰爭革命》（*The Revolution in Warfare*）。他在書中指出核子武器的出現已使全面戰爭變成荒謬的自殺行為，這也意味

著核子國家之間將來若發生戰爭，則只能採取有限形式。㉕

　　1950 年他出版《西方的防衛》（*Defense of the West*），1960 年又出版《嚇阻或防衛》（*Deterrent or Defense*），這些書可以代表早期的核子戰略理論。儘管李德哈特已經名滿天下，但對美國官方又還是未能產生任何實質影響。不過至少有一位知音，那就是不久之後出任總統的約翰甘迺迪參議員。他說：

> 　　沒有任何其他的軍事專家能比李德哈特贏得更多的尊敬和注意。在兩代人的時間內，曾經把具有稀有想像力的智慧帶入戰爭與和平的問題。他的預測和警告時常不幸而言中。㉖

　　到此時，李德哈特也已垂垂老矣，在和富勒一同獲得英國三軍學會的最高榮譽獎之後，他們二人不久即先後辭世。李德哈特歿於 1970 年，比富勒晚 4 年，享年 75 歲。

　　李德哈特的思想也像富勒一樣，曾經過幾個階段的演變。最初是著重在戰術層面，然後升高到戰略層面，再進步到大戰略層面。及至晚年又潛心歷史研究，並進入哲學境界。不過，李德哈特又從未脫離現實，從二〇年代到六〇年代，曾對英國政府及西方世界提出很多具體建議。總結言之，其思想遺產的確是非常豐富，而其對後世貢獻之大也自不待言。

## 一、間接路線

　　假使說思想也像商品一樣有其特定的商標，則「間接路線」（Indirect Approach）也就可以算是李德哈特的商標。從 1925 年開始，李德哈特就一直從事於歷史的研究，並且希望從此種研究中找到戰略的精義。到 1929 年，他出版了一本書名為《歷史中的決定性戰爭》（*The*

*Decisive Wars of History*），所謂間接路線的觀念就是在此時第一次正式提出。他以後在其回憶錄中曾綜述其當時的想法：「必須對全部戰爭歷史加以研究和反省，然後始能充分了解間接路線藝術的眞意。」❷⑦

　　儘管間接路線的觀念在 1929 年即已首次提出，但李德哈特的全部思想又還是經過長時間的磨鍊，始臻於成熟。他到 1941 年才正式採用《間接路線的戰略》（*The Strategy of Indirect Approach*）爲書名。到 1945 年，第二次大戰結束，其書擴大再版，並成爲當時各國參謀學院的必讀書。1954 年，第一顆氫彈爆炸之後，李德哈特又把他的書修正再版，並且換了一個新書名《戰略：間接路線》（*Strategy：The Indirect Approach*）。1967 年，他又把該書擴大再版，這也就是其生前的最後一版。事實上只加了一章（第二十三章：論游擊戰），其他內容幾乎毫無改變。❷⑧

　　間接路線雖爲李德哈特所畢生提倡的觀念，但他從不曾宣稱那是他的發明。事實上，他雖曾創造此一名詞，但觀念的本身則是古已有之。不過，由於時代的變遷，這種舊觀念逐被忽視或遺忘，於是李德哈特在研究歷史時遂又再發現它們。他不僅找到這種觀念而且更依照過去戰爭中的教訓加以綜合組織，並作有系統的解釋而成一家之言。

　　李德哈特自稱他曾研究 30 個戰爭，包括 280 多個戰役在內，發現其中只有 6 次是用直接路線而能獲致決定性的戰果，其他則均屬於間接路線的範疇。再作較深入的分析，又可發現在那些以直接路線取勝的個案中，仍有若干潛在間接因素的存在，又或當時之採取直接路線，實無充分的理由。所以，他遂敢於斷言：間接路線是最有希望和最經濟的戰略形式。❷⑨

　　當他最初使用此一名詞時，那還只具有地理意義，他指出：

　　　名將寧願採取最危險的間接路線，而不願意駕輕就熟走直接路
　　線。必要時，只率領小部分兵力，越過山地、沙漠，或沼澤，甚
　　至於與其本身的交通線完全斷絕關係。❸⓪

但以後，他又發現所謂路線，不僅具有實質意義，而更具有抽象意義，
所以遂又說：

　　　從歷史上看來，除非路線具有足夠的間接性，否則在戰爭中就
　　很難產生效果。此種間接性雖常是物質的，但卻一定是心理的。
　　❸①

於是他又作結論說：「敵人心理平衡的動搖，實乃勝利的主要條件。」
而「戰略史根本上就是間接路線應用和演進的記錄」❸②。
　　間接路線是一種抽象原則，李德哈特對於其實際應用又另有一套
理論，他稱之爲公理（Axiom）。他認爲從戰史的研究中可以發現若干
經驗性的眞理，他一共歸納成爲八條：六條是正面的，兩條是負面的，
對於戰略和戰術都同樣適用。

**A.正面：**
⑴調整目的以適應手段。
⑵心中經常保持目標，而計畫則應適應環境。
⑶選擇期待最低（least expectation）的路線（方向）。
⑷利用抵抗最小的路線。
⑸採取能同時達到幾個目標的作戰線。
⑹計畫和部署都必須有彈性，而能適應環境。
**B.負面：**
⑺當對方有備時，愼勿傾全力作孤注一擲的攻擊。

(8)失敗後勿用同一路線（或同一形式）來再發動攻擊。**㉝**

李德哈特認為他的這套公理並非所謂戰爭原則，而他對於戰爭則頗有微詞。他指出：

> 現代的趨勢是尋求可以用一個單字來表示的原則，然後再需要用幾千字來加以解釋。即令如此，這些原則還是如此抽象，以至於對不同的人會有不同的意義。假使說還有任何價值，則全要看個人對於戰爭的了解而定。對於此種抽象原則繼續追求的時間愈長，則它們也愈像一種幻象，既不可能達到而又無用。**㉞**

事實上，他的批評不免過火，而他的公理與原則也相去無幾，最多不過是五十步笑百步而已。因為戰爭原則是富勒的產品，所以後者遂反唇相譏。李德哈特認為戰略是藝術，戰爭原則過分簡化，不切實際。富勒則指出間接路線也正犯同樣毛病，他說：

> 若認為間接路線為萬應靈丹，實乃大錯。目的是要擊敗敵人，若能用直接路線達到此種目標，則又何樂不為。間接路線只是一種不得已的下策而已。究竟應採取何種路線要看雙方的態勢來決定。假使遇到一個歹徒，我有一把手槍而他沒有，則我應採取直接路線，如果雙方都只帶著短刀，則我也許必須採取間接路線。**㉟**

實際上，任何理論的價值都是相對而非絕對，戰爭原則與間接路線也莫不如此。富勒與李德哈特雖情誼極深，但也仍不免有意氣之爭，這也是人情之常，並不足怪。此外，李德哈特似乎也並無把間接路線視為萬應靈丹的意圖，但由於過分強調，遂不免言過其實。李德哈特為何會如此？要解釋這一點又必須分析其在第一次大戰之後的心態。

李德哈特九死一生撿得一條性命，在痛定思痛之餘，對於戰爭期中那些高級將領(尤其是英國的海格)只知蠻攻硬打，而完全不用頭腦，坐視許多青年冤枉地犧牲在西線上，真是深惡痛絕，所以，在思想上也就自然地會產生一種反應。他說：「好鬥(pugnacity)是與戰略完全相反。」❸ 這不僅暗示他是有所為而發，更可以顯示他已經從慘痛的經驗中學得一項重要教訓，那就是應該好謀而不應好鬥。

這又正如劉邦向項羽所說的話，「吾寧鬥智不鬥力」。間接路線是鬥智，直接路線是鬥力。在戰略領域中應該盡量鬥智而不鬥力，此一大原則是絕對不錯，所以，對於李德哈特有時言論不免偏激，我們似乎應有所諒解。從這裏又可引至另一問題，那就是李德哈特在思想上與孫子的關係。

李德哈特在 1927 年以前還不曾讀過《孫子》，但其思想在許多點上都已與孫子不謀而合。到 1929 年首創間接路線觀念時，他不僅已經讀過《孫子》，而且更已深受孫子的影響。他以後在著作的卷首列舉《孫子》語錄十三條即可為證明。若用《孫子》的「術語」來表示，直接就是正，間接就是奇。所謂間接路線不僅為迂直之計，而也正是奇正之變。

李德哈特到晚年對《孫子》更是推崇備至。他在 1963 年替格里弗斯(Samuel B. Griffith)所新譯的《孫子》英文本作序時，曾指出《孫子》為世界上最古老的兵書，但在思想的淵博和深入程度上，從無後人能夠超越他。李德哈特認為在過去所有一切的軍事思想家之中，只有克勞塞維茨可與其比較，但甚至於他還是遠比孫子「陳舊」(dated)，儘管他的著作晚了二千餘年。李德哈特認為：「孫子是眼光較清晰，見識較深遠，而更有永恆的新意。」李德哈特最後又還這樣說：「《孫子》這一本短書所包括的戰略和戰術基本知識，幾乎像我所著的二十多本書中所包括的分量一樣多。」❸

　　很有趣味，李德哈特雖如此推崇孫子，但富勒在其著作中似乎就從來不曾提到孫子，好像根本不知道有孫子之存在。反而言之，富勒對於克勞塞維茨是相當地推崇，至少在其晚年更是如此。李德哈特則恰好與其成為強烈對比。雖然李德哈特曾說克勞塞維茨可與孫子比較，但概括言之，他對於克勞塞維茨的批評究竟又還是貶多於褒。

　　李德哈特對於克勞塞維茨的思想不僅不太重視，甚至於還有很多誤解，對於其原文的引用也往往斷章取義，不求甚解。誠然，他的某些批評是正確的，他指出克勞塞維茨的書中常有「曖昧」（obscurity）之處，其文章曲折矛盾不易了解，對於某些觀念欠缺考慮，例如過分重視會戰，完全忽視海軍和經濟等因素。但除此以外，又還是有若干批評不僅是誤解而且更是曲解。所以，很難說是公平。李德哈特對克勞塞維茨的批評以在 1932 年的一次演講中最為激烈，他直呼克勞塞維茨為「數量教主」（the mahdi of mass），並指責其已使政策變成戰略的奴隸。❸像這樣的發言實有損於學者的風度。所幸他到晚年態度已有相當改變。

　　為什麼李德哈特對於孫子和克勞塞維茨的態度會有如此重大的差異？其理由似乎不難解釋。孫子論將把「智」列為第一要件，而克勞塞維茨論軍事天才則把「勇」視為第一。此適足以表示二者在思想上的基本差異。尤其克勞塞維茨的言論，有某些部分若從表面上看來，實不無崇尚暴力的趨勢，而那也正是李德哈特所深惡者。

## 二、戰略與大戰略

　　李德哈特傳世之作是他的《戰略論》（中譯名），其最後一版是在 1967 年，早已成為經典，也是研究戰略的人必讀之書。不過，這本書雖以「戰略」為名，在全書中真正戰略理論的部分卻僅為其第四篇，

而所佔篇幅則尚不及全書的四分之一。至於前面的三篇則都只是史例，對於戰略理論只具有印證的價值，而並不能代表其主體。

第四篇名爲「戰略與大戰略的基礎」，共有 5 章，其章名分別爲：「戰略理論」（第十九章），「戰略（及戰術）精華」（第二十章），「國家目的與軍事目標」（第二十一章），「大戰略」（第二十二章），「游擊戰」（第二十三章）。除最後一章是最後一版所增補，與前面四章並無結構上的關連以外，其餘四章則構成連鎖體系，足以代表李德哈特在戰略思想領域中的主要認知。

在〈戰略理論〉章中，李德哈特首先指出克勞塞維茨的戰略定義之不適當。克勞塞維茨說：戰略是使用會戰作爲獲致戰爭目標之工具的藝術。李德哈特認爲此一定義有兩項缺點：(1)它侵入政策的領域，(2)它令人誤認會戰即爲獲致戰略目標的唯一手段。經過一番分析之後，他就提出他自己的定義：「戰略爲分配和使用軍事工具以來達到政策目標的藝術。」**❸❾**

何華德認爲「這個定義至少和任何其他的定義一樣好，而且比其中大多數都較好。」**❹⓿** 李德哈特的定義至少有三個優點：(1)明白說明手段與目的之間的關係；(2)提出「分配」的觀念；(3)暗示戰略考慮並非僅限於戰爭或戰時。不過又並非毫無缺點：(1)他的定義只能適用於傳統軍事戰略領域（李德哈特曾稱之爲純戰略）；(2)他雖已提出「分配」的觀念，但仍未考慮「發展」的觀念，似乎美中不足。

在此必須說明，李德哈特所用名詞與國內所習用者多少有一點差異。他把「戰略」的使用完全限制在軍事領域之內，而把軍事領域之外（上）的戰略則稱之爲「大戰略」（grand strategy）。前者又可稱爲「純粹」（pure）戰略，後者又可稱爲「高級」（higher）戰略。事實上，今天很多西方作家對於名詞都仍採取這樣的區分，而「國家戰略」一詞雖爲美國官方列爲正式軍語，但學術界還是很少使用。

　　就全體而言，李德哈特在戰略思想領域中的最大貢獻可能還是他的大戰略觀念。雖然這個名詞是沿用已久，但過去一直都很少有人對其作較深入的探討。❹ 李德哈特在其書中不僅一再提到大戰略的觀念，以及其在歷史中的應用，而且還對此一主題列有專章。儘管他的研究還是以軍事戰略爲主，但其對大戰略的重視則可謂開風氣之先。他指出：

　　　大戰略的領域的極大部分仍爲未知地區（terra incognita），尚有待於探勘和了解。……要對此一較廣大主題作適當研究，不僅需要一本遠較巨大的書，而且更需要一本獨立的書。❷

　　李德哈特說明他這本書是以戰略爲主題，但爲加深了解起見，對於大戰略仍應作扼要的解釋。令人感到遺憾者是他並未能如大家所期待，再寫一本以大戰略爲主題的專著。儘管如此，他在《戰略論》中對大戰略所作的扼要分析，仍能給與後學之士以不少的啓示，並可對進一步的深入研究提供必要的基礎。其基本觀念可以綜合概述如下：

　　　大戰略的任務爲協調和指導所有一切的國家資源，以來達到戰爭的政治目標。大戰略應計算和發展國家經濟資源和人力，而精神力量也和物質力量一樣重要。軍事力量僅爲大戰略工具之一種，大戰略更應考慮使用政治壓力、外交壓力、商業壓力、道義壓力，以減弱對方意志。戰略的眼界僅以戰爭爲限，大戰略的視線則必須超越戰爭而看到戰後的和平。❸

　　李德哈特對大戰雖只作簡略的討論，但其所言經常流露出其高深的哲學意味，他指出「戰略目的爲獲得較好的和平」，他又以東羅馬爲例以來說明「持盈保泰」的重要。此外，他對於現代世界提出警告：「工業化已經使所有的國家在命運上變得不可分。政治家的責任爲永

遠不應忽視現實,而追求勝利的幻想。」 **❹**

　　雖然,李德哈特對於大戰略並未作較深入的研究,而且其思想也未能構成嚴謹的體系。這很可能是到六〇年代,他已體力漸衰,以至於心有餘而力不足。儘管如此,其在這一方面的思想遺產,即令只是一鱗半爪,也還是彌足珍惜。

## 三、《爲何不向歷史學習》

　　像所有一切著名的古典戰略家一樣,李德哈特的研究是以歷史爲基礎,而且有時甚至於可以說,他對於歷史的興趣或造詣要比對戰略還更較深入。在其晚年,李德哈特更是將其全部精力都投在史學方面。當他在 1960 年辭去倫敦國際戰略學會(Institute for Strategic Studies)理事一職時,曾致函其會長布強(Alastair Buchan)說明今後他準備將其全部剩餘精力集中用在歷史方面,因爲那是他所最感興趣的學域。**❺**

　　李德哈特寫了很多歷史書,其第一和第二兩次大戰史更是不朽之作。不過,有一本小書卻最足以表現其歷史思想。這本書名是《爲何不向歷史學習》(*Why Don't We Learn from History*),本來是在 1944 年所出版的一本舊書,李德哈特在其逝世之前已將其修正增補,準備出一新的再版,但未能如願,到 1971 年始由其公子亞德里安(Adrian J. Liddell Hart)完成了其遺命。(中譯本改名爲《殷鑑不遠》)

　　李德哈特雖不是一位學院中的史學家(academic historian),但其治學態度的嚴謹絕不遜如專業學者。他認爲歷史的目標就是求眞(truth),他又鄭重地解釋:「發現事實的眞象,並解釋其原因,即尋找事象之間的因果關係。」李德哈特對於歷史的貢獻採取一種比較保

守的看法，他說：

> 作爲一個路標(guiding signpost)，歷史的用途很有限，因爲雖
> 能指示正確方向，但並不能對道路情況提供明細資料。不過，作
> 爲一個警告牌(warning sign)的消極價值則比較明確。歷史可以
> 指示我們應該避免什麼，即令不能指導我們應該做什麼。其所用
> 的方法就是指出人類所最易犯的若干最普通錯誤。㊻

於是他引用俾斯麥的名言：「愚人說他們從經驗中學習，我則寧
願利用他人的經驗。」然後又指出歷史是宇宙的經驗，比任何個人的
經驗都更長久，更廣泛，更複雜多變。不過，李德哈特又曾很認眞地
說：

> 史學家的正確任務就是把經驗蒸餾出來以作爲對未來時代的一
> 種醫學警告，但所蒸餾出來的東西並不是藥品。假使他已竭盡其
> 所能，並忠實達成此種任務，則他也就應該心滿意足。如果他相
> 信後代一定會吸收此種警告，則他也就未免過分樂觀，歷史在這
> 一方面至少已對史學家提供一項教訓。㊼

這一段話固然有一點諷刺，但也的確顯示人性的最大弱點：「人
類並不向歷史學習，而尤以人類中的『偉人』(great men)更是如此。」
㊽李德哈特對於人性弱點深有認識，他指出：

> 那些影響國家命運的大事，其作決定時的基礎往往不是平衡的
> 判斷，而是感情的衝動，以及低級的個人考慮。㊾

人往往大事糊塗，小事細明，明足以察秋毫之末而不見輿薪。這
樣的事實不勝枚舉，深值警惕。李德哈特曾舉例指出，1939 年的波蘭
外長貝克(Joseph Beck)，在一枝香煙還未抽完的時間內即已決定其

國家的命運。(50)

所以，他說如果能因研究歷史而認淸人性弱點，則應哀矜而勿喜。對於犯錯誤的人不要隨便加以譴責，但必須努力使自己不再犯同樣的錯誤。因此，他強調歷史對個人的基本價値。歷史教我們以人生哲學(personal philosophy)。他又引述羅馬史學家波里比亞的話：

> 最具有教訓意義的事情莫過於回憶他人的災難。要想學會如何莊嚴地忍受命運的變化，這是唯一的方法。

簡言之，歷史意識能幫助人類保持冷靜，度過難關。歷史提醒我們，即令是最長的隧道，還是有其終點。於是遂能增強苦撐待變的信心和勇氣。(51)

李德哈特不僅著作等身，而更是名滿天下。何華德曾指出，「五十餘年來，其研究的淵博和深入已經使軍事思想本身的性質發生改變。」(52)但李德哈特對於人類的貢獻又非僅限於軍事思想，甚至於也非限於任何學術領域。李德哈特不僅爲戰略家和史學家，他是一位通儒，一位哲學家。他的本性使他不可能僅在某一有限領域中從事專精的研究。誠如何華德所云，他是古代聖賢(sages)中最後的一位。在學術世界中，他的地位是正像法國的伏爾泰，英國的羅素和蕭伯納。李德哈特不僅是一位戰略家，正像羅素不僅是一位數學家，蕭伯納不僅是一位劇本作家一樣。(53)

到晚年其思想也就更有爐火純靑，超凡入聖的趨勢。他的言論有時看來似乎很粗淺，但實際上則爲至理名言，深値回味。現在就引述一段文章以來代表他對後世的永恆忠告：

> 對於和平，並無萬應靈丹，但從古今人類經驗的總和中可以抽出幾條基本原則：

(1)研究戰爭並從其歷史中學習。

(2)只要可能應盡量保持強大的實力。

(3)在任何情況中都應保持冷靜。

(4)應有無限的忍耐。

(5)絕勿迫使對方作負隅之鬥，並應經常幫助他顧全面子。

(6)假想你自己是站在他的位置上，於是也就能夠透過他的眼光來看一切的事物。

(7)應絕對避免自以爲是的態度，再沒有比這種態度更能使人變得如此自盲（selfblinding）。

(8)必須力戒兩種最普通的妄想：一心追求勝利，和認爲戰爭不能限制。

李德哈特最後又說：

> 約在公元前三百年的《孫子》，據我們所知，要算是最早研究戰爭與和平的一本書。上列八點都曾經明白或暗示地包括在該書之內。自從那個時代起，人類又已經打了許多次戰爭，大體都是勞而無功，足以證明人類從歷史中所曾學得的教訓是如何渺小。但這些教訓的本身卻是永遠存在。❸

# 註　釋

❶ J. F. C. Fuller, *Memoirs of an Unconventional Soldier* (London,1936)，「1919年計畫」(Plan 1919)曾列爲此回憶錄中的一個附錄。

❷ A.J.Trythall, *'Boney' Fuller:The Intellectual General* (London,1977),p.99,146.

❸ *The Journal of the Royal United Services* (February,1964),p.70.

❹ Jay Luvaas, "Clausewitz,Fuller,and Liddell Hart", *The Journal of Strategic Studies*(June/September, 1986),p.200.

❺ J.F.C. Fuller, *The Reformation of War*(London,1932),p.25.

❻ Brian H. Reid, "J.F.C. Fuller's Theory of Mechanized Warfare", *Journal of Strategic Studies*(December, 1978),p.296.

❼ J.F.C. Fuller, *Memoirs of an Unconventional Soldier*,p.218.

❽有關機械化思想的部分均以"J.F.C. Fuller's Theory of Mechanized Warfare" （註❻）爲依據。

❾ S.L.A. Marshall, *Armies on Wheels*(New York,1941),p.ii.同時也可參看富勒本人的回憶錄（註❶），p.490。

❿ J.F.C. Fuller, *A Military History of the Western Wored*,Vol I, Preface,pp. xi-xii.

⓫ J.F.C. Fuller, *The Reformation of War*,p13.

⓬ J.F.C. Fuller, *The Conduct of War：1789-1961*(Rutgers,1961),p.11.

⓭同前註，p.13。

⓮同前註，p.14。

⓯同前註，p.329。

⓰同前註，p.12。

⓱同前註，p.60。

⓲同前註，p.76。

⓳同前註，p.60。

⓴ Irving M. Gibson, "Maginot and Liddell-Hart:The Doctrine of Defence", *Makers of Modern Strategy*(1952), p.376.

㉑李德哈特致富勒的信函（1928 年 3 月 11 日）。

㉒"The Fuller-Liddell Hart Lecture", *Journal of RUSI*(March,1979),p.22.

㉓ Brian Bond, *Liddell Hart:A Study of His Military Thought*(Rutgers,1977),p. 235.

㉔見李德哈特夫人（Kathlein Liddell Hart）爲《第二次世界大戰戰史》(1970)所

寫的前言(Foreword)，p.vi。

㉕ B.H. Liddell Hart, *The Revolution in Warfare*(Faber and Faber,1946).

㉖甘迺迪之語見 *Saturday Review*(September, 3, 1960)。

㉗ B. H. Liddell Hart, *Memoirs*(Cassell,1965) ,pp.162-65.

㉘ B. H. Liddell Hart, *Strategy*：*The Indirect Approach*(Faber and Faber, 1967).中文譯本改名為《戰略論》。

㉙同前註，p.162。

㉚同前註，p.163。

㉛同前註，p.25。

㉜同前註，p.25,17。

㉝同前註，pp.348-49。

㉞同前註，p.347。

㉟ Brian H. Reid, "J.F.C. Fuller's Theory of Mechanized Warfare", *Journal of Strategic Studies*(December,1978),p.302.

㊱ B. H. Liddell Hart, *The Current of War*(Hutchinson,1947),p.201.

㊲ B. H. Liddell Hart, "Forword", in *Sun Tzu:The Art of War*,trans., Samuel B. Griffith (Oxford,1963),pp.v-vii.

㊳ B.H. Liddell Hart, *Lees Knowles Lectures for 1932-33*.

㊴ B.H. Liddell Hart, *Strategy*：*The Indirect Approach*,pp.333-35.

㊵ Michael Howard, "The Classical Strategists" in *Problems of Modern Strategy*(IISS,1970),p.47.

㊶「大戰略」這個名詞似乎是在英國首先被使用，但其原始迄今仍無確實的考證。

㊷ B.H. Liddell Hart, *Strategy,* p.336.

㊸同前註，p.336。

㊹同前註，pp.366-72。

㊺李德哈特致布強書 (1960 年 8 月 15 日)。

㊻B. H. Liddell Hart, *Why Don't We Learn from History*(Hawthern,1971),p.1.

㊼ B. H. Liddell Hart, *The Real War,1914-1918*(Faber and Faber,1930),p.15.

❹ B.H. Liddell Hart, *Why Don't We Learn from History*,p.142.

❹ 同前註，p.9。

❺ B.H. Liddell Hart, *History of the Second World War*(Cassell,1971),p.12.

❺ B.H. Liddell Hart, Why Don't *We Learn from History*, "Foreword".

❺ Michael Howard, "Liddell Hart", *Encounter*(June, 1970),reprinted in *The Causes of Wars*(Temple Smith,1983),p.199.

❺ 同前註。

❺ B. H. Liddell Hart, *Why Don't We Learn from History*,p.71.

【第十七章】

# 戰後海權思想

## 壹、英國

　　第一次世界大戰對於西方傳統戰略思想是一次大考，海洋戰略思想也自不例外。戰爭結束之後，各國的海軍戰略家對於戰前的思想都開始進行再檢討，並尋求新的發展途徑。幾乎所有的人都莫不承認新技術對海軍戰爭的衝擊，但也同樣地相信海權的未來重要性並不會因此而減低。雖然在兩次大戰之間的階段，海洋戰略的理論著作並不太多，不過，也還是有值得介紹的學者和思想。

　　在英國方面，最傑出的海洋戰略思想家即為李奇蒙（Admiral Sir Herbert William Richmond,1871-1946）。李奇蒙在 1885 年進入英國海軍官校，成為一位海軍職業軍人，他的官運要算是不錯，到 1929 年升至上將，1931 年從海軍退休，又正式轉入學術界，受聘為劍橋大學海軍史教授以及唐寧學院（Downing College）的院長，到 1946 年逝世。他是一位博學多才之士，具有強烈的活力和高度的智慧，他在海權思想領域中的成就是可與柯隆布、馬漢、柯白等人並駕齊驅。

　　早在第一次大戰之前，李奇蒙即已是靑年改革派的領袖，敢於向正統敎條挑戰，反對海軍政策受到物質主義的支配。他強調歷史研究的價値，認爲那是傳播正確戰略觀念的有效工具。根據第一次大戰的經驗，李奇蒙認爲在英國海軍的指揮和思想中，物質和心理中，都存在著嚴重的缺失。而其主要原因則爲英國海軍未能發展其學術機構，並長久忽視軍官的高級敎育。

　　1906 年，當時的英國海軍參謀總長費歇爾把李奇蒙調到海軍部充任他的助理，凡充任是職者多爲一時之選，換言之，李奇蒙已被預定將接受快速的升遷。兩年之後，他 35 歲升上校，並被派爲「無畏」號（*HMS Dreadnought*）軍艦的艦長。那是英國國內艦隊（Home Fleet）的旗艦，也是費歇爾的革命性、全大砲(all-big-gun)戰艦中的第一艘。儘管費歇爾很賞識他，但李奇蒙對這位長官卻頗感失望。因爲他希望能把費歇爾的眼光導向比較廣大的問題上，例如全面戰爭計畫作爲和現代海軍參謀制度的建立，但結果都未獲成功。

　　在這個階段，柯白變成他的好友。柯白對於這位年輕的上校非常欣賞，鼓勵其發展治學的本能，培養其對較高深戰略問題的興趣。並且還告訴他若欲進行有系統的研究則必須接受嚴格的敎育。在柯白的指導之下，李奇蒙開始撰寫其第一部主要歷史著作，書名爲《在 1739 年到 1748 年戰爭中的海軍》（*The Navy in the War of 1739 -1748*），共分 3 卷。此書建立了其作爲史學家的地位，以後又獲得英國三軍學會所頒發的齊斯雷金質獎章(Chesney Gold Medal)。那也是極高的榮譽，因爲到當時爲止，海軍軍官曾獲此獎者僅有馬漢一人而已。這部書的著作對於李奇蒙思想的形成亦爲重要的過程，使他了解海洋戰略的主要觀念，海軍參謀組織的任務，以及海陸聯合作戰的需要。

　　當他離開「無畏」號之後，李奇蒙被派指揮一艘第二級巡洋艦，

可謂投閒置散。但對於李奇蒙而言，他卻並未吃虧。因爲那使他換得了幾年的時間，而時間對他是非常重要。他除完成了其著作以外，還替海軍記錄學會另外編輯了一本書，同時又在海軍戰爭學院兼任講師。此外，又在該院中號召若干有思想而也希望改革的學員和教師共同組成一個「海軍學會」（Naval Society），並還出版一種季刊，名爲《海軍評論》（*The Naval Review*）。

在第一次大戰之前，李奇蒙所作的一切改革努力以《海軍評論》的創辦最具成效，也最持久。他希望經由此一管道，在海軍內部引發學術研究的風氣，打倒高級將領對戰略思想的壟斷。李奇蒙說：「我希望發展一種徹底思考的習慣，遇事都要尋根問柢，以來建立原則，並擴大我們對較高層次的興趣。」爲避免官方的檢查，又決定使這本《評論》成爲私人刊物（Private Journal），其發行只限於學會的會員。爲保護投稿者並鼓勵來自各階層的自由討論，也採取不署名的辦法。儘管其會員已增加到一千人以上，而且還獲得邱吉爾和巴頓堡親王（Prince Louis of Battemberg，當時的海軍參謀總長）的支持，但大多數高級軍官對這份期刊仍保持敵對的態度。第一次大戰期中，官方曾對其實施檢查，直到二〇年代中期始予以解除。

期刊固然是辦得非常成功，但毫無疑問，李奇蒙則已經變成一位不受歡迎的異端份子。因此，他在第一次大戰期中也就時常受到排擠，而很難獲得一展抱負的機會。戰爭結束之後，一向與他私交頗深的畢特（Admiral Beatty）在 1919 年出任海軍參謀總長，於是李奇蒙才又再交好運。他不僅升了少將，而且奉派到格林威治負責重開「高級軍官戰爭班」（Senior Officers War Course）的工作。這對他而言是一個非常適當的任務：不僅可以充分發揮其作爲教師的才能，而更能任其創新的觀念得到實際應用的機會。同時，他仍繼續其著作努力，並擴大其接觸範圍，從少壯軍人的圈子發展到較廣泛的學術界。

　　李奇蒙在 1923 年到 1925 年之間，調任東印度艦隊司令並晉升中將，1926 年又回到倫敦出任新成立的帝國防衛學院(Imperial Defence College)的第一任院長。李奇蒙對於這個學院的創建曾扮演相當重要的角色，並使其終於成為對國防問題能作較深入研究的重要機構。對於李奇蒙的一生事業而言，帝國防衛學院的創建應該算是一塊重要的紀念碑。

　　帝國防衛學院的院長也成為李奇蒙的最後公職，他雖在 1929 年升任上將，但在同年 11 月，在《泰晤士報》(*Times*)上發表兩篇署名的投書，其標題一為「較小的海軍」(Smaller Navies)，另一為「主力艦」(The Capital Ship)，引起其與官方政策的最後衝突，並導致其兩年後的強迫退休。許多年來，李奇蒙都一直反對海軍部對於大型戰艦的偏愛。在 1921 年華盛頓會議之前，他就已經對英國的造艦計畫表示懷疑。他認為不應以與其他國家保持物質平等(material pavity)的觀念來作為計畫的基礎，而必須重視下述兩點考慮：(1)潛艇和飛機的未來衝擊，(2)現實經濟因素。李奇蒙主張英國應根據其本身的需要，採取一種較合理的路線，把主力艦的噸位定在較低的限制上。姑無論其理論的優劣如何，但那是與海軍部的官方思想相違背則毫無疑問。於是李奇蒙受到嚴厲的譴責，最後在 1931 年被迫退休。❶

　　退休並不可能使李奇蒙從此保持沉默，當然也不是其事業的終點。事實上，他在學術界的地位是從此更上層樓，而達到其最高峰。在其人生旅程的最後 15 年內，李奇蒙出版了不少的著作，在劍橋大學出任教授和院長，而歐洲和美國也都紛紛請他去講學，真可謂實至名歸，德高望重。

　　由於其學問是如此淵博，其興趣是如此廣泛，所以其作為學者和改革派的影響也交織在一起而不易區分。他雖然有其特殊的戰略思想，但又並不曾作有系統的發展，而必須從其個別著作中去加以探索。

作為一位思想家，李奇蒙的評價還是應以其對歷史的研究為基礎。無論就範圍、深度、治學方法、寫作技巧那一方面來看，李奇蒙都有資格算是「良史」（a good historian）。不過，李奇蒙又並非以純粹的歷史學家自居，他的真正目的是探求戰略智慧（strategic wisdom）。他認為歷史實為智慧的寶庫（a treasurehouse of wisdom）。李奇蒙又認為：

> 所有一切的戰爭，無論為古代或近代，都有貢獻，不過，任何一個單獨的戰爭，不管它是如何近和重要，都不應容許其支配思想。❷

就某一方面來說，李奇蒙的戰略思想是很容易研究，因為自從1915 年以來，他的基本觀點和路線幾乎沒有什麼改變。但從另一方面來說，這種任務又還是有其困難，因為他除了寫歷史以外，其他的文章都是以批評眼前的政策為目的，所以也就缺乏有系統的思考和完整的理論。他始終不曾對海軍戰略寫一部正式的典籍（a formal treatise），應該要算是一件令人感到遺憾的事情。

及其晚年，李奇蒙本人似乎也日益希望能夠完成此種心願。他在1936 年曾經告訴他的老友波侖（Arthur Pollen）說他希能寫三本書。他指出其第一本書將概括說明從伊麗莎白時代到1918 年的英國戰略，所特別注意的問題是政治家如何使用其所能運用的海權和陸權，以及戰略實際上是如何作成。這本書他是已經完成。首先是 1943 年在牛津大學的福特講座（Ford Lectures at Oxford）中提出，然後在1945 年以《政治家與海權》（*Statesmen and Sea Power*）為書名出版。毫無疑問，這是其許多著作中最重要的一本，而就多方面來看，對於此一主題也應算是最佳的探討。❸

李奇蒙在其寫給波侖的信上又繼續說：「這本書完成之後，我就

想寫一本以戰略爲主題的書，那多少是比較抽象的；假使我還能活下去，我就再想寫一本有關戰爭的書，因爲我相信對於這場戰爭，我們眞正已經學得的教訓實在非常少。」但因爲其歷史研究把他的時間都佔用了，結果爲這兩本書都沒有寫。❹

要想了解李奇蒙的戰略思想，則必須重視其對於技術的觀點。他的戰略思想是始終能維持其自我意識，而不受「物質主義」的左右。在 1918 年之後的平時階段中，有關物質方面的決策一方面必須考慮迅速進步的空中和水下能力，另一方面又必須考慮巨大全球責任所構成的戰略環境。不過，辯論的焦點又還是放在「戰艦問題」（battleship question）之上。高級軍官堅決主張仍應維持戰艦唯我獨尊的地位，並繼續尋求工具以來減低其對魚雷、水雷、炸彈攻擊的易毀性。但在另一方面，戰艦的易毀性又導致其他的海軍軍官，以及許多民間學者認爲它已經落伍過時。雙方在辯論時又都是以有關物質問題的假定來作爲主要基礎。

李奇蒙的意見則爲戰略因素與技術因素的整合。他承認若有競爭的國家建立戰鬥艦隊，則英國也就必須維持一支同樣的艦隊。但所謂競爭的國家又在那裏？就理論而言，美國可以算是一個競爭的國家，但英國的戰略是從未假定英美兩國之間會發生戰爭。與日本的關係是比較複雜，但英國除非有同盟國的支持，否則必然會盡量避免在遠東進行戰爭。於是所剩下的僅爲歐洲國家，至少，最近也尙無任何歐洲國家能建造與英國抗衡的戰鬥艦隊。假使這種情況若有所改變，則英國海軍自應採取對抗措施。於是李奇蒙在 1934 年指出：儘管已無此必要，但仍有人堅決主張英國應維持大戰艦，這實在是很難理解。❺

李奇蒙對於空權與海權的關係也有其精闢的見解。就全面而言，他相信航空已在海洋戰爭中帶來革命性的改變，但他又正確地指出：

飛機的發明所帶來的結果並非空權已經取代了海權，而是一種
重要的新海權工具已經出現，它將使海上作戰的指導發生重大的
改變，正像當年的汽船，以及後來的水面和水下魚雷艇一樣。❻

概括言之，李奇蒙的思想是有一種反物質主義的趨勢，與時代潮
流似乎是背道而馳，所以，他經常與英國海軍主流派爲敵，也是理所
當然。不過，他強調戰略的重要則又還是值得稱讚，李奇蒙曾指出：

雖然技術的辯論可能非常有力，但政策的辯論也許還更爲有
力。而就長程來看，政策的錯誤要比戰略的錯誤，戰略的錯誤要
比戰術的錯誤，戰術的錯誤要比技術的錯誤，具有較深遠的影響。
❼

所以，他不僅是一位歷史學家，而且更是一位戰略學家，從他的
著作中可以體會到其觀念的完整，見識的高深。不過，他究竟還是不
能自立宗派，其在戰略思想史中的地位也不如馬漢和柯白那樣崇高。
儘管如此，在兩次世界大戰之間的階段中，李奇蒙的思想和著作仍然
是擔負著承先啓後的重要任務。

# 貳、歐陸國家

在歐陸上最值得推崇的海軍戰略思想家爲法國的卡斯特上將
（Admiral Raoul Castex）。他從 1929 年開始出版其鉅著《戰略理論》
（*Théories stratégiques*），共爲 5 卷，到 1937 年才全部完成，對於海
洋戰略可以算是空前未有的最完整理論探討。他的思想似乎是馬漢的
正統思想與法國少壯派的異端思想之間的最佳整合。在基本海權觀念

上，卡斯特幾乎完全同意馬漢的看法，但當他分析現代海軍戰略問題時，則又時常採取少壯派的觀點。卡斯特以後又曾出任法國海軍的戰爭學院的院長，他的思想對於英美兩國的海軍雖無太大的影響，但在歐陸上卻有很廣泛的傳播。概括地說，對於西方海軍思想在兩次大戰之間時代中的演進，卡斯特及其著作實爲一個關鍵因素。

　　正像那個時代的許多其他海軍軍官一樣，卡斯特是相當重視技術因素對海軍戰爭的理論和實踐所可能產生的效果。不過，他並不同意認爲這些新的技術發展（例如潛艇和飛機）將使大型水面軍艦的重要性受到任何嚴重的影響。當然，在新的環境中，水面軍艦必須採取與過去不同的作戰方式，始能發揮其所裝備的新武器的功效，尤其是空中優勢現在已經變成海洋優勢的必要條件。儘管如此，水面兵力仍然像過去一樣重要。❽

　　卡斯特深知制海權的重要，並且相信若欲獲致制海權，則仍需要大規模地使用有組織的兵力。他認爲戰爭不可能輕鬆地或廉價地贏得，而必須用戰鬥手段來擊毀敵方的有組織兵力。卡斯特指出第一次大戰的經驗仍足以顯示海面的控制還是海洋戰略成功的必要條件，不過就時間和空間而言，此種控制的程度和範圍現在可能會變得日益縮小。制海權本來就是一種相對觀念，即令對海洋享有絕對的主權，也還是不能阻止敵人在此水域中出現。所以，制海權的眞正涵意爲控制水面海上交通，以求達到我方的戰略目的。❾

　　至於如何獲致制海權的問題，卡斯特所提出的答案是完全代表正統的觀念，也就是馬漢的觀念。簡言之，必須集中「有組織的兵力」（艦隊）作一次海上的決戰。他又指出雖然有時只需用某種形式的封鎖，而能削弱拒絕戰鬥的敵軍，但任何海洋戰略又還是應以海上決戰爲主要目的。卡斯特又認爲若欲攻擊敵方的海岸或其航運，則成功的先決條件又還是制海權。在尚未能確保制海權之前，即貿然想發動這

樣的攻擊，實在是一種危險的行動不應輕予嘗試，因為所用的兵力是很易於為敵方主力艦隊所擊毀。不過，就理論而言，固然是必須先贏得制海權，始可發動對敵方海岸或貿易的攻擊，但實際上，有時由於需要而又還是無法遵守此種成規。因此，遂又可以顯示所謂理論者只是一種概括的原則，而並非絕對不變的真理。❿

卡斯特也像其他的歐陸海軍戰略家一樣，相信英國的地位是正在日漸衰頹，尤其是在未來的時代中，海權所扮演的角色似乎將不會像在帆船時代中那樣重要。他認為戰略會隨著戰爭的物質條件而改變。最顯著的結果即為海權的攻擊能力在時間和空間中都已開始減弱。連續封鎖的結束使其在時間上的效力減低，潛艇和飛機限制其在空間中的行動，尤其是使其不能進入某些沿岸水域。所以誠如英國人詹氏在三十年以前即曾預言的，今天的海權是日益依賴在其陸上基地的安全上。⓫

卡斯特在海洋戰略思想領域中的最大貢獻也許即為他能夠把舊有的各派理論融合貫通，而寫成一部空前所未有的完整著作。他並無真正的創新觀念，但他卻能用新酒瓶裝舊酒，以來重申制海權的重要，並幫助海軍人員恢復對其本身的信心。從許多人的眼中看來，第一次大戰的經驗足以顯示舊有的海軍理論已經不能適應新的環境改變。但卡斯特卻並不那樣悲觀，他認為有許多現象看起來似乎是的確已經改變，但就實質而言，則並非真正的改變。卡斯特又指出第一次大戰顯示劣勢兵力若能加以適當運用，則也同樣能作有益的貢獻。不過，他又特別提醒其讀者，高談理論似乎是很容易，但在各種不同的條件之下，實際處理海軍作戰的問題則絕非像想像中那樣簡單。⓬

戰後的德國對於其在第一次大戰中的失敗曾作徹底的檢討，其中以魏格勒中將(Vice Admiral Wolfgang Wegener)在 1926 年所寫的《世界大戰中的海洋戰略》(*Seestrategie des Weltkrieges*)一書最為

著名。魏格勒強烈批評德國公海艦隊不敢出港求戰，遂把一切利益都拱手送給英國人。他認爲任何其他的戰略都會比讓德國艦隊困守在港內較好。德國的艦隊是付出了極大的成本才建造完成，在戰前也曾對它寄與以莫大的希望，結果卻是令人完全失望。魏格勒主張德國艦隊應不顧一切衝出其樊籠，應不惜付出一切成本以求達到大西洋。這樣才能有較大的空間來採取攻勢行動，並乘機與英國大艦隊決一勝負。

魏格勒的主要觀念爲劣勢的艦隊仍應也仍能採取攻勢，所以對於半海洋性的國家，海權也仍然還是一項重要戰略工具。此種觀念在他那個時代的確曾經產生相當的號召力，而且對第二次大戰初期的德國海洋戰略也曾產生某種程度的影響。不過，與魏格勒同一時代，以後由於逃避納粹迫害而流亡美國的羅辛斯基（Dr. Herbert Rosinski）則對魏格勒作了下述的批評：

> 因爲缺乏眞正明確的了解，所以其對於戰略形勢的評價是未免太高。他對於德國艦隊在戰爭中獲勝的機會採取過分樂觀的看法，對於戰略地位的重要性過分強調，而對於物質力量則予以忽視。⓭

由魏格勒的著作所發動的德國海軍思想革命在納粹統治的初期開始成熟。當時德國已經著手重建其海軍，也就迫切需要新的思想指導，所以遂必須發展一套適當的戰略觀念。此種新觀念實際上是在1935-36年之間開始發展，很快就變成德國海軍思想的主流。其最完整的說明即爲華德葉哈茲上校（Captain von Waldeyer-Hartz）所著的論文，其命題爲〈明日的海戰〉（Naval Warfare of Tomorrow）。那也是此種觀念首次的廣泛傳播。華德葉哈茲認爲：

> 未來海軍戰略家不再根據純粹軍事考慮來擬定其作戰計畫。相

反地，他將準備用其所指揮的部隊從事經濟戰。假使此種意見已證明是正確的（有許多跡象顯示的確如此），則貿易戰將成爲明日海戰的主要形式。

接著他又說：

今日的「藍水學派」（Blue-water School）已經變得與帆船時代的「藍水學派」完全不同。作戰的目標不再是敵方的武裝部隊而是其經濟資源。換言之，海上的作戰和戰鬥將成爲貿易戰的後果，而在過去則構成一切戰略措施的最終目的。今天「藍水學派」的意義即爲貿易戰，而且還是一種極端形式的貿易戰。❹

此種終於爲納粹德國海軍所接受的新觀念，實際上，就是反對四百年來的傳統海權思想，那也正是馬漢和柯白等人所提倡的理論。

概括言之，在兩次大戰之間的階段中，海軍戰略思想領域中雖有若干新著作出現，但並不足以開創一種新境界，而仍然只是戰前思想的延續或反動而已。

## 註　釋

❶ Eric J. Grove, "Richmond and Arms Control", in *Mahan Is Not Enough*, ed., James Goldrick and John B. Hattendorf(U.S. Naval War College Press,1993) ,pp.227-41.

❷ H.W. Richmond, "The Use of History", in *National Policy and Naval Strength and Other Essays*(London,1928),pp.279-93.

❸ H.W. Richmond, *Statesmen and Sea Power*(Oxford,1945).

❹ Daniel A. Baugh, "Admiral Sir Herbert Richmond and the Objects of Sea Power", in *Mahan Is Not Enough*,p.16.

❺同前註，p.33。

❻ H.W. Richmond, *Sea Power in the Modern World* (London,1934),p.138.

❼ H.W. Richmond, "Some Naval Problems", *Nineteenth Century and After* (Feb.1938),p.202.

❽ Raoul Castex, *Théories Stratégiques* (Paris,1929),Vol I, pp.276-73.

❾同前註，pp.99-105。

❿同前註，p.154,214。

⓫ Theoderf Ropp, "Continental Doctrines of Sea Power" *Makers of Modern Strategy* (1952),p.455.

⓬ Raoul Castex, *Théories Stratégiques*, Vol. II, p.12.

⓭ Herbert Rosinski, "German Theories of Sea Warfare", *The Development of Naval Thought*, ed., by B.M. Simpson III (U.S. Naval War College Press, 1977),pp.60-61.

⓮同前註，p.64。

# 【第十八章】

# 空權思想的興起

## 壹、早期的發展

　　人類想飛行是一種非常古老的願望。在西方其原始可以追溯到希臘的神話，而在我國的舊小說中也不乏這一類的想像。例如《封神榜》中所描述的「雷震子」，他是周文王的第一百個兒子，曾食仙人所賜異果，兩肩上長出兩翼，能夠飛行並從空中打擊敵人。這也許即為我國古人對於空中戰爭的最早幻想。

　　但僅憑幻想並不能產生思想，思想必須以實際經驗為基礎。人類作種種嘗試以求實現其飛行的夢想是有一段相當悠久的歷史。最先實際使用的飛行工具是用較輕於空氣的氣體所填充的氣球（balloon）。以後再加裝動力就變成了飛艇（airship）。十九世紀初葉，在法國革命和拿破崙戰爭中，陸軍已偶然使用氣球來作為偵察工具，這可以算是軍用航空的起點。

　　使用重於空氣的載具來作動力飛行是一種遠較艱難的問題。經過許多人的嘗試與失敗之後，美國的萊特兄弟（Orville　and　Wilbur

Wright)才在 1903 年 12 月把一架飛機(airplane)飛上了天空，並在空中飛行了 12 秒鐘，在當時似乎並無人知道這是人類歷史中一件驚天動地的大事。

但遠在人類尚未能實際飛行之時，即早已有人思考空中戰爭的問題。1670 年有一位名戴提齊(Francesco Lana de Terzi)的耶穌會神父(Jesuit priest)即曾爲文預言空中攻擊對於平民中心所能造成的後果，並且認爲可以設計一種「空中機器」(airmachine)來對無準備和無保護的人口，投擲大量的爆炸物和燃燒物。這應該算是最早的「戰略轟炸」(strategic bombing)觀念。❶

在飛機試飛成功之後不滿 5 年時，英國歷史學家，也是早期的未來學家，威爾斯(H.G. Wells)曾在 1908 年出版一本通俗的書，名爲《空中戰爭》(War in the Air)，對於空中攻擊所將帶來的毀滅、死亡、恐怖作了極生動的描述。

次年(1909)是各大國陸軍開始採購其第一架飛機之年。同時又有一位作家，希爾尼(R. F. Hearne)，寫了一本名爲《空戰》(*Aerial Warfare*)的書。此時距離第一次世界大戰的爆發只有 5 年了。到 1912 年，也就是第一次大戰的前夕，懷特和哈普(Claude Grahame-White and Harry Harper)又合著一書，名爲《戰爭中的飛機》(*The Aeroplane in War*)。這是第一本以飛機爲主題的書，以前的書都是以飛艇爲描述焦點。❷

概括言之，在這個時代，航空還只能算是一種冒險的競技，其實用價值在正統軍人眼中看來似乎仍頗有疑問。誠如福煦在觀賞飛行特技表演之後所發表的評論：「那是很好的體育活動，但對於陸軍而言，飛機幾乎是毫無價值之可言。」❸ 一般說來，職業軍人的心態都很保守，對於新技術的接受通常都是相當遲緩，但令人難以相信的是，儘管義大利比起其他歐洲大國是一個遠較落後的國家，它卻是在戰爭中

首先使用飛機的國家。在 1911-12 年之間，義大利人在近東的小型戰爭中曾用飛機攻擊土耳其人，可以算是揭開了空中戰爭的序幕。❹

　　當第一次大戰在 1914 年爆發時，距離萊特兄弟的飛機第一次試飛成功不過 10 年而已。在此 10 年內，軍事航空雖已萌芽，但空戰理論則還是一無所有。早期的著作只能算是科幻小說，眞正的空權思想是在第一次大戰的刺激之下才逐漸形成。甚至於當大戰爆發時，航空對於戰爭還是一個無關重要的因素。飛機使用的範圍也非常有限，以開戰時的情況而論，法國在飛機和駕駛員的數量上都居於首位，而德國則較爲落後，其對比如下：

|  | 飛機(架) | 駕駛員(人) |
| --- | --- | --- |
| 法國 | 290 | 234 |
| 德國 | 100 | 90 |

德國之所以落後，其原因是由於在飛艇方面的發展，即所謂「齊柏林」(Zeppelin)，投下太多資本，於是逐無餘力來同時發展飛機。❺

　　在最初階段，飛機所負任務即爲偵察，至於空中戰鬥和地面攻擊(轟炸)都還談不上。因爲缺乏飛機，德軍在入侵比利時和法國時，在行動上曾多少受到一些不利的影響。反而言之，英國的飛行兵團(Royal Flying Corps)雖只有飛機 36 架在法國參加戰爭，但卻能作相當的貢獻，馬恩河會戰時，德國第一軍團趨向巴黎的行動就是被英國飛機所首先發現。❻

　　最早的軍用機並無武裝，但不久即加裝武裝，於是空中戰鬥和地面攻擊遂隨之而來。甚至於當戰爭一開始時，德國人即曾立即考慮實現威爾斯等人的理想，從空中攻擊英國。1914 年 10 月，德國陸軍少校希格特(Wilhelm Siegert)建議用飛機攻擊英國南部港口，但由於德軍未能在法國東北部奪得機場，此項計畫遂胎死腹中，接著德國海軍的波爾將軍(Admiral Hugo von Pohl)遂建議改用齊柏林飛艇，因爲

它有較長的航程。❼

齊柏林在 1915 年 1 月對英國發動第一次空襲，一直持續到 1916
年 11 月才停止。所造成的實際損毀是非常有限，但心理效果則遠較深
遠。雖然一共只有 51 次空襲，但英國人民的反應卻相當強烈，紛紛指
責政府無能，並透過國會和輿論的壓力，以來迫使政府必須採取報復
或防禦措施。因此，英國政府也就迅速採取防禦措施，在重要城市周
圍部署探照燈、高射砲，和戰鬥機，但效果似乎不如理想。雖然 1916
年 11 月 28 日，高射砲擊毀了兩架飛艇，但英國人民仍堅信攻擊者還
是一定能通過防線，並對無保護的城市投彈。此一觀念非常重要，因
爲未來的戰略轟炸理論都受其支配。

但很諷刺，由於兩架飛艇的被擊毀，德國人遂停止使用而決定改
用飛機，由於訓練費時，德國人直到 1917 年 5 月 25 日才開始用「哥
大」式（Gotha G-IX）雙引擎機發動攻擊。此種飛機每架能載炸彈 454
公斤，從比利時南部起飛轟炸倫敦。飛機所造成的損毀遠比飛艇較大，
所以英國人民的反應也就更趨強烈。1917 年 7 月 11 日，英國首相勞合
喬治（Lloyd George）下令組成一個特種委員會，由南非政治家史莫茲
（Jan Christain Smuts）任主席，積極尋求對策。這個委員會以後就稱
爲「史莫茲委員會」（Smuts Committee）。它在 8 月間先後提出兩份
報告：第一份內容爲應急措施，建議立即組成一個「倫敦空防區」
（London Air Defence Area，簡稱 LADA）以來增強防禦。但更
重要的是第二份報告，其中包括具有重大意義的建議，並替空權的未
來發展奠定基礎。

史莫茲主張對英國航空兵力作徹底的改組，在傳統的海陸軍之
外，成立一個新的空軍軍種。同時，他對於未來戰爭的預測也和當時
大多數人的看法不一樣。其報告書中明確指出：

空中作戰，包括其對工業和人口的重大毀滅在內，可能變成未來戰爭中的主要作戰。這個日子也許不會太遙遠，而較舊式的陸海軍作戰則可能變爲次要的或附屬的⋯⋯

簡言之，史莫茲似乎認爲轟炸機具有一種贏得戰爭的潛力，不僅能夠造成重大物質毀滅，而且還能使對方精神崩潰（demoralization）。甚至於僅憑其單獨的努力，即能迫使敵人求和。❽

根據史莫茲委員會的建議，英國政府遂於 1917 年 11 月 29 日完成建立空軍的立法程序。1918 年 1 月 2 日，英國空軍部（Air Ministry）正式成立。再過 3 個月，即 4 月 1 日，一個獨立的「皇家空軍」（Royal Air Force，簡稱 RAF）開始存在。其主要任務即爲對敵國本土發動戰略反攻。這也是有史以來的第三軍種，第一支獨立的空軍。

由於種種原因，包括長程飛機的缺乏在內，直到 1918 年 6 月，英國空軍才終於組成一支獨立轟炸部隊（Independent Bombing Force）。到此時德國已成強弩之末，同時英國空軍雖已開始向德國城市發動攻擊，但其效果也不是短時間之內所能顯示。5 個月後，第一次大戰在 1918 年 11 月結束。概括地說，這次大戰還是一場地面戰爭，空軍始終只不過是扮演配角而已。

# 貳、杜黑與《制空論》

第一次大戰對於空中戰爭雖提供很多經驗和教訓，但把那些經驗和教訓綜合起來發展成爲有系統戰略理論的人既不是英國人，也不是德國人，而是一位義大利人。此人即爲杜黑（Giulio Douhet, 1869 -1930）。他在 1890 年進入義大利陸軍，任砲兵軍官。早年曾提倡陸軍

機械化的觀念，那是比英國的富勒還較早。他甚至於在 1909 年即已開始注意空權的問題。所以，他的確可以算是一位先知先覺的天才思想家。1915 年他根據其本身的戰爭經驗，開始孕育總體戰爭的思想，並考慮從空中打擊敵方民心士氣的觀念。1916 年由於義大利部隊在戰場上一再慘敗，杜黑遂憤而上書政府，痛責軍事當局的無能。結果使他受到軍法審判。1918 年杜黑再被起用，出任中央航空局長。1921 年升任將官，而其著作也在這一年初版。1923 年法西斯黨接管政權，墨索里尼慕其大名，請他出任航空部長。但他不願做官，寧願專心著作以終餘年。他逝世於 1930 年。

杜黑雖是一位天才，但並非多產作家。嚴格說來，他一生只寫了一本書，與著作等身的海權先知者馬漢成為強烈對比。這本書就是《制空論》。義大利原名為 *Il Dominio dell' Aria*，英文譯名為 *The Command of the Air*。其第一版是在 1921 年，6 年之後即 1927 年，他又將原書修正再版。此一再版的《制空論》即為杜黑傳世之作，代表其思想的主體。此外，他又曾在雜誌上發表過若干論文，但那只能供參考，並不具有歷史重要性。雖然他的思想在當時即已引起世人的注意，但直到逝世之後，其著作始譯成他國文字。1932 年法文譯本最早出現，第一次大戰時的老將貝當元帥(Marshal Pétain)曾為之作序。貝當特別指出：「不要輕視他，以為他是烏托邦的幻想者，後世可能會把這個人視為先知者。」蔣百里先生也曾為文介紹貝當這篇序文。貝當雖然晚節不保，成為 1940 年法蘭西悲劇中主角之一，但他對於杜黑的推崇，應該說是開風氣之先，所以，我們不可以人廢言。❾德文譯本到 1935 年完成，我國的譯本即由德文轉譯而成（已由三軍大學重印）。美國陸軍航空隊(Army Air Corps)雖在 1933 年即已將其節譯供軍官閱讀，但完全的英譯本直到 1942 年始在紐約出版。❿

杜黑認為空權已經帶來戰略革命，因為使用空權可以直接毀滅敵

國的心臟，而毋需再照傳統戰略觀念，在地(海)面上進行長期而艱苦的戰鬥。但他又並非那樣天眞，以爲這是一種輕而易舉的工作。因爲敵方也有空軍，同樣能夠採取攻勢行動，所以主要關鍵即爲「制空權」的獲致和維持。何謂制空權？杜黑對於此一觀念的界定是相對的，即爲一種能力，一方面能阻止敵方飛行，另一方面又能維持我方飛行。他說這一點非常重要，因爲：

握有制空權意味著居於一種能運用巨大攻勢權力(offensive power)的地位，此種權力之大是人類所難以想像。它意味著能切斷敵方陸海軍與其作戰基地之間的關係，並消滅其贏得戰爭的機會。它意味著本國可獲完全保護，本國陸海軍可採取有效行動，本國人民可以安居樂業。簡言之，它意味一種「贏的地位」(position to win)。反而言之，在空中被擊敗即爲最後的失敗。從此就只好聽人宰割，並喪失一切的自衛機會。**❶❶**

他之所以這樣想是基於下述兩點理由：
(1)飛機能透過三度空間，打擊地面任何目標，其所受限制僅爲其本身的航程和對方的抵抗。
(2)空權現已成爲戰爭中的一個完整而必要的因素，傳統的陸海軍作戰都已降居輔助地位。
於是杜黑遂作結論說：

欲求確保適當的國防，則在戰爭中必須居於能夠奪得制空權的地位。這是必要(necessary)條件，也是充足(sufficient)條件。**❶❷**

杜黑認爲敵方必然會在空中阻止我方的攻擊，所以制空權也就必須爭奪。而爭奪制空權的主要手段則爲對敵方空權的根源(sources of air power)作致命的打擊(mortal blow)。簡言之，空中攻擊的主要

目標爲敵方的空軍基地和後勤系統(機場、地面的設施、倉庫、工廠等)。此外,對於平民人口中心也應作有選擇(selective)的攻擊。在此,杜黑的思想遂出現了一項矛盾:他雖然把對人口中心的攻擊視爲次要的任務,但對於其效果則又作了極高的評估。他認爲:

> 此種空中攻擊的精神效果將遠超過物質效果。……在空中轟炸之下,正常生活將不可能繼續維持,於是人民受到自保(self-preservation)直覺的驅使,就會紛紛起而要求結束戰爭。**⑬**

至於地面兵力的任務,杜黑則認爲只應以防禦爲限。其目的即爲守住一道防線以阻止敵軍在地面上的進攻。尤其是當我方空中攻擊正在發展,並以癱瘓敵軍地面行動,和打擊敵方人民意志爲目的時,我方地面部隊應能阻止敵方採取地面行動以來妨礙我方的空中攻擊。

杜黑雖以「制空」爲其書名,但事實上,其思想又並非如想像中的那樣狹隘。他對於戰爭有其完整的看法,而其空權觀念也就是以此爲基礎。當其書在 1921 年初版時,杜黑即曾指出:

> 社會組織的現有形式已使戰爭具有一種國家總體性(national totality)。換言之,國家的全體人口和一切資源都已捲入戰爭漩渦之中。因此,可以想見未來戰爭在性質上和範圍上都會日趨於總體化。**⑭**

杜黑一直都在不斷地提倡三軍整合的觀念,認爲國防政策和軍事組織都必須總體化。他曾感慨地說:「有陸戰、海戰、空戰的理論。這些理論都已存在、演進,和發展,但一個戰爭的理論(a theory of war)則幾乎還是未知(almost unknown)。」由於他的鼓吹,義大利在 1927 年終於成立了一個統合的國防部,這也是世界上最早的國防部。杜黑逝世於 1930 年,所以還是能在有生之日目睹其理想成爲事

實，這對於他應該是一莫大安慰。**⓯**

　　杜黑提倡總體戰爭的觀念是從二○年代初期即已開始，而魯登道夫所著《總體戰爭》是在 1935 年才出版，比杜黑幾乎晚了 15 年，所以杜黑真不愧為先知者。甚至於也可以說，杜黑的思想在某些方面是與六○年代的美國文人戰略家的思想頗為類似。他認為任何國家的資源都有其限度，而現代戰爭對資源的消耗則極為巨大，所以軍事組織必須講求經濟效率。如何能在戰爭中發揮高度效率，則必須首先認清未來戰爭的形態。於是他再進一步認為由於飛機在未來戰爭中具有決定性，所以對未來戰爭的準備必須以發揮空軍效率為著眼。這也正是其全部理論的基礎。

　　就邏輯而言，杜黑的思想可以說是相當正確。但因為他是一位先知者，其思想遂不免超越時代，甚至於由於看得太遠，遂時常令人有想入非非之感。以當時的空軍能力而論，要想獲致其理想中的制空權，幾乎是不可能。甚至於到第二次大戰時，事實仍然證明那個目標還是很難達到。所以，嚴格說來，他所說的有許多都只是潛在的可能，而並非實際的經驗。作為先知者，杜黑比他的時代差不多領先半個世紀，我們必須以未來學的眼光來看他的書，因為其中有許多部分都只是一種對未來的想像。

　　缺乏現實感也許是杜黑的最大弱點。一個顯明的事實即為他對於空權的威力作了過高的估計。尤其是他本人對於技術問題的了解很有限，所以自然會作成若干錯誤的結論。他認為基於對資源作最經濟利用的原則，空軍應使用統一型的「戰機」（battle plane），此種戰機既能攻擊（轟炸）又能自衛（戰鬥）。所以，用特殊設計的戰鬥機（fighter）以來對抗敵機是一種不必要的考慮而應放棄。此種觀念也許是來自海軍方面，因當時海軍「戰艦」（battle ship）的設計就是以實現此種攻守全能理想為目標。**⓰**

他甚至於還主張空軍與民航可以合併的觀念，他認為轟炸機就其本質而言，即為一種具有裝載炸彈能力的運輸機，所以，空軍與民航也未嘗不可使用統一機種。他也承認這對於軍民兩面可能都不合理想，但他仍堅持著說：

> 在兩個極端之間是經常有折中之必要。戰爭有賴於數量，數量有賴於平均，空軍所需要的飛機在平均性能上應與民航機(civil aircraft)相似。**⑰**

杜黑的最大錯誤為對轟炸效果作了過高的估計。他認為 20 噸炸彈可把直徑 500 公尺圓圈內一切目標都完全炸毀，所以毀滅一方哩面積的地區只需 250 噸炸彈。第二次大戰的經驗顯示他的計算實在錯得太離譜。**⑱** 杜黑又假定平民的士氣(精神)是非常脆弱，但第二次大戰之後美國所發表的「戰略轟炸調查報告」(Strategic Bombing Survey)卻指出：

> 人民對連續不斷的空中攻擊表現出驚人的抵抗能力。他們的信心固已低落，但仍能有效率地繼續工作。**⑲**

不過，總結言之，杜黑的思想雖有許多弱點（或錯誤），但他仍是空權領域中的第一位思想家。即令到今天，他的基本觀念仍有存在價值並值得繼續研究。尤其是他的思想具有強烈的未來導向，更是可以發人深省，他說：

> 若能預知戰爭性質的改變，則勝利將向他發出微笑。若等到改變已經發生再來適應就已經太遲。在此迅速多變的時代中，若敢於首先走向新的道路，則必能享有無限的利益。**⑳**

# 參、美英兩國的思想

　　杜黑的書出版於二○年代，以後雖譯成他國文字，但流傳並不普及，所以在兩次大戰之間的階段，其影響應該說是相當有限。不過，歐洲各大國在此時也都已先後建立獨立的空軍。這似乎只是一種時代趨勢，而並非由於杜黑思想的啓示或刺激。

　　實際上，杜黑也並非在兩次大戰之間的時代中出現的唯一空權理論家。先從美國說起，美國之有米契爾，正好像義大利之有杜黑，他們兩人之間的確有很多類似之處。

　　米契爾(William　Mitchell,1879-1936)比杜黑小 10 歲，他在 1898 年加入美國陸軍，歷經步兵、通信、運輸等兵種而於 1916 年開始學習飛行。第一次大戰時頗有戰功。戰後升任准將，在 1921 年到 1925 年之間充任航空兵種助理首長(assisstant chief of air service)。米契爾好像一位熱情的傳教師，他以宗教熱忱來提倡空權思想，主張建立獨立空軍。杜黑則有學者風範，他的文章重邏輯而不重感情。米契爾的狂熱作風終於引起反彈，在 1925 年受到軍法審判並罰停職 5 年。於是他在 1926 年辭去軍職而繼續以平民身分宣揚他的思想，直到 1936 年逝世爲止。

　　米契爾的著作比杜黑較多。他有兩本書：一本名爲《空防》(*Winged Defense*)，出版於 1925 年；另一本名爲《天路》(*Skyways：A Book on Modern Aeronautics*)，出版於 1930 年。此外，他還寫了很多的報刊文章，和作過多次公開演說。他的思想與杜黑幾乎可以說是大同小異。不過，他對於轟炸效果的估計似乎比杜黑還要較高。

他說：

> 在未來僅憑轟炸的威脅，空軍即能迫使都市人口疏散，工業生
> 產停止。在戰爭中欲獲持久的勝利，則敵國製造戰爭的力量必須
> 予以毀滅。……在敵國心臟中作戰的飛機能在難以置信的短時間
> 内達到此一目的。㉑

米契爾在其第二本書中更強調指出：

> 空權的出現在舊有的戰爭思想之上大放異彩。現在必須認清野
> 戰軍只是一個虛僞的目標。眞正的目標爲國家的主要中心(vital
> center)……空中戰爭的結果將帶來速決。優勢空權將產生重大毀
> 滅或此種毀滅的威脅，而使持久的戰役變爲不可能。㉒

米契爾還曾考慮使用毒氣，這是杜黑所不曾考慮的。他認爲：

> 對於城市並不一定要加以毀滅，只要將其居民逐出使其不能從
> 事正常工作就夠了。只要用少數幾顆毒氣彈(gas bomb)即能達到
> 此種目的。㉓

在其早期思想中，米契爾頗重視空軍與地面兵力的合作，但以後
他對於飛機技術能力的信心日益增強，於是地面兵力在其心目中的地
位也就隨之而相對降低。不過，他仍強調有使用空權以來擊毀敵方地
面兵力之必要。這也是米契爾與杜黑之間的一個重大差異。杜黑幾乎
完全不理會敵方地面兵力，而一心只想傾全力去毀滅其後方的國家資
源。此種差異足以反映兩人地理背景之不同。同時也可作爲例證以來
說明地理環境對於戰略思想所可能產生的衝擊。

杜黑是義大利人，他的理論就某些方面而言，似乎是專爲其本國
設想。義大利的主要假想敵，以空中距離而言，位置都很接近；反而

言之，義大利的陸上疆界則有崇山峻嶺之保護，使敵軍地面攻擊不易作迅速的進展。因此，杜黑曾經這樣說：

> 自然，我首先想到的是我們自己的情況以及義大利與某一假想敵之間的可能戰爭。我承認我所提倡的理論是具有這樣的背景，所以不應認為它是可以適用於所有其他一切的國家。譬如說，假使我是在考慮美國的戰爭，則所獲結論將會不一樣。要想提出一種普遍的致勝原則，使其能適用於任何國家，我認為那完全只是一種理想。我的意圖只是對我國準備可能的未來戰爭時，指明最佳和最有效率的途徑。❷❹

米契爾是美國人，他的地理背景與杜黑完全不同。在其本國的附近並無任何假想敵之存在。美國如果投入任何戰爭，則必然要採遠征的行動。所以，從一開始，米契爾即從全球的觀點來考慮戰略問題。他很早就主張利用飛越北極的航線，同時也注意到經過格陵蘭和冰島的北大西洋航線。他曾預言在未來戰爭中，美國必須利用海外基地，並派遣大量地面兵力前往海外。因此，他還是相當重視空軍與地面部隊之間的合作。

米契爾本人是軍用機的駕駛員，在第一次大戰時曾有實際指揮空戰的經驗，所以，他對於戰術和技術問題的了解都是杜黑所望塵莫及。杜黑主張採取全能性（all-purpose）的飛機，米契爾則指出必須有各種不同性能的飛機，始能互相合作以來達成共同的任務。在他的思想中，戰鬥機是居於極重要的地位，這也是與杜黑的想法恰好相反，米契爾說：

> 在歐洲戰爭中的經驗曾經證明，對於空中攻擊的唯一有效防禦手段即為在「空戰」（air battle）中擊毀敵方的飛機。❷❺

米契爾的思想中還有一項特點，那就是他相信飛機有擊毀所有一切水面船隻的能力，因此，水面船隻也就不再具有任何軍事功能。他指出：

> 一顆2,000磅的炸彈若落在一艘船隻附近200呎以內的位置上，其在水下的爆炸效果(underwater mining effect)即可炸穿船底而使其沉沒。❷⑥

為了證明他的理論，米契爾曾在1921年7月舉行一次試驗，用飛機投彈的方式將一艘德國舊軍艦(Ostfriesland)炸沉。這件事造成很大的震撼並引起美國海軍的強烈反彈。不過，同時也刺激海軍加速航空母艦的發展，那要算是米契爾思想所間接產生的一項重要後果。

米契爾在美國可以算是空權思想的播種者，第二次大戰已經證明他的思想是要比杜黑較為成熟。而在戰後，美國人也終於接受他的觀念，成立獨立的空軍。不過，對於他個人而言，又都已經是寂寞身後事了。

杜黑也好，米契爾也好，他們對於英國人都沒有太多的影響。根據李德哈特的研究，早在杜黑著作出版之前，英國空軍參謀本部在思想上即已有相當完整的發展。事實上，首先提倡戰略轟炸觀念的是在1918年取得獨立軍種地位的英國空軍。二〇年代時，英國空軍參謀總長為滕恰德(Lord Hugh Trenchard)。在其領導之下，英國空軍遂成功地發展其獨有的準則(doctrine)，其內容可以概述如下：

> 戰略空中攻擊是一種對敵國作直接攻擊的手段，其目的為剝奪敵方持續戰爭的工具和意志。其本身即可能為勝利工具，也可能為使其他軍種贏得勝利的工具。此種攻擊與過去任何種類的攻擊都不相同，因為只有此種攻擊能使敵方心臟地區受到立即和直接

的毀滅。㉗

# 肆、第二次大戰的考驗

受到凡爾賽條約的限制，納粹德國的空軍是在 1932 年才開始重建。但其發展非常迅速，在納粹第二號人物戈林（Hermanu Goring）領導之下，到第二次大戰爆發時，已經變成世界上第一支空軍勁旅。不過，在德國似乎並無任何獨立空權思想出現，其原因也許可以歸納為下述兩點：(1)在當時的德國，一切戰略思想都必須服從希特勒的指導，根本不容許有其他的權威；(2)德國以陸軍為主，其他軍種都居於輔助地位，所以，空軍是以支援地面作戰為其主要任務，獨立空權觀念自然不受重視。

第二次大戰在 1939 年爆發，德國空軍首先上場，直到 1940 年法蘭西戰役為止，其戰績都相當輝煌，不過其範圍又都只限於對地面作戰的支援。法國投降，希特勒決心渡海攻擊英國，於是德國空軍才開始面臨真正考驗。1940 年 7 月 20 日，希特勒召集高級將領訓話，強調進攻英國為迅速結束戰爭的最有效方法，但其最後結論又正是如杜黑所云：「制空權為唯一先決條件。」換言之，所謂「海獅」作戰能否執行，其關鍵即為德國空軍能否在英吉利海峽上獲得制空權。

雖然就數量而言，德國居於優勢，但空軍是一種高度技術性的軍種，其強弱不能僅憑概括數字來研判。德國空軍的原始設計是以支援地面作戰為主要目的，故以轟炸機（尤其是俯衝轟炸機）為主力，戰鬥機則屬次要。但在爭奪制空權時，俯衝轟炸機幾乎毫無用處，連轟炸機價值也不大，而戰鬥機部隊的素質和士氣反而變成決定因素。

　　「不列顛之戰」本應視爲海獅作戰的第一階段，在此階段中，德國空軍應集中其全力在一個目標上，即擊毀英國的空軍，但戈林卻不斷地分散和浪費其實力，用來攻擊英國的城市。其結果使不列顛之戰變得徒勞無功，而海獅作戰則終於胎死腹中。嚴格地說，德國空軍的作戰還是停留在戰術階段，根本缺乏戰略攻擊能力。㉘

　　德國人的嘗試失敗了，英國人又如何？英國空軍從 1940 年開始對德國發動攻擊，但其所作的戰略轟炸是旣不合於經濟原則，又不具有戰略價值，幾乎全是浪費。依照富勒的分析，轟炸機所攻擊的目標可分爲五大類：

(1)軍事類：主要地是屬於所謂戰術轟炸的範圍。

(2)工業類：即散布在德國境內的各種工廠。要想毀滅如此巨大而分散的目標，絕非短期所能奏效。

(3)都市類：即城市與居民。轟炸目的爲使他們精神崩潰，並發生叛亂或強迫政府休戰，這似乎是一種理想。

(4)能源類：包括煤和石油，那都是比較不易攻擊的分散目標。

(5)運輸類：主要地即爲鐵路系統。若能使其癱瘓，則整個戰爭努力也會隨之而崩潰。

　　在上述五大類之中，第五類顯然是最重要，但僅在戰爭的最後 12 個月內才成爲主要目標。反之，從 1940 年到 1944 年，對於第三類目標的攻擊則有增無減，甚至於一直延續到戰爭結束時才停止。㉙

　　1943 年 1 月卡薩布蘭加(Casablanca)會議決定：「英美空軍應毀滅德國軍需工業，並打擊德國人民的精神。……」此一決定使兩國空軍可以分工合作。英國人仍繼續對德國城市作夜間攻擊，美國人則遵照米契爾的遺訓，採取日間精確攻勢方式，以重要工廠爲目標，並使用長程戰鬥機護航。比較言之，美國人的戰果較佳，但也仍不如理

想。事實證明德國戰時工業雖曾受無數次攻擊，但產量不特沒有減少，反而繼續增加。戰略轟炸調查報告對此有所解釋：

> 建築物的毀滅並不一定表示其重要機器也成比例毀滅，所以，敵人往往能繼續生產，其恢復之速度幾乎超出想像之外。❸⓿

在戰爭的最後一年內，由於「統主」(Overlord)作戰的要求，同盟國才開始採取比較有系統的空中攻擊方式：運輸(鐵路)被定爲第一優先目標，其次則爲能源(石油)。結果爲對聯軍地面作戰的成功作了極大貢獻。如果能早作此種決定，則不僅可以節省不少人力物力，而且也許還能加速勝利的來臨。

總結言之，空軍在第二次世界大戰中的確曾作重大貢獻，但並不曾獨立贏得戰爭。其最輝煌的成功是在戰術性使用方面(即與地面作戰的合作)，而在這一方面也深獲其他兩個軍種的尊敬和推崇。不過，在戰略層面，其實際成就則遠趕不上戰前時代中那些空權先知者的理想。

## 註 釋

❶ Robert Saundby, *Air Bombardment：The Story of its Development*(London, 1961),p.6.

❷ Edward Warner, "Douhet, Mitchell, Seversky:Theories of Air Warfare," *Makers of Modern Strategy*(1952),p.486.

❸ 鈕先鍾，《第一次世界大戰史》（燕京出版公司，1927），p.13。

❹ 同前註，p.513。

❺ 同前註，p.513。

❻ 同前註，p.514。

❼ Colin McInnes and G.D. Sheffield, ed., *Warfare in the Twentieth Century* (Unwin Hyman,1988),p.114.

❽ Neville Jones, *The Origins of Strategic Bombing*(William Kimber,1973),p. 136.

❾〈介紹貝當元帥序杜黑制空論之戰理〉，見《蔣百里選集》（壬寅出版社，1967），p.123。

❿ Giulio Douhet, *The Command of the Air*(New York,1942)。本章的引述均以此英譯本爲依據。

⓫《制空論》英譯本，p.23。

⓬同前註，p.28。

⓭同前註，p.58。

⓮同前註，p.5。

⓯ Edward Warner, "Douhet, Mitchell, Seversky,"*Makers of Modern Strategy* (1952),p.495.

⓰同前註，p.490。

⓱《制空論》英譯本，p.47。

⓲同前註，p.57。

⓳ J.F.C. Fuller, *The Conduct of War*,p.285.所作的引述，見報告書原文(p. 108)。

⓴《制空論》英譯本，p.32。

㉑ William Mitchell, *Winged Defense*(Putman's Son,1925),p.126.

㉒ William Mitchell, *Skyways: A Book on Modern Aeronautics*(Lippineott, 1930),p.256.

㉓同前註，p.262。

㉔《制空論》英譯本，p.253。

㉕ William Mitchell, *Skyways*,p.199.

㉖同前註，p.267。

㉗ B.H. Liddell Hart, *History of the Second World War*(Cessell,1971),p.590.

㉘H.A. Jacobson and J. Rohwer, *Decisive Battles of World* War II（Putman's Son,1965）,p.96.

㉙ J.F.C. Fuller, *The Conduct of War*,p.281.

㉚ Malcolm Smith, "The Allied Air Offensive", *The Journal of Strategic Studies*（March,1990）,p.77.

# 【第十九章】

# 美　　國

## 壹、建國初期

　　在西方戰略思想史中，美國是處於後進和邊緣的地位。誠如艾里
(Edward M. Earle)所云：「我們不曾產生一位克勞塞維茨或范邦，
馬漢是我們唯一能享譽全球的軍事理論家。」❶不過，事實上又非如
此簡單，美國建國於 1783 年，到今天也已經超過 200 年，曾歷經多次
戰爭，所以它還是有其相當悠久的戰略傳統。尤其是自從第二次大戰
之後，美國變成世界第一巨強，其在世界上的戰略地位和戰略影響更
已非任何國家所能及。因此，我們對於美國戰略思想的歷史背景是有
分析之必要，否則對於當前世局的發展也許就會比較難於獲致合理的
了解。

　　美國開國時代的領袖人物，在思想上大致都是以歐洲啓明運動的
理念爲基礎。在軍事方面，他們都有反常備軍制和職業軍人的趨勢，
認爲那是一種違反民權，伸張暴力的危險工具，爲自由社會所不應有。
這又不僅只是反映哲學家的理想，而且也代表在建國以前已經存在的

事實。美國早已有由自由公民所組成的民兵之存在。不過，美國的國父華盛頓根據獨立戰爭的經驗，卻堅決地認爲這個青年國家還是必須有一支小型的正規陸軍來作爲其國防的核心。而這支兵力的思想和制度又還是以啓明時代的軍事著作爲基礎。

最明顯的表現即爲美國西點軍校(U.S. Military Academy at West Point)的創建。由於新成立的陸軍非常缺乏砲兵和工兵人才，華盛頓遂於 1794 年在西點設立臨時性的軍事學校以來培訓這一類的人員。1799 年美國開國元勛之一的哈米頓(Alexander Hamilton)建議採取一種包括五所學校在內的完整軍事教育體制：其中一所爲基本學校(Fundamental School)，其他四所則分別爲砲工、騎兵、步兵、海軍專科學校。但此項建議未被國會所採納。

直到 1802 年，美國的第三任總統傑佛遜(Thomas Jefferson)才採取行動在西點正式成立美國軍官學校。❷因爲傑佛遜素以反對軍事專業主義著稱，所以此舉曾令若干史學家感到大惑不解，實際上他們忘記了他也是啓明運動在美國的主要提倡者。傑佛遜所選派負責開辦西點軍校的人爲威廉士(Jonathan Williams)，他是富蘭克林(Benjamin Franklin)的姪孫，不僅是文人而也是美國哲學學會(American Philosophical Society)的會員。傑佛遜在 1801 年將其任官爲砲兵少校。在傑佛遜贊助之下，威廉士還曾組成美國軍事哲學學會(U.S. Military Philosophical Society)以來研討和促進軍事科學。❸

1817 年戴葉爾(Captain Sylvanus Thayer)任校長時，西點軍校又有一次新的改革。戴葉爾曾往法國考察，認爲應以法國軍事教育爲模範。從 1818 年起，西點所用的標準教科書爲歐康納上尉(Captain J .M. O'Connor)所譯的法國人費隆(Gay de Vernon)所著的《軍事藝術與軍事工程學》(*Traité élémentaire d'art militaire et de fortification*)。原書出版於 1805 年，本爲法國軍事技術學校(Ecole Polytechnique)的教科書。其內容是以技術為重點，但譯者卻又把很多的軍事理論原則綜合地加在譯本之中。譯者指出：「這些理論都是過去軍事著作的精華，而尤以約米尼為最高權威。任何人若欲指揮軍隊，則對於約米尼所擬定的原則必須熟讀深思。」❹

歐康納所譯的法國教材在西點一直用到 1830 年代，才開始為丹尼斯馬漢(Dennis Hart Mahan,)的著作所取代。這位馬漢就是海權理論大師馬漢的父親，他不僅是西點軍校的名教授，而且也是一位頗有創見的美國戰略思想家。但令人感慨的是由於兒子的聲名實在太大，遂反而令人完全忘記了其父親的成就。所以，或為名父之子，或為名子之父，都同樣是有幸有不幸。

丹尼斯馬漢在 1820 年進入西點軍校，一年後因學績優異被選派為代理數學助教授，同時繼續升級進修。到 1824 年以全班第一名畢業，即留校任正式助教授。服務一年後又被戴葉爾保送赴法國深造。他在法國留學 4 年，學習砲兵戰術、野戰和永久築城，以及戰爭藝術。尤其是潛心研究拿破侖戰役，和飽讀約米尼的早期著作。從歐洲返國後，他就升任工程學和戰爭藝術教授。由於尚無適當教材，所以他就開始自己編著。許多年來，其所寫的土木工程著作都已成為美國的標準教科書，而在當時的美國，無論為民間或軍方，也都一致公認他是工程學的權威。

儘管馬漢是從未見過戰鬥，而且弱不禁風，據說他出外散步都一定要帶一把傘，但他所最好者又還是戰爭藝術。雖然最初其思想是深受法國軍事著作的影響，但以後他的講授和著作又都表現其有特殊的創見。他不僅對軍事史能作卓越的分析，而且更能進一步把傳統理論應用到他那個時代中的武器和裝備之上。誠如他的一位學生所指出：「他的分析力是從深入研究中所磨練出來的，他能從非常複雜的情況中，歸納出扼要的戰術和戰略原則。他的確是一位良師。」❺

馬漢秉性謙虛，從不自認為他對於學問已經發明了某種新的途徑。他是一位科學家，他只是教他的學生如何用科學方法來研究和分析過去，並從這樣的練習中學會如何應付未來的方法。他指出：

> 在軍事史中，我們才能找來所有一切軍事科學的根源。在其中我們將能發現成功和失敗的例證。它可以測驗任何戰略規律的真偽和價值。❻

馬漢的最大優點是他有一顆開放的心靈(open mind)，他能接納新的事物和觀念，而絕非食古不化，守殘抱缺。他說：

> 在戰略的觀點中，軍事史的研究是非常具有啟發作用，但反而言之，若企圖把古代戰術應用於現代軍隊，則可能會犯最嚴重的錯誤，因為今天的武器在威力上與古代的武器簡直是不可同年而語。所以，若忽視新武器的價值，則將無成功的可能。❼

馬漢對於將才(軍事領導能力)非常重視，其言論是值得引述：

> 任何人都不應假定，一個人只要穿上將官的制服，即能勝任將官的職務。這正好像假定穿上法官的長袍就能審判刑案是一樣的荒謬。

他又指出：

> 將軍對於其前途只能付之於猜想。即令他已經認清其前途，他又必須知道指導他的原則仍然有許多的例外。尤其當他正在思考時，情況又可能瞬息萬變。現在是真實的事情，下一分鐘可能變得不存在，又或具有相反的意義。……凡此一切即足以解釋為什麼在歷史記錄中，真正的名將是那樣少見的理由。在戰爭中，也

像在其他的藝術領域中一樣，所有一切的通律都有例外。所謂將才者也就是必須從這些個案中表現出來。❽

事實上，馬漢在美國可以算是先知者，他是最早發現火力與運動（fire and movement）應合為一體的人。他對於他的此種戰爭理論曾作簡明的綜述如下：

使敵軍受到最大損失而同時盡量減低我方的損失實為軍事格言。一切軍事行動都必須求速，必須如此始能獲得主動之利。快速的運動能使我們也像羅馬人一樣，一方面能因糧於敵，另一方面不受輜重的拖累。於是軍隊始能擺脫一切障礙，以來進行艱苦的行軍和戰鬥。若不能作快速的運動，則在戰爭也就不可能希望獲得重大的成功。甚至於自然因素也都會聯合起來對抗遲緩和過分謹慎的將軍。❾

馬漢也像我國的韓信一樣，深知追擊的重要。他說：

贏得會戰固然是好事，但若容許敵軍撤退而並未在戰場上受到更大的損失，則敵軍不久即能重整兵力再來發動新的會戰。所以只有立即而猛烈的追擊始能確保完全的成功。❿

馬漢的這些觀念都曾納入其唯一的一本戰略著作之中，足以充分顯示其智慧的深遠。假使他那一本書若非用了一個非常拙劣的書名，則可能會流傳到今天，並與約米尼和克勞塞維茨的著作，同樣地受到世人的尊重。他的書名是非常冗長，不僅令人很難了解，而且更令人難於記憶。全名為：《前衛，前哨和部隊的分遣勤務，以及戰略和大戰術的基本原則》（*Advanced Guard, Outpost and Detachment Service of Troops, with the Essential Principles of Strategy and*

*Grand Tactics*)。因爲書名實在太長，所以學生們遂簡稱之爲《前哨》（*Outpost*），於是這樣也就使人根本上難以體會馬漢著作的眞意。從 1848 年到 1872 年，它一直都是西點軍校的教科書，不過此後它就逐漸被人忘記了。儘管如此，從戰略思想史的觀點來看，馬漢仍然是美國的第一位戰略思想家。

馬漢熱愛西點，以校爲家，終身以教學爲業，到 1871 年逝世時爲止，眞可算是軍事教育家的楷模。在他逝世之前，美國南北戰爭即已爆發，他所教過的學生分別投入雙方陣營在戰場上相互搏鬥，並且以實際的戰爭經驗來驗證其老師之所教。1848 年，馬漢在西點成立一個「拿破侖俱樂部」（Napoleonic Club），由他自任主席。他大致都是利用約米尼的著作以來誘導其同僚和學生研討拿破侖的戰役。在那個時代的西點師生幾乎無不承認約米尼爲空前絕後的兵學大師。事實上，所有一切的約米尼主要著作，其英譯本幾乎都是出於美國人之手。甚至於有人說，在美國內戰時，所有的將領，無分南北，都是一手持軍刀，一手握著約米尼的《戰爭藝術》。❶

反而言之，馬漢似乎對克勞塞維茨毫不感興趣，甚至於他可能從未讀過《戰爭論》。不過，在馬漢的著作中又還是有若干觀念與克勞塞維茨不無暗合之處。這也並不足怪，因爲思想本來就是可以有不同的來源。儘管如此，二人之間又還是有一重大差異之存在。克勞塞維茨是一位標準的民族主義者和具有普魯士傳統的職業軍人。馬漢雖然選擇陸軍爲他的職業，但他出生在一個自由民主的國家中，深受此種社會風氣之影響。他認爲：

> 具有有效組織的民兵爲國家最堅定和最安全的屏障。凡是了解我們自由制度的人都必須承認此種政治原理。❷

# 貳、內戰時期

美國內戰（American Civil War, 1861-65）是有史以來的第一個近代戰爭（modern war），誠如富勒所云，是蒸汽時代（steam age）的第一次大規模戰爭。其原始應歸之於工業革命對生產力所產生的衝擊。**⑬**李德哈特則指出那是鐵路運輸首次扮演重要角色的戰爭。**⑭**

不過，有關戰爭本身的分析並不屬於本書範圍之內，在此所應論述的主題僅為美國戰略思想在此階段中的演進情況。這次戰爭長達 4 年之久，的確也出了不少的將才，但我們首先又還是要從馬漢的淵源講起。雖然馬漢是美國的第一位戰略思想家，但他的書並非美國的第一本戰略著作，說起來似乎很難令人相信，馬漢的一位學生卻搶在老師的前面拔了頭籌。

這位學生就是哈里克（Henry Wagner Halleck）。1839 年以第三名畢業於西點，是馬漢最得意的高足弟子。他們在思想上真可以說是薪火相傳。哈里克在 1846 年出版了第一本美國人著作的戰略書，書名為《軍事藝術科學精華》（*Elements of Military Art and Science*）馬漢的《前哨》雖早已在西點用作教材，但其正式出版則在 1847 年，換言之，要比其弟子的書遲了一年。哈里克對於整個戰爭藝術的研究是相當深入，而尤其著重其理論對美國的應用。他曾赴法國接受深造教育，並曾晉謁約米尼以表敬意。

哈里克博學多才，法文造詣頗佳，曾經翻譯約米尼所著的《拿破崙的政治與軍事》（*Vie politique et militaire de Napoléon*），共為 4 卷出版於 1864 年。所以，他在美國陸軍中素有「老頭腦」（Old

Brains)的雅號。哈里克曾經參加墨西哥戰爭(Mexican War,1846-48)，在 1854 年以上尉退役。此後即在加州從事多種不同的事業，包括法律、礦業、鐵路、銀行等都在內，並且也參加地方政治。他曾出版兩本法律書，一爲礦業法，另一爲國際法，都被公認爲標準教科書達多年之久。

戰爭爆發後，哈里克奉召返回陸軍並獲升少將。不久，曾經讀過哈里克著作的林肯總統(Abraham Lincoln)把哈里克從前線上召回到華盛頓，要他出任美國陸軍總司令(General in Chief of the U.S. Army)的職務。哈里克很不願意接受此一榮銜，而寧願在前線上直接指揮部隊作戰，因爲那樣比較可以自由地發揮其天才。不過，由於軍人以服從爲天職，哈里克又還是不得不勉強走入政治地獄。在華盛頓有許多人都要干涉軍務。除林肯總統本人以外，軍政部長、國務卿、財政部長，甚至於國會領袖都分別表達他們的意見。對於哈里克而言，眞是所謂「一國三公，無所適從」。

儘管如此，哈里克還是能居中協調，使戰略計畫得以順利執行，所以對於戰爭是作了非常有價值的貢獻。雖然他希望不久就能返回前線，爭取勝利的光榮，但是由於在華盛頓不能沒有這樣一位運籌帷幄的參謀總長，所以遂始終沒有這樣的機會（從 1864 年 3 月起，總司令一職由格蘭特接任，而哈里克則改任參謀總長，但其任務並無任何改變）。

哈里克在思想上深受其師的影響，他非常重視後勤問題。他認爲作戰必須有良好的管理，一方面旣不可擾民，另一方面又不可因輜重而行動遲緩。他從內戰初期開始，即提倡此種「艱苦戰爭」(hard war)的觀念，但不爲諸將所贊成。直到 1862 年 12 月之後，格蘭特和薛爾曼才終於接受他的建議，於是戰爭始能迅速結束。

簡言之，哈里克是一位超越時代的軍人，他代表一種新型的戰爭

指導方式，不是指揮而是管理。很不幸，在那個時代幾乎無人重視他，直到第二次大戰之後，才有人從美國內戰史的研究中，發現他的思想和貢獻，並予以高度的肯定。**⑮**

除哈里克這位幕後英雄以外，在美國內戰中成為國際知名人物的將領一共有 4 位，而南北雙方各佔兩位。他們是南方的李氏（Robert E. Lee）和賈克遜（Thomas J. Jackson）；北方的格蘭特（Ulysses S. Grant）和薛爾曼（William T. Sherman）。李氏在 4 人之中又最負盛名，他雖然是敗軍之將，但卻一直受到後世的崇拜。他在 1825 年進入西點，比馬漢晚一年，畢業於 1829 年，比馬漢從法國學成歸國時又早一年，所以，他與馬漢並無師生關係。儘管如此，他們在思想上又還是有共同的來源。李氏也同樣地推崇拿破侖和約米尼。當馬漢在 1848 年籌組拿破侖俱樂部時，李氏恰好任西點校長，曾給與以協助。李氏的官運遠比馬漢亨通，但當內戰發生時，他卻辭職還鄉，轉任南軍的總司令。李氏是一位優異的軍事指揮官，英勇善戰，但從學術的觀點來評估，他只是一位良好的戰術家，而不能算是一位真正的戰略家。他雖然被他的學弟們推崇為「軍人模範」（"Marble Model"，即大理石像，表示其人格高超，毫無缺點），但除了其功業以外，並未留下任何教訓可供未來的將領作為楷模。**⑯**

號稱「石牆」（stonewall）的賈克遜，曾受教於馬漢，所以，在思想上是多少曾受其師的影響。他也是一位具有熱忱的宗教信徒，在他的鞍袋中經常有一本《聖經》和一本《拿破侖的格言集》（*Napolean's Maxims*）。賈克遜雖然會偶然說明他的原則，但都只是口說而並無書面的表達，固然有他人的記載，但究竟不是出於其本人的手筆。其所留下的記錄時常反映出拿破侖的思想遺產：

*當弱國對抗強國時，必須以行動來抵銷其所缺乏的實力。必須*

在適當時機採取攻勢，然後防禦戰役始有成功希望。拿破崙從不讓其敵方有充分準備即發動其第一擊。……而當你的打擊已經擊敗敵軍時，只要你的人員尚有餘力，則必須窮追到底，決不輕言放棄。……不可在衆寡懸殊的情況中戰鬥，應採取一切的運動，以集中全力來攻擊敵方最弱的一點。……行動必須迅速，打擊必須猛烈，並確保一切的勝果，實爲戰爭成功的祕訣。❼

　　不過，賈克遜又確有一條完全出自其心靈的原則，那就是「經常迷惑、誤導，和奇襲敵人」（Always mystify, mislead, and surprise the enemy）。基於這些言論，我們似乎可以認爲與其說賈克遜是拿破崙的信徒，則毋寧說他是孫子的信徒。雖然他可能不曾讀過《孫子》，但其思想與孫子在兵形、軍勢、虛實三篇中所闡明的觀念實可謂如合符節。

　　比起其同時諸將，賈克遜可以說是特別幸運，因爲他有一本對他非常有利的傳記。那就是英國人韓德遜（George F.R. Henderson）所寫的《石牆賈克遜與美國內戰》（*Stonewall Jackson and the American Civil War*），韓德遜是一位英國靑年軍官，曾在牛津研究歷史，又曾在英國參校任敎。美國內戰之後曾親自訪問美國東岸的許多戰場以來搜集第一手資料。他認爲美國內戰所能給與的敎訓是遠比普法戰爭較有價値。他的書出版於 1898 年，就性質而言，並不像一般的傳記，而是以戰略分析爲主。因此，該書也就受到各國軍事學界的重視，並使賈克遜在身後得享大名。❽

　　在韓德遜領導之下，十九世紀後期對於美國內戰期間的戰略家，其研究的焦點是放在南軍方面，但到了二十世紀，這個焦點遂又移到北軍方面，因爲後者似乎是比前者較現代化，所以也就被認爲對於世界大戰的時代能提供比較適當的敎訓。近代英國兩大師，富勒和李德

哈特的著作即可作爲代表。

　　富勒對於格蘭特的將道讚譽有加，認爲他在半個世紀以前，即已能預見並有效地掌握第一次大戰中西線上所遭遇的問題。❶李德哈特對格蘭特頗有微詞，但對於薛爾曼則給與以極高的評價，並認爲薛爾曼實爲其間接路線戰略應用的最佳示範。❷

　　事實上，這兩位大師的評論都並不完全客觀，而多少受到其個人主觀的影響。格蘭特在西點並非高才生，對於戰爭藝術的造詣也很有限，他並無任何軍事著作，他的《個人回憶錄》（*Personal Memoirs*）雖值得一讀，但並非一本精確的軍事史。作爲戰場指揮官，格蘭特的表現並不傑出，但不久他卻無師自通地發展成爲一位戰略家。他能總攬全局，統一指揮，以來達到戰爭目的，至少其對於戰爭的指導是可以與南軍方面的李氏旗鼓相當。但他的戰略計畫又並無令人感到佩服的特點，他只是憑著數量的優勢來採取消耗戰的方式，使敵人終於不支而投降。他雖然是最後贏得戰爭的主將，但那時南軍早已成強弩之末，其獲得勝利也已成必然之勢，他不過是運氣特別好而已。

　　薛爾曼雖然深獲李德哈特的讚許，但李德哈特著書的目的是要想推銷他自己的「間接路線」，因此對於薛爾曼的描述遂不免言過其實。實際上，從薛爾曼回憶錄的記載中可以發現，薛爾曼自認其戰略觀念與格蘭特是並無太多差異。薛爾曼深入敵後的作戰不僅曾經獲得格蘭特的鼓勵，而且其計畫也是代表一種集體智慧，並非出自一人之手。薛爾曼只不過是此種戰略計畫的執行者。薛爾曼曾被稱爲第一位提倡總體戰爭的將軍，假使他地下有知，則這種頭銜一定會使他大吃一驚。

　　概括言之，美國內戰並不曾產生傑出的戰略家，而戰爭的經驗，也不曾刺激美國戰略思想在戰後有蓬勃的發展。丹尼斯馬漢已在1871年逝世，兵學研究也已進入停滯階段。在戰後時代，美國軍事著作眞是少到屈指可數的程度。也許值得一提的書只有下述三種：

(1)尤普頓(Emory Upton)所著的《亞洲與歐洲的陸軍》(*The Armies of Asia and Europe*)，出版於 1878 年。該書對於十九世紀末期的世界各國陸軍曾作扼要的概述，特別強調德國參謀本部及其軍事組織的優點。其著書目的爲喚醒美國人對軍事問題的重視，並採取新的國防政策。

(2)畢吉羅(John Bigelow)所著的《戰略原則：主要以美國戰役爲例》(*The Principles of Strategy：Illustrated Mainly from American Campaigns*)，出版於 1894 年。這也是戰後時代中的唯一美國戰略著作，其主要內容爲根據美國人的戰爭經驗來解釋約米尼原則的應用。對於美國內戰的研究，這本書到今天仍不失爲一本重要參考書。

(3)華格勒(Arthur L. Wagner)所著的《安全勤務與資訊》(*The Service of Security and Information*)，出版於 1900 年。這也是在美國所出版的第一本有關軍事情報的著作。華格勒對於美國陸軍指參學院和陸軍戰爭學院的創建也都有很多的貢獻。

# 參、第一次大戰前夕

從內戰結束(1865)到第一次世界大戰爆發(1914)，美國在戰略思想的領域中似乎都不曾產生偉大的人物和著作。但事實上並非如此。在第一次大戰的前夕，美國的確有一位值得介紹的文人戰略家，他不僅是曠代奇才，其著作也確有傳世價值，但十分令人不解的是美國人幾乎已經完全忘記了他的存在。這位不幸的奇人就是荷馬李(Homer Lea,1876-1912)。

## 一、生平與著作

荷馬李出生於科羅拉多州的丹佛城（Denver, Colorado），以後又隨家人遷往洛杉磯，並進入斯坦福大學。由於患脊骨側凸病（scoliosis），他的身高僅比 5 呎多一點，體重約 100 磅，並且嚴重地駝背。因此，在青年期身體很脆弱，經常頭痛而且視力極差。儘管受到體力限制，但他在校園中還是非常活躍，並且參加各種不同的政治和社交活動。

荷馬李在此階段開始對軍事史發生深入的興趣，他研究古今名將的戰役，從亞歷山大、拿破崙，到南北戰爭中的雙方將領。他的雄心是想從軍報國，但他的體格迫使他只能以研究戰略來滿足他的幻想。除愛好戰爭研究以外，荷馬李又對中國產生了迷戀。很早就學會了華語，並與中國留學生爲友。經由他們的介紹，他加入了支援康（有爲）梁（啓超）變法的華僑組織「保皇會」，其目的爲打倒慈禧太后，幫助光緒皇帝重掌政權。

荷馬李在大學中只讀了兩年，就在 1889 年離開斯坦福。他在 1900 年前往遠東準備參加康梁的保皇活動，此時戊戌政變早已失敗，他們師生都已亡命國外。所以，荷馬李大致都只能在香港、澳門、上海（租界）等地活動，並在清廷特務監視之下。他想潛入內地發動軍事行動根本上就不可能。

1901 年他離開中國前往日本，得晤日本前首相大隈重信，後者強烈主張中國改革和中日合作以來對抗俄國向東北亞的擴張。荷馬李在思想上似乎頗受其影響。他可能是在日本第一次與孫中山先生見面，後者曾邀請他出任其軍事顧問，但他未立即同意，因爲他此時還是站在康有爲的一邊。以後他回美國仍繼續公開地爲保皇會工作，不過也

有人說，從 1904 年起他即已暗中參加孫先生的革命運動。❷

直到 1908 年 10 月，清光緒帝和慈禧太后相繼崩逝，海外華僑遂開始轉而全面支持孫先生的革命組織同盟會。荷馬李與孫先生的關係到此時遂完全公開。1911 年 10 月 10 日，武昌起義成功，孫先生此時正在丹佛城，遂與荷馬李一同兼程趕往倫敦和巴黎，其目的有二：一方面阻止英法兩國繼續借款給清政府；另一方面企圖說服兩國給與革命政權以外交和經濟支援。這一段故事在《孫文學說》第八章中有明確記載。此時孫先生稱其為「美人同志咸馬里」，足以證明他已為同盟會的會員，並與孫先生有極親密的關係。

1911 年 12 月，他隨著孫先生從巴黎回到上海。1912 年 1 月 1 日，孫先生在南京就任中華民國臨時大總統，荷馬李也躬逢其盛，並開始以軍事顧問身分視察軍務，時人稱之為「美國李大將」。但很不幸，到 2 月 1 日，荷馬李突然中風並立即昏迷，以後雖清醒但已半身不遂。於是他決定返回美國。回美國後，病情仍無起色，終於在 11 月 1 日去世，享年還不滿 36 歲。

直到 1969 年 4 月 20 日，荷馬李及其夫人的骨灰才由美國當代戰略家之一的潘松尼（Stefan T. Possony）護送運來台北，安葬在陽明山公墓。葬禮頗為隆重，可謂備極哀榮。台北各報都有詳細報導，但在美國，除荷馬李故鄉的《丹佛郵報》（*Denver Post*）以外，幾乎沒有任何其他媒體曾經提到這一件事。❷

古有三不朽：立德、立功、立言。像荷馬李這樣一個人，雖為曠代奇才，但卻英年早逝，立德、立功都說不上，假使他再沒有著作傳世，則與草木同朽也就可說是命中注定。但非常令人驚訝的是荷馬李以他那樣惡劣的身體狀況，除為中國前途熱心奔走以外，又還能留下兩本具有相當不朽價值的戰略著作。這的確有一點近似奇蹟。

荷馬李所受正規教育相當有限，大學只讀了兩年而未畢業，至於

有關戰略的學問則完全有賴自修。他的思想雖不免雜亂，但仍能成一家之言，應該說是難能可貴。大概在 1907 年的春天，日俄戰爭不久之後，他就開始著手寫其第一本書。書名爲《無知的勇氣》(*The Valor of Ignorance*)，也許較文雅的譯名應爲「匹夫之勇」。根據其自序，他是在完稿之後故意等了兩年才出版，其目的是爲了想讓時間來證實或否定其書中的假設和結論。雖然在幾年前荷馬李對於中日兩國志士的合作表示樂觀，但現在卻採取完全相反的立場。他指出日本有支配中國和太平洋的野心，將成爲美國的重大威脅。

甚至於這本書在 1909 年出版之前即已受到當時美國高級將領的注意，包括陸軍參謀總長賈飛中將(Lt. Gen. Chaffee)在內。荷馬李也曾把該書獻給美國元老政治家之一的國務卿魯特(Elihu Root)，以後他並曾要求魯特支持中國革命運動。不過，除少數軍人以外，這本書在美國幾乎沒有其他的讀者。據說紐約市立圖書館有一本，但直到 1941 年一共只有 3 個人曾經借閱。但在日本不僅又有盜印本出現，而且也被譯成日文，並改名爲《日美必戰論》，第一版在 3 個月內就賣掉了 84,000 本，以後還曾再版多次。至於把此書譯成中文、法文、德文的計畫則始終不曾實現，但英國陸軍耆宿羅貝茲元帥(Field Marshal Earl Roberst)卻十分欣賞此書，並特別致函荷馬李表示仰慕之意。不過，麥金德(Halford Mackinder)此時雖已露頭角，但似乎還不曾看過此書。反而言之，荷馬李也不曾與當時的地略學前輩，包括海權大師馬漢在內，有任何接觸，或受其影響。❷❸

第一本書完成後，荷馬李即開始寫他的第二本書，定名爲《撒克遜時代》(*The Day of the Saxon*)。此時他的視力已經減弱，每天只能工作幾小時，但文思有如泉湧，寫得非常迅速。1911 年初他前往德國就醫，同時仍能繼續寫作。並無確實證據足以證明他在德國曾與豪斯霍夫會晤，但豪斯霍夫在思想上的確曾受其影響，並在其著作中一

再提到荷馬李的大名,甚至於還譽之為戰略天才。❷

荷馬李在 1912 年完成其第二本書之後,又立即準備寫第三本書,並又定名為《斯拉夫的蜂擁》(*The Swarming of the Slav*),若意譯為「斯拉夫狂瀾」則似乎較佳。但非常可惜,他尚未完成此書即已病逝,而未完成的原稿也都已喪失。他的戰略三書(strategic trilogy)未能完成,誠屬憾事,不過從其所定書名上看來,可以想見那是以分析俄國的未來擴張為主題。此外,這本書雖未完成,但從其第二本書中也可以發現他對於俄國問題所保持的若干觀念。

荷馬李雖只留下兩本書,但從書中又還是可以感覺到他的學識是相當淵博,見解更是高遠脫俗,足以顯示他是一位獨來獨往的天才,其思想也有超時代的趨勢。這兩本書有一共同目的,即警告美英兩國應注意前途上的危險。在組織上,兩書也大致相同,可概分為兩部分:第一部分以理論為主,第二部分以應用為主。前者雖不免亂雜,但仍有其創見;後者則不僅綜論當前世局,而更預測其未來的發展。荷馬李的高談闊論固不無危言聳聽的意味,但事後發現其某些預言之靈驗也的確令人驚異。所以,到 1942 年,這兩本舊書在美國又再度發行,並暢銷一時。

## 二、理論觀念

要了解思想家的理論,必須首先認清其時代背景。荷馬李是十九世紀末葉到二十世紀初期之間的人,那時的學術思想與今天是有巨大差異,今天已成常識的觀念在那時可能還根本不存在。因此,荷馬李的確是無所師承,甚至於也沒有前人的著作可作為其發展思想的踏腳石。他居然還能創出一套理論以來作為其分析現實問題時的基礎。因此,也就的確令人感到欣賞和讚嘆。

概括地說，他的思想是與現代國際關係學域中的現實學派類似，但後者卻是在二十世紀五〇年代才盛行的學派，所以，荷馬李的思想也就似乎是要比他自己的時代超前了 50 年。當然，他又還是曾受其當時或以前的若干觀念的影響。影響力最大者可能是十九世紀流行的達爾文主義和日爾曼學者所主張的國家有機體說。此外，他曾受中國哲學和佛學的影響。他懂得老子所說：「人法地，地法天，天法道，道法自然」的觀念，以及佛家的「生老病死」循環論。另一方面，十九世紀末葉也是一個國際和平主義流行的時代，時人對於「海牙和會」和國際裁軍都寄與以很大的希望。荷馬李則憂心如焚，力排衆議，向當時的西方政治家提出不要幻想的警告。

簡言之，荷馬李要算是一位「現代」戰略家，其思想早已超過傳統軍事戰略的境界，他具有全球戰略眼光，其所考慮的範圍既非僅限於戰爭，也非僅限於軍事因素。他的確是一位「大」戰略家，雖然他並未使用「大戰略」此一名詞。

他的基本觀念是認爲國家和個人一樣，都是一種有機體，都受自然的支配。人類無法與自然對抗而只能適應。若不明（ignore）此理則爲一種民族悲劇（national tragedy）；若故意忽視（neglect）則更是民族罪行（national treason）。㉕

人的一生不外四種際遇：生、老、病、死。國家（民族）亦復如此，對於國家而言，老的意義就是成長（growth）和發展（development），而病就是衰頹（decline）。換言之，國家若不繼續成長和發展，也就會開始衰頹。進一步說，成長又即爲軍事擴張（military expansion），擴張爲民族活力的表現，也就是生存鬥爭（struggle of existance）。荷馬李認爲這就是自然律。㉖

最令人佩服的是在他那個時代（1907！）荷馬李即已一再強調現代技術的衝擊。他特別指出下列四點：

(1)人口增加和生活水準提高的壓力使人類對資源的需求將日益增大。

(2)過去所受的資源限制，今後將變成擴張的潛在目標。

(3)世界各國之間的經濟互賴程度日益增大，於是競爭和衝突也會日趨激烈。

(4)現在可以迅速發動戰爭，超越遙遠距離，並產生巨大的毀滅效果。

簡言之，技術已經使地球縮小，增強國家利益之間的互動，並對民族生命循環產生必然的後果。❷

當解釋國家由盛而衰的理由時，荷馬李認爲美國、英國、中國都已走向衰頹的道路，而這也都是他所熱愛的國家。主要的病象是不再想擴張而以維持現狀爲滿足。次一步，當然就是連現狀都無法維持，而只好退卻（retreat）。爲何不進反退？荷馬李認爲其主因是國家利益逐漸爲個人私利所取代。個人私利的抬頭又會產生下述三種後果：

(1)政府日趨於代議形式（representative forms）；

(2)商業主義（commercialism）的興起；

(3)頹廢思想（decadent ideologies）的出現。

其進一步的影響即爲不僅不再想擴張，而且對於軍事準備也不再表關切，甚至於還會表示反對。荷馬李認爲這是一種諷刺的悲劇：軍事擴張帶來霸權（hegemony），霸權又使國家變得驕奢淫佚。❷

荷馬李對於政治日益民主化有相當尖銳的批評。他說：

當國家的國際事務受到羣衆偏見的控制時，其政治智慧也會成比例地減弱。因爲人民對於與其小環境距離遙遠的問題，其所作的判斷不是基於最大的個別智慧，而是基於最大的集體無知。❷

他又指出：

> 一般人都相信人類社會有日益團結的趨勢，其實並非經常如
> 此。人類之所以團結是由於自保的需要。一旦缺乏外來威脅的刺
> 激時，個人主義、地方主義、種族主義就都隨之而起，終將導致
> 社會的分崩。㉚

他認爲此種「局部化愛國心的爆發」(outbreak of localized
patriotism)是代議政治的危險後果，而且不僅此也，此種制度還會帶
來低劣的領導。「參加指導國事的人愈多，則國家行動的智慧，國家的
安定和生存，都會受到不利影響。」㉛

政府領導力減弱又會帶來重視財富的社會風氣，而這又會間接減
弱國力。他指出，「富庶不是國力的基礎，而是導致其毀滅的禍根。」
他又指出，軍事支出會與國家財富成比例增加，富國所付出的國防成
本會比窮國較高。所以，「國家在平時較富者，到戰時反而會變得較
窮。」

導致國勢衰頹的最後因素即爲頹廢思想。當一個人發財之後反而
會意志消沉，缺乏奮鬥精神，除吃喝玩樂以外，會感到無事可爲，於
是生命也喪失了價值。國家也是一樣，富庶生活會斲喪國民的意志，
養成腐敗頹廢的風氣，於是國勢衰頹逐成必然的結局。當時有許多人
對於和平與裁軍寄予希望，荷馬李則直斥之爲幻想。他指出，有人類
就有戰爭，戰爭與人類的存在實不可分。他說：

> 和平與戰爭是一種相對的名詞，用來描述人類鬥爭的兩個階
> 段，其間並無明顯分界之存在。國家像個人一樣，是經常在鬥爭
> 狀態之中。當鬥爭程度降低轉爲消極時即爲和平，反之當程度升
> 高轉爲積極時即爲戰爭。㉜

　　基於以上的概述可以看出荷馬李的思想實與現代戰略家的觀念幾乎沒有太多差異。當然，他的話在某些方面也許有一點偏激，但就其全體而論，則不僅合乎邏輯而且也自成體系。對於理論部分就介紹到此為止，現在就進一步，分析其應用部分，尤其是他的戰略預言。

## 三、戰略預言

　　荷馬李以當時世界情況為分析的起點，認為在世界舞台上扮演主角的國家共有四個，即英、德、俄、日。雖然其他學者(例如麥金德)對於前三國都常有所討論，但認清日本有建立帝國雄心的人卻只有荷馬李。他是唯一強調日本和太平洋重要的西方戰略家。以後，豪斯霍夫曾採用他的理論，並承認其原始觀念是出於荷馬李。

　　荷馬李認為俄國有能力向東、向西，或向南擴張其帝國。英國和日本同為島國，前者雖仍為大帝國但不久即將沒落，而日本則方興未艾，注定要走向擴張的道路。德國雖為非島國的歐陸國家，但其尚武精神與東方的日本在伯仲之間，所以也會同其命運。在當時處於衰頹狀況中的國家只有英國還保有相當巨大的殘餘力量。美國則缺乏意志來點燃其尚武精神，至於中國則更已成列強宰割的對象。

　　荷馬李對於俄國似乎最感興趣。他說德國或日本的前進像閃電，而俄國的前進則像冰河(glacier)。一次軍事失敗對於其他國家所產生的後果可能即為崩潰，但對於俄國則只會使它把力量集中在另一地區之上。於是他對於俄國的擴張發現了一條特殊的定律：

> 俄國經常是在某一條侵略線上前進，而同時又在另一條侵略線上後退。其前進與後退在程度上的比率常為3:2。因此，無論為勝為敗，俄國始終不斷地在亞歐兩洲擴張。❸

　　他指出俄國共有五條擴張線：(1)波羅的海；(2)波蘭(東歐)；(3)土耳其；(4)波斯；(5)印度，並由此進入太平洋。假使在某一線上受到阻擋（例如日俄戰爭），則在其他線上的努力也就會隨之而加強。因爲俄國前進速度較慢，所以短時間內不易感覺其威脅；又因爲德國和日本的行動較快，所以其成敗也就會影響到俄國的進展方向。荷馬李在回顧歷史之後，又發現在過去每個世紀開始時，俄國常遭失敗，但失敗之後，俄羅斯帝國又反而繼續成長。所以，他認爲也許只有俄國有能力實現其世界帝國的夢想。

　　未來的國際權力鬥爭「大戲」(Great Game)又將如何演出呢？那可以從各國的擴張線及其可能交點上去尋求答案。德國的擴張線爲丹麥、低地國家、奧國，日本的擴張線爲韓國、中國、美國及其屬地（菲律賓、夏威夷、阿拉斯加），此外還有澳洲。英美兩國並無擴張線，但他們的領土和利益則與那三國衝突。美國與日本在太平洋上衝突，德國與英國在西歐衝突，德國與俄國在東歐衝突，英國與俄國在亞洲衝突（印度、土耳其、波斯、阿富汗）。荷馬李認爲德日兩國在其主要方向上都有獲致成功的機會，而俄國則由於東西受阻，所以將會傾全力向南擴張。但等到它達到印度洋之後，則又可能以此爲樞軸而再向東西旋轉，於是也就有變成世界帝國的希望。若欲制止俄國的前進則必須守住波斯和阿富汗，所以，他特別強調：「不應容許俄國越過喀布爾—德黑蘭(Kabul-Teheran)之線。」❸❹

　　荷馬李在 1911 年預言下一次戰爭將是英德之戰，他建議英國應在德國動手之前先佔領低地國家和丹麥。但他又說由於英國堅持不侵犯中立國的原則，所以他的忠告不可能被採納。因此，他對大英帝國的前途頗感悲觀。在另一方面，他認爲德俄戰爭的機會不大，他指出：「德俄戰爭只會使兩國同受其害，即令勝利也還是得不償失。」他又

進一步指出：「瓜分大英帝國才是俄、德、日三國利益的交點，所以他們應以不列顛殖民帝國爲其共同攻擊目標。」納粹德國在第二次大戰初期所採取的聯俄政策，似乎就正是以荷馬李的觀念爲基礎。**❸❺**

　　荷馬李又認爲就地理而言，日俄兩國乃天然的同盟國，因爲他們都面對著中國和撒克遜（英美）的權力，而且一爲海洋國家，一爲大陸國家，彼此之間可以互補。反而言之，英國應知其天然同盟國爲一個復興的中國，它不僅能對抗日俄同盟，更能保護印度。此項忠告自然也適用於美國。美日利益既然衝突，則中美合作自有益於美國，因爲「吾敵之敵即爲吾友」。他在《無知的勇氣》書中曾詳述日本必須攻擊美國的理由：因爲只有美國在太平洋中的權力能阻止其擴張。此外，日本帝國主義又不僅有軍事的一面，而還有經濟的一面。日本必須控制亞洲尚未開發的財富，然後天皇始能成爲萬王之王。**❸❻**

　　荷馬李預言日本的第一個攻擊目標必爲菲律賓，因爲佔領菲律賓即能解除其側面威脅。他甚至於能指明日軍在呂宋島上的兩個可能登陸地點，以及其進攻馬尼拉的路線。同時也預測完成入侵作戰的時間應在 3 星期之內。《無知的勇氣》出版於 1909 年，32 年後太平洋戰爭爆發，日軍在菲律賓的一切行動幾乎全如所料。麥克阿瑟的幕僚視之若神明。事實上，日本參謀本部的計畫很可能就是以荷馬李的書爲構想基礎。

　　荷馬李又預言日本還可能攻佔阿拉斯加、夏威夷，而以美國西岸爲終點。在站穩立足點之後，日本就可以掃蕩亞洲、澳洲，和其餘太平洋地區，並建立一個眞正世界級的帝國。從此「不管未來世界在政治、軍事、工業上將會受那一個國家或同盟的支配，但日本仍然是太平洋的主人。」**❸❼**

　　基於以上的簡略論述，似可斷言荷馬李確爲不世出的戰略天才，若能假以天年，則其成就也許將更不可限量。不過，他雖是先知者，

其思想又還是會受到其時代和環境的影響，其中有若干部分當然已不合時宜，其預測也不可能完全靈驗。從另一角度來看，其某些言論雖不免偏激，但也切中時弊。其對民主政治的批評，對社會風氣的斥責，對尚武精神的提倡，都是一位先知者對後世所發出的誠懇警告，而其意義在今天也許比在當年還要更為深遠。

# 肆、兩次世界大戰

　　荷馬李死於 1912 年，再過兩年第一次世界大戰就在歐洲爆發，不過，美國到 1917 年始正式參戰。美國遠征軍（American Expeditionary Force 簡稱 AEF）總司令潘興（John J. Pershing）正像內戰時的格蘭特一樣，是一位交好運的指揮官。一方面德軍已成強弩之末，另一方面美軍保有物質的優勢和新銳的鬥志。潘興在戰略上並無任何傑出的思想和表現，他完全是憑消耗取勝，而在整個戰爭中，他的貢獻只不過是壓斷駝背的最後一根稻草而已。

　　在美國遠征軍之中有若干中級軍官，雖然在第一次大戰時只是初露頭角，但在第二次大戰時卻變成舉世聞名的人物，其中包括麥克阿瑟（Douglas MacArthur）、馬歇爾（George C. Marshall）、巴頓（George S. Patton, Jr.）等在內。而其中又以麥克阿瑟最具有傳奇的意味。麥克阿瑟為將門之子，其父阿瑟（Arthur）為陸軍中將，曾任菲律賓總督。麥克阿瑟在 1899 年進入西點以全班第一名畢業。他在第一次大戰中曾兩次負傷，受到 12 次勛獎，並升至准將。戰後任西點校長（1919）和陸軍參謀總長（1930）。1937 年從美國陸軍中退休後，又以元帥頭銜在菲律賓協助這個新近獲得獨立的島國從事國防的準備。太平洋戰爭爆發後，麥克阿瑟恢復現役，最後升至五星上將。其在戰時和

戰後的功業是世所周知，所以在此也就毋需贅述。麥克阿瑟不僅功業彪炳，而且也的確天才橫溢，他在太平洋戰爭中的躍島戰略(Island-hopping)，以及韓戰中的仁川登陸都已成戰史中不可缺少的一頁，也可以證明他有資格列入古今名將之流。不過他只是立功而未立言，他不曾給後世留下任何書面的教訓，甚至於他的回憶錄也沒有太多的價值。這的確是一件令人感到遺憾的事實。

其次就要說到馬歇爾。他在第一次大戰時，雖深受潘興的賞識，用他爲參謀長，但也正因此而使他錯過了指揮部隊和升任將官的機會。戰後他在仕途上也不如麥克阿瑟那樣一帆風順。雖然在第二次大戰中做了美國陸軍參謀總長，但又正像內戰時的哈里克一樣，由於羅斯福總統在華盛頓不可沒有他的協助，結果遂使他喪失了出任歐洲聯軍總司令的機會。這似乎無獨有偶，天下事眞是會如此巧合。不過，比起哈里克，馬歇爾又應自愧弗如，因爲前者不僅有著作傳世，而且他的《軍事藝術科學精華》更是美國人所出版的第一本戰略書。反之，馬歇爾卻不曾留下任何著作，而且也無證據足以顯示他確有卓越的戰略天才。

代替馬歇爾出任聯軍統帥的人就是艾森豪(Dwight D. Eisen-hower)。他沒有機會趕上第一次大戰，但在第二次大戰中卻拔得頭籌。他在西點成績中等，以後在軍中服務時，也無特殊表現。但到1942年被派爲美國駐英部隊指揮官，而到1944年又成爲指揮入侵歐洲的聯軍總司令，眞可謂不鳴則已，一鳴驚人。艾森豪的確具有特殊天才，他扮演聯軍統帥的角色也的確勝任愉快。不過他不是過去所謂「大將」(Great Captain)之才，而似乎只是一個戰爭會議的主席(a chairman of a conncil of war)。這也代表二十世紀所特有的現象，戰爭不僅需要指揮，而更需要管理。艾森豪以後飛黃騰達，貴爲總統，但在戰略思想方面並無太多的貢獻。

　　最後就要說到巴頓。巴頓是富家子弟，性情豪放，從一般人眼中看來，大有草莽英雄的味道，尤其是電影的描繪更足以增強此種印象。但事實上，他對於戰史和名將傳記有很深入的研究，對於領導和士氣的問題更是頗有心得。他曾經指出：

　　要想作爲一個成功的軍人，必須研究歷史……必須了解人是如何反應。武器固然會改變，但使用武器的人並無改變。要贏得戰鬥，你所需要打擊的不是敵人的武器，而是他們的精神。……你必須讀傳記，尤其是自傳。假使你這樣做，你就會發現戰爭實在很簡單。只需在能力限度之內決定如何重創敵軍即可穩操勝算。**❸❽**

　　平心而論，巴頓的戰略水準是要比其同僚較高一籌，包括艾森豪在內。

　　概括言之，在兩次大戰期間，美國軍人之中似乎不曾出現一位有記錄的戰略思想家。不過又還是有一例外：對日抗戰時來我國任美軍司令的魏德邁（Albert C. Wedemeyer）應該算是一位深通大戰略的美國將軍。魏德邁在其回憶錄中不僅有一章（第六章）以「大戰略」爲章名，而且在全書中也提到許多有關大戰略的觀念，足以顯示他確有適當的戰略修養。他在戰時即主張把大戰略界定爲「使用一切國家資源以來達成國家政策所定目標的藝術和科學」。他又指出所謂國家資源者可以概括分爲四大類：即政治、經濟、心理、軍事。魏德邁說：

　　此四者實際上構成國家政策的主要武器或工具。假使前三者若能加以明智和適時的使用，則第四種工具，即軍事力量，也許就毋需作傳統式的使用。

魏德邁又認爲：

在現有的複雜世界環境中，軍事、經濟、科學、技術、政治、心理等因素之間的分界線幾乎都已消滅，我想一種遠較寬廣的戰略觀念對於生存是有所必要。

他是在 1943 年 1 月前往參加卡薩布蘭加會議時向英國人戴克斯准將(Brigadier Dykes)首次提出此種觀念。許多年後，他仍在向美國國家戰爭學院(National War College)中的聽衆發表此同一意見。基於以上的資料，可以認定魏德邁有資格算是戰略思想家。㊴

儘管在第二次大戰之後，美國變成戰略家的天堂，思想著作多到不可勝數。但在此之前，雖然不乏戰略思想傳統的存在，但其發展遠比歐洲落後則又爲不爭之事實。

## 註　釋

❶ Edward M. Earle, "Introduction" of *Makers of Modern Strategy* (1952),p.ix.

❷ R.E. Dupuy, *The Story of West Point：1802-1943* (Washington,1943),pp. 27-31.

❸ 同前註。

❹ S.F. Gay de Vernon, *A Treatise on the Science of War and Fortifications ……to which is Added a Summary of the Principles and Maxims of Grand Tactics and Operations* (2 vols,New York,1817).

❺ George W. Cullum, *Biographical Registers of Officers and Graduates of the U.S. Military Academy* (1868 ),p.321.

❻ Cited in R.E. Dupuy and T.N. Dupuy, *Military Heritage of America* (New York,1956),p.192.

❼ 同前註。

**❽** 同前註，p.193。

**❾** 同前註。

**❿** 同前註。

**⓫** J.D. Hittle's introduction to *Jomini and his Summary of the Art of War* (1947),p.2.

**⓬** R.E. Dupuy and T.N. Dupuy, *Military Heritage of America*,p.194.

**⓭** J.F.C. Fuller, *The Conduct of War*,p.95.

**⓮** B.H. Liddell Hart, *Strategy:The Indirect Approach*,p.143.

**⓯** Kenneth P. Williams, *Lincoln Finds a General*(Macmillan,1950),Vol.I, p. 351.

**⓰** John R. Elting, *The Super Strategists*(Charles Scribner's sons,1985),p.122.

**⓱** 同前註，p.123。

**⓲** Russell F. Weigley, "American Strategy from Its Beginnings through the First World War", *Makers of Modern Strategy*(1986),p.421.

**⓳** J.F.C. Fuller, *Grant and Lee*(London,1933 ) and *The Generalship of Ulysses S. Grant*(New York,1929).

**⓴** B.H. Liddell Hart, *Strategy*(1967),pp.149-54.

**㉑** Jang-Pang Lo, *K'ang Yu-wei:A Biography and A Symposium*(University of Arizona Press,1967),p.271.

**㉒** *Denver Post*(April 20,1969),p.5.

**㉓** 麥金德出生於 1861 年，比荷馬李年長，其成名之作〈歷史的地理樞軸〉發表於 1904 年。所以，他不可能受荷馬李的影響。

**㉔** Hans-Adolf Jacobson, *Karl Haushofer:Leben und Werk*(Harold Bolt,1979), Vol I,pp.606-23.

**㉕** Homer Lea, *The Valor of Ignorance*(Harper ,1942),p.24.（以下簡稱 VOI）。

**㉖** 同前註，p.12。

**㉗** Homer Lea, *The Day of the Saxon*(Harper,1942),p.13,23.（以下簡稱 DOS）。

**㉘** VOI, p.12.

❷❾ DOS, p.26.

❸⓿ DOS, p.233.

❸❶ VOI, p.137.

❸❷ DOS, p.217.

❸❸ DOS, p.17.

❸❹ DOS, p.65.

❸❺ DOS, p.125.

❸❻ VOI, p.189.

❸❼ VOI, p.114.

❸❽ George S. Patton, *War As I Knew It* (Houghton-Mifflin,1947),p.201.

❸❾ Albert C. Wedemeyer, *Wedemeyer Reports* ! (New York,1956),pp.81-83.

# 【第二十章】

# 俄　　國

## 壹、帝俄時代

　　從彼得大帝(Peter the Great,1688-1725)在位之時開始，俄羅斯即已是歐洲大國，而以後更逐漸發展成為世界巨強，其軍事實力也隨之增大。不過儘管在十九世紀的歐洲，戰爭理論和軍事著作有蓬勃的發展，但俄國卻是例外。俄國不曾產生一位克勞塞維茨，或約米尼，雖然他們二人都曾在俄軍中服務，而約米尼還始終掛著俄國將軍的頭銜。

　　直到十九世紀中期為止，俄國的知識份子都以從軍報國為榮，陸軍在國家政治中享有很大的勢力。1855 年以後，俄國社會情況變得日益複雜，陸軍對於上層階級的吸引力也隨之而降低，但這又並不意味著陸軍的重要性已有任何的改變。基於上述的事實，遂更使我們對於俄國在戰略思想領域中的落後現象感到大惑不解。在十九世紀的俄國，文學、音樂、科學都有天才出現，但從無一位值得推崇的軍事戰略思想家。其原因為何不是本章所想要分析的主題，本章所要論述的

僅爲俄國戰略思想在過去百餘年來的演進軌跡。由於俄國在現實的世界中一直都扮演一個非常重要的角色，所以即令俄國並無偉大的戰略思想家値得詳細介紹，但其一般的發展仍然還是應該列入本書的範圍之內。

大家都常說「俄國與西方」（Russia and the West），這也無異於認爲俄國是位置在西方文明範圍之外。事實上並非如此單純。自從公元988年接受了基督敎之後，俄國與西方傳統之關係也就變得要比任何其他文明社會都更較密切。不管是過去還是現在，雖然有其差異之存在，但俄羅斯文化的根本又還是與歐洲其他國家一樣，出於同一最後來源。因爲是如此接近，所以俄國人也時常會懷疑，除西方文明以外，是否還有獨立的俄羅斯文明的存在？

在十八世紀時，俄國尙無獨立的軍事思想之可言，俄國將領們熱心倣效菲德烈模式（Frederician model），並且也已獲相當的成功。僅在十八世紀後期，俄國才有一位最偉大的將才出現，他就是蘇弗洛夫（Alexander Suvorov, 1729-1800）。蘇弗洛夫多才好學，精通歐洲大國語文，並對於西方軍事著作有深入的研究，而尤其重視法國的文獻。他證明十八世紀終了時的俄國軍事制度能夠接受西方的新戰術，並具有與西方競爭的能力。不過，蘇弗洛夫的貢獻又還是身敎多於言敎。他不是一位有系統的戰略思想家，或至少他不曾用筆寫下他的思想。其最著名的著作，名爲《勝利的藝術》（*The Art of Victory*），不過是一本只有8頁長的小册，其內容爲對於下級軍官的若干實際指導。儘管他不是理論家，但其作爲指揮官的地位在俄國歷史中卻無人能及，包括在1812年擊敗拿破侖的庫托左夫（Michael Kutuzov）和戴托利（Michael Barclay de Tolly）等人在內。❶

當進入十九世紀時，俄國不僅有軍事成功的實際經驗，而且蘇弗洛夫也成爲俄羅斯戰爭藝術的象徵。儘管如此，在戰略思想領域中又

還是要繼續向西方大師(以約米尼和克勞塞維茨爲代表)求教。在尼古拉一世(Nicholas I)的朝代(1825-1855)，俄國武功之盛達到了最高峰，但他對於軍事思想又還是保持非常保守的態度。一位十九世紀後期的俄國軍事理論家李耳(G. A. Leer)對於尼古拉斯時代曾作評論如下：

> 常有人說菲德烈戰術是早已埋葬在耶納和奧斯特德。其外表、其形式是的確已經埋葬，但其精神在我們的陸軍中，至少在1850年代還是繼續活著。❷

儘管李耳發出如此低調的評論，但在此時代又還是有若干其他的意見出現。米登將軍(General N.V. Medem)在1837年指出武器和防禦技術的改進增加了「精神力」(moral force)在戰爭中的重要性，這也正是德拉果米羅夫(M.I. Dragomirov)在十九世紀末期號召「回到蘇弗洛夫」(back to Suvorov)的民族派(nationalist school)的先聲。❸而德拉果米羅夫本人又受到其同時人，卡特索夫上校(Colonel A.P. Kartsov)的影響，後者在1850年代任俄國參謀學院的教授。

民族學派也崇拜俄國的第二位英雄庫托左夫，其最著名的故事即爲面對著拿破侖入侵時所採取的戰略撤退。接替米登充任參謀學院戰略教授的波格丹維區(M.I. Bogdanovich)曾強調說明防禦在作爲減弱敵軍手段時的重要，以及大量常備軍的價值，並讚譽庫托左夫能夠避免不必要的戰鬥。❹

克里米亞戰爭(Crimean War,1854-56)和尼古拉的死亡給俄國帶來新的變局。俄軍在此次戰爭中曾英勇戰鬥，但結果仍不免戰敗，足以顯示歐洲的軍事平衡已經變得對俄國日益不利。武器和技術只是問題中的一部分，而且其解決也並非太困難。到十九世紀終了時，俄軍的武器裝備幾乎都已更新，但硬體的支出還是只佔軍事預算的一部

分而已。比較困難者是根本改革，包括人員和物資的動員、運輸、組織在內。自從亞歷山大二世在 1855 年繼位之後，俄國即進入所謂大改革時期(Era of the Great Reforms)。

　　負責推行軍事改革的人爲米留亭(Dmitrii Miliutin)，他在 1861 年到 1881 年之間任軍政部長。他不僅具有行政長才，而且也是戰史大師，他雖不幻想俄國應有其獨特的戰爭藝術，但卻同意蘇弗洛夫對於精神因素的強調。米留亭指出：

　　　軍事藝術有兩面，即物質與精神。軍隊不僅爲一種物質力量，由武器來組成，而更是一種人的結合，具有智慧和心靈。在軍事領袖的一切考慮和計算中，精神力都居於重要地位。所以，他不能認爲軍隊只是一種機器而已。❺

　　米留亭的改革計畫共有三個主要目標：(1)改進軍事行政結構；(2)改採短期兵役制，以來減少常備軍人數並同時建立強大預備兵力；(3)提高軍事教育的品質，而尤其著重軍官教育。所有這些改革的影響又非僅限於軍中，而更具有其廣泛的社會含意。米留亭認爲俄國若欲確保其大國的地位，則需要改革的將不僅爲俄國的陸軍，而更應推廣及於整個社會。米留亭雖然努力推行其改革政策，但又還是遭遇到很多的阻力，直到他在 1881 年辭去軍政部長之時，成效還是相當有限，而此後則更是有名無實，所以，第一次大戰爆發時，俄國陸軍的素質似乎還是殊少改進，並且在所有歐洲大國之中也是居於殿後的地位。

　　在十九世紀後期的俄國，最具有影響力的俄國軍事思想家是德拉果米羅夫，他曾任高級指揮官和參謀學院院長，他所寫的《戰術學》(*Uchebnik taktiki*)出版於 1879 年，在此後 30 年間成爲俄國的標準教科書。他的特點是認爲刺刀要比火器重要，並強調士氣(精神)的價值。即令有了日俄戰爭的經驗，也還是不能改變其立場。簡言之，其

基本觀念始終是確信戰爭中的眞正重要因素即爲人員的戰鬥意志。

不過，俄國也還是有人反對德拉果米羅夫的思想，他就是李耳，也是接替德拉果米羅夫出任參謀學院院長的人。李耳是所謂「學術派」（academics）的領袖，與德拉果米羅夫所領導的「民族派」居於對抗的態勢。他認爲戰略的基本要素是永恆的、不變的，而且是以歐洲戰爭中的名將和研究他們的著作爲來源，包括勞易德、拿破崙、約米尼、克勞塞維茨等都在內。不過，他們二人以及所謂兩派之間的差異又並非像表面上所顯示者那樣巨大。李耳也同樣強調白刃戰的決定重要性。他認爲火力是預備，刺刀才是決定，最後的勝利還是以精神力爲基礎。❻

日俄戰爭的教訓顯示現代火力的重要和攻擊塹壕陣地的困難，但民族派並不因此而氣餒。反而言之，日軍的奮勇精神更增強他們堅信精神重於物質的觀念。不過，戰後又還是有新的思想出現，其立場大致是介於德拉果米羅夫和李耳之間。戰爭失敗會帶來自我檢討本屬人情之常，在許多言論之中最值得介紹的是在參謀學院任敎的尼茲納莫夫上校（Colonel A. A. Neznamov）的意見：

> 僅知基本原則是不夠，原則雖爲永恆，但戰鬥工具則經常改變，而毫無疑問，方法和形式也會隨之而改變。理論的任務就是要正確指明現代的方法和形式，並且甚至於還要向最近的將來展望。在最近的過去又有許多範例可供採用。其中包括具有戰略重要性的因素，例如鐵路、電報等；具有戰術重要性的因素，例如速射武器和電話等。

尼茲納莫夫認爲俄國人在日俄戰爭中失敗的主因，是在現代火力的時代中，他們仍然夢想刺刀的衝鋒，期待戰爭中能產生英雄式的指揮官。於是他堅定地指出「火力決定戰鬥」（Fire decides battle）。

在第一次大戰前夕，他曾指出戰爭的目的仍然還是在速戰中擊毀敵軍，但他又承認在其所想像的未來戰爭中，是很不可能獲致這樣的結局。不過，他也不曾預料到塹壕戰的僵局，他仍然相信大兵團可以在廣大的地面上實施運動戰，雙方都企圖包圍對方的側面，而戰爭的持續不會超過幾個月，所以應該還要算是短期戰爭。

尼茲納莫夫又還是崇拜彼得大帝，不過他對於這位大帝的思想所作的解釋卻和其他的民族主義者有所不同：

> 彼得大帝以其天才自能知向外國人學習是利害參半。所以，他說：「今後數十年內，我們還是有摹倣歐洲之必要，但過此之後，我們就應轉過身來背向著它。」他甚至於夢想「我們能夠趕上和超越它」。

於是尼茲納莫夫又說：

> 今天歷史又已重演，歐洲又已超越我們。所以，我們應該再採取老方法，迅速吸收現成的和最好的東西，然後再把背轉過來（turn our backs）。❼

尼茲納莫夫的這一段話含有非常重要的意義，也代表俄國大多數領袖人物和思想家的共同觀點。他們都相信俄國可以也應該借用西方之所長，而不必害怕會因此而喪失其民族特性。這種思想也許一直持續到今天仍不喪失其影響力。

總結言之，從拿破侖戰爭到第一次世界大戰，俄國在戰略思想的領域中並無太大的成就，而且也不受到其他國家的重視。也許只有布羅赫的著作曾經被譯成其他國家的文字，並曾在國外產生相當的影響作用。不過，儘管布羅赫在寫作時所用的是俄文，但嚴格說來，他並不是真正的俄國人，而且與俄國的軍事思想傳統更毫無關係。❽

# 貳、馬列主義

　　1917 年第一次世界大戰尚未結束，但俄羅斯帝國即已自動崩潰。革命的結果終於使列寧所領導的共產黨奪得政權。從此時開始，俄國變成了蘇聯(Soviet Union)，而在戰略思想領域中也出現了一個前所未有的新因素，那就是所謂「馬列主義」(Marxism-Leninism)。在蘇聯的戰略思想中，馬列教條是居於至高無上的地位。所以，不管是謊言還是眞理，要檢討蘇聯時代的戰略思想，必須首先分析馬克斯、恩格爾斯、列寧三人在此領域中所眞正扮演的角色。

　　馬克斯(Heinrich Karl Marx,1818-83)是祖籍猶太的日爾曼人，他本是一位新聞記者。恩格爾斯(Friedrich Engels,1820-95)是一位富商之子，其父在曼徹斯特(Manchester)擁有一座紡織工廠。他們二人在 1843 年相識，從此建立了親密的終身友誼，這對於馬克斯而言，可以算是福從天降。因爲在其許多著作中，馬克斯都是有賴於恩格爾斯的協助，而且不僅如此，在恩格爾斯承繼遺產之後，每年還給與馬克斯以生活費 350 英鎊。如果沒有此種資助，則馬克斯連糊口都要成問題，又那有餘力來從事著作。他們二人在 1847 年共同完成〈共產黨宣言〉(The Communist Manifesto)，直到今天，它還是正統共產主義的福音(gospel)。1849 年馬克斯被普魯士政府驅逐出境，從此他就定居在倫敦，專心著作，包括其傳世鉅著《資本論》(*Capital*)在內，也像克勞塞維茨的《戰爭論》一樣，這部大書並未完成，也不曾作最後的修正。其第一卷出版於 1867 年。其餘兩卷是在馬克斯死後(1883)才由恩格爾斯根據其遺稿編輯成書。這兩卷是分別在 1885 年和 1890 年出版。❾

作爲一種思想，所謂馬克斯主義不僅是大而無當，而且也亂雜無章。概括言之，其基本觀念即爲階級鬥爭。馬克斯在〈共產黨宣言〉中宣稱：「從古到今，所有一切社會的歷史都是階級鬥爭的歷史。」但馬克斯對於「階級」(class)的意義從未作明確的界定，而且其所提倡的唯物史觀也不僅不合邏輯，而更與現實背離。嚴格說來，他是一位烏托邦主義者，只有幻想而並無理論。在其有生之日，馬克斯的思想並不曾爲人所重視，僅在俄國赤化之後，他才一躍而變成了共產黨天堂中的上帝。他若死後有知，眞不知會作何感想。

馬克斯主義被尊爲蘇聯的最高軍事教條，但馬克斯本人對於軍事所知極爲有限，他甚至於根本上就不曾讀過克勞塞維茨的《戰爭論》。認爲他在思想上深受克勞塞維茨的影響，實在是完全出於後人的牽強附會。❿比較言之，恩格爾斯的確具有第一流的軍事頭腦，他對於軍事學術不僅深感興趣，而且也的確曾作相當深入的研究，所以，他的軍事知識遠非馬克斯所能及。實際上，馬克斯的文章有很多都是恩格爾斯代他寫的。

恩格爾斯曾經讀過很多的軍事著作，包括克勞塞維茨的《戰爭論》在內，他在與馬克斯的通信中曾經提到他讀《戰爭論》時的感想。以後就有人以此爲證據以來證明馬恩二人在思想上與克勞塞維茨的關係。事實上，恩格爾斯在他所留下的大量文件中是經常提到古今軍事思想家的著作和思想。他所最推崇的人是約米尼而非克勞塞維茨。這也毫不足怪，因爲在他那個時代，約米尼及其門徒實爲西方軍事思想的主流。

經過深入的研究，恩格爾斯不僅無師自通地變成眞正的軍事專家，而且也已成爲歐洲最敏銳的軍事觀察家。所以，他的友人常戲稱之爲「將軍」(The General)。不過，特別值得一提的事實則爲恩格爾斯所寫的文章大致都具有「純粹的專業性」(strictly professional），而完全不含有所謂馬克斯主義者的解釋在內。⓫

　　列寧(Vladimir I. Lenin)只是一個化名，他的眞實姓名爲烏爾亞諾夫(Vladimir Ilyich Ulyanov,1870-1924)。列寧是一個狂熱的但也是非正統的馬克斯主義者。列寧在歷史中的地位爲他是第一位大規模把馬克斯主義付之實施的人，並且也向全世界顯示此種思想實爲製造禍亂的工具。當 1917 年俄國發生革命時，列寧正流亡在瑞士。經過德國參謀本部的安排，列寧和 31 個其他的革命份子被送回俄國，其目的是想利用他們以使俄國提早退出戰爭。德國在東線任參謀長的霍夫曼將軍(Major-General Max Hoffmann)曾指出：「當時無人能預料這些人的遣返會對俄國和整個歐洲造成嚴重的後果。」⓬

　　列寧對於軍事本是毫無所知，由於第一次大戰的爆發才促使他開始研究克勞塞維茨的《戰爭論》。他不僅反覆閱讀，而且還作了許多的筆記(註釋)。從他所留下的筆記上看來，他所最重視的觀念有二：第一是戰爭作爲政治工具的功能。其筆記中約有三分之二都是與這一方面有關。他注意政治與戰爭之間的關係，戰爭的基礎爲其政治和社會條件，以及戰爭的形態在歷史中的演變。他非常欣賞克勞塞維茨對戰爭的歷史性檢討，並曾自作註釋說：「每一個時代都有其自己的戰爭。」(見《列寧選集》)。其次，他對於攻守之間的互動和互賴，也特別感到有興趣。此種認識對於他以後的實際行動似乎是有很大的影響。

　　列寧的研讀《戰爭論》是有其現實目的，他希望能將其心得立即加以應用。馬克斯不曾讀過《戰爭論》，但列寧卻認爲克勞塞維茨的著作與馬克斯主義是互爲表裏，不謀而合。所以，在其以後的一切言論中，馬克斯主義與克勞塞維茨的戰爭理論也就變成兩位一體而不可分了。

　　依照蘇聯軍事理論家的一致看法，蘇聯軍事思想的基礎是建立在列寧的遺敎上。在蘇聯時代的一切軍事著作無一不連篇累牘地引述列

寧的文章。其中最常被引述的爲〈戰爭與革命〉一文,那本是他在1917
年所發表的演說講稿。列寧在此文中確立了蘇聯共產黨的基本戰爭觀
念。他指出階級鬥爭實爲戰爭的根本原因,一旦全球社會主義者社會
(socialist society)已經建立完成,則世界上將不再有戰爭。他說:「我
們馬克斯主義者並非無條件反對一切的戰爭,我們的目的是建立社會
主義者的社會制度,消滅人類之間的階級區分,以及戰爭的可能性。」

於是列寧又稱讚克勞塞維茨如下:

> 我們大家都知道克勞塞維茨的名言:「戰爭是政策用其他手段
> 的延續。」他是戰爭哲學和歷史的最著名作家之一。他從戰史的
> 研究中抽取哲學教訓,然才提出這一句名言。❸

列寧的思想頗有彈性,他知道處逆境時不僅應採守勢,而且有時
還必須作戰略性的退卻(strategic retreat)。他認爲要想爭取最後勝
利,必須能忍受犧牲和恥辱,因爲勝利是需要時間始能獲致。簡言之,
列寧是深通「現實政治」(Realpolitik)之理。對於他而言,和平本身
並不是一個目的,和平也像戰爭一樣,只是一種政策的工具。所以,
在1918年3月3日,他決心與德國簽訂屈辱的布里斯特李托夫斯克條
約(Treaty of Brest Litovsk)。這個條約雖使俄國受到重大的損失,
但卻給與列寧一段喘息的時間,使他得以穩住他的權力基礎,並容許
共產黨得以在俄國生根。列寧雖以馬克斯主義者自居,但他卻說:

> 我們必須注意,不可變成我們自己所喊口號的奴隸。在我們這
> 個時代,僅憑熱心並不能贏得戰爭,而必須要靠技術優勢。……
> 現在是停止高呼革命口號而開始實際工作的時候。❹

# 參、第二次大戰前的蘇聯

　　俄國的內戰(1918-20)加上外來的干涉，對於新成立的蘇聯，在軍事方面是一次重大的考驗。誠如托洛斯基(Leon Trotsky)所云：「小戰與大戰只是規模上有所差異。小戰仍然是一所大學校。」❶蘇聯早期的領袖人物都是從戰火中鍛鍊出來的。這些早期的戰爭經驗也一再證明革命宣傳雖有用，但其本身並不能贏得軍事勝利。儘管馬克斯主義被尊為最高敎條，但它只能提供意識形態的架構，而並不能提供實際建設的藍圖。如何能使理想與現實配合，也就成為新領袖所面對的主要任務。

　　在軍事領域中負責指導實際工作的人即為托洛斯基（其眞實姓名為 Lev Davidovich Bronstein,1877-1940)。他不僅對於「紅軍之父」(the father of the Red Army)的頭銜可以當之無愧，而且在戰略思想中也的確有資格佔一席之地。儘管蘇聯的文獻對於他的貢獻是一概予以抹殺，但我們寫歷史的人卻應還他以公道。

　　托洛斯基從未以軍事專家和戰略天才自居，他正確地指出，在民主國家中，陸海軍部長由文人出任是一種常態。他又引述克勞塞維茨之言，說明戰爭本為政策的延續，而軍隊則為其工具。由於他職掌軍政，所以他必須作成重要的戰略決定，而此種決定又必須基於政治和經濟考慮，而非純粹的軍事戰略。任何高級戰略問題必須用這種方式來尋求解決而更無其他的途徑。此外，托洛斯基又指出在專業的領域中，他需要和依賴專家的協助，他說：「在技術和作戰的領域中，我的主要任務就是選拔適當的人才並將其放在適當的位置上，然後聽任

他去施展其長才。」他的這種作風深獲列寧的讚許，後者並給與他以充分的支持。**⓰**

但是托洛斯基卻又有一個陰險可怕的政敵，那人就是史達林（Iosif V. Stalin, 1879-1953，他的眞實姓名爲 Joseph Dzhugashvili）。因爲托洛斯基在蘇聯共產黨中已是僅次於列寧的第二號領袖，所以史達林遂積極企圖取其地位而代之。在史達林暗中策動之下，一批紅軍將領，由弗倫茲（Mikhail V. Frunze,1885-1925）出面領導，發動反托運動。其主要的思想號召即爲建立一種獨特的馬克斯主義者的軍事思想，即所謂「紅軍的統一軍事準則」（United Military Doctrine for the Red Army）。換言之，即認爲紅軍應具其馬克斯主義者的革命性，它代表無產階級的武力，與一般軍隊有其根本上的差異。**⓱**

托洛斯基力斥此種觀念的荒謬，他否定任何馬克斯主義軍事理論之存在。他說：

> 馬克斯的方法是一種歷史和社會科學的方法。從無所謂戰爭「科學」，而且今後也永遠不會有。戰爭雖與許多科學有關，但戰爭本身並非科學；戰爭是實用的藝術和技巧。如何可能憑藉馬克斯的方法以來形成軍事藝術的原則？

托洛斯基又進一步指出：

> 即令同意「軍事科學」是一種科學，但仍不可能假定此種科學可以依照馬克斯主義的方法來建構。唯物史觀並非一種可通用於一切科學的普通法則，……企圖將其應用在軍事特殊領域中更是極大的錯誤。

托洛斯基並不反對依照馬克斯主義來決定共產黨在世界政治中的

大戰略。但他卻堅決反對把此種意識形態納入軍事理論之中。他認為戰爭中有若干常在因素，例如地理環境和人類心理，並不會隨著技術、社會結構、政治組織而改變。這種相當永恆的現象是像國內外常在改變中的情況一樣地需要審慎研究，而其他國家以及帝俄時代的經驗，也同樣值得重視。所以，其結論是：「蘇聯的基本戰略原則就是保持警戒，睜開雙眼。」**⓲**

托洛斯基之所以能大權獨攬，主要地是由於列寧給與以充分的支持。等到列寧在 1924 年逝世後，於是托洛斯基的被黜也就已成定數。1925 年他被免除一切職務，1927 年被開除黨籍，1929 年更被放逐出國。此後他定居墨西哥，但仍繼續發表言論抨擊史達林政權。最後在 1940 年被暗殺，那自然是 NKVD 的傑作。他的黨羽被稱為「托派」，仍繼續在共產組織中活動，最後也完全被消滅。

史達林接管俄國之後，到 1938 年大清算時為止，蘇聯軍人尚能保持相當的獨立地位，並有發表言論的自由。弗倫茲是幫助史達林鬥倒托洛斯基的第一大功臣，自然也接替了他的位置。但在 1925 年 10 月，史達林命令弗倫茲進醫院接受某種小手術。手術之後他就在神祕情況之下死亡。這似乎正是所謂「狡兔死，走狗烹」。不過，史達林又總算是死後加恩，用他的名字來作為蘇聯軍校的名稱，這多少也可算是留名青史。

在 1920 年代，蘇聯軍人曾有少數著作出版，其中多少還含有戰略觀念而非純粹的教條，現在就依照時間順序分別檢討如下：

㈠《論未來軍事準則》(*On Military Doctrine of the Future*)，出版於 1923 年，作者為法茲提斯(Joakimi Vatsetis,1873-1938)。他在帝國時代即已為陸軍上校，投效紅軍後，曾任蘇聯武裝部隊總司令(1917-19)，最後死於大清算中。他認為軍事科學家或軍事戰略家都不

能單獨地對未來戰爭進行準備。戰略家必須能像政治科學家一樣，而且還了解經濟。他相信任何未來戰爭將都是一種全面規模的階級戰爭，但其成因則爲經濟條件。事實上，作爲一個戰略因素，在國家的戰爭準備中，經濟是居中央地位。概括言之，蘇聯在 1980 年代的戰略思想有許多方面都與法茲提斯的觀念頗爲類似。❶

(二)《戰略學》（*Strategy*，俄文原名 *Strategiya*）出版於 1927 年，作者爲希維靑（Aleksandr A. Svechin, 1878-1938）。這本書出版之後，到 1962 年，始有索柯羅夫斯基元帥的《軍事戰略》（Marshal Sokolovskiy's *Military Strategy*）出版。在其間 35 年中，這一本書也就是俄國人所出版以戰略爲主題的唯一著作。自從 1960 年代開始，許多蘇聯的戰略理論家又再度對這本書深感興趣，並認爲其中的若干基本觀念，即令到今天也仍不喪失其價值。

希維靑把軍事行動分成三種不同的相對形式來討論：(1)毀滅與消耗，(2)防禦與攻擊，(3)運動與陣地。他指出：

> 對於每一種不同的戰爭形式，都必須發展一種特殊的戰略路線。每一個戰爭都代表一種特殊個案，都要求建立其本身所特有的邏輯，而不能適用同一典型。簡言之，明智的戰略即爲彈性的戰略。❷

希維靑本爲帝俄陸軍中的參謀軍官，在蘇聯時代歷任要職，並成爲蘇聯參謀學院的名教授，也是唯一的理論權威。雖然他是一位純粹的學者，但仍然在史達林的大淸算中被殺。自從其書在 1960 年代再度出現後，雖然仍有人批評他的思想是比較陳舊，而且在方法上也常犯錯誤，但大致說來，又無不承認他對蘇聯軍事理論是確有重要貢獻。❸

(三)《陸軍之腦》（*The Brain of the Army*，俄文原名爲 *Mozg*

*Armii* 共分 3 卷，分別在 1927 年到 1929 年之間出版。作者爲蘇聯元帥夏波希尼可夫（Boris M. Shaposhnikov, 1882-1915）。這本書聞名世界，但很少有人知道它的內容。其所採用的研究方法是非常特殊，他把奧匈帝國參謀總長康納德（Conrad von Hötzendorf）在第一次大戰直前階段中所採取的行動來當作個案來進行精密分析，並從此種分析中獲致他認爲可以用於當時紅軍的教訓。

夏波希尼可夫本人在俄國軍人之中的確可以算是「陸軍之腦」，他的思想相當現代化，遠非其同僚所能及。他知道：

> 在現代條件之下，戰爭是由整個國家來進行。戰爭計畫所包括的不僅爲戰略部署，而更有戰爭準備，而此種準備又必須包括政治和經濟兩方面。必須對國內和國際領域中的經濟和政治關係先有充分的了解，否則也就不可能擬定合理的戰爭計畫。

在蘇聯早期的高級將領中，夏波希尼可夫要算是最幸運的一人，他不僅在 1938 年躲過了無情的大清算，而且在第二次大戰時還曾出任參謀總長，直到 1943 年才壽終正寢，眞可謂異數。他的書在戰後仍然受到蘇聯軍方的尊重，並視之爲研究戰爭計畫的必要參考。❷

㈣《海軍戰略基礎》（*Fundamentals of Naval Strategy*，俄文原名 *Osnovy Voyenno-Morskoy Strategii*）出版於 1931 年，作者爲齊爾維（Boris B. Zherve, 1879-1937），他曾任蘇聯海軍學校校長，他的書也是蘇聯在第二次大戰之前的唯一海軍戰略著作。他也像許多蘇聯將領一樣，死於大清算之中。齊爾維反對當時在蘇聯海軍中流行的「小戰」理論，而主張蘇聯應建立一支能夠爭取制海權的大海軍。他這種理論就當時而言，可謂不切實際，因爲蘇聯根本還缺乏建立大海軍的能力。不過，到第二次大戰之後，蘇聯開始向海洋發展時，齊爾維也就被海軍人士視爲先知者。

綜合言之，早期的蘇聯由於國內政爭不斷，經濟落後，而戰略思想的發展又受到意識形態的箝制，所以，理論著作不僅很少，而且素質也很平凡。大致都只是人云亦云，而並無特殊的創見。

史達林在 1937 年到 1938 年之間，爲鞏固其個人統治，並預防軍人造反，遂發動空前殘酷的大清算。幾乎所有的高級指揮官和軍中的傑出人才都被一網打盡，無一倖免。像夏波希尼可夫那樣能夠躲過一劫的人眞是少之又少。經過這次大清算，蘇聯軍事組織元氣大傷，而在思想方面，則更是噤若寒蟬，再也無人敢於放言高論。

不過，史達林的暴行又還是使其自食惡果。經過清算之後，所留下的大致都是庸才，而且人人自危，誰都不敢自作主張。於是當希特勒發動侵俄戰役時，紅軍才會變得那樣不堪一擊。以後，德國雖然終於敗亡，而史達林也僥倖保住了其紅色大帝國。但蘇聯的軍事思想則一直都陷於凍結狀況，直到其死後才開始出現解凍的機會。

## 註　釋

❶ Plilip Longworth, *The Art of Victory：The Life and Achievements of Generalissimo Suvorov*（New York,1965 ), cha. 10.

❷ G.A. Leer, *Korennye voprosy*（St. Petersburg, 1897),p.33. as quoted by Peter H. C. von Wahlde,"Military Thought in Imperial Russia"（Ph. D. diss,Indiana University ,1966),p.59.

❸ N.V. Medem, *Taktika*（St. Petersburg,1837),pp.7-8.as cited in von Wahlde, "Military Thought", p37.

❹ 同前註，p.72。

❺ Forrestt A. Miller, *Dmitrii Miliutin and the Reform Era in Russia*（Nashville,1968),pp.19-20.

❻ Walter Pintner, "Russian Military Thought: The Western Model and the Shadow of Suvorov", *Makers of Modern Strategy* (1986),pp.367-68.

❼同前註，pp.369-70。

❽參看本書第十三章。

❾ J.F.C. Fuller, *The Conduct of War*,p.81.

❿ Azar Gat, *The Development of Military Thought*,p.231.

⓫同前註，p.232。

⓬ Max Hoffmann, *War Diaries and other Papers*(English edition,1929),Vol. II,p.122.

⓭ Harriet Fast Scott and William F. Scott, ed. , *The Soviet Art of War* (Westview,1982),p.24.

⓮ Edward Mead Earle, "Lenin, Trotsky, Stalin：Soviet Concepts of War", *Makers of Modern Strategy* (1952),p.328.

⓯ L. Trotsky, *My Life*(English translation, New York,1930),p.407.

⓰同前註，pp.349-58。

⓱ Harriest Fast Scott and William F. Scott, *The Soviet Art of War*,p.27.

⓲ Edward Mead Earle, "Lenin, Trotsky, Stalin", *Makers of Modern Strategy* (1952),pp.342-43.

⓳ *The Soviet Art of War*,p.32.

⓴ Cited in *Maker of Modern Strategy* (1952), p.344.

㉑ *The Soviet Art of War*,p.35.

㉒同前註，p.46。

# 結　　論

　　寫完本書正文之後，照例必須還要寫一結論以來作爲全書的總結。所謂結論者不僅表示作者在寫完全書之後在其內心中所產生的感想，而且也還包括作者想要向讀者所作的最後交代。概括言之，可分下述七點。

　　㈠首先要說明的即爲本書爲何選擇 1945 年爲其敍述的終點。其主要理由是 1945 年不僅爲第二次世界大戰的結束，而更是核子時代的起點。核子武器的出現對於世界產生空前未有的重大衝擊。在此種衝擊之下，先核（pre-nuclear）時代的傳統戰略思想在某些方面對於新的環境的確已經無法適應，而必須作徹底的改變。換言之，在新的時代中需要新的戰略，過去的思想遺產只能作爲新思維的參考。因此，在核子時代中從事戰略研究的學者有時必須另起爐灶，而不能把新的思想完全視爲舊有思想的延續。

　　㈡本書命名爲《西方戰略思想史》。當讀者讀完此書後，必能發現所謂戰略思想者，其內容是非常寬廣，其涵意是非常複雜，尤其在不同的時代更可能應作不同的解釋。戰略一詞的語根雖發源於希臘，但古代戰爭形態相當簡單，在思考和行動上自無作嚴格層次區分之必要。此種情形甚至於一直持續到十八世紀中期都尙無重大的改變。僅

在十八世紀後期，戰略始成爲通用軍語，而戰略與戰術之間也逐漸有較明顯的劃分。不過，最初使用此一名詞時，其範圍又還是僅以軍事和戰爭爲限。此種限制即令到今天也仍爲許多人所遵守。至少可以說，直到二十世紀前期，戰略實際上還是以軍事戰略爲其主流。不過，所謂大戰略的觀念又是古已有之，只是古人並未使用此種名詞，甚至於也不認爲那是戰略，或應納入戰略所涵蓋的範圍之內。因此，本書內容大部分雖以軍事戰略爲主題，但又還是把大戰略包括在內。時至今日，狹義的戰略觀念早已不合時宜，對於前人的思想必須從現代觀點來加以再評估，這樣始能獲得新的認知，而不至於有食古不化之弊。

㈢本書以概述和分析西方戰略思想的演進過程爲目的，而思想又以思想家及其著作爲主要代表，因此這也就成爲本書內容的核心。不過，在長達兩千餘年的西方歷史中，思想家與著作爲數頗多，自不能盡述，是以必有所選擇。換言之，對於不同的人物和思想所給與的篇幅在長度上有相當的差異。全書中以克勞塞維茨所佔篇幅最多，他那一章是全書中最長的一章。其理由是不難解釋：西方之有克勞塞維茨正如我國之有孫子，其地位實非他人所能及。其次，克勞塞維茨的理論也的確不易了解，所以逐確有詳加分析之必要。除此之外，像約米尼、馬漢、李德哈特等人也都有相當詳盡的討論，其原因也都經過愼重的思考，在此無法詳述。大致說來有兩項原則：(1)其理論本身的價值；(2)其對於後世的影響。至於全書則有略古詳今的趨勢，這也是理所當然：一方面，西方戰略思想是直到近代始有驚人的發展；另一方面則爲近代戰略思想與當前戰略環境，和現有戰略研究關係最爲密切。

㈣過去，東方與西方是天各一方，彼此不相往來；現在，人類生活在一個小世界中，東西已經合爲一體。在戰略思想的領域中，東西合流似乎也已成必然趨勢。因此，從事戰略研究的我國學者不僅應重

視本國的思想傳統，而也必須了解西方思想的源流。進一步說，必須
對於中西思想的演進過程及其特點都有深入的了解，然後始能融會貫
通，取精用宏，達到更上層樓的境界。西方戰略學者最近已知重視中
國思想，過去似乎只知孫子，現在武經七書也已有完整的英譯本。反
觀我國對於西方戰略思想的研究則似乎遠較落後，尤其對於尋根探源
的基本工作更是乏人問津。這也是激發作者決心寫這一本書的主要動
機。

　　㈤作者在寫本書時所堅持的工作態度是可以用四個以 R 為首的
英文字來作為綜合說明，簡稱為「四 R 原則」。

　　⑴ Rationality （合理）

　　⑵ Reliability （信賴）

　　⑶ Readability （可讀）

　　⑷ Responsibility （負責）

現在略作解釋如下：

　　⑴文章本來就是講理，換言之，一切內容和結構必須合於邏輯，
形成系統。全書也應秩序嚴謹，條理分明。尤其在寫史書時，對於因
果關係更必須作合理的討求。

　　⑵凡所論述必須有所根據，絕不可作無稽之談。其內容應完全可
以信賴，使引述者可以完全放心。

　　⑶寫書的目的不是聊以自娛，而是供人閱讀，所以必須有高度的
可讀性，令人能夠完全了解而不至於有困難，而不至於引起誤解。

　　⑷寫書更代表一種責任，白紙黑字不能更改，如果有錯誤則作者
必須負責。所以，作者應有高度的責任感，對於其著作應負完全責任。
尤其是學術著作不僅只是供人參考，而且還可能對於後世產生影響作
用，作者也就更應認清其責任之重大，而不可掉以輕心。

　　㈥我國古代兵書《司馬法》有云：「天下雖安，忘戰必危。」希

臘古訓說：「要想和平準備戰爭。」而李德哈特則更進一步指出：「要想和平，應了解戰爭。」這些都是至理名言，值得重視和警惕。又誠如克勞塞維茨所云，戰爭爲政策的延續，武力爲政策的工具。從古到今，國家莫不視教戰備戰爲維護安全的主要途徑。即令第二次大戰之後，人類進入核子時代，戰爭形態也有多樣化的發展：由熱戰而冷戰，由總體戰爭而有限戰爭，由傳統戰爭而非傳統戰爭。但這些教訓仍繼續有效，並未因時代的變遷而減低其價值。

㈦ 1991 年蘇聯瓦解，冷戰因而結束，世界進入後冷戰時代，但世界並未因此而變得較爲安全，最多只是威脅的種類和程度可能有所改變而已。從現代的觀點來看，和平與戰爭實已不可分，而所謂安全者，也不僅爲國家安全，而更擴大爲國際安全，區域安全，全球安全。戰略所包括的範圍也不再僅限於軍事，而把一切非軍事權力因素也都涵蓋在內。今天戰略家所關心的問題不僅爲戰爭而更有和平；不僅爲比權量力而更是鬥智伐謀；不僅只是要求了解和準備戰爭，而更要求預防和消滅戰爭，甚至於還更進一步企圖創建永久的和平。儘管戰略的領域日益擴大，其研究也日益艱深，但總結言之，爲學必有所本，前人之思想遺產仍爲現代戰略研究之基礎。

基於以上的認知，作者在寫完了《中國戰略思想史》之後，即抱定決心繼續完成其姊妹篇《西方戰略思想史》。作者深盼這兩本書對於我國青年戰略學者能有所助益，同時對於國家的前途也能有間接的貢獻。最後作者願意摹倣李德哈特的名言說：

　　欲求安全必須研究戰略。

然後再重述薄富爾的警告說：

　　戰略無知即爲送命的錯誤！

國立中央圖書館出版品預行編目資料

西方戰略思想史 / 鈕先鍾著 . -- 初版 . -- 臺北
市 ：麥田，民84
面 ； 公分 . -- (戰略思想叢書；6)
ISBN 957-708-294-7(平裝)


1. 戰略 - 哲學,原理 - 西洋


592.4019                                84005900

# 戰 爭 藝 術

約米尼⊙著　鈕先鍾⊙譯

　　約米尼將軍，這位軍事科學領域中的「牛頓」，透過其鉅著《戰爭藝術》一書，將戰爭的基本觀念與原則作了澄淸的解釋和客觀的分析，他將科學研究的精神與方法帶入這個一向被認爲不能「科學化」的神祕領域，使人們認淸智慧在戰爭中的重要地位。

　　這是一本「爲國王和政治家所寫的論著」，也是「十九世紀最偉大的軍事敎科書」。

即 將 出 版

# 戰 爭 論 精 華

克勞塞維茨⊙著　　鈕先鍾⊙譯

　　克勞塞維茨堪稱十九世紀最偉大的戰略思想家，其對戰爭理論研究的貢獻至今仍無人可及，而其鉅作《戰爭論》更是世人所公認的不朽名著。由於《戰爭論》是一部相當難讀的大書，因此這本「精華」本正是了解《戰爭論》的概要和克勞塞維茨思想重點的最佳捷徑。

即 將 出 版

# 戰 略 論

## 李德哈特⊙著　鈕先鍾⊙譯

本書是李德哈特的傳世之作。書中不僅宣揚其「間接路線」，而對於戰略理論也作了有系統的扼要分析，尤其是有關大戰略的思考更是開風氣之先，直到今天仍受到全世界的尊重。《戰略論》與《第二次世界大戰戰史》同爲不朽鉅著，應同時研讀。

即 將 出 版

# 戰 爭 指 導

### 富勒將軍⊙著　　鈕先鍾⊙譯

　　富勒將軍是本世紀英國戰略兩大師之一。本書爲其
晚年繼《西方世界軍事史》之後，另一偉大著作。作
者以歷史爲基礎，其所分析的內容則爲法國革命、工
業革命、俄國革命對戰略思想所產生的衝擊。尤其是
他在六〇年代即已預言「馬列主義正在逐漸枯萎」，極
具見之明。

即 將 出 版

# 戰 略 緒 論

### 薄富爾將軍⊙著　鈕先鍾⊙譯

　　法國薄富爾將軍在西方戰略思想史上，居於總結傳
統、開創現代的關鍵地位。其代表作《戰略緒論》出
版於人類進入核子時代的二十年之後，書中呈現出的
思想體系，不僅超過傳統的境界，而且也越出軍事的
範疇，提供我們更寬廣的戰略新視野。

即 將 出 版

軍事叢書 11

# 希特勒征俄之役

### 安德爾斯⊙著　　鈕先鍾⊙譯

德俄戰爭是有史以來最巨型的陸上戰爭。1941年夏天，德軍對俄軍發動了一連串的大規模包圍戰，一共虜獲了兩百萬以上的戰俘。可是雖然獲得了如許的成功，到了最後，希特勒大軍的下場，仍是一場悲劇。他們初期的勝利固足驚人，而最後的失敗則更是駭人聽聞。

定價：240 元

# 島嶼浴血戰

## 法蘭克·霍夫⊙著　鈕先鍾⊙譯

島嶼作戰的成功，是二次大戰日本之所以敗亡的關鍵。本書歷述美國海軍陸戰隊從瓜達康納爾之役到沖繩島之役的浴血戰史。書中所彰顯的不是個人的英雄表現，而是一羣無名勇士的團結奮戰。在海軍陸戰隊的信念之下，他們共同努力，締造出遠超過個人成就總和的整體光榮。

定價：390 元

軍事叢書 21 22 23

# 第二次世界大戰戰史

## 李德哈特⊙著　鈕先鍾⊙譯

在汗牛充棟的二次大戰史著中，本書無疑是其中具通盤關照的權威作品之一。作者憑著個人的軍事經歷、豐富的資料文件、與當事人的訪談紀錄、加上二十二年的殫思勤耕，終於完成這部翔實精闢的成熟鉅著。本書不僅是對事件的敍述與鋪陳，更是對這段慘烈歷史的現實研究與客觀分析。

全三冊　定價：940 元

軍事叢書 51～56

# 西方世界軍事史

### 富勒將軍⊙著　鈕先鍾⊙譯

　　本書為戰史大師富勒將軍的傳世之作。作者花了三十多年的時間，將西方歷史上的決定性會戰做了詳盡而深入的剖析。全書共分三卷，卷一起自希臘時代，終於李班多戰役；卷二起自西班牙衰頹，終於滑鐵盧之役；卷三起自美國內戰，終於二戰結束。洋洋巨觀，費字上百萬，是公認戰爭通史中的典範鉅作。

即 將 出 版